田村直臣のキリスト教教育論

小見のぞみ

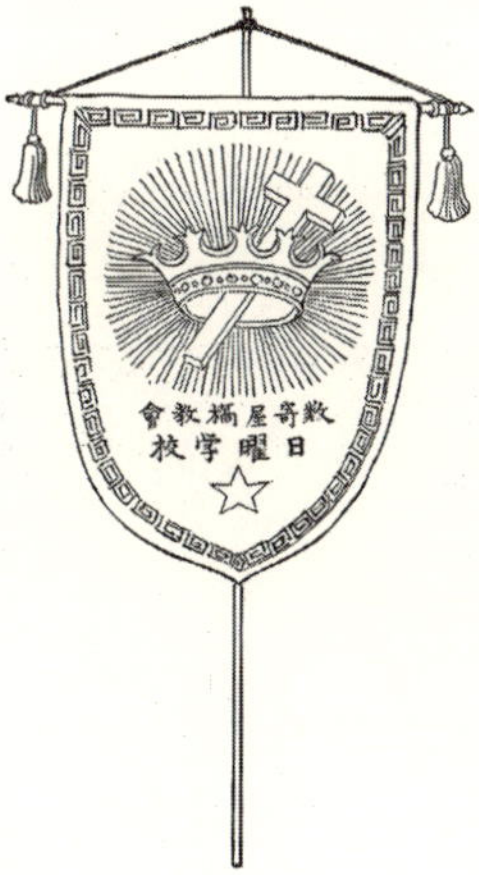

教文館

田村直臣
（『二十世紀の日曜学校』警醒社、1907 年より）

目次

〈凡例〉

・年号は、原則として西暦を用いた。
・引用文の旧字体、旧仮名遣いは原則として改め、句読点、ルビ、明らかな誤り等は読みやすさを優先して、適宜修正している。
・本文中には、「差別語・不快語」が含まれるが、歴史的文書としての性質上、原資料のまま用いているものがある。特に「子ども」については、原則「　」内では「子供」、「　」外では「子ども」とした。
・参考文献は初出の注で、「著者名『書名』出版社、発行年」を表示し、以降、「著者姓、発行年」とした。田村等、同一著者に複数の著作がある場合や、著者がない場合は、『書名』等で特定できるよう表記し、書名を略す場合は初出に表示した。
・旧地名表記は現代の一般的なものに統一した（大坂、箱館など）。

序　論

1　問題の所在

近代日本プロテスタント宣教の歴史は、日本の近代化の歴史と重なり、その中でも、キリスト教の教育活動が、近代化に及ぼした影響は極めて大きいと考えられる。小沢三郎は、『日本プロテスタント史研究』において、「宣教師および内外キリスト者らが教育の方面で、日本の近代化に寄与した功績は高く評価されるべき」とし、宣教師らが、「その身に近代文化をつけ」、熱心に教育活動を行ない、「新しい近代的な思想と倫理に根ざして日本人に接触し伝道した」と、述べている。[1] 長い鎖国状態からの開国という特異な環境下にあった日本におけるキリスト教は、「教育」と深く結びついて、「教育の方面」の活動を活発に進めることによって日本にもたらされ、「必然的に日本の前近代的な風俗習慣やあるいは思想や道徳と衝突」しながら、「やがて日本文化の発展を促し」ていくことになったのである。

欧米のミッション（キリスト教プロテスタント諸教派の海外宣教団）が日本に送り込んだ宣教師たちは、明治維新後もなお禁教政策が敷かれ、解禁後もキリスト教排斥の風潮が濃かった日本において、英語や洋学の教育、女子教育、幼児教育などを宣教の手掛かりとして日本社会に入り込んだ。無論、各教派の伝道拠点となる集会や公会・教会の建設による地域宣教や、医療宣教、社会事業などもなされていたが、それらも多くは、人々の教育的関心に支えられて、地域社会に対してキリスト教の教えを教授するという教育的な方法を用いてなされていったとみることができる。

しかしながら、明治期のキリスト教研究は、その主眼を、メインラインを中心とする各教派の宣教と初期宣教地のキリスト教会に置き、キリスト教の「教育」活動、「教育の方面」について特化しては、大きな関心を払ってこなかった。また、宣教史でこれを取り上げる場合は、ほとんどの場合「学校」に関わる側面が取り扱われている。プロテスタント史を扱う著作で、教育に関わる章のタイトルを見ると、「教育（主として教育宣教師の紹介）」、「ミッションスクール、クリスチャンスクール」（以上小沢）、「キリスト教系学校の設立」（土肥昭夫）、「横浜バンドとキリスト教学校教育」（工藤英一）などが見られ、ミッションの学校創設を列挙して述べるものや、それらの学校教育に関わった宣教師、日本人キリスト者の人物論となっている(2)。

これら、学校の設立とそこでの教育は、「英米プロテスタント・ミッションの伝道方法の一つであった」（土肥、一九八〇、七七頁）とされるとおり、キリスト教史において「教育」は、伝道方法や宣教論として捉えられてきたのである。つまり、近代日本社会のキリスト教受容並びに衝突の歴史に大きな影響を与え、その接触面において方法論として用いられたキリスト教の「教育」は、これに焦点をあててとりあげられることがなかった。それは、一貫して「教育」「教育学」という視点から近代キリスト教史を読み解く研究がなされてこなかったと言い換えることができる。

このことは、近代日本キリスト教史において、田村直臣《なおおみ》(3)（一八五八—一九三四）というキリスト教による教育理論の構築と教育実践のパイオニアで、キリスト教による「子供本位」と「子供の権利」の提唱者でもある人物についても、この方面での研究がほとんどなされていないことへとつながっている。田村は、長老派教会の主流である横浜バンドに対抗する少数派の「築地バンド」出身の牧師で、「日本の花嫁」事件において日本基督教会から糾弾され、教職を剝奪された当事者であり、これらのことでは、明治期のキリスト教史や教会史に登場する。しかし、その他は、日曜学校の指導者でキリスト教の児童教育に熱心であったと言及される程度で、その教育論や子ども理解を、日本の「キリスト教教育」、「キリスト教教育学」の基礎として位置付けられることはなかったのである。

これは、田村に限ったことではなく、近代日本のキリスト教の成立史において、宣教師、教会の指導者（牧師）、神学者の研究はなされるが、日曜学校の指導者、キリスト教教育学者、宗教教育家に類する人々の研究はほとんどなされてこなかった。しかし、実際の明治初期の日本では、ミッションによる教育活動として、私塾、男女の学校、寄宿学校、日曜学校、幼稚園などが、外国人居留地のおかれた地域をはじめとして、都市から地方へと全国各地に設けられ、これらの教育・保育機関を通して、キリスト教宣教がなされていった。

このような「教育・保育」を通じたキリスト教の伝播と感化は、主に「学校教育」「キリスト教保育」「日曜学校教育」の三つの分野で強力に進められ、戦前・戦後から今日に至るまで継続して教育活動としてなされ続けている。三つの分野それぞれを見ていくと、第一の「学校教育」の分野は、先に述べたとおり、草創期のプロテスタント宣教の歴史記述にも、教育機関として唯一登場している。

この「学校教育」は、創設当初はミッションスクールと呼ばれ、ミッションと宣教師による学校として始まったものである。これらのミッションによる学校は、現在にいたるまで「キリスト教学校」、「キリスト教主義学校」として存続している。土肥は、これを「キリスト教系学校の設立とその教育」と題して論じているが、その注において「キリスト教系」と「キリスト教主義」学校の教育、並びに「キリスト教」教育という三つの用語の区別について、以下のように語っている。

ここでいうキリスト教系学校とは、神道系とか仏教系学校と対照的な用語で、ミッションとかキリスト者がキリスト教を教育理念として設立・管理・運営することを法的に明らかにした学校をいう。また学校としてキリスト教をふまえて教育にたずさわることの内実をキリスト教主義教育とし、聖書などを科目として教えたり、礼拝、宗教活動を学校行事として行なうことをキリスト教教育とした。この三者は相互に関連するので、キリスト教主義学校という語も用いるが、一応このように区別して用いる方が、意味がはっきりするだろう。(4)

この区別についての説明は、ある程度納得のいくものであるが、「キリスト教を教育理念とする」ことと、「キリスト教をふまえて教育」することとの違いは不明瞭であり、かついずれも「キリスト教教育」と呼ぶことが可能であると思われる。また、「キリスト教教育」を、キリスト教の学校行事、礼拝などの宗教活動と聖書の教授と規定してしまうのは、あまりに狭義であると考えられる。土肥が述べているように、相互に関連する用語を、できるだけ厳密に区別して使い分けることは重要であるが、問題は、「学校教育」を巡って表れる、「キリスト教」と「教育」という二語、ならびに「キリスト教教育」という語のもつ曖昧さではないだろうか。「キリスト教教育」という用語は、運用される際、個々に多様に理解され、混乱を生じさせる性質があるともいえるだろう。こうして、「キリスト教教育」は、きわめて曖昧に、使う人それぞれの異なった理解によって、「キリスト教教育学」的裏づけなしに、盛んに使われてきたのである。

この実態について、学校を取り上げて考えてみるならば、近代日本の成立とほぼ同時期に開始されたキリスト教系学校における教育は、初めに宣教的色彩（ミッション）を強く帯びて創立されたため、キリスト教の学校、「キリスト教学校」とも呼ばれ、このことを、キリスト教精神、あるいは理念に基づいて建てられた学校なのだとして「キリスト教主義学校」と呼ぶこともできた。また、それを「キリスト教系学校」と呼ぶことも無論可能で、それらすべての「キリスト教」の形容のつく「学校」では、「キリスト教主義教育」、あるいは「キリスト教教育」がなされているとされているのである。

そこで重要なのは、これらの学校でなされる教育が、キリスト教「主義」か、「精神」か、「理念」か、あるいは、「キリスト教」そのものに由るのかという議論や使い分けではなく、広くキリスト教による学校教育を支える教育学、教育論が確立されることではないだろうか。日本のキリスト教の学校は、明確なキリスト教学校教育論を持つことなく、つまり、キリスト教の人間理解と、いかなる神学に立って教育論を構築するかを吟味することなく、実施する教育の目標と教育課程、方法論をキリスト教教育学的検証に基づいて議論しないまま、宣教の草創期から、キリスト教的な創立の意図と建学の精神をもって、学校として教育を続けてきたと言っても過言ではないのである。(5)

そして、それが、「キリスト教教育」の混迷をきたしている。キリスト教系学校で「キリスト教教育」を担う教職員の大多数が、「キリスト教」信仰をもたず、「キリスト教」への理解、認識も低くなっている状況の中で、「教育」と「キリスト教教育」の違いを、客観的、教育学的に示すことは、重要な課題である。

第二の「キリスト教保育」と総称される分野は、キリスト教主義の、あるいはキリスト教による幼児教育、保育を行なう機関によって実施されている営みである。そもそも、日本初の幼稚園とされる、東京女子師範学校附属幼稚園は、公立幼稚園であるが、その保育者たちは、キリスト教との深い関わりを持っていた。(6)しかし、このような日本の幼児教育の源流と、キリスト教主義、もしくはキリスト教教育との関わりに関する研究は数えるほどしかなされていない。

また、第一の「学校教育」と同様、キリスト教保育の現場においても、「キリスト教保育」の定義づけや理解は曖昧である。聖書のお話や礼拝、クリスマス行事を実施していることで、これを「キリスト教保育」とする考え方から、設置者あるいは保育者がキリスト教信仰を持って行なう保育、キリスト教の価値観、道徳に基づいた保育、イエスの子ども観に根ざした保育など、多種多様な理解あるいは混乱が見られると言えよう。

しかし、「キリスト教保育」は、明治初期のキリスト教幼稚園の発生当初から、創立者や宣教師によって、また、キリスト教保育者の養成校や、JKU（Japan Kindergarten Union）、「キリスト教保育連盟」などによって、キリスト教保育研究が熱心になされてきた。これにより、フレーベル主義の保育理論を始めとして、自由主義的人間観と経験主義の教育論に基づく自由保育が提唱、導入され、キリスト教保育連盟による「キリスト教保育指針」の策定も継続してなされてくるなど、キリスト教保育を支える理論研究、原理研究は行なわれている。

ただし、これらのキリスト教保育理論が、現場において共有されているかについては、大きな問題となっているところで、養成校で「キリスト教保育」を学ぶこともなく、「キリスト教」について何の理解もない保育者が、現実のキリスト教保育をその場で感じとりながら担っているケースが多くなってきている。そして、保育現場や養成校で経験され、学ばれていく「キリスト教保育」は、総じて、愛や感謝、思いやりなどのキリスト教的価値観に基づいて、宗教的情操や道徳心を育てる保育であったり、イエス・キリストが「小さいもの、幼いもの」や、「一人一人のありのままの存在」を大切にしていることに共感して行なわれる保育であったりする。

これらの「キリスト教保育」は、基本的にキリスト教によいイメージをもつ、善意の保育者たちによって行なわれていて、それは、もちろん、それだけで意味のある営みだということができるが、一方でキリスト教の神を用いた「よい子教育」「道徳教育」に陥る危険性や、キリスト教的な行事を形だけ、先輩保育者を真似て行なうことで、キリスト教保育をしているといった誤解があることは否めない。また、現状では、家庭における宗教教育や、親へのキリスト教教育を、「キリスト教保育」の重要な領域として、そこに関わっていくことは、保育者レベルでは、事実上困難といってよいだろう。

それは、キリスト教保育が、キリスト教のイメージやムードといった流動的、心情的要因、または表面的、形式的な要因を元に行なわれている以上、当然起きることであり、ここには、キリスト教保育学、キリスト教保育理論がキリスト教教育学の一分野として確立されていない現状が露わにされていると言えよう。

たとえば、イエスの子ども観ひとつをとっても、それは聖書にどのように書き表わされ、どのような神学と人間理解をそこから読むのか、また、それは、歴史的に、どのようなキリスト教教育論として展開されてきたのかなどの学究的裏付けから語られなければならないものである。しかし、総じて、キリスト教保育の「キリスト教」部分は、キリスト教学、聖書学、神学的検証をほとんどしないまま語られているのが実情と言えるだろう。また、日本のキリスト教保育者養成校において、キリスト教教育学研究に基づくキリスト教保育が教授されているかというと、ここにも大きな疑問と問題を感じざるを得ないのである。

第三の、キリスト教の教育が展開された分野は、「日曜学校教育」である。日本のプロテスタント教会は異教社会における宣教を進めるため、おしなべて、「教育的」で、草創期から地域にある教会で「日曜学校」（SS、Sunday School）を熱心に行なってきた。(7) 日曜学校は、世界規模で展開される、ボランタリーな、信徒による教育事業という意味で非常に特殊な歴史をもち、戦前の日本のキリスト教界において大運動として発展していた。日曜学校は、子どもたちにキリスト教による良習慣と勤勉、従順などの道徳心をうえつける、地域に開かれた社会教育機関であり、通常キリスト教会に併設され、主に「伝道」と「聖書教育」を担う場所でもあった。

日曜学校は、一九〇〇年代からの数十年、戦前の黄金期を迎え、日曜学校教育論をもって教師養成を行ない、数々のカリキュラムが策定され、教材や教授法の開発も熱心に行なわれた。この日曜学校教育理論と日曜学校カリキュラム作成の第一人者は、田村直臣である。しかし、日曜学校は、「子ども相手」のボランタリーな教育機関として、その性質の特殊性から、教育研究の対象とされることがなく、一次資料が散逸したこともあって、田村の日曜学校教育論研究を含めて、歴史的批判的研究が全くなされてこなかったと言ってよい。そして、この日曜学校教育が、戦後は、教会教育として、「教会学校」（CS、Church School）、「CS活動」、「子どもの教会」などへと引き継がれている。

こうして、キリスト教は聖職者を「教師」(8) と呼ぶ、極めて「教育的な」宗教として、日本でその歴史を歩み、学校、保育現場、教会において、「キリスト教教育・保育」と呼ばれるものを実践してきた。しかし、その実践を裏付けるキリスト教教育論の構築や、実践を検討するキリスト教教育学的省察が加えられることは、ほとんどなかった。また、キリスト教の「教師」たちは、キリスト教教育者としての「教師論」を学ぶこともないままに、「教職」につき「教師」となっている場合がほとんどである。日本の「キリスト教教育」理論、原理に関する研究やキリスト教教育を「歴史的」「学究的」に論じるキリスト教教育学、キリスト教による宗教教育論の研究は、立ち遅れていると言わざるを得ない。そして、このことが、今日の「キリスト教教育・保育」の混迷、もしくは衰退の大きな要因だと考えられるのである。

日本に百数十年前から根を張ったキリスト教教育は、検討してきた三つの分野を中心として、道徳教育、宗教教育、霊性教育、平和教育、人権教育、多文化共生教育、市民性教育などへとその領域と関心は広がっている。しかし、その研究は、広くキリスト教教育論としての統合的視野や、共通の理論的基礎を持たないまま分断されているのである。

一方で、田村直臣は、その生涯において、自由民権運動や「男女同権」思想、青年育英事業、大正自由教育と児童中心主義教育、子どもの人権、児童文学など、多種多様な領域と関わり、それらをキリスト教信仰を軸に、教育理論化し、教育的に実践しようと試みた人物ということができる。そして、田村は、日曜学校教育論と宗教教育論を究めることで、日本で初めてのキリスト教教育学、「田村直臣のキリスト教教育論」と呼べるものを、著作において体系的に構築したのである。

全人的で一部の領域に偏らない、生涯にわたる田村直臣研究を通して、田村のキリスト教教育論が構築される変遷をたどり、その全容を明らかにする作業が求められている。そうして、田村の教育論を歴史的、批判的に検証することは、日本のキリスト教教育学の発祥と展開を確認する上で、そして、これからのキリスト教教育の理論的基礎を持つ上で、欠くことができない作業なのである。

2　研究史的状況

以上の問題認識にたって、先行研究についてみていくと、最近の傾向として、キリスト教の背景や関わりを離れた領域での「田村直臣研究」がなされていることがあげられる。

その第一人者は梅本順子で、二〇一〇年に『闘う牧師　田村直臣の挑戦』[9]を著している。梅本は、二〇〇三年には、『田村直臣　日本の花嫁・米国の婦人　資料集』[10]を共編者として刊行し、「国際関係学」「国際文化学」の立場から、日米関係史における田村直臣を、ラフカディオ・ハーンとの類似、比較を手掛かりとして考察する。『闘う牧師』において、梅本は、「日本の花嫁」事件だけではなく、田村の米国留学、児童文学への貢献、青年育成事業である自営館、足尾鉱毒事件との関わり、並びに田村の政治との関わりと日本への思いについて、それぞれ章を設けて考察し、明治期の日本人牧師が、日米の文化を体験する中でどのように生きたかを多角的に捉えようとしている。特に、留学時のプリンストンでの学びの実態、プリンストン大学総長ジェームズ・マコッシュ(James McCosh)について、ならびに『日本の花嫁』をはじめとする田村の米国での刊行物、田村が翻訳した児童文学の原書等について、米国での英文一次資料に基づいた詳細な検証がなされている点で、非常に価値ある資料となっている。

しかし、著作全体は、「大半の日本の知識人は、キリスト教化しなくても文明国は創建できることを、進化論を通して確認した。当時、文明国というと、欧米以外に例がなかっただけで、日本は伝統的価値を破壊することなく近代化できると確信し、それに邁進したのだった[11]」と梅本が当時の大多数の日本人のキリスト教への意識として述べていることを、そのまま前提としていると思われる。つまり、この研究においては、「キリスト教」的検討が避けられているか、不充分であると言わざるを得ない。

梅本は、田村の留学体験を、交流のあった内村鑑三の米国留学と比較することで考察しているが、この二人の米国留学を、日本人キリスト者やキリスト教界の状況、それぞれのキリスト教信仰や神学から切り離して、単に海外体験として比較し結論づけることは、妥当とはいえないだろう。梅本の場合、「牧師田村直臣」のタイトルが示すように、田村における「キリスト教」は最大限意識されながらも、その思想を検討するにあたって、「田村の神学上の問題には立ち入らないが[12]」と断りが入るなど、やむを得ないと思われるものの、キリスト教に関わる部分の研究の弱さ、物足りなさが全体を通じて感じられる。

同様の傾向は、田村の「子どもの権利」や「児童文学」など、一部のキリスト教以外の分野に焦点を当てて研究する研究者たちにも見られるものである。二〇一〇年、二〇一一年と意欲的になされている村田幸代の「田村直臣の子どもの権利思想――その形成過程と子ども観を中心に」、「田村直臣の子ども向け読み物における子ども観の変遷――『童蒙道の栞』から『幼年道の栞』まで[13]」では、当然、キリスト教や日曜学校教育などに関わる資料がとりあげられ、数少ない先行研究から真摯な探究がなされているが、キリスト教教育の視点からの検討には至っていない。

一方、キリスト教の立場で田村を取り扱った先行研究として、まずあげられるのが、一九五九年に刊行された『人間の相克』に収められた、武田清子の「田村直臣に見る家族主義道徳の批判――『日本の花嫁』事件をめぐって[14]」である。

武田は、この論において、他の花嫁事件をとりあげる論考とは異なり、そこに表明された田村の主張と思想を的確に捉えた上で、「日本の花嫁」事件の本質を歴史的、批判的に検証し、これが、教育勅語渙発期の天皇を頂点とする家族主義的国家観に対して、当時のキリスト教界が、どのような態度をとったのかを露呈した事件であったことを明らかにしている。

また、田村の『日本の花嫁』は、キリスト教信仰に立つ田村が、「日本の家族主義の非を率直に指摘し」そこに見られる専制的な「絶対服従の倫理」や、形式的「パリサイ的人間関係」を批判して、「個人の尊厳、人格的愛に基づいた人間関係の重要性を主張」した著作であると分析する（武田、一九五九、二九〇頁）。そして、このような田村の主張の裏付けとして、田村の同時期の著作『基督教と政治』[15]をとりあげ、「万民が同等同権にして、等しく自由な人間であり」それは、「天皇も神の前には我等と同様」であることをはっきり述べたものであるとしている。

武田の研究の優れた点は、田村が、武田も述べるとおり、「異端者とさえ目され」、人間的には批判されるべき点が多く、「人の反感をよぶようなくせのある人」であったとしても、それらの評価を先入観とせず、田村の著作を原資料として、その主張の焦点を見極めたことにある。また、武田は、田村が、貧しい学生たちの育英施設を自ら運営し、「教育のある人たちに笑われながらも、言文一致のやさしい文章を敢えて書きはじめ、児童のための読みもの、幼児教育に開拓的働きをした[16]」ことに言及し、そのような田村の現実の在り方が、花嫁事件の際の田村と、「本質的に一貫してつながるもの」であるとしている。つまり武田は、田村の「日本の花嫁」事件研究にあたって、事件前後の田村の生涯を踏まえ、田村がいつも自身の思想と生活を一致させて生きる人物であることから、事件における言動の意味を割り出しているのである。

このような研究の手法と、武田がこの研究において映し出した田村直臣とその思想には、田村研究の方向性が示されているが、本研究とは関心が異なり、研究としての位置づけにも大きな違いがある。それは、近代的人間形成とキリスト教との対峙に関する研究の中で田村をとりあげる武田と、田村直臣とその教育思想を軸に日本の近代教育とキリスト教を見る本研究との当然の差異といえる。武田の取り扱う田村の「日本の花嫁」事件は、本研究においては、一つの通過点であって、それも田村の人生の前期に位置する事件である。田村直臣の生涯全体と思想の集大成は、あくまで「教育」をめぐってなされている。その田村の教育論の形成の中に、「日本の花嫁」事件は、一つの大きな要因として含まれているということができるのである。

武田以降キリスト教の立場からの田村研究は、田村が、キリスト教界において傍流であり、日本基督教会からの教職剥奪処分を受けた牧師であるという経緯からか、田村が研究で扱われるほぼ唯一の側面である「花嫁事件」について、武田論文を越えるものは容易になされないという意識からか、一九六〇年代には殆どみられない。一九七〇年代終わりになって、ようやく、足尾銅山鉱毒事件とキリスト者との関わりについて、田村を用いて検証した工藤英一の論考[17]が見られるが、工藤論文に関しては、当該の第三章で論じることとする。

田村没後五〇年になろうとする一九八〇年代になって、秋山繁雄[18]、森下憲郷、太田愛人らによって、主に「築地バンド」の一員としての田村研究がなされるようになる。すなわち、唯一首都東京に開設された外国人居留地である「築地居留地」が持つ特異な風土について、また、慶應義塾でも教鞭をとり、明治初期の文書伝道にも大きな貢献をなした「築地バンド」の指導者、長老派宣教師クリストファ・カロザース（Christopher Carrothers, 一八三九―一九二一）の研究などがなされるようになり、その関連、もしくは中心的な人物として、田村が研究の俎上にのることになったのである。

特に田村が創立した、現、日本基督教団巣鴨教会の元牧師である森下憲郷は、『築地バンドの研究[19]』を刊行した一九八〇年代から、二〇〇〇年の「築地居留地における幼児教育の源流[20]」に至るまで、地道な田村研究を継続している。この森下の二〇年にわたる研究は、陽の目を浴びることの少なかった田村直臣の様々な分野にわたる功績を掘り起こすものとなっている。

森下は、独自の巣鴨教会資料、田村家資料、教会員と家族からの証言などを用いて、作曲家山田耕筰をはじめとする人々を輩出した田村の青年育成事業である自営館の研究に先鞭をつけ、田村の妻、田村ゑいの、埋もれた著作を『築地バンドの研究』に収録し、「築地居留地研究会」の発起人として、居留地研究との繋がりにおいて築地バンドをとらえようと試みている。特に、日本のキリスト教幼児教育、キリスト教保育の発祥について、築地居留地でのキリスト教教育活動との関連性に光を当てた二〇〇〇年の研究は、キリスト教保育の歴史研究において、貴重な示唆を与えるものであったが、研究半ばで二〇〇二年に逝去された。

このように森下は、キリスト教の側からの田村研究の第一人者だと言ってよいが、森下自身は、田村がどれほど多面的な働きを担っていても、たとえどんな苦難に遭っても「信念を貫いたのが、日曜学校教育であった」（森下、一九八六、三頁）と言い表わしている。つまり、森下は、田村研究の中心は「日曜学校教育」、すなわちキリスト教の「教育」の分野におかれるべきだと考えていたが、自らはその専門にないと自覚していたものと思われる。そこで、森下は『築地バンドの研究』の冒頭に、キリスト教教育学の三浦正に依頼した記念講演「イエスと子ども　日本近代宗教教育の父　田村直臣」の講演録を掲載しているのである。

その講演の中で三浦は、「イエスの子どもに対する思いを日本で具体化したのが田村先生である」とし、ルソーが「西洋近代教育思想の父」であるなら、「田村先生は『日本近代宗教教育の父』、あるいは『日本宗教教育界のルソー』とよばれるべき」であると述べ、さらに、近代教育学がコメニウス以後に発展したことになぞらえて、田村を「日本の日曜学校論のコメニウス」と呼んで、日本の宗教教育界では、田村以後に「組織的、体系的宗教教育論が展開」したと述べている。

三浦は、この講演において、田村を①「日本の宗教教育界における『子供の発見者』『子供の解放者』」、②「体系的宗教教育論の樹立者」、ならびに③「日本近代教育思想の先駆者」（子どもの人権確立、女性の地位向上）として位置付ける。三浦の田村論とその内容であるこの三点は、田村研究を、日本の宗教教育論、キリスト教教育論との関連においてなそうとする本研究と共通する視点を持つものと言うことができるが、講演という性格上、おそらく時間の関係もあって、抄録もしくは要旨のみ述べられている項目も多く、残念ながら、学術研究論文として数えられない。

次に、田村研究の上で、一九八〇年代、森下と並んであげられるのは、太田愛人による『開化の築地・民権の銀座　築地バンドの人びと[21]』である。太田の田村論は、森下と同様、焦点を田村の教育論に当てたものではないが、非常に独創的な視点からなされた、興味深い研究ということができる。

太田は、築地バンド研究をまず、築地居留地と築地の精神的開拓者としてのカロザース夫妻を論じることから始め、後半の「自由民権運動とクリスチャン」の節で、原胤昭《たねあき》、鈴木舎定《いえさだ》、田村直臣、戸田欽堂《きんどう》という、強烈な個性をもつ築地バンドの四人を、別個の章を立てて紹介している。太田の研究は、①築地、銀座の地域性とそこに育まれた特有の文化、つまり、地域的文脈を注視してなされた秀論で、②築地バンドが、「自由民権運動」の精神風土に強い影響を受け、極めて「国家的」なものであったとみなしている。また、その築地バンドを拓いた人物として、③クリストファ・カロザースとジュリア・カロザース（Julia Carrothers, 一八四五—一九一四）の夫妻双方をあげている点は特筆されるべきだろう。

なぜなら、近代プロテスタント宣教史において、日本人男性キリスト者が取り上げられる際、その思想形成や信仰理解に影響を与えた人物として、研究上登場するのは十中八九男性であり、女性は、本人の母、妻、時には娘など家族に限られて付随的に扱われることがほとんどだからである。築地バンド研究においても、その創始者であるクリストファのみを「カロザース研究」とし、ジュリアは、彼の妻として触れられるにすぎない場合が多い。しかし、築地バンドの拠点である築地居留地六番地（A館、B館）は、東京におけるミッションスクールの発祥地であり、築地居留地での宣教は常に、女性宣教師たちによるバイブルウーマンの養成と女子教育、女性宣教師が主に担った日曜学校教育や幼児教育と共になされてきたものである。

太田の研究から、「ジュリア論」だけをとりだせば、それは、到底満足できるものではないが、カロザース「夫妻」をとりあげた点は、本研究への大きな示唆となる。田村のキリスト教教育論に関わる考察においては、おそらく、男性キリスト者よりも格段に、女性キリスト者について検証する必要があり、同時に、当時の日本における女性ならびに子どもたちが置かれた状況を十分に把握することが求められている。これは、太田が示唆した、築地バンドでのジュリア・カロザースを筆頭に、田村の生涯に最も影響を与えたと目されるマリア・トゥルー（Maria True, 一八四〇―一八九六）を頂点として、歴史研究において埋もれてしまっている日本人女性キリスト者たちを掘り起こす作業へとつながってくる。この女性たちの研究は、圧倒的な資料の少なさという制約もあり、従来なされてこなかった領域であるが、田村のキリスト者としての思想形成と教育論の本質を理解する上で、欠くことができないものと言うことができる。

もう一点、太田の研究で評価すべき論点は、④田村と築地バンドの性質を「営《かこみ》の外《そと》」（内村鑑三の言葉）という表現によって、適切に命名していることである。太田は、田村と五〇年以上の親交を結んだ、無教会派の内村鑑三が、一九二六年に田村の巣鴨の自宅を訪れ、その日の日記に「我等は『営の外』に出て我等の信仰を維持するまでである」と記していることを挙げ、教会という営の外にあった内村と、教派の営の外に置かれた田村の共通性を、田村論の締めくくりとして記述している（太田、一九八九、二一〇頁）。

太田はこれにより、田村が生涯にわたって様々な分野で嚆矢《こうし》となる活動をしながら、一貫して、女性や子どもという周辺に追いやられた存在に関わり、自らがそれゆえに、キリスト教界の周辺へ、あるいは「営の外」に置かれていたことを最大の特徴として捉えたのである。また、田村だけでなく、「築地バンドの面々は、カロザス、原胤昭、鈴木舎定、戸田欽堂、すべてが『営の外』の人々であった」（太田、一九八九、二一一頁）として、内村鑑三を含めて、主流派、体制側から除外され、マージナルなところに置かれた人々が持つ、「際《きわ》」を歩く醍醐味を表現し、研究されることの少ない築地バンドと田村に、光を当てたということができるだろう。

以上、「教育」に特化されないが、キリスト教の立場からの田村研究について、武田に始まって太田まで述べてきた。このカテゴリーには、ごく最近も、同志社の豊富な資料を駆使して、新島襄と田村ならびに築地バンドの関係を取り扱った、本井康博の研究がある。(22) これらの先行研究は、本研究が扱う包括的、かつ、教育に焦点を当てた田村研究を側面から補完するものとして、個別の主題を巡って本論の中で、対話的、批判的に取り扱っていくこととする。

以上、述べてきたように、キリスト教の立場からの田村研究は、さほど多くなされていない。そして、その中で、田村の「キリスト教教育論」に関わる先行研究として認められるのは、さらに限られ、以下の二つであると考える。

その一つめは、帆苅猛による論考、「田村直臣の『児童中心のキリスト教』[23]」である。帆苅の研究は、純粋に田村の教育論をとりあげ、キリスト教思想として検証した、ほぼ唯一と呼べる先行研究で、主著とされる『児童中心のキリスト教』に至る田村の思想形成の流れについて、日曜学校運動や日曜学校協会との関わり、児童文学の分野での活躍、リバイバル運動による大挙伝道との決別、エレン・ケイ『児童の世紀』の影響、欧米の教育学、心理学との密接な関係において述べ、さらに、後年田村が行った幼稚園事業にも言及しながら、これを考察している。

帆苅は、田村の中で形成されていった『児童中心のキリスト教』の内容についてとりあげ、キリストが示した「神の子」としての資格を有する子どもという理解、その「神の子」の種を教育することの重要性、そして、罪人の救いを中心とするパウロのキリスト教ではなく、子ども中心のキリストのキリスト教こそ積極的キリスト教であるという田村の主張を検討する。そして、この著作の後半で田村が述べる、キリストの「神の子性」、すなわち、キリストが自らを「神の子」として意識し、一貫して示したことについて、帆苅は、それが、田村の「児童中心のキリスト教」を理論的に根拠づけるキリスト論となっていると分析する（帆苅、二〇〇四、四四―四五頁）。

このように、帆苅の論考は、田村の教育思想の中核を、『児童中心のキリスト教』に認め、これをきわめて論理的に考察したものであるが、この著作を田村の教育論を代表するものとするかどうかについては、さらに慎重に検討してみる必要があると思われる。一九〇五年前後と目される児童本位への転換以後、田村の著作はほとんどすべてが、子ども、もしくは教育に関わるものとなり、そこには、帆苅が「児童文学」と位置づけ、「教訓くさく、話として面白味が乏しい」(帆苅、二〇〇四、三一頁)とする子ども向けの週刊読み物から、日曜学校カリキュラム、宗教教科書など、多岐にわたるものがある。特に、田村の児童文学は、日曜学校の礼拝説教や教話、日曜学校教科書としての要素を始めから色濃くもったものであり、田村の教育理論の実践を把握する一つの尺度として、カリキュラムとして捉える必要がある。しかし、帆苅論考は、このカリキュラム研究を欠いたものとなっている。

田村は晩年に至るまで著作を続けた人物であり、『児童中心のキリスト教』は、確かに主著の一冊であり、中心的ワークであることを否定できないが、田村の教育論の変遷の通過点という側面をも持っている。そこで、帆苅がその論考の終わりに、田村の先駆性や、子どもの権利擁護の意義を認めつつも、田村の「聖書理解、パウロの神学批判は一面的」であり、「彼の児童観はあまりにも楽観的」であると結論づけていることは、田村の主張についての一時点での評価ということになる。『児童中心のキリスト教』以降の教育論の変化、思想の先鋭化は、田村の教育論を最終的に決定づけるものとなるだけに、その後の著作を併せた、射程の長い研究が求められるところである。

また、帆苅論考では、田村の教育論について、当時のキリスト教界が突き付けられていた、日本主義的国家観と教育勅語に基づく国民教育、天皇制と愛国心などとの関係に、ほとんど触れていない。さらに、「伝道か教育か」、「パウロかイエスか」の議論を巡っては、帆苅も取り上げている、子どもの回心を喧伝するE・ハムモンドの著作や、子どもの時からキリスト信徒として育てるべきとするH・ブッシュネルの養育論についても、慎重な検討を要すると考えられ、これらについては、本文において批判的に応答していくこととする。

田村の教育論をとりあげた第二の研究は、二〇〇七年のT・ヘイスティングズによるもので[24]、より包括的に、また教育思想にふれながら田村をとりあげて、詳細な検討を加えたものである。ヘイスティングズは、実践神学におけるMissional-Ecumenicalアプローチに関するこの研究において、その中心の三つの章を田村論に割いている。

「三章　明治期の日本における福音、教会、文化の緊張関係」では、田村とその時代の概要と、「日本の花嫁」事件を詳細にとりあげ、「四章　福音宣教から宗教教育へ」では、一九〇〇年代の田村の子ども本位ならびに教育への転換と日曜学校運動への取り組みについて、在日宣教師との軋轢を含めて述べたほか、田村の著した宗教教育論ならびに、田村作成の日曜学校級別教案を、主にG・A・コーの理論的影響と関連付けて考察している。ヘイスティングズは、ここで、宗教教育の有機的、発達的、進化論的枠組みが、日本の回心主義者たちに受け入れられない状況の中で、田村は、宗教生活の連続性を説き、「日本の花嫁」事件時には否定されたキリスト教信仰の日常生活への連動性を、宗教教育によって実現しようとしたと、非常に興味深い分析をおこなっている(Hastings, 二〇〇七、九五頁)。

さらに、「五章　田村の主著（円熟期の著作）」で、ヘイスティングズは『宗教教育の原理及び実際』（一九二〇）と『児童中心のキリスト教』（一九二五。ただし田村による英語版 *The Child the Center of Christianity* に依拠）の二作の内容を紹介し、田村が近代教育学、心理学と北米の宗教教育理論を取り入れて、日本で提示しようとした宗教教育論を、当時の日本の国家主義的風潮や儒教的規範との関係まで深く掘り下げて捉えている。ヘイスティングズによれば、田村は、他の日本人キリスト者の第一世代と同様に「キリスト教的愛国者」であり、日本古来の伝統にネガティブな宣教師とは異なる仕方で、北米の宗教教育理論を表わした（Hastings, 二〇〇七、一〇七頁）としている点は、的を射た分析ということができる。

このように、ヘイスティングズは、田村を、宣教師が欧米から運んできたキリスト教をエキュメニカルな方法で日本に根付かせる実践神学者として位置付ける。また、田村の日曜学校教育論や宗教教育論をG・A・コー、H・ブッシュネル、J・エドワード、J・ファウラーや米国の宗教教育協会（REA／Religious Education Association）など、北米のキリスト教教育論、宗教教育論との関係から分析し、特にこの点で学ぶところが多い研究と言えるだろう。

しかし、ヘイスティングズは、五章でとりあげた二作の内『児童中心のキリスト教』について、田村による英語版 *The Child the Center of Christianity* に依拠して論を進めているが、英語版と日本語版には、田村が重要な箇所で、意図的に内容に差異をつけているため、これを『児童中心のキリスト教』の完全な英訳版として論じることは適当でない。その問題を別にしても、『宗教教育の原理及び実際』と『児童中心のキリスト教』をもって、田村の教育思想を判断することは、帆苅の場合で述べたように、疑義のあるところで、大きく自由主義的宗教教育へと傾いた晩年の「日曜学校全廃論」等の著作の検討が望まれるところである。

また、ヘイスティングズは、『児童中心のキリスト教』で、田村が展開するイエスの子ども観について、「空想にふける、ロマンティックなイエス論は儒教的忠孝や田村自身の子ども時代の喪失経験〔養子とされた事のトラウマ〕から来る」ものではないかと想定し、このようなロマンティックな空想は、感情的な日本の読者向きである（Hastings, 二〇〇七、一二六頁）とする。田村がキリスト教信仰の究極の形と考える、ゲッセマネの祈りにおける「み旨がなりますように」は、ヘイスティングズにおいて、最終的に「滅私奉公」の思想に支配される日本人にとって、贖いより、神の（父の）意志に従う子としての義務感を高揚する方が受け入れやすいとして、田村が戦術的に選択したものとして分析されている。また、そこには、在日宣教師の禁欲的、禁止的なあり方への田村の批判と、それに従う日本のキリスト教界指導者への反論が込められているという。

こうして、三章にわたって田村を論述したヘイスティングズは、最終章において、田村の神学的、認識論的、教会的視点についての評価、所見を記述する（Hastings, 二〇〇七、一三四頁）。それによると、①田村の聖書学的、神学的視点は非常に弱い。それは、宗教教育ムーブメントの個人的で道徳的、夢物語的な大雑把な福音中心主義による見方であって、新正統主義神学から批判されるもの（Hastings, 二〇〇七、二一五頁の注二）に他ならず、ヘイスティングズによれば、「推奨できるところのほとんどないもの」である。そして、②田村の認識論は、田村が、「日本現地」を常に意識して、国産による、「知・情・意」がばらばらにされない認識論をめざしたことを除いて、北米の宗教教育ムーブメントの規範に支配されているにすぎない。さらに、③田村は、複雑な日本の教会の状況下での実践神学のケースとしてのみ、不朽の重要性を持っている、とされる。

ヘイスティングズはこのように、田村の宗教教育論の構築やキリスト教教育学的な貢献については触れずに、ローカルとグローバルをつなぐエキュメニカルな実践神学の事例としてのみ、田村を評価している。つまり、ヘイスティングズのこの研究は、田村を一つのモデルとして、北米プロテスタント・ミッションの日本宣教を実践神学の立場で論じたものであり、田村の教育的主張を取り扱いながら、教育論ではなく、宣教論の範疇にあるといえるものである。

3 研究の方法論

以上のような研究史を踏まえ、本論では、田村直臣と、彼が形成、展開した教育論を「歴史的」に、かつ、「キリスト教教育的」観点から考察する。ここで、まず「歴史的」方法を用いるという場合、それは田村直臣の生きた明治期から昭和初期に至る近代日本キリスト教史を、当時のキリスト教界と教会が、内外の社会的、政治的状況にどのように対峙しながら歩んだのかを中心に捉えて考察することを意味する。その歴史的検証に際して、以下に挙げる要因を重視する。

第一に、田村が生きた時代の主要な社会的事象と概念に注視しながら、それらと田村の理論形成の関係を明らかにする。田村は、近代日本の幕開けの激動期に、キリスト教に入信し、第二次世界大戦前夜までをキリスト者として生きている。そこで、田村を歴史的に検証する作業において、常に、前近代的な日本特有の価値観、国家観や人間観と、キリスト教的価値観の相克を踏まえ、日本主義と欧米主義が、短いスパンで揺り戻しを繰り返しながら、次第に日本主義的国家主義が勢力を持つに至る時代背景を捉えつつ、研究を進めていく。

第二に、本研究においては、歴史の舞台となる場として、地理的文脈を重視する。田村において、それは具体的に、幕末から維新の激動を京都において体験し、上京して築地、特に「築地居留地」と銀座界隈でキリスト教と自由民権的な風土と出会い、生涯本拠地を東京に据えたことであり、さらに、自営館による青年育英事業を起こすにあたり、巣鴨を選んで広大な土地を取得し、そこへ移転したことの意味を問うものである。

また、田村が、一八八〇年代に四年間米国に留学し、その後もほぼ五年毎に一度渡米し、合わせて、欧州やパレスチナを含めた世界を訪れていることから、世界規模での地理的移動によって、田村が、日米欧の異文化理解を深め、国際感覚や市民性を育んでいた点を踏まえていく。

第三に、本研究では、田村を巡る周囲の人々を「人物史・物語」の手法を用いて明らかにする。田村直臣という歴史的人物の人格ならびに思想形成の要因としての人間関係に注目し、とくに「師」や「友」とした人々、ならびに、田村の周囲にあって「ロールモデル」となった人物や、共感的な観察対象となった人々について取り上げていく。

とりわけ田村において重要な人的環境である、女性、青年、子どもたちに関しては、残された歴史文書や研究がほとんどないため、断片的資料を掘り起こし、その証言をつないでいく方法をとる。この手法は、竹中正夫に見られるもので、日本初の女性神学校でありながら、歴史が文書として残されていなかった神戸女子神学校を扱った『ゆくてはるかに　神戸女子神学校物語』(25)や、近代日本美術史において、従来ほとんど論じられてこなかったキリスト教信仰との関係を人物史から考察する『美と真実』(26)などが、この形で著されている。

最後に、田村の一次資料である著作の順次性を尊重して研究を進める。田村は非常に多作の人で、著したジャンルも、子ども向け読み物から、教育論、カリキュラム、コンコルダンスに至るまで多様であるが、本研究においては、初期から最晩年に至る著作の収集に努め、それらを可能な限り時系列でとりあげ、配置する。そのことによって、田村のそれぞれの著作が書かれた時代背景、社会的文脈、田村個人史における位置づけ等を明らかにし、著作の内容を歴史的視点と合わせて読みとりながら、その変遷を的確に捉えることを意図していく。

以上述べてきた「歴史的」方法に加えて、本研究では、「キリスト教教育」の視点からの考察を行なう。それは、次の四つのキリスト教教育的指標にそった研究となる。

①キリスト教教育「理論・原理研究」に関する検討

本研究では、田村が体系化した思想を「キリスト教教育論」として考察し、特に、そこに含まれる田村の「日曜学校教育論」、「宗教教育論」をとりあげる。田村のキリスト教教育論が目指したものを明らかにするために、その教育論を目標との関連で考察し、どのような教育学、理論、理念として位置付けられるのかを問う。

また、背景となる、教育観、教育論を検討するため、主に北米のキリスト教教育、宗教教育を取り巻く議論や、経験主義に基づく教育論、具体的には、回心主義的教育とH・ブッシュネルのキリスト教養育論、当時北米を中心に展開された宗教教育理論との関わりについて考察する。同時に、日本社会における近代教育の進捗状況、新教育運動や大正自由主義教育、国民教育との関連、さらに、日本の家庭教育、保育、幼児教育の状況を視野に入れながら、日本独自の日曜学校教育と日曜学校文化の展開の中で、田村の日曜学校教育論がどのような理論的特徴をもち、宗教教育論へと移行していったのかを明らかにする。

②「対象理解」に関する検討

田村のキリスト教教育論において、対象となる学習者は、どのように理解され、どのようなキリスト教の人間観、子ども理解が、その基礎となっているのかについて考察する。そこで、田村が著作の中で主張し、実践によって表わした、イエスの子ども理解、田村の「子供本位」思想、「神の子」であることを前提とした「子どもの権利」論を検討することによって、田村の子ども理解、子ども論とは何であったのかを問う。

また、当時なされていた心理学、発達心理学、発達段階論をふまえて、田村が胎児、乳児、幼児、児童、青年を発達段階に応じて捉えていたこと、そこから、親子関係を重視した「基督者ホーム」による家庭教育、キリスト教保育（幼児教育）、キリスト教児童教育、キリスト教青年教育を、それぞれにデザインしたことを明確にする。

③「教育内容」に関する検討
田村の教育論を表わす著作とカリキュラムの研究を通して、田村がキリスト教教育の「内容」として捉えたものは何であったかについて考察する。具体的には、田村の画期的な功績である、級別の「一一年制（一三年制）日曜学校教案」と、「一四年制宗教教育教科書」を、カリキュラム史研究の視点、ならびに、発達段階理解との関連等から検証し、そこに示された教育内容を分析する。

また、この「教育内容」には、当然、聖書が入ってくることから、この検討は、聖書学、神学とも関わるものとなる。

④「方法論・実践」に関する検討
田村の教育論に関わる著作、執筆したカリキュラムならびに、生涯において実践した日曜学校、宗教学校を始めとする教育的活動を通して、田村のキリスト教教育論を、その教育方法、実践形態、管理・運営、教師養成などの点から考察する。ここでは、例えば、方法論において、教師主導か児童中心かといった教育学的方法論による分析と共に、田村がどのような教会論、牧会論、礼拝論、宣教論（伝道論）を持っていたのかという、キリスト教の実践神学の要因との相互的な考察が必要となる。

4　研究課題と本書の構成

最後に田村のキリスト教教育論を、歴史的・キリスト教教育的に考察していくにあたり具体的研究の課題となることについて述べていく。

第一の課題は、田村のキリスト教教育論構築の原点となった「築地バンド」の研究を進めることである。近代日本キリスト教史において、カロザースの下に形成された「築地バンド」は、首都東京に唯一設置された築地居留地を舞台に、文明開化の中心地である銀座を背景として形成されている。この築地バンドの「キリスト教」と「自由民権」的思想を明らかにすることにより、日本のキリスト教教育の発祥地としての性格をもつ「築地バンド」について考察する。それは、そこで育まれた近代教育論としての田村のキリスト教教育論の源流を明らかにするものとなる。

第二の課題は、田村の「男女同権論」「女性解放論」の解明である。田村直臣の代名詞のように扱われる「日本の花嫁」事件を、本研究では、田村の生涯と思想史の全体から観察し、特に、田村の教育論的視点、女性と子どもたちへの教育的観点から考察することを試みる。そこでは、田村の『米国の婦人』（一八八九）、『基督教と政治』（一八九〇）、*The Japanese Bride*（一八九三）の三著作について、封建的家族主義と天皇制に対するキリスト教信仰との関わりから分析する。

第三の課題は、田村の「子供の権利」思想を、歴史的、教育的に考察することである。日本初の子どもの権利論に特化した著作『子供の権利』（一九一一）はもとより、田村が書き残した多数の児童向けの読み物や、定期刊行物、カリキュラム体裁のキリスト教のお話、教科書をとりあげ、田村の子どもの権利論と、親子関係（母子関係）における子ども理解等について、明らかにする。

第四の課題は、田村の教育論の前半期に展開された「日曜学校教育論」の提示である。一九〇〇年代半ばから一九一〇年代の日曜学校教育論と、日曜学校カリキュラム史における田村の級別教案の意義を明らかにする。ここでは、定期「教案誌」という形態の為、一次資料が散逸し、ほとんどなされてこなかったカリキュラム研究に加え、田村の日曜学校教育理論と伝統的日曜学校教育理論、さらには、三戸吉太郎に代表されるメソヂスト教会の日曜学校教育理論との比較検討が課題となる。

第五の課題は、田村の思想とキリスト教教育の集大成としての「田村の宗教教育論」を明らかにすることである。これは、田村の教育論の主著と目される、『宗教教育の理論及び実際』（一九二〇）と『児童中心のキリスト教』（一九二五）の研究に加えて、研究史において取り上げられてこなかったそれ以降の田村の最晩年に至る著作、「日曜学校全廃論」（一九二九）、『ナザレのイエス』研究シリーズ（一九三〇、一九三一）、ならびに「対バルト神学」に関する論考（一九三三）を踏まえた田村教育論の全容の解明を意図するものである。

以上のような五つの課題に即して、本論文は以下のように構成される。

第1章　築地バンドにおける「自由民権」との出会い
第2章　田村の「男女同権」論
第3章　万民の同権から「子供の権利」へ
第4章　田村の日曜学校教育論
第5章　田村の宗教教育・養育論

この構成に示されるとおり、第1章から第3章までは、キリスト者となった田村が、根底で常に子どもへの関心を持ちながら、「自由民権」に始まり、「男女同権」「女性解放」を経て、「子供本位」「児童中心」へと集約されていく過程を順に追って、田村の『子供の権利』における子ども観を確認するものである。そこで、3章までは、主に田村のキリスト教教育論の形成の土台となる経験に関わる部分と言うことができる。

続く、第4章、5章では、田村の「子供本位」への大転換以降を扱い、自覚的本格的に構築された田村のキリスト教教育論を、「日曜学校教育」と「宗教教育・養育」という二つの側面に分けてそれぞれに論じていく。これらにより、近代日本キリスト教史における田村直臣のキリスト教教育論の体系を明らかにし、そこから、現代日本のキリスト教教育への示唆を受け取ろうとするものである。

(1) 小沢三郎『プロテスタント史研究』東海大学出版会、一九六四年、二一頁。

(2) 土肥昭夫『日本プロテスタントキリスト教史』（新教出版社、一九八〇年）、工藤英一『明治期のキリスト教』（教文館、一九七九年）。

(3) 「直臣」の読み方については、巣鴨教会や関係者、ご遺族にも、聞き取りを行ったが、「なおおみ」「なおみ」の双方が用いられており、振り仮名が付された戸籍等の公式文書は現存しないとのことだった。事典類、研究者の間でも二つの読み方が混在しているが、「なおみ」とするのは、本人の英語表記がそうであることを唯一の根拠としている。確かに、田村は、自身の名前をNaomi Tamuraとスペリングしているが、英語に極めて堪能な田村が、Naomiと母音を重ねて綴るとは到底考えられず、英語表記として、Naomiを用いたものと推定される。一方「なおおみ」は、田村の墓がある東京都染井霊園「園内案内図」に田村の没年月日と共に「田《た》村《むら》直臣《なおおみ》」とあるように、非常に一般的な（通常なされる）呼称である。英語表記に依拠する「なおみ」以外に、「なおおみ」が用いられてきていること、田村本人が、日本語で「なおおみ」とことわっている資料が皆無であることから、本書では「たむら・なおおみ」と読むことにする。

(4) 土肥、一九八〇、八八頁。

(5) キリスト教学校教育同盟の歴史をみると、古くは新島襄が提唱した「キリスト教人格教育論」をはじめ、学校教育がなすべきキリスト教教育とは何かをめぐって、また、「教会」と「学校」の関係や、「キリスト教学校」か「主義学校」かをめぐってなどのキリスト教教育論争が、一九九〇年代までなされてきた。しかしそれらは、主に日本社会における制度としての学校教育が、キリスト教をどのように取り入れ、打ち出すのかをめぐった論議であり、各学校が、キリスト教教育学研究に基づいてどのようなキリスト教教育課程を提供していくのかというものではなかったと言える。大西晴樹『キリスト教学校教育史話』教文館、二〇一五年参照。

(6) 東京女子師範学校附属幼稚園の初めの保母は、松野クララ、豊田芙雄、近藤はまの三名で、発案者は中村正直(敬宇)である。近藤はま、中村正直は田村の築地、銀座時代に関わりがあり、本文でとりあげるが、この幼稚園の創立時の人々にキリスト教的背景があったことは明白である。

(7) 日曜学校教育の歴史は日本のキリスト教教育史のなかで、最も研究されてこなかった分野であるが、NCC教育部歴史編纂委員会編『教会教育の歩み――日曜学校から始まるキリスト教教育史』(教文館、二〇〇七年。以下、『教会教育の歩み』と表記)は貴重な日曜学校史研究となっている。

(8) 日本のプロテスタント教会で牧師の身分を指す語。これは、仏教が「僧侶」「坊主」等、自ら帰依する信仰の修行者としてのロールモデルであることを示したり、「住職」と呼んで寺院(場所)に就いていることを表明するのに比べ、また、神社神道で「神主」や「宮司」と呼んで、堂守や祭祀を司る職能を表わすこと、カトリックでは「司祭」、「神父」と呼称することとも、全く異なった表象である。欧米のプロテスタントキリスト教聖職者には〈clergy〉や〈minister〉が用いられるところを日本では「教師」〈teacher〉としている。この呼称は儒教的背景を色濃く映すものと思われる。

(9) 梅本順子『闘う牧師　田村直臣の挑戦』大空社、二〇一〇年。

(10) 『田村直臣　日本の花嫁・米国の婦人　資料集』藤澤全・梅本順子編、大空社、二〇〇三年(以下、梅本『資料集』と表記)。

(11) 梅本『資料集』六三頁。

(12) 同、七六頁。

(13) 村田幸代「田村直臣の子どもの権利思想――その形成過程と子ども観を中心に」(『国際文化研究論集』第8巻、龍谷大学大学院、二〇一〇年)、同「田村直臣の子ども向け読み物における子ども観の変遷――『童蒙道の栞』から『幼年道の栞』まで」(『国際文化研究論集』第9巻、龍谷大学大学院、二〇一一年)。

(14) 武田清子「田村直臣に見る家族主義道徳の批判――『日本の花嫁』事件をめぐって」『人間の相克』弘文堂、一九五九年(引用は一九六七年改訂版による。以下、武田、一九五九と表記)。

(15) 田村直臣『基督教と政治』警醒社、一八九〇年。

(16) 武田、一九五九、二九五頁。

(17) 工藤英一「鉱毒問題とキリスト者――田村直臣を中心として」『明治期のキリスト教』教文館、一九七九年。

(18) 秋山繁雄「田村直臣」(『明治人物拾遺物語——キリスト教の一系譜』新教出版社、一九八二年)は、田村の生涯を主に自伝から丹念に拾いあげ、著作や児童教育についても記述しているが、「人物物語」の性質上、略伝記に留まる。

(19) 森下憲郷「序にかえて」「東京第一長老教会の創立者C・カロザース」「田村直臣と自営館」『築地バンドの研究』東京第一長老教会創立百十周年・田村直臣牧師歿後五十周年記念論集、日本キリスト教団巣鴨教会、一九八六年。

(20) 森下憲郷「築地居留地における幼児教育の源流」『近代文化の原点——築地居留地』1、築地居留地研究会編、築地居留地研究会、二〇〇〇年(以下、森下「幼児教育の源流」と表記)。

(21) 太田愛人『開化の築地・民権の銀座——築地バンドの人びと』築地書館、一九八九年。

(22) 本井康博「新島襄と田村直臣——『築地バンド』との秘められた交遊」(『同志社時報』第一四〇号、二〇一五年)と、本井康博『新島襄と明治のキリスト者たち』(教文館、二〇一六年)があり、後者には、「築地バンド」の節に、「C・カロザース」「田村直臣」「原胤昭」の三章がある。

(23) 帆苅猛「田村直臣の『児童中心のキリスト教』」『基督教学研究』第二四号、京都大学基督教学会、二〇〇四年。

(24) Thomas John Hastings, *Practical Theology and the One Body of Christ: Toward a Missional-Ecumenical Model*, Wm. B. Eerdmans Publishing Co., 2007 (Grand Rapids, Michigan/ Cambridge, U.K.).

(25) 竹中正夫『ゆくてはるかに——神戸女子神学校物語』教文館、二〇〇〇年。

(26) 竹中正夫『美と真実　近代日本の美術とキリスト教』(新教出版社、二〇〇六年)には、田村の青年教育の分野でかかわりのあった自営館出身の画家、和田栄作、数寄屋橋教会で信仰を育てた岸田劉生が取り上げられている(第3章参照)。

第1章
築地バンドにおける「自由民権」との出会い

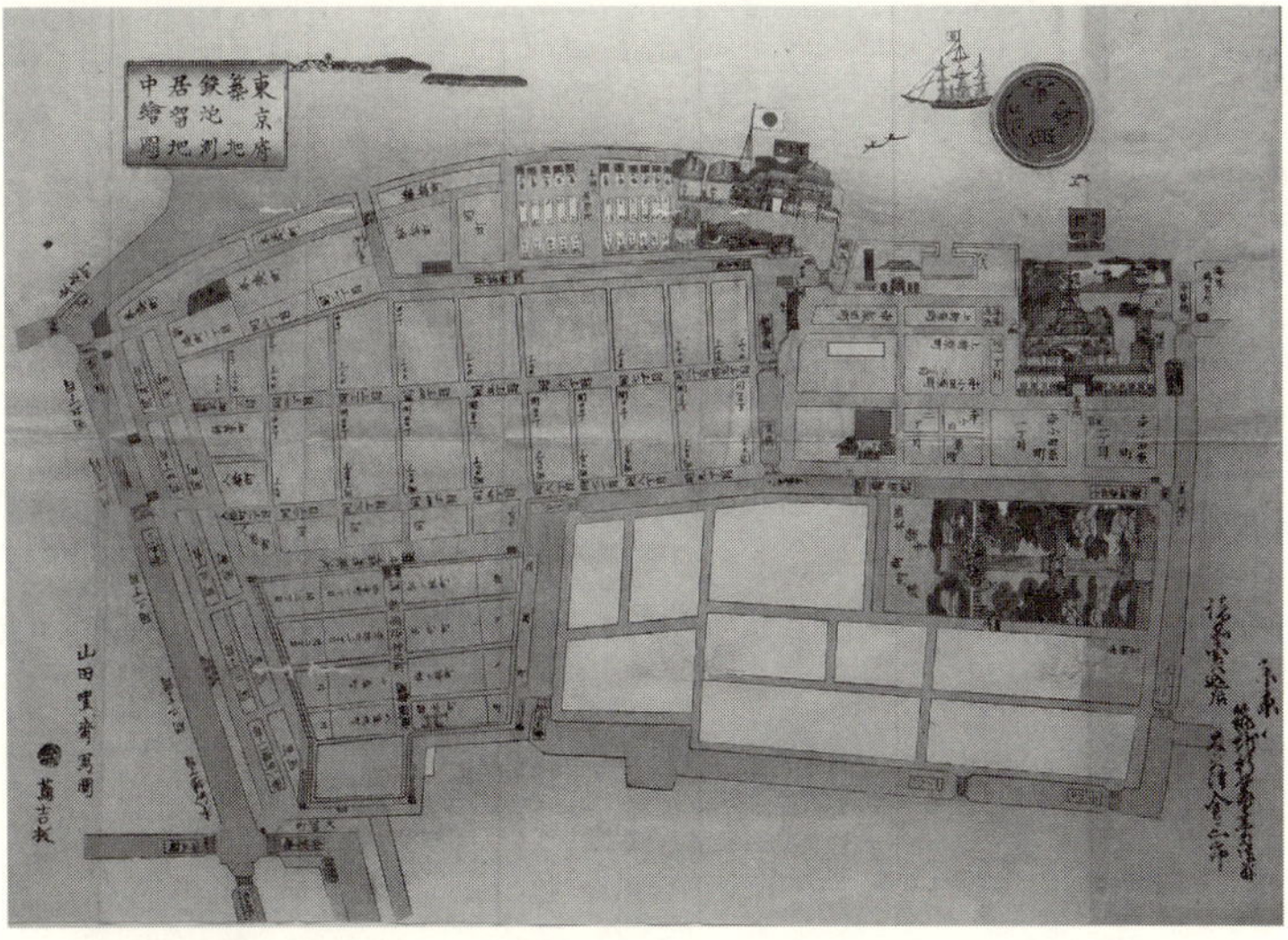

東京府鉄砲洲居留地中絵図（ミズノプリンティングミュージアム蔵）

田村直臣は一八五八（安政五）年に生まれ、一九三四（昭和九）年までの生涯を生きる。それは日本社会においては、徳川幕府による武士の封建国家であった江戸時代の終わりにあたり、安政、万延、文久、元治、慶応と目まぐるしい動乱期を経て、明治維新を迎え、急激な近代国家形成から覇権を強めていく、大正、昭和、第二次世界大戦前夜までの七六年である。社会体制が根幹から揺り動かされる時代を生きた田村の人生も、大きな変化の連続であったが、その生涯を見通すと、顕著な二回の転機を認めることが出来る。

人生を二分する初めの転機は、田村の一〇代半ばに訪れる。一八七二年に東京へ向かい、一八七三年築地居留地でキリスト教と出会い、翌年受洗をしてキリスト者となったことがそれであり、それまでの未信者であった一六年は、田村のキリスト教信者としての生涯の前史として理解されるべきものとなる。キリスト教信仰を得てからの田村は、六〇年にわたる信仰の生涯を送ることになるが、次にその信仰史を分ける二つめの転機が四〇代半ばに起きる。それは、キリスト教信仰と自分の人生のすべてを「子ども」に向けるというもので、信仰の性質と活動を大人本位から児童本位、子ども中心へ移すという大転換であったとされている。

これによって、田村のキリスト者としての前半生、後半生は、ほぼ三〇年ずつに区切ってとらえられるのだが、この転機は、月日を特定できるような一日にして成ったものではない。田村は、自ら著した『信仰五十年史』(1)（以下『五十年史』と表記）において、児童への大転換を一九〇一年、つまり世紀の境に起こったと断定しているが、それが、二十世紀大挙伝道と足尾銅山鉱毒事件との関わりを終えた後の出来事とされていることから考えると、その年代は、厳密には早くても一九〇二年一一月以降であったと推定される。そもそも田村はキリスト者となったごく初期から、子どもに興味関心を持ち、児童向け読み物を書き、日曜学校で子どもたちに教えていた。さら史的出来事が引き金となって子どもへの大転換が起こったことは明らかである。しかし、一九〇一年の二十世紀大挙伝道と足尾銅山鉱毒事件との関わりが動機となり、つまり、二十世紀の境に起きた二つの歴史的出来事が引き金となって子どもへの大転換が起こったことは明らかである。

いずれにしても、田村の六〇年の信仰史は、大人に対する贖罪、救いを中心とした伝道と牧会から訣別し、子ども中心のキリスト教へと向かう道程へと、確実に移行している。実際に、田村は、信仰史の前半で、築地を出発点として自由民権運動と関わり、銀座教会・京橋教会の牧師として青年の育成事業と女性の権利擁護にあたり、「日本の花嫁」事件によって、日本基督教会の教職を剥奪される。そして、後半の三〇年では、日曜学校運動に邁進し、日本日曜学校協会の設立と教案作成に尽力し、日本で初めて『子供の権利』と題する書物を著し、巣鴨教会と大正幼稚園で宗教教育を実践していくのである。

一つめの転機であるキリスト教との出会いによって、彼の人生が二分されたように、二つめの転機は、田村のキリスト者としての思想、信条ならびに働きを一変させる転機、自身の生涯を顧みて、とりわけ重要となる意識上の大転換となったものと思われる。これにより、田村は自覚的に、自らの子ども理解と教育論、キリスト教信仰や神学を、「子供中心」「児童本位」へと根本的に変換し、その使命に後半生を賭けることになったのである。

そこで、本章では、田村がこのような「児童本位」思想をもって生涯を歩む原点となる築地バンドについて、森下憲郷の『築地バンドの研究』と、太田愛人の『開化の築地・民権の銀座——築地バンドの人びと』を主な先行研究として取り上げながら考察していく(2)。

１節では、田村が上京するまでを前史とし、２節において首都、東京に唯一開かれた築地居留地と、築地バンドの特徴である自由民権の風土について、３節では、田村のキリスト教信仰とその後の歩みを決定づけることになる、田村の師、クリストファ・カロザース宣教師について述べていく。これらを、田村本人による述懐である『信仰五十年史』の記述にもとづいてたどりながら、先述の築地バンド研究並びに、関係資料を用いて考察する。

1 前史——田村による時代考察

誕生から明治維新

田村直臣は一八五八（安政五）年八月九日、大阪・堂島天満（現在の大阪市北区堂島二丁目）に、浅羽藤二、たかの三男として誕生する。この年は、近代日本のキリスト教宣教史の幕開けとなる特別な時であり、田村は、その年の同じ夏に自らが誕生したことを、「不思議」として深い感慨をもって『五十年史』冒頭に記している。

一八五八（安政五）年、日本は不平等条約として知られる「安政五か国条約」と呼ばれる通商条約を列強と結び、開国への大きな転機を迎えていた。その皮切りとなったのは七月末、最初の相手は米国で、その後、英、仏、露、蘭と、この年の秋にむけて順に五か国と、同様の通商条約を結んだのである。これにより、江戸（東京）、大阪の開市、函館、神奈川（後に横浜へ）、長崎、兵庫（後に神戸へ）、新潟五港の開港と、それらの地域での居留地の設置が決められた。こうして、二〇〇年以上にわたり、薪水補給のための寄港以外、その入国が閉ざされてきた外国人の、日本国内での居住が可能となったことにより、日本におけるキリスト教宣教の方途も開かれたのである。田村が誕生した時に結ばれた江戸開市の約束が、再三延期されながらも、一八六九年の東京開市と築地居留地開設となって実現し、それによって田村の入信は起こったことになる。

一八五八年七月二九日、一連の通商条約の内容を定めることになる日米修好通商条約が、日本を代表する政府である江戸幕府と米国政府との間で調印された。米国政府の全権は、敬虔な聖公会信徒のタウンゼント・ハリスであった。ハリスは、一八五四年の日米和親条約によって認められた駐日総領事として、一八五六年夏、下田へ赴任し、玉泉寺を領事館として駐在していた。当初幕府は、ハリスの取り扱いについて、「邪教伝染がないように」取り締まりを厳重にすることを下田奉行に求めていたという。幕府の鎖国政策は、キリスト教の侵入を阻止する意図と深く結びついていたことになる。ハリスは江戸城登城を切望し、一八五七年一二月から江戸城に滞在して将軍家定に大統領の親書を手渡し、他の欧州諸国とは別格で、米国主導の通商条約を提案、交渉を重ねた末、翌年夏にようやく調印にこぎつけた。米国総領事としての赴任から締結まで、丸二年の歳月を要したことになる。

この日米修好通商条約の第八条には、ハリスの草案とされる、宗教に関する規定が盛り込まれていた。それは、日本側では一般に「外人の信教の自由」(3)とされているが、その内容は、日本に滞在する米国人の宗教の自由を認め、礼拝堂を居留地内に建設してもよいというものだった。これによって外国側は、宣教師の入国と日本への布教が可能となったとしたのである。

田村は、ハリスが一八五八年の元旦を江戸城で迎え、条約締結を願って熱心な祈りをささげたことを記し、その祈りの成就として制定された宗教に関する条文を、以下のように自伝に記載している。「日本に在る亜米利加《アメリカ》人、自ら其の国の宗教を念じ、礼拝堂を居留地の内に置くも障りなし。並びに其の建物を破壊し、亜米利加人宗法を自ら念ずるを妨ぐることなし。亜米利加人、日本の堂宮を毀傷《きしょう》する事なく又決して日本神仏の礼拝を妨げ、神体、仏像を毀《こぼ》つ事あるべからず。双方の人民、互に宗旨《しゅうし》に就《つい》ての争論あるべからず。日本長崎役所に於て、踏絵の仕末は、既に廃せり(4)」。

田村は、それまでの日本がキリスト教を「阿片《アヘン》と同一に見做《みな》し」、「蛇蝎《だかつ》の如く」忌み嫌っていたと語っており、通商条約第八条を全文転記することで、それが一変、キリスト教宣教に対して日本の門戸開放がなったと強調している。このようなキリスト教側からの評価以外にも、この条文からは、幕末のキリスト教をめぐる状況や、日本における宗教、キリスト教についてのハリスと米国側の見解が読み取れ、非常に興味深い。長崎での踏絵の廃止といった、キリシタン禁制の解除要求を盛り込み、「亜米利加人宗法」とされたキリスト教信奉と、神仏への日本人宗旨の双方を認めあい、宗教論争はしないことの定めだったのである。そして、田村の誕生の年に取り交わされたこの約束が、一〇数年後に築地居留地で興される田村直臣という日本人キリスト者の誕生を準備するものでもあったことを、後年の田村は強く自覚していたことになる。

しかし、むろん、東京・築地と田村の人生が交わる以前の田村の幼少期に、キリスト教は、それこそ邪教であり、実体験として「蛇蝎のように遠ざけられていた」と思われる。その代わりに田村の身近にあったのは、武力、家、男中心の封建社会であり、しかも、その江戸幕府による封建体制が一挙に崩壊へと向かい、新たな力が台頭する革命期に、田村は多感な少年時代を生きることになる。田村の少年時代の環境と、その後の、血気盛んで戦闘的な性格は、当然、切り離すことができないだけでなく、田村本人が述べる一八七二年の上京に至る生い立ちと人脈は、なぜ彼が築地バンドの一員となって、それからの人生を歩むことになったのかを理解する上で、重要な背景となっている。

そこで、以下、田村の入信までの前史を「我が身の歴史」に則して記述する。

田村（幼名、藤三郎）の父、浅羽藤二は、大阪堂島の与力で、母たかは、京都町奉行組与力、加納萬五郎の娘であった。萬五郎は、幕府が倒れた時、二君に仕えることをよしとせず、平民となる道を選んだ「気概家」とされている。この父母ともに代々与力をつとめた幕臣の浅羽家で、兄二人と妹二人の三男として、田村は一〇歳までを過ごすことになるが、生家は比較的裕福で、家には、住友家や大塩平八郎の名前のある借用書類があったと述べている。

一八六八年、明治維新の年に大阪を離れ、京都で田村家の養子となり名を直臣と改める。養父、田村豊前守《ぶぜんのかみ》は四条家の家臣で、福岡から京都へ戻ってきて、すぐに田村を養子に迎えたことになる。田村家は、京都丸太町の鴨川沿いに邸宅を構えており、[5]田村少年が外出する際は、家来数名がお供するという暮らしぶりだった。「大村益次郎兵部大輔《ひょうぶたゆう》の家」には度々遊びに行き、[6]「横井小楠先生の暗殺された家」[7]もよく憶えていると述べている。大村、横井が共に暗殺された一八六九年、「明治二年頃の京都は、血の町であった」と田村が表現しているように、鴨川には毎日のように生首がさらしものとなっていた。そして、こともあろうに、悪戯仲間に度胸をみせるために、その生首を家に持ち帰って家人に大目玉をくったことさえあったという。

このころ、四条侯が陸軍少尉となって伏見の陣営にあったことから、田村少年は、伏見の兵学校に入り、「奥羽の戦争に飛び出そう」としたが若すぎてかなわず、大変失望する。このような京都での生活は、一年半強と短かったと推察されるが、維新直後を京都の町で過ごし、この激動を経験したことは、田村の後の人生に大きな影響を与えたと思われる。

一八六九年の終わり頃、田村は京都を離れ、田村の父が四条家に黒田家から正室を紹介した褒美として、福岡の亀井塾へと向かう。亀井塾の生徒であった二年間、田村少年（一一―一三歳ごろ）を育ててくれた第二の養母は、太宰府生まれの女性で、「井上哲次郎博士を生まれ落つるより七歳迄、自分の子供の如くに養育した婦人であった」という。田村は、その後、福岡を廃藩と同時に離れ、商業界に身を転じて大阪で汽船会社を創立していた田村の父の家に戻ることとなる。廃藩置県は、一八七一年八月二九日に告知されたが、各地での実施は秋から冬にかけて行なわれていったことから、田村が大阪に戻ったのは、早くても一八七一年末であったとみられる。

大阪で田村は、中之島にあった「結城の英語塾」に入り、初めて英語を学び始めたが、周囲の学生たちが次々と東京へ出ていき、ただひとり「残され者」となってしまう。父の会社は、「士族の商売」で、上手くいかなかったようである。その父が商用で上京することを聞きつけた田村は、隠れて父が乗る船に乗りこみ、無理やり東京へ出ていく。田村の父は、築地門跡前(8)の東久世《ひがしくぜ》通禧《みちとみ》邸に田村を連れて行き、家扶《かふ》（皇族、華族の家で家令＝執事を補佐した者）に頼み込んで彼を預けて大阪へと帰っていった。こうして、田村は一八七二年の終わり頃、ついに築地の人となるが、「私は大希望を果し、東京に来た事は来たが、前途は実に暗の夜であった」と記すとおりであり、まだ居留地との出会いもないままであった(9)。

ここで、田村の上京と築地大学校入学の年について触れておく。田村自身が『五十年史』で掲げる年代については、足尾銅山鉱毒事件を二十世紀大挙伝道の五年前の出来事と記載するなど、記憶違いと思われる誤りが認められる[10]。足尾銅山鉱毒事件のような歴史的事実は食い違いが明らかになるが、居留地における築地大学校の創立年（田村の入学年）は、僅か一年の違いであるため、『五十年史』の記載の正誤を判別するのが難しくなっている。

このためもあってか、田村の上京年は、一八七一年が通説とされているが、早くても一八七一年末に福岡から大阪に引き揚げ、大阪の結城塾で約一年をすごした後の上京であること、田村の葬儀の折、葬送の辞として、井深梶之助が述べた田村の略歴に、「明治五年に父君に随行して上京し[11]」とあることから、一八七二（明治五）年の後半であったと考えるのが妥当である。

田村の父は、岩倉使節団（一八七一―一八七三年）の理事官として海外にあった東久世通禧の留守宅の家扶に頼んで息子をおいてもらい、田村は一八七三年九月の東久世伯の帰国以降、そこで書生とされたと考えられる。また、築地居留地での築地大学校入学は、宣教師の来日時と活動記録から、一八七四年になってからであると判断される。

一八七三年頃の東京での生活の始まりに至る田村の前史において、上述の「我が身の歴史」から注目したいのは、田村が主君としたものの変化についてである。大阪堂島にあった幼少期は、江戸時代末期で、代々の与力の家であった浅羽家に生まれた田村は、当然幕臣としての誇りを持ち、徳川家に仕える武士となることに気概を感じながら一〇年を過ごしたと思われる。しかしそれは、京都で田村家の養子となることで、大変動に向かう。

田村家は、幕末に尊皇攘夷派の公卿として京都で活躍し、そのために長州へ出向させられた「七卿落ち」のひとり四条隆謌《しじょうたかうた》の家臣で、さらに四条侯が「太宰府落ち」（五卿）し、それに同行していた。ところが、一八六七年一二月、王政復古前夜に五卿は許され復権。田村家も、四条家と共に京都に戻ったところで、養子に迎えられたのが田村だった。

こうして田村は、一転、錦の御旗が朝廷より討幕の新政府軍に与えられた鳥羽・伏見の戦いの年に、京都へ、しかも朝廷・官軍の側に移り住んだのである。田村が行きたかった「奥羽の戦争」とは、四条隆謌が奥羽追討の総督をつとめた戊辰戦争であり、上京した後に、田村の父が彼に願っていた「軍人」となることも、朝廷側の新政府による新しい日本国の軍人ということになる。

このように京都で「田村」となった明治維新の時から、彼は、それまでとは一変した「田村家」、「四条家」、「七卿」の人脈の中で生きることになる。田村の父が、四条隆謌の正室に、太宰府時代に縁のあった福岡藩黒田長溥《ながひろ》の養女、銈姫を紹介したことで、亀井南冥《なんみょう》・昭陽《しょうよう》父子の残した名門の亀井塾に入塾したこと然り、田村を築地居留地へと出会わせるきっかけとなった東久世通禧もまた、七卿のひとりであったこと然りである。

田村はこうして、幕末から維新という、血による革命がもたらす社会変動期を一〇歳という若さで見ることになり、その変動の波を摑みとって自分の人生を押し上げていく若い日を過ごした。このような田村の前史の経験は、権力がいかに移ろいやすいものであるかを彼に教え、進取の気概への憧れを育むと共に、ある日一変する主権者の座は、力でねじ伏せて奪い取った者の手中におかれるもので、自分は常にその勝者の側にいなければならないという意識を強くもたせたのではないだろうか。誰もが決してキリスト教信者にならないと確信していた、築地大学校一の乱暴者、手の付けられない大将、田村直臣はこうしてつくられたといえる。

明治新政府とキリスト教宣教黎明期

上京して東京に本拠地をおいた田村は、近代日本のキリスト教宣教の黎明期を自分史と重ねながら、以下のように概観している。

その始まりは、先述のとおり、ハリスが調印にこぎつけた一八五八年の日米修好通商条約であり、その証拠であるかのように、翌一八五九年に宣教師、ヘボン、ブラウン、シモンズが神奈川に、リギンズ、ウィリアムズ、フルベッキが長崎に来日しその後も続いた。この時から王政復古まで、つまり一八五九―一八六七年は、未だ江戸幕府のキリスト教禁教政策下にあって、キリスト教の布教は、横浜・長崎・函館の三か所に限られていた。しかし、攘夷の気運が高まり、外国人を忌み嫌う風潮とその力への畏怖と興味が交錯する中、幕末の混乱に乗ずる形で、日本宣教の準備は着々と進められていた。田村がこの時期に特筆したのは、一八六四年の日本人初のプロテスタント信者の誕生（バラが自分の日本語教師であった矢野元隆に洗礼を授けたこと）と、同年、函館でニコライの日本語教師をしていた新島襄が国禁を犯して米国へ密航し、後年の日本の教育界、伝道界の柱石となる大人物が準備されたことであった。

ところが、一八六八年の王政復古により、明治天皇に権力が移ると、宗教をとりまく状況は急変する。神道の国教化が図られ、神祇官《しんぎかん》が復活し、キリスト教禁止の高札が至る所に立てられたのである。それでも、横浜を中心としたプロテスタント宣教の活動は、一八七二年に初の日本人教会である日本基督公会（横浜基督公会／海岸教会）を生み出し、一方東京でも、一八六九年の居留地開設に伴い、築地での活動が活発に進められて、一八七三年の高札の廃止を迎える。こうして、各派のキリスト教宣教とミッションスクールの働きは、東京・築地居留地にその中心を移して、宣教草創期のピークを迎えていくのである。

キリスト者としての田村直臣は、この築地居留地から生まれ、自らを「築地（大学校）バンド」の一員と称して、文明開化と自由民権の魁《さきがけ》であり、中心地である築地、銀座を原点とする自らの立場を強調した。それは、多分に、横浜バンドとは一線を画しているという田村の自負からくるもので、その後の事情を顧みれば、無理からぬ言い分だと思われる。しかし、築地バンドは、日本のキリスト教プロテスタント宣教史において、その初めにあった国家的政治的性格を分析する上で非常に重要でありながら、ほとんど注目されず、これに特化した先行研究としてあげられるのは、森下憲郷『築地バンドの研究』と、太田愛人『開化の築地・民権の銀座　築地バンドの人びと』(12)の他にほとんどみられない。この築地バンドの中心人物であった田村の主張から、これを検討することの意義はあるだろう。

そこで二節では、田村を中心題材としながら、築地バンド研究を試みていくが、それに先立ち、築地居留地の当時の状況を知るために、田村の『信仰五十年史』の語りに注目しておく。幕末から明治維新を体験し、明治初期にキリスト者となった田村の歴史認識と記述には、その時代を生きたからこそ語れること、直接体験者の印象が、ことば遣いのなかに表現されていると思うからである。

始めに取り上げるのは、田村において明治維新は、この国の「大権」が江戸幕府、将軍家から「先帝陛下」すなわち明治天皇の「統御」へと変わった出来事とされていることである。[13] ここで田村は、この変革を、自身の生涯に深く関わる命題である「権利」とその所在との関連で表現している。つまり、田村において、明治維新は、幕府から朝廷に主権が移る出来事だったということができる。

主権がどこにあり、国家の主君がだれであるかは、その社会が向く方向を決定づけ、個人はその体制側に付くことへと動くと思われる。この時の大権の移動は、日本の宗教界に、神道の台頭と「国教化」をもたらし、「外教」と認定された仏教とキリスト教の二宗派の排斥を招いた。それまでの日本の宗教の勢力図は塗り替えられ、古来の神社神道は、国家神道へと変質を余儀なくされ、廃仏毀釈の措置までとられた仏教と、邪教とされ続けたキリスト教は、維新以降、敗戦に至るまで、天皇に大権のある八〇年近い年月を、主権の外で過ごすことになった。つまり、仏教とキリスト教は、国家神道以外の宗教として、それぞれ微妙に立場を変化させながら、ある位置を占めることを画策しながら歩むことになったと考えられるのである。

また田村は、明治維新を、一八六八年の神祇官復興とのつながりでとらえ、それが、一八七二年には教部省へと変わっていったことを、宗教政策、教育政策の点から注意深く述べている。明治新政府が、古代律令制に則った太政官制を敷き、太政官より上位に神祇官を置いたことは、神道において祭祀《さいし》など神事を司る職務が、国の官制のなかに取り込まれたことを示している。こうして神祇官は、新政府の主権の中枢に置かれ、武士以外の勢力が力を持つことのなかった徳川時代には予想もできない体制がつくられたのである。田村は、神祇官の復興がなったことを、「茲《ここ》に於《おい》て、神道は始めて日本の国教となった」[14]大事として言い表わしている。

神祇官は、一八七一年神祇省へと降格の形をとりつつ、太政大臣三条実美《さんじょうさねとみ》（七卿落ち、太宰府五卿落ちの中心の一人）が神祇伯を兼任することで、実質的にその権力を増長されて、祭政一致がすすめられる。翌年、神祇省は、教部省に代わるが、この変更で、祭祀は直接天皇が行なうものとされ、政権の中で、神事はさらに絶対化されることとなる。一方の教部省は、神道の布教と教化に専念する部署となるが、そもそも神事を司ること、即ち祭りの執行を中心としてきた従来の神道には、宣教、教育のノウハウはなかった。このため、教化に長けている仏教勢力の取り込みが計られ、神仏合同の国民教化機関である教部省が設置されることになった。こうして、神道と仏教は、維新政府の宗教教育政策を担う宗派となって、キリスト教を共通の敵とするようになっていったのである。(15)

このような明治新体制が造りだした宗教と教育の環境は、その時まさに宣教を開始しようとしていた後発のキリスト教にとって、相矛盾するあり方への誘いであったと推察される。キリスト教は、一方で神道を闘うべき眼前の障壁、打ち破らなければならない異なる主君と認識しながら、同時にもう一方では、仏教のようにその体制側に入りこむことで、宣教を進める方法があることにも気づいたということができるだろう。

田村が、神祇官から教部省へと至る歩みを細かく記載したのは、維新によって共に「外教」となったはずの仏教が、神道の不得手とした布教と教化に秀でていることを武器に、そのことで体制側に寄り添いながら、神道と共存していく事例を観察していたと見ることができる。そもそも、田村を始め、明治期の日本人キリスト者たちは、宗教としての神道にではなく、天皇（または天皇制）に非常な親和性と忠誠心をもっていた。そこで、仏教が、新政府の政策の一翼を担って、天皇制に近づいていく様子は、田村自身の教育との関わりを動機づける一事となっただけでなく、明治初期のプロテスタント指導者たちが、教育に特別な関心を持って、日曜学校運動を中心としたキリスト教の教育事業にこぞって力を注いでいったことにつながっていると考えられるのである。

実際に、日本の日曜学校運動の明治初期の歴史をみると、(16)一八七二年には、奥野昌綱がJ・C・ヘボン

(James Curtis Hepburn, 一八一五―一九一一）と共に、日曜学校用問答書『さいわひのおとづれ、わらべ手びきのとひこたへ』を早くも発行している。一八七四年には、東京第一長老教会日曜学校で、田村や原胤昭（二年後には、店主を務める銀座十字屋書店から日曜学校カードを発行）をはじめとする築地バンドの面々によってクリスマスが祝われている。同年、弘前でも日曜学校が開設され、その校長に後年メソヂスト教会監督となる本多庸一が就任。その年の横浜基督公会の日曜学校教師には、井深梶之助の名が見られる。その後も、植村正久が、万国日曜学校教案（国際統一教案）の翻訳を自ら創刊した「福音週報」に連載しているほか[17]、三浦徹、三戸吉太郎、本間重慶、小崎弘道、鵜飼猛、荒川文六、及川勇五郎など各教派の指導者たちが、日曜学校教則本の発行や日曜学校協会の設立（一九〇七年）に深く関わっていく。

このように日曜学校と、ここでは詳細を述べないが熱心に行なわれた、ミッションスクールによるキリスト教の教育活動は、草創期のプロテスタント宣教の方策の中できわめて重要視され、教会指導者たちの関心事であった。それは、長く禁制とされ、忌み嫌われてきた末、維新によってさらにその禁制を明確に突き付けられたキリスト教が、布教（宣教）と教化（教育）の優れた能力、技量を有することによって、神道国教化の日本の中で一宗派として認知されることに直結していたためではないだろうか。こうして、一七八〇年の創始からすでに百年の歴史をもつ英米の日曜学校運動を背景としたキリスト教の教育力は、明治から大正期のキリスト教界の、宣教のための最大の武器と目されていたと思われるのである。

いずれにしても、キリスト教の日本宣教の本格的開始は、明治維新により、以前とは質の違う、より一層困難な迫害下にあった。そのキリスト教排撃のもっとも厳しかった一八六八年の明治新体制発足時の状況を、田村は、「基督教禁止の高札は、日本全国至る所の要所々々に掲げられた」と描写している。しかし、滞日宣教師たちは「毫《ごう》もこれを意図することなく」闘った結果、一八七三年には、その、「日本全国至る所の要所々々に掲げられたる基督教禁制の高札は撤廃された」のだという[18]。全く同じ、「日本全国至る所の要所々々」という形容を田村に重ねて使わせるほど、この禁教の高札は数も多く、あちこちに目立つものだったと思われる。

この「基督教禁制の高札」は、一六一〇年代から続いた江戸幕府による「切支丹邪宗門ノ儀ハ堅ク禁制」であることを引き継いだことを示す、明治新政府太政官が一八六八年三月（慶応四年四月七日）五箇条の誓文表明の翌日に出した高札、「五榜《ごぼう》の掲示」の第三札を指している。古くからキリシタン札には、バテレン、イルマン等の密告を奨励する「訴人報償制」の告知の高札もあったが、五榜の掲示では、「定一　切支丹邪宗門《きりしたんじゃしゅうもん》ノ儀《ぎ》ハ是迄《これまで》ノ通堅《とおりかた》ク御禁制成《ごきんせいなり》」が、太政官の名前で布告されている。こうして新政府は、江戸幕府の政策を今までどおり踏襲して、キリスト教を邪宗門として取り締まることを改めて告知、徹底した。

そして、この明確なキリシタン禁制の条項は、掲げられてから五年後の一八七三年二月二四日に、高札制度自体の廃止が決められたことにより、全国で徐々に他の札と共に除却される。新政府側としては、非常に消極的な方法によって事実上廃止することになったわけである。

高札の撤廃理由については種々の要因があるとされるが、一般には、不平等条約改定の急務に対して、明治政府のキリスト教禁制が欧米諸国から激しく批判され、条約改正の障害となっていたことが言われている。田村は、岩倉使節団における新島襄の存在、聖公会ウィリアムズの働きかけ、二川一騰（後に小島）[19]の投獄からの解放に奔走したフルベッキらをあげ、キリスト教禁制を解くために、日本のプロテスタント宣教者たちの闘いをとりあげて述べている。しかし、当時の日本のキリスト教迫害は、主に、田村が取り上げていない、カトリック教徒に向けられ、「浦上四番崩れ」の壮絶な事件が起こっていた。この「浦上四番崩れ」は、幕末から維新後にかけて、長崎の浦上村から始まった切支丹（カトリック）弾圧事件の総称である。

一八六四年、日仏修好通商条約に基づき、長崎南山手居留地内にカトリック教会を建てて居留することになったパリ外国宣教会のベルナール・プティジャン神父が、翌年四月、隠れキリシタンとして潜んでいた浦上村の住人の訪問を受け、いわゆる「信徒発見」がなされる。その後、一八六七年長崎奉行はキリシタンを捕縛し、一斉に諸外国は反発、徳川慶喜と仏公使の会談なども行なわれていたが、一八六八年、倒幕により、この件も新政府へと対応が引き継がれ、先述の切支丹禁制の継続が高札によって確認される。五月、大隈重信と英公使との六時間に及ぶ協議を経て、主だった信徒百十数名が、処刑ではなく流罪とされ、七月、長崎に赴いた木戸孝允によって、萩、津和野、福山へと信徒は配流処分となった。さらに一八七一年、信徒三千人が捕らえられ、各藩にあずけられるという明治新政府の第二次キリシタン配流策が実施され、全国の流刑地では過酷な重労働が課せられたり、水責め、逆さ吊りなど処刑以上に陰惨な拷問、私刑が行なわれ、類を見ない大迫害が続いたのである。

一八七一年から欧米各国を訪問した岩倉具視欧米使節団は、行く先々でこの悪辣な蛮行を非難する世論と各国首脳からの批判に直面し、明治新政府のキリスト教弾圧が不平等条約の最大の障害となっていることを、日本へ縷々書き送ることになる。米国ワシントンでの条約改正交渉に、明治天皇の全権委任状を求められ、やむなく大久保利通、伊藤博文が一時帰国した際にも、おそらくこの話がなされたと言われている。こうしてついに、一八七三年、高札制度の廃止をもって、五榜の掲示の撤去が始まり、浦上の信徒はようやく釈放され、長崎、大浦天主堂に帰還する。しかし、それは、流刑となった総勢三三九四名の信徒のうち、六六二名がすでに死去した後のことだった。

日本のプロテスタントの宣教史では、浦上のカトリック信者が見せた命をかけた抵抗と、一切迎合しないで信仰を守りとおした出来事について、キリスト教宣教史の歴史的事実として記述しているものの、特にそれをプロテスタントの対禁教政策において、重要視することはなされていない。しかし、海外のキリスト教界、欧米の宣教師たちは、この件に、大きな関心を払い、これを問題にしたのである。

例えば、田村の身近にいた、米国長老教会の宣教師D・タムソン（David Thompson, 一八三五—一九一五）は、一八七一年三月に紀州和歌山藩を訪れた際、浦上の配流キリシタンが過酷な状況の下で忠実に信仰を守り続ける姿に接し、在日ミッションならびに横浜の英文誌にその状況を報告し、本国の伝道局に対してアメリカ政府への働きかけを要請する文書をヘボン、C・カロザースと連名で出している。[20] 日本に在住するプロテスタントの外国人宣教師にとっては、浦上の事実は無論看過できないことだったのだ。

ところが、幕末から明治初期、まさに浦上の信徒たちの受難時代を同時に生き、明治新政府の宗教政策を注視していた、カロザース門下の田村の記載には、「浦上」の文字が全く見られない。同じ五榜の掲示の大迫害時代を生きながら、生まれたばかりの日本のプロテスタント信者と、長きにわたって国家の弾圧下にあって信仰を守ってきたカトリック信者では、国家ならびに明治新政府への姿勢は、全く異なるもののように見受けられる。そしてこの違いは、その後の両者の歩みを決定的に違えるものとなっていったのではないだろうか。

日本のプロテスタント教会とその指導者たちはこの後、旧教と歩調を合わせるのではなく、天皇を主権者、主体とし、神道を国教とする、明治新政府の国家体制の方へ、「教育」を得意分野としてすり寄っていく。この事実と、田村の記載の中に一言も浦上の壮絶な事件とカトリック教会がとった決然とした態度への言及がないことには、何らかの符合があるように思われるのである。

信教の自由を含めた基本的人権は、近代日本の形成期において、命を脅かされる迫害の中で、非暴力の抵抗の末、勝ち取らなければ得られないものであった。そのことは、近代日本の成立史を顧みる上で忘れられてはならないことだろう。日本のキリスト教宣教は、先行したカトリック信者の血の犠牲と無抵抗による闘いの上に、高札の撤去、禁教の廃止を見る。一八七三年は、浦上の闘いの成果として、信じる権利と自由が日本人にもたらされた年であり、この年、田村の前史は終わりを告げ、キリスト教宣教が公に開かれた東京・築地へと、その舞台を移したのである。

2　東京・築地居留地と築地バンド

一八七二年、田村は上京し、築地本願寺前の東久世邸に寄宿して、岩倉使節団に加わっていた東久世通禧が翌年九月に帰国した後、通禧の書生となる。午前は東久世邸で書生として過ごし、午後には築地居留地に通うようになり、築地六番の長屋の二階で「バアク嬢《ママ》」（メアリー・パーク Mary Parke, 一八四一―一九二七。長老派宣教師、後にD・タムソンと結婚）の英語教室の生徒となって、初めて外国人に英語を習ったと述べている。その後、クリストファ・カロザース（以下「クリストファ」とも表記）が開校することになった築地大学校への入学を切望し、東久世伯に学費を出してもらえることになり、寄宿生として入学を果たすのである。

このクリストファの英語学校、築地大学校に学んだことをきっかけとして、田村はキリスト教に触れ、一八七四年にはクリストファ・カロザースより受洗して、東京第一長老教会の設立に加わる。その後クリストファの妻ジュリア・カロザース（以下「ジュリア」とも表記）の築地A六番女学校を使って開かれた、クリストファの築地六番神学校に学んでいたが、一八七六年にクリストファが突然ミッションを辞任することとなる。これに伴い、田村もミッションを離れ、日本独立長老教会（銀座教会）を興して移籍すると共に、ブラウン塾（横浜）と合同することになった東京一致神学校に編入学し、一八七九年には、二二歳で日本基督一致教会（日本基督教会）銀座教会の牧師となっていく。

前史とは一変し、ついにはキリスト教の牧師となる田村の人生一度目の大転換は、築地居留地での出会いを契機としている。カロザースによって開かれた築地大学校、築地六番神学校での学びと東京一致神学校への編入学時代がそれである。この間の米国長老教会在日ミッションの宣教活動とカロザースの働き、ならびに築地バンド関連事項は、巻末の年表、特に一八五七年から一八八二年に詳しく掲載することとし、本節では、まず、田村が生涯、自身のキリスト者としての働きを東京に据えたことの意味、ならびに人生の原点とした築地居留地と築地（大学校）バンドについて論述する。

本拠地としての東京

一八七二年の上京以降、田村は、米国留学期を除いてその生活の拠点を生涯東京に据え、一度も離れることがなかった。居住地、学校（寄宿舎）、牧会した教会、自営館と田村塾（青年育成事業）、運営した幼稚園のすべては東京内で移動をしたものの、終生東京を自らの働きの場としたことになる。この事実は、田村が自身の使命とした教育事業、その目指す働きを東京という場所と関連付け、東京で実践することに意義を認めていたことの表れではないかと思われる。

田村の東京在住は、「日本の花嫁」事件の後、一八九四年に巣鴨へ移動するまでが前半となる。それは、築地門跡から始まり、築地居留地内の築地大学校寄宿舎、銀座、京橋、数寄屋橋の各教会、銀座十字屋の二階など転々とするが、一八七八（明治一一）年成立の東京一五区の京橋区内に限られている。その途中、米国留学（一八八二—八六年）を挟み、一時、自営館を移していた白金に自宅を移すが、その白金も、東京一五区の芝区であるため、前半期は、東京の中心であった区内に留まっていたことになる。

花嫁事件以降、田村は、初めて育英事業と自宅を東京一五区の外、巣鴨村に置く。巣鴨は、一五区の小石川区の北に隣接し、田村の晩年になって、一九三二年成立の東京三五区で、初めて豊島区となる地域である。田村は、その巣鴨に一九一八年に、数寄屋橋教会も移転している。つまり、田村は、東京市のフロンティアであり、文明開化と民権の中心であった銀座周辺の東京南部（皇居から南、隅田川の西）で明治期の半ばまでを過ごし、三〇代半ばで東京の北部へと移転して、後半生をそこで過ごしたことになる。

ところで、明治学院の居留地からの移転時に米国留学をしていた田村は、帰国後その校地選択について聞いた

1872 年頃のＡ６番女学校と宣教師館（女子学院蔵）

話を、『五十年史』の中に記述しているが[21]、そこには田村の東京内の地域性に関する自説が述べられている。当時明治学院候補地には、白金と共に、「大儀見教師」らの推す小石川大塚護国寺近辺があったのだが、白金派の方が勝利して、明治学院は東京南西部へ移転する。しかし、田村は、東京の北方には学校が、「南は商業地となる」のが自然の理であるという考えから、小石川派の大塚での学校建設の方が、はるかに先見の明があったとし、今からでも白金校地を売って、東京北部へ動くことが望ましいとまで記している。

実際に田村がその『五十年史』を著した一九二四年には、「学習院も、東洋大学も、早稲田大学も、高等師範も、女子大学も、又立教大学も、大学という大学は皆、この地方に地位を占めて居る」状態で、すでに多くの学校が東京の北方へ移転していた。今後の学校経営は、利便性が高く、商業が盛んな街かの芝、麻布近辺の狭い土地より、早稲田のように早稲田村、高田村（高田馬場）の戸山周辺や、立教のように池袋といった東京の郊外、一五区の北の外辺に広い敷地を求めることの方が、百年先を見通した賢明な計画だと田村は考えていたのである。

東京一五区の北端、小石川区、牛込区は、明治中頃まで「東京市中で地価の最も安い地域」で、桑茶政策の下、農村的様相の濃い「樹木の多い寂しい場所」であった[22]。小石川は、江戸時代には、幕府の御薬園（現植物園）内に無料診療所である小石川養生所《ようじょうしょ》が置かれたことで有名であるが、「明治一一年実測東京全図」をみると、護国寺の区界を挟んで陸軍埋葬地がみられ、牛込区には、広大な陸軍戸山学校や、老朽化した日本橋小伝馬町《こでんまちょう》から移転した囚獄（監獄・刑務所）が造られている。巣鴨は、そのさらに北に位置する。

当時、北豊島郡に属していた、この巣鴨宮下に、花嫁事件渦中の一八九三年、田村は自営館拡張のために、三千三百坪もの広大な土地を取得し、翌年転居する。取得した敷地には、「巣鴨監獄の用に供する爲に掘出した砂利跡」の五百坪もある大穴があったにもかかわらず、相場より高い価格で購入したため、周囲に驚かれ、評判となったと述べている[23]。

田村が巣鴨へ移転してから五年後、築地バンドの中心メンバーの一人で、後に免囚事業と監獄改良に身を投じ「更生保護の父」と呼ばれた原胤昭に誘われ、この働きに関わった留岡幸助が、「不良少年」の教育のため、巣鴨に家庭学校を開く。田村とほぼ同時期に、教育現場を同じ巣鴨に据えた留岡によれば、「そもそも巣鴨の地たる徳川時代は江戸付近で、土地柄の良否を比較する時には必ず巣鴨は僻地悪土と評価されたもので」あり、家庭学校を建てた一八九九年「当時我が巣鴨の地は何人《なんぴと》も住宅を建てんとするものはなかった[24]」という。

しかしそのことは、単に地代が安く、広い土地が手に入るという利点を超え、家庭学校の教育にとって重要であった。留岡は、「樹木鬱蒼《うっそう》たる」巣鴨が「極めて寂寞《せきばく》にして人の好んで寄り付く所ではなかったので、人の子を教育するには又特別に適地であった」とし、農業に基本を置き、天然自然の感化の下で教育するという理想に、この場所こそ合うと考えている。

留岡はまた、「自然と不良少年」の関わりについて述べた講演で、「天然は『プレジュデス』〔プレジャディス・偏見〕というものを不良少年にもって居りませぬから、自然に子供を感化する」のだと語り、子どもを人間より遠ざけて、花の下や畑に置く方がよいとも述べている。権利を蹂躙され、差別される者たちにとって、教育の適地とは、社会がもつ偏見を離れ、「不良」評価のレッテルを張り続ける人間たちから距離をおいた場所、自然と静寂の中で植物に囲まれ、農作業を行なえる場所だったのである。[25]

留岡の見た明治後期の巣鴨は、現代の私たちにも「巣鴨プリズン」の印象と共に、ある程度想像できるものだと思われる。その巣鴨という地に、花嫁事件によって日本基督教会を追放された田村は転居している。この移動は、明らかに「都落ち」であり、東京郊外へ、北方へ、周辺へと追いやられるような歩みであったに違いない。しかし、田村はこの周辺もしくは底辺と評されるような場所への移動を、自らの東京土地勘から、留岡と同様に、青年育成と子どもへの教育事業、そして教会のために最適の移動と考えていたのではないだろうか。小石川区の北境、巣鴨は、東京のどこに「地位を占める」ことが重要なのかを熟考したうえでの選択だったと思われる。

幼稚園、教会、学校など教育的事業を行なう時は、単にその場所がどこかという「位置」の問題ではなく、その土地環境が人を育てるにあたってどのような「地」、「地位」として働くのかを考えることが重要であった。明治学院移転に関連して、「学校の如きは、宜《よろ》しく百年の計画に立つべきである」と述べた田村は、その「地」が百年先に、どのような人を育て輩出するかを考えて、自らの教育事業を東京、巣鴨に定めたと言えるだろう。

そして、田村は、彼と同じ巣鴨を校地に選んだ留岡の家庭学校の創立を支援し、教師として聖書を教えてこれを助けている。[26]この二人をつないだきっかけは、田村の築地バンドの盟友、「東京」人の大先輩であった原胤昭だろうと推察するが、留岡の受信書簡には、田村が一九一九年の欧州旅行先から送ったハガキが収められ、二人の間に長い親交があったことを示している。[27]巣鴨を選んだ二人の教師たちには、社会的弱者である子どもの教育という点で、また、特に土地感覚や教育的環境について、共通する意識があったと思われる。

しかし、その後、教育の地として留岡はより天然の自然を求めて北海道を目指し、田村は巣鴨に留まる。田村には、巣鴨でなくてはならなかったと同時に、東京でなくてはならなかった理由と必然性がおそらくあったのだと思われる。田村が単に、教育環境として自然豊かで広大な土地を求めたならば、もしくは隠遁しようと考えていたならば、若き日に伝道旅行に出かけた信州にでも、北関東にでも動くことは可能だった。しかし、田村は、師カロザースが東京ステーションの責任者として、築地に留まり続けることを熱望したように、宣教と教育の拠点や発信地として、東京である意義を認め、東京北部の巣鴨に拘《こだわ》っていく。

宣教における東京重視の考えを田村がもつに至り、自らその地を働き場とし続けたことの契機は、おそらく、田村の東京との出会いが、東京唯一の外国人居留区がある築地であったことと深く関わっていると思われる。築地居留地は、その後の田村の人生拠点の選択と東京観を決定づけるという意味で、極めて重要な地域なのである。そこで、次に、終生東京を離れず、その場所を自らの使命遂行の本拠地とすることになった、東京への入口である築地居留地をとりあげる。

東京・築地の日本人キリスト者

築地居留地は、安政五年の条約（一八五八年）によって設置が約束された国内五つの居留地の中で最後に、唯一江戸に開かれた居留地である。プロテスタント宣教発祥の地は、日本初の教会が誕生した横浜居留地で、ヘボン、ブラウン、フルベッキらの宣教活動やミッションスクールの歴史も横浜をさきがけとして、次いで長崎で展開してきた。

しかし、近年の居留地研究において、東京・築地居留地は、特にキリスト教禁制の解かれる前後、一八七三年頃からの宣教始動期の中心となっていったとされ、文明開化と自由民権運動ならびに学校、医療、土木建築など様々な側面における日本の近代化のルーツを探る上でも脚光を浴びている。[28] 実際に、横浜居留地には交易商社が多かったのに対して、築地居留地には欧米のキリスト教諸派の教会と宣教師の住居、学校（慶應義塾、女子学院、明治学院等の発祥の地）が目立って多く、欧米各教派のミッションが、東京を日本宣教の拠点として重要視していたことは明らかである。

しかしながら、この築地居留地は、言わば新政府のお膝元にあり、江戸城（皇居）のある東京への外国人の恒常的居留を認めるものとあって、開市は難航を極めた。築地は、首都であるこの町がもつ特異な立地環境や当時東京に求められていた国家的、社会的、国際的な要請と密接に関わり、他の居留地とは様相を異にした展開をみせていったのだ。

江戸の開市は、東京都史紀要によれば、安政五年（一八五八年）の条約時には、①一八六二年（文久二年一月一日）からと決められたが、幕末の混乱の中、幕府は勘定奉行竹内保徳に開港開市の延期交渉をさせ、江戸開市については、②一八六七年一二月（慶応三年一一月）からとして「外国人江戸ニ居留スル取極《とりきめ》」(29)まで定めたものの、その直後にさらに延期を申し出て、③一八六八年四月一日（慶応四年三月）からとした。しかしこれも、大政奉還という国家体制の激変により困難となったことを、開市期限の迫った直前の三月二八日になって欧米諸国に通達している。

こうして事柄は明治新政府の手に移されたが、再三延期を繰り返した東京開市と居留地の整備は、維新政府が今後の中央政府であることを示すためにも、何があっても早急に取り組まなければならない事案となる。明治新政府は、一八六八年四月一日、当時横浜裁判所総督だった東久世通禧を江戸開市取扱総督に据え、副総督の鍋島直太を江戸開市の事務取扱に任命する。東京都史紀要は、この人事について、「江戸の開市に関する責任者を設け、一応開市事務の役向きの陣営はととのえるに至った」と記述していることから、三度目の約束だった四月一日にひとまず実務上の体裁は取り繕おうとしたものと考えられる。(30)

しかし、明治初年はその後も、四月一一日に西郷と勝により江戸城が無血開城されたものの、「旗本家人等の不穏な状態」から彰義隊の反乱がおこり、五月一五日には上野で「戦端は開かれ、兵火は江戸の一部地域に見舞うに至った」のである。新政府はその後、東北地方での戊辰の戦いの鎮定に全力をあげることになるが、「かかる間に江戸開市総督東久世通禧は、旧幕府の鉄砲洲江戸運上所《うんじょうしょ》を収め、佐賀藩士坂田源之助を築地外国掛《がかり》となし、開市事務を司らせるなど着々江戸開市の準備を整え」ていく。騒然とした状況のなか、五月二七日に通禧は、「東久世中将」の名で、当時争乱を避けて、横浜、神奈川に逗留していた「英仏米蘭孛〔プロイセン〕各公使閣下宛」の文書を発行し、江戸を開く場合、開港ではなく開市となる旨を伝えている。[31]

こうして④一八六八年（慶応四年八月一五日）の東京開市が布告され、東京市民にも居留地の範囲その他の概要が「申渡《もうしわた》」されたが、武家屋敷の立ち退きや、外国人雑居地域を含めた築地関門内の警備などの難題には、同年九月の会津藩の降伏まで取り組むことができず、結果、再び延期されることとなってしまう。慶応四年九月八日、明治と改元。ついに、⑤一八六九年一月一日（明治元年一一月一九日）、東京開市、築地居留地ならびに雑居地（相対借地《あいたいがり》）が開かれ、[32]廃止される一八九九年まで三〇年間設置されることとなるのである。

以上概略を述べてきたように、東京都史紀要には、難産となった最後の居留地開設の経緯の詳細が記録されているが、その中で田村研究の立場から注目したい点は、維新の年一八六八年四月一日から開市の一八六九年一月一日をはさみ、文書中に追跡出来る限りで、一八七〇年三月まで、江戸開市事業の総督、責任者が東久世通禧であったということである。

七卿落ちの一人で、王政復古によって復権し、一躍新政府の要職を担うようになった東久世通禧は、太宰府での不遇の身から、まず外国事務総督となって、一八六八年二月に起きた神戸事件〔備前事件とも呼ばれる明治政府初の外交問題〕で諸外国との対応責任者として交渉を行なう。その後、横浜裁判所総督[33]であった時、東京開市の総責任者に任命され、開市後初の第一回競《せ》り貸《が》し（一八七〇年六月）に先立って、「各国公使は種々地代等について東久世通禧に申込みを行ない、彼等の希望条件などを申述べて折衝する所あった[34]」とされている。

通禧は、都落ちした九州での生活から、横浜、東京へ、つまり新日本の政治の中心地へと躍り出て、特に外交上、新政府の代表者として、神戸事件に続き東京でも、競り貸し前の雑居地土地価格について各国公使との直接折衝の窓口となったのである。その後も一八七一年一二月から一八七三年九月には、岩倉使節団の理事官として長期の海外滞在を経験し、帰国すると田村少年が自宅に待っていたということになる。外国人と直接会話し、諸外国を自ら旅することで、見聞を広げていたからこそ、東久世は、英語や外国、世界へと目を向けつつ、新しい日本の国づくりに関わろうとする田村の情熱を援助したのではないだろうか。

　初めての居留地での英語の学びは、自伝に以下のように表わされている。「私は東久世伯の邸宅に於て、書生をして居ったが、午後は学校に通学する許しを受けしのみならず、月謝まで出して貰った」。書生として仕え、生活一切を見てもらっている東久世伯に、他所での学びを許されるだけでも特記すべきことなのに、その学費まで出してもらったことによって、居留地での築地バンドの一員となれたことを、田村は深く感謝していたと思われる。また、カロザースが築地大学校を作ってからも、「私は如何《いかに》かして其の築地大学校に入学せんとの希望に満ちて居ったが、要するものは、唯々《ただただ》学費であった。幸にも一ヶ年間、月二円の学費を東久世伯より与えられ、希望通り築地大学校の寄宿舎の人となった。二円と言えば、少額の様であるが、当時部屋付き賄が、一年間五十銭、月謝二十五銭、残金二十五銭は小遣いには充分であったから、一ヶ年は安心して勉強することができた」という。これは、当時、新たな立身出世を志しながらも、貧しく、コネクションの無い数多の青年たちがいる中で、夢のような、破格の、まさにこの身の「幸い」と呼ぶべき出来事でもあっただろう。

　この東久世のスポンサーシップは、後年、一八八二年に、当時国費留学以外には考えられなかった米国留学を田村が私費で志した際の記述からも裏付けられる。この時、田村は、所有物を全部売り払って渡航費を捻出しようとしたが、それは船賃にも足りず、「其処《そこ》で、私は東久世伯からも、教会員からも、又ツルー〔トゥルー〕夫人からも、餞別を貰い」、ようやくニューヨークまでの旅費だけは手にしたという。[35] 困った時、「其処で」と、真っ先に挙げられているのが東久世であり、田村は米国留学も可能にしてもらっている。

　明治のごく初期に、日本人が欧米の文化やキリスト教と出会うには、それを願う気持ちだけではかなえられない種々の障害があり、大変な苦労を経て外国人や外国の文化に接近する者がほとんどであった。キリスト教に限ってみると、初期のキリスト者の大半が士族であるという特異な状況が示すように、徳川時代の家柄や身分、出身地、明治維新においてどの立場に置かれたかによって、キリスト教との出会いの機会は大きく左右された。とりわけ維新前後の経済状態は、その大きな障害とも要因ともなったのである。

特に、横浜バンドの人々のキリスト教との接近には、非常な困難、経済的苦労が顕著である。森岡清美は、「明治前期における士族とキリスト教[36]」において、明治初期にキリスト教信者となった六人をとりあげ、キリスト教入信が明治維新における剝奪体験とどのように結びついているかを分析している。会津藩士で戊辰戦争において会津城降伏を経験した井深梶之助、幕臣であった父が大政奉還により俸禄を失い横浜へ移転した植村正久、津軽藩士だった本多庸一、松山藩士の三男だった押川方義（以上、横浜バンド）と、早くから新政府軍に加わっていた北九州の柳河藩で、父が奥羽出兵で功績のあった海老名弾正、熊本藩士で維新の変動と父の死をほぼ同時期に体験した小崎弘道（以上、熊本バンド）である。

森岡によれば、この六人のキリスト教入信までの前史や、明治維新が与えた影響は異なっているものの、いずれも徳川という巨大な「イエ」の崩壊という急激な社会の大変動と制御し難い混乱により、彼らは一種のアノミー状態に陥り、その多くはこれにより経済的困窮やそれまでの名誉や価値観の喪失を体験していた。そのような人々が、敢えて禁教が習慣化されていたキリスト教に近づいたのは、キリスト教入信によって、そのどん底から「脱剝奪」を試みたのではないかというのである。横浜バンド、熊本バンドの人々の入信当時の状況には、本人たちの切迫した状況と、そこにある「渇望」とでも呼べるようなエネルギーが感じられ、それらがキリスト教求道の根拠や動機となっているように思われる。

ところが、東京・築地バンドに属する人たち[37]は、同時代にありながら、他の地方キリスト教信者とは、全く違っている。およそ切迫したところが見られないのだ。田村のように、東久世コネクションのおかげという特異なケースも含めて、何らかの縁故や元来持っていた地位や財力によって、お金に困ることなく、キリスト教や宣教師、欧米文化に近づいている。

後に十字屋書店や原女学校を銀座、京橋界隈に開設する原胤昭は、築地八丁堀の江戸町奉行組与力の家に育ち、生粋の江戸っ子で、姉は、平田篤胤《あつたね》の養子、鐵胤《かねたね》と結婚していたことから、「ヤソ」とも、禁制だった聖書とも、半ば自由に出会っている。(38) 京橋から銀座は東京の中心であり、その東京はまさに原の地元、自らの陣地でもあった。カロザースの築地六番宣教師館に学ぶ際は、家族が本所の別荘に住んでいたため、築地の軽小橋横の二階建の家を買い、食事などの世話をする人を雇って、そこに住んで通ったというからどんなに羽振りがよかったか想像がつく。同じく築地バンドの戸田欽堂は、旧大垣藩主戸田家（華族）に属し、一八七一年に知事だった父親について渡米経験をもつというハイカラで、相当な経済力があって築地大学校に入学している。(39)

他にも、築地バンドには、枢密院顧問となる都築馨六男爵、女子学習院幹事の松本源太郎、豪商増田増蔵、組合教会牧師長田時行らが名を連ねていたと、森下憲郷は記載している。(40) これらの人びとの後年の多彩な活躍を見て、森下は築地バンドを「政治・教育・伝道・実業・社会事業と各界に雄飛した群である」と述べ、それはカロザースがここから「旧来の弊習を越えて、新しい人生観に立った若者たちが、巣立っていくのを願っていた」ためだとしている。経済的余裕だけでなく、築地バンドの人々は、明治の文明開化の最先端を行く、自由で進歩的な気風と教養にあふれ、キリスト教会では教派を越え、また多くはキリスト教界外にも多方面にわたって、それぞれに道を拓き、活躍することになっていったのである。

また、門下生ではないが、カロザースの日本語教師であった川田新吉、北原義道、加藤九郎は、一八七三年から七五年という明治の初めに、キリスト教書を翻訳刊行するなど、学問に秀で、発信力や発言力のある人たちであった。(41) この内のひとり、日本のパトリック・ヘンリーと称された加藤九郎は、一八七五年に民権派の政論新聞「采風新聞」を編集発刊し、日本の現状を憂えて自由を求める記事を書き、新聞条例違反の罪で禁獄三年の刑を受けている。

また、築地バンドからは、民権政治家として、盛岡の自由民権運動のリーダーとなる鈴木舎定が輩出されているほか、先述した原胤昭は、一八八二年、河野広中《こうのひろなか》らが自由民権運動を弾圧された福島事件に際して、小林清親による風刺画「天福六家撰」を発行したかどで入獄することになる。このように築地、銀座近辺を活躍の場としたカロザースの共同体には、進歩的で政治的な風が流れていた。特に、当時の自由民権運動の先頭を切って、これを推し進める活動に積極的な人々が集まり、中村正直《まさなお》（敬宇《けいう》）と同人社との関わりも深かったのである（田村もカロザースが築地を去った後、一時同人社で学んでいる。後述）。

築地バンドにはまた、カロザースから東京で最初に洗礼を受けた千村五郎がいた。千村は、原胤昭によれば「和漢洋三学に通じた大学者」で、「先生は尾張の名家の一族で、而して漢学者であり、且つ英学者で、又最も早い洋行者で戸田欽堂君の同伴者」だったとしている。原が、この「千村先生」のエピソードとして、「横浜と東京の信者との顔合《かおあわせ》」のことを回顧しているくだりは、当時の築地バンドがどのような集団であり、また、横浜の人々をどう感じていたのかを如実に表わすものとなっている。少し長いが引用する。

横浜の連中は、何《ど》んな人たちかなア。出迎えと言っては買冠過《かいかむり》ぎよう。ナァに横浜の者と言えば、異人館に入り込んでる通辭の新米かなんかだろうと、連れ立って新橋ステーションの方向へと、草っ原を踏んだ。来る出席者の氏名も何も知れては居ないが、四、五人来るという事なのだ、と東京の日基会員。あぶない者だが代表的会員、先頭一番に立ったのが（略）戸田欽堂君、次には林、鈴木〔舎定〕君、まだ子供ぬけない田村直臣先生、後に男爵となった都築馨六君、ワイワイ言ってくっついて来た。後ろに控えたのが少々大人ぶったところの小生〔原胤昭〕、最後が千村五郎先生、先生は後に木曾と名乗られ、転じて美普〔メソヂスト教会〕の教役者となり、日本橋呉服町の講義所を牧された。（中略）

我ら出迎えの一群、ブラブラ草っ原を行くと果たして来た五、六人の書生連、これだなと一同も気づき一歩一歩近づいた。すると、最後に歩んできた千村先生が、トンキョウな奇声を発した。由来、千村先生はちっと、とは言えない大分に調子の変わった人であった。そこで、先生が横浜来のクリスチャン、若い連中の顔形容までまさしく見えたとき（略）「これは、いかんいかん、あんな者が来た。クリスチャンの代人〔代表〕だなんぞと言って、こんな者が来て、どうなるものか」と頗る緊張した赤い顔で（略）先生は、今来た道を、後返りをしてズンズン戻る。（略）「マアマア」の一点張りで引き留めると、先生は更に声を強め、「だって、あなた、あの来た書生は、皆ヤクザものだ。あの後の方に居る背の高く無いやつは、私のところへも入門して、塾に居た〔?〕が、むちゃにやかましいやつで、とうとうどこへか往って仕舞った植村という奴だ。仕方の無い乱暴者だもの(42)」。

原のべらんめえ口調や文中の差別的表現は別にしても、東京・築地バンドの性格、そして築地バンド側からみた横浜連と、その評価がよく表われている記述といえる。実際のところ、「明治十年前後から横浜バンドの面々が築地と関係を持つようになって、銀座はキリスト教のフロンティアの役割をもつようになってくるのである(43)」と太田が述べているように、横浜で始められたキリスト教宣教と、そこに誕生した日本人信者が、一八七七年前後に東京へとやってくることによって、日本のプロテスタント宣教は東京をその本拠地として、東京ステーションから一気に展開していったと思われるが、横浜、東京が共働する前のそれぞれの地域共同体には大きな違いがあった。

明治初期、東京とその他の地方の差は歴然としていて、横浜バンドと築地バンドは、共同体の風土、構成員の性格を大いに異にしていた。東京に集まっていた人々は、経済的にも、社会的にも、また学識上も、首都東京の地位という点でも、優位で余裕があった。そしてその生来のまたは潜在的な力が、築地バンドの成員に、独力で自らの使命とする事業や多彩な活動を展開させる要因となったのである。

しかしながらそれは、成員個々の既得の要因だけで可能となったのでは、もちろんない。そこには、固有の力を方向付けるところの、築地大学共同体がもつ教育的風土があり、それぞれの使命遂行に強い影響を与えたと想像されるのだ。太田はこのような築地バンド人の性格を、「キリスト者〔として〕の出自が、カロザース門下生という群れを作らぬ一騎当千の性格から来ていることも考えられる[44]」と述べている。長老派宣教の東京ステーション責任者であったカロザースによってキリスト教信仰に触れた者たちは、独りで千人の敵にも対抗できるほどの並外れた「強さ」を、この東京・築地共同体で育まれたということが出来る。

日本宣教萌芽の地としての築地居留地

本節の終わりに、この共同体の性質をより明確にするため、『東京開市と築地居留地』ならびに清水正雄の「築地居留地概説[45]」から、築地居留地がもつ独特な文化について付け加えておく。清水は、築地居留地を「外国公館の街」「宗教の街」「教育の街」と三つの特色をあげて性格づけている。なぜそうなったのだろう。

清水によれば、築地は、先に述べたように、「開市場」のみとして、港や税関を開かなかったため、当初から商業的には不向きであった。このため、開設後まっさきに住人となったのは、各国の領事館、公使館とその関係者たちだったとされる。もちろん、江戸に居留地が出来るのならば、各藩の大名屋敷を相手に商売をしようと、横浜で待ち構える貿易商社はあったらしい。しかしその状況は、築地居留地開設が遅れる間に明治維新により激変し、大名屋敷も次々と縮小、廃止となり、第一回の競り貸しでは、横浜居留地の即日完売に比し、売り出し五二区画のうち二〇区画しか落札されなかった。この低調ぶりの理由の第一は、やはり商業上の魅力がなかったためだと考えられている。

しかし、東京には新政府の省庁、軍の中枢があり、学校や病院、警察、鉄道や通信、建築の諸事業などあらゆる分野で、諸外国が有する近代的な知識や技術の習得を必要とし、その指導者たちを求めていた。そこで必要に駆られ、要請を受けて東京に居住する外国人は、再々延期される居留地開設前から、すでに開設予定地であった築地周辺の相対借地《あいたいがり》に雑居して住み、その数は居留地開設のころから非常な勢いで増加し、築地関門内の周辺、京橋、銀座方面にも広がっていた。

このことは、『東京開市と築地居留地』の巻末にある「附表A　自・明治四年　至・明治九年末　居留地外居住外人表」に明らかである。そこには、一八七一年からの五年間に、東京市が把握していた日本で雇用され東京市内に居住している外国人について、雇用者別に（政府と民間に分け）、氏名、居住開始時期、出身国名、居住地、職業、雇い主が一覧として載せられている。居留地外居住者の名簿でありながら、なぜか居留地内の居住者には△印がつけられ、たとえばクリストファ・カロザースは、政府雇の名簿に居留地六番在住で載せられ、妻のジュリアは、民間学校の雇用で、雇い主住所に居住とされているなど、統計の取り方、詳細の信憑性にはいささかの疑問があるが、史料としての価値は高く、興味深い[46]。附表Aによると、東京市内の政府雇の外人居住者は、四一六名にのぼり、内、居留地関門内に居住している者はわずか五名、民間雇用は一二八人で、居留地関門内には一名のみとなっている。表に名前のあげられた五四四名の東京市内居住外国人の内、実に、五三八名は築地関門（築地居留地六〇区画と築地の相対借地である雑居地）以外の場所に住んでいたことになる。

これは、首都東京の外国人居留地である、築地居留地の特徴をよく表わしている。また、そのことは、築地居留地に初めは多かった領事館、公使館並びに学校の移転状況と明治期の地図からも確認される。一八七二年一〇月四日、新橋から鉄道が開業すると、新橋（現・汐留）駅は、居留地からは少し距離があり不便であること、各国公使館は、居留地開設前に、いったん芝の増上寺から三田、高輪方面の寺院に置かれていたことなどの事情もあり、築地から移動していく。外国公館の移転の検討は、居留地開設後の早い時点で始まっていたようである[47]。これらは、「明治四年　東京大絵圖」（一八七一年）と「明治八年　東京大区小区分繪圖」（一八七五年）を見比べると歴然としており、一八七一年には築地関内から京橋区に限られていた外国公使館とそれに関わる外国人居宅は、一八七五年の地図には、すでに三田に慶應義塾、麻布、赤坂区に「外国人居住」地の記載があり、さらに皇居の西側（四谷方面）に半蔵門を挟んで「永田一丁目　独逸公使館」「英公使館」が記載されている[48]。開設が遅れた築地居留地は、開設間もなく、より利便な地域へと雑居地がなし崩しに拡大する局面を迎えていたのである。政府など官公庁や軍の雇い入れ外国人は、それぞれの機関のある場所へ、技術者はその現場（鉄道技術者が新橋ステーション構内へなど）へと移り住んでいった。こうして、多くの東京在住外国人が居留地外へと出ていく中、築地居留地は、宣教師と各派のミッションや学校にとって至極入居しやすい一帯となっていったと推察される。

カロザースの六番館が初めに建てられた頃の築地居留地の情景を、原胤昭は以下のように述懐している。

> 居留地として区画したところは築地一帯、明石町采女ヶ原辺中々広い面積であったが、色々な不便、且つ東京に常住する外国人は、政府雇入の者が多く、従って居留地に住む者は極めて少なかった。それに此の辺は大小名の空き屋敷で建物は取崩したり焼けたりして本の草っぱら、その草と言うやつが並一通りの草では無く、人間の丈を埋める程生い茂った。此辺は大小名の中屋敷であった。（中略）それが幕府の瓦解で庭園の梅も桜も踏みにじられた。その後へはびこったのが草葎《くさむぐら》、この時代に舶来した雑草があった。原名は今忘れたが、江戸のものはこれを忌まわしく思いて、アキヤシキ草と言った。そんな繁茂の雑草に埋められ、昼間でも歩くのに気味が悪かった[49]。

そんな居留地事情から、実に海外から一三派のミッションが築地居留地に進出、集中し、各教派の教会が乱立して、英学校、ミッションスクールと共に残り、日本宣教の中心基地を首都東京に開くことになったのである。『東京開市と築地居留地』は、その「むすび・居留地と文明開化」に、キリスト教の布教が盛んになされ文教地区として発展した築地居留地について、以下のように言い表わしている。「鐘の鳴る教会、オルゴール響く学校、讃美歌が海辺の風に乗り、A・B・Cがフランス語英語とりどりに辺りをひびかせ、文教地区の感が横溢して来たのは遥か後になっての事ではあるが、築地居留地がそう言う方面に進む可能性は当初から商業地として不振であったことよりも考えられることである[50]」。

このように、東京の外国人が住む場所としては短命で、特殊な事情を抱えていたため、キリスト教宣教の中心地となる築地居留地において、一八六九年築地居留地開設と同じ年の七月に来日したカロザース夫妻は宣教を始める。一〇月には築地居留地の相対借地である南小田原町一丁目に民家を求め、築地ホテル館に滞在して民家の改築を進め、完成後すぐに移住し、ミッションとしては唯一、一八七〇年六月二日の居留地第一回競り貸しに参加して六番区をタムソンと共同名義で落札する。

こうして「アキヤシキ草」の生い茂る居留地で、はじめの住人の一人となり、果敢に宣教を開始したカロザースは、長老派の宣教の東京ステーションの責任者として、学校教育、文書活動にも夫妻とも精力的に働くのだが、一八七六年、本人も予期しない状況に追い込まれてミッションを辞任、突然、築地から出ていくことになる。まさに、東京開市と共に宣教を始め、築地居留地がつくられていくプロセスをはじめから共に生き、七年で築地を去っていったカロザースは、その短命も含めて築地居留地を代表、具現する宣教師であったということが出来る。

3　クリストファ・カロザース

クリストファ・カロザース評伝

クリストファ・カロザース[51]は、築地居留地の歴史とその文脈からは、まさにその申し子“The Tsukiji Tokyo

Missionary" と言っても過言でない宣教師である。田村は、このカロザースによって生み出された人々、カロザースの築地大学校の学生たちを、誇りをもって「築地大学バンド」、「築地バンド」と呼んだ[52]。これは、当初無宗派主義であった横浜バンド（植村正久、井深梶之助ら）への対抗心の表われでもあるが、受洗の始めから、カロザースにより植えつけられた長老主義を堅持して終生長老教会を牧会した田村のキリスト教信仰が、カロザースの教えと生き方とに強く影響を受けていることを物語るものでもある。

しかし、このクリストファ・カロザースほど、評価にばらつきが大きく、悪評、酷評される宣教師も珍しい。築地バンドの直接の門下生による評価もまちまちで、田村は、「実に勤勉な働手であったが、ヘボン、ブラオン、フルベッキ、タムソン教師の如き君子然たる風采はなく、又学者肌の人ではなく、百姓丸出しと云う様な風貌の人であった。そうして、人格に於ても、強情で人を免す事の出来ない性質を有して居った[53]」と述べている。この田村のカロザース評は、クリストファ・カロザースを語るとき必ずと言っていいほど引き合いに出されているものので、おそらくカロザース本人と直接関わった当時の人の中では、好き嫌いに流されない、妥当な人物評だったのではないかと思われる。

ところが、同じ築地バンドで教えを受けた原胤昭のクリストファ評論は、門下生の中でおそらくもっとも辛辣で、それも長命だった原が「八十翁」になっても繰り返し語ったところから、この印象（酷評）が強く後世に残ったようである。今日からすると、差別用語が交じる悪口暴言ともいえるものだが、当時東京にやってきた外国人の鼻持ちならない傲慢さを極度に嫌っていた、生粋の江戸っ子である原の言葉として、転載する。

私に洗礼を施してくれたシイ・カロゾルス氏〔は〕私の口から左様言うのも如何ですが、極めて野卑な且つ武骨な人物、面貌、猿に似てモンキイモンキイのあざなを博していた。勿論学力も覚束無かったらしい。信仰も何んな事であったか。唯だ執るところ剛情と熱誠頑健だ。或る大降雪の朝、住宅西洋館のトンガッタ屋根の積雪を掻き卸せと、三人のボーイ、コックに命じた。彼らは屋根がけわしいのに恐れて主命に応じない。屋根に上がれ上がれ無いと口論した揚句、日本バカと怒鳴り立てた。そんなら毛唐あがってみろ。売り詞に買い詞。さんざん怒鳴り合って、カ氏自ら屋根に登った。見る間に落下した。アレッと言うに阿修羅の如くまたも登った。と毎度カ氏の剛情性を語る証言に出たので笑った。（中略）カロゾルス氏は、どうも感服の出来ない人格者であった。[54]

ここからもわかるとおり、直情型のカロザースは、当時の在日宣教師たちの中でも様々なもめ事を引き起こしたようである。クリストファの独断専行のやり方や、独占欲が強く反対者に過度に攻撃的で、金銭にもルーズな面があったことなどから、東京の宣教師たちは、ケイト・ヤングマンをはじめとして、こぞって彼との協働を拒否したと言われている。特に妻ジュリアの女学校の正統性を固守するため、築地六番の同じ敷地内に別の女学校を新設した女性宣教師（ヤングマン）と激しく対立し、教派主義をめぐっては、超教派のユニオン教会を標榜するタムソン（妻は、ヤングマンと同年に来日したメアリー・パーク、田村の始めの英語教師）と、埋められない溝をつくりだしてしまう。しかし、この女学校問題と教派問題の二つの係争を客観的に見ると、実は、カロザースの側に道理から外れたところはなく、むしろ、長老派宣教団から考えれば、正当な主張といえるものだった。にもかかわらず、これらの問題への対応、カロザースの物言いとやり方によって、事態は抜き差しならないものとなってしまう。

こうしてクリストファは、東京・築地宣教ステーションの開拓者であり、この働きの中心的な推進者でありながら、在日宣教師の中で完全に孤立し、一八七六年には、留任や異動の懇望も退けられて、米国長老教会宣教師辞任に追い込まれる。個人の性格上の欠点や粗暴なふるまい、在日宣教師間、特に在日長老派宣教師間の人間関係のまずさといった要因から、このような問題が起きたことは、当時の宣教団にとって由々しきことだったはずである。先述の原胤昭の「毛唐」発言にも表れているように、当時宣教師たるものは、日本人の尊敬を得るため、他の高慢な外国人とは違い、清廉潔白、誠実な人格者である必要があったのだ。こうして、クリストファ・カロザースは、宣教師落伍者の烙印を押され、いわば明治の宣教史上から忘れ去られ、僅かに、慶應義塾におけるカロザース研究が、会田倉吉、小沢三郎らによってなされたにすぎなかった[55]。

しかし近年、築地居留地研究が脚光を浴びるにしたがって、築地居留地発の東京宣教の初期の中心人物、創始者であるカロザース研究は、それまでとは違った側面をもって進められるようになっている。本節では、C・カロザースについての最近の研究の内、①森下憲郷の「東京第一長老教会の創立者　C・カロザース」(『築地バンドの研究』所収)、②太田愛人の「カローザス夫妻」(『開化の築地・民権の銀座　築地バンドの人びと』所収)、③小檜山ルイが『アメリカ婦人宣教師[56]』の中でジュリア・カロザースについて著している「開拓・A六番女学校とB六番女学校」に描かれたカロザース夫妻と、④中島耕二の「築地居留地と米国長老教会の初期伝道——宣教師C・カロザースの活動[57]」ならびに、⑤『長老・改革教会来日宣教師事典[58]』を用いて、そこから浮き彫りにされたクリストファ・カロザースの人となりと宣教について再考する。

先ず、これらの研究が共通して明らかにするのは、カロザースが日本宣教への強い使命感をもち、来日後は、固い信念と非常な情熱をもって、困難苦難に屈せずに精力的に働き続けた宣教師であるということである。特に、中島の評伝には、知られることのなかったクリストファの生い立ちと米国での学歴、そして宣教師として来日するに至る経緯が描かれており、そこからクリストファの背景、特にエドワード・コーンズ(Edward Cornes, 一八四〇―一八七〇)宣教師との深い信頼関係をみることは、その後の彼の日本での働きが、いかに厳しい中でも一貫したものだったかを知る上で有効である。

それによると、クリストファは、スコットランド系アイルランド人の両親の二男三女の末っ子として、一八三九年六月三〇日、米国オハイオ州に生まれた。信仰深い母アンによって誠実に守られた家庭礼拝の中で幼少期を育てられ、少年時代は「よく遊び、よく学んで過ごし、仲間うちではリーダー的存在」だった。その後、小学校教師を経て、長老教会の牧師養成校であったペンシルヴェニア州のワシントン大学に一八六二年に入学するが、この時期に、父と二人の姉が相次いで亡くなるという大きな喪失に直面する。

しかし、この時、南北戦争が終わって復学してきた一級上級生、エドワード・コーンズと出会い、親しくなったことを転機として、クリストファは新たな目標に向かう。先に卒業し進学したコーンズの後を追うように、旧シカゴ大学、長老派神学校へ進んで猛勉強に励み、一八六八年六月に長老教会宣教師として日本に向かったコーンズと同じ宣教師となって日本に行くことを決意。一八六九年七月、長老派教会の牧師ドッジの娘ジュリアと結婚の上、共に横浜に来日するのである。

来日当初のクリストファは、ヘボンからも高い評価を受け、東京ステーション開拓の最適任者とされる。本国（米国）のミッション本部との関係も良好で、彼の来日なしに、東京を本拠地とした長老派宣教はあり得なかったと言っても過言でない働きをする。クリストファは、七月末に着任後、すぐ東京へと向かう。築地外国人ホテル館に滞在しながら、宣教を開始し、一〇月半ばには、築地雑居地の南小田原町の改築した日本家屋に落ち着くや否や、英学塾を開き、このカロザース塾が東京でのミッションスクールの嚆矢となっている。

その頃、禁教下の横浜での困難な宣教から、フルベッキ（Guido Herman Fridolin Verbeck, 一八三〇―一八九八）の斡旋により大学南校（東大の前身）の英語教師の職を得たコーンズは、一八七〇年三月に一家で東京神田一ツ橋の官舎に移り住む。こうしてカロザース夫妻とコーンズ一家は、カロザースの来日半年後には、共に東京の人となったのである。ところが、それから半年を経ない同年八月一日、コーンズ一家の乗船した築地――横浜を結ぶ定期船「シティ・オブ・エド号」が、築地の桟橋を離れたとたんに爆発事故を起こし、爆発音を聞きつけて現場に駆けつけたクリストファの目前で、コーンズの二男ハリー以外の一家三人は、一瞬のうちに命を奪われてしまう。

このコーンズ一家の惨事については、その後、遺児ハリーをジュリア・カロザースが米国の親戚へと送り届けるエピソードが残されているが、親友であり、日本宣教の動機、また同志であったエドワードを失ったクリストファが受けた打撃は、想像を絶するものがある。そしてこの事件は、中島が「コーンズの死は、友人を失ったクリストファー一人の悲しみに留まらず、その若さ、聡明さ、更にクリストファーへの影響力等すべての点で、長老教会在日ミッションにとって大きな損失であった[59]」と述べているとおり、その後の長老教会の東京宣教とクリストファの人間関係に深い影を落とすことになるのである。

ところで、米国長老教会の在日宣教の歴史は、一八五九年、ヘボンの来日から始まり、一八六三年来日のタムソン以降は、本国の南北戦争のためしばらく宣教師が送られることはなかった[60]。長老派の教派主義者であったヘボンも、禁教政策下の日本では、本国での教派の違いよりも、数少ない日本宣教の同労者である改革派のS・R・ブラウン、バラ、フルベッキらとの共働を当然のことながら優先していた。タムソンは、ヘボンと同じ長老派の宣教師であったが、ヘボンと違い、基本的に超教派でエキュメニカルな教会観を持っており、後年、教派にとらわれない一致教会（ユニオンチャーチ）設立に尽力することになる。しかし、タムソンは、誰にでも好かれる穏やかな性格で、ヘボンとの関係も良好だった[61]。

こうして、しばらく続いた在日長老派宣教師二人体制のところへ、一八六八年、六九年とコーンズ、カロザースが相次いで派遣される。在日年数からも、円満な人柄からも先輩格のタムソンと、別格のヘボン。もしコーンズがいなくなることがなければ、コーンズとカロザースの友情を考えても、この僅か四人の長老派在日男性宣教師たちは、互いの違いと人間関係のバランスをとりながら、宣教を続けられたのではないだろうか。コーンズ一家が、カロザース夫妻と同じ東京で宣教師として働いていたら、ヘボンからもさじを投げられ、長老主義という点では明らかに問題であるタムソンの側に本国伝道局も、後年続々と来日した長老派ミッションの宣教師たち全員もが付く形で、クリストファが孤立し、宣教師の職を追われるという結果にはなっていなかったのではないだろうか。

コーンズの事故の翌年、一八七一年六月、タムソンは、十三大藩海外視察団に通訳兼案内人として同行する。カロザースは、この一年余に及ぶタムソンの欧米行（しかもその間に築地六番の全焼事件が起こっている）を遺憾とし、本国の海外伝道局に宛てた書簡で「宣教師はその本来の任務に全力を傾注すべきである」と書き送っている[62]。コーンズの死の直後から、カロザースは、このようなタムソン批判、つまり宣教師仲間への非難を表明し、在日ミッションの人間関係に亀裂が生じ始めたと考えられる。

カロザースは、未だ禁教下の東京で、宣教に燃えていた来日一年目、一八七〇年の夏に、親友一家の喪失という悲劇と直面した。このことを前提として、それ以降の彼の働きを見ると（本書巻末年表参照）、その東京での奮闘ぶりは、まさに誠実、勤勉で、悲しみに暮れる間も、休む間もない目覚ましいものだったことがわかる。「明治五年の銀座の大火」（一八七二年）翌日に、奇跡的に燃え残っていたカロザース家のストーブから失火し、六番館が火災で全焼したあとの働きは、その顕著な例である。カロザース夫妻は、おそらく自分たちの過失から宣教活動に大きな損失を与えたことに責任を感じていたのだろう。すぐに、クリストファは慶應義塾で、ジュリアは上田女学校で教師として働きだし、そこで得たお金で、築地六番を再建しようとする。

このクリストファの在日宣教団の外での働きと給料は、本国ミッション本部の許可や届けがなかったことで後に問題となり、慶應での仕事は短期間で終わるのだが、太田はクリストファについて、「門弟や同僚に不評であったが、福沢に招かれた慶應義塾では、アメリカのリベラルアーツの形式にのっとりラテン語から教えたり、キリスト教を折あるごとに伝えたりして生徒にかなり良い印象を与えていた[63]」と述べている。クリストファは、慶應義塾内で聖書講解をし、そこからキリスト教に関心を持った福沢の塾生たちが、日曜日には居留地での礼拝に参加し、カロザースの書店で聖書を入手したとされる。

慶應でのカロザースの宣教の実際は、「三田評論」に記載された須田辰次郎の「義塾懐旧談」に以下のように、具体的に証言されている。

明治五年初めて雇入れたる、外国教師カロザスは、元来プレスビテリアン派の宣教師なるを以て、生徒を誘うて、自分の宗教に引き入れんとする傾ありて、始業前二三十分間、宗教に関する問答体の小冊子アテキズム《(ママ)》を暗記せしめて、其一冊を読み終りし頃は、洗礼を受くることを勧め、或は日曜に会堂に誘い行き「天ニ在シマス我等ノ父ヨ」云々の、祈祷の英文を暗記せしめ、又細君は、ドレミファソラシドの発音より、ゼサスラーブミー等の唱歌を教えなどして、種々其宗旨に引入るるの策を講じたれども、余の如きは遂に洗礼も受けず、外道に終りたれども、瀬谷、岩田、八木沢等の諸氏は、洗礼を受け其道に入りたりと思う。(64)

学課の授業前に、教理問答のカテキズムを学び、居留地で守られていた主日礼拝に誘って、英語による「主の祈り」を暗唱させ、妻ジュリアは「ゼサスラーブミー」(Jesus Loves Me)、主われを愛すの讃美歌を歌わせていた。その熱心な宣教によって、キリスト教の受洗者が出ていた、ということである。また、慶應で最もカロザースに好意的だったと思われる加藤木重教は、以下のように述懐している。

カルザス先生は温厚なるゼントルマンで心から敬慕されて居た。而して先生は生徒に向って神のこと又聖書に関して何も話されなかったが、折々聖書をテーブルの上に置き授業の始まる前、一寸軽くうつむくようであった。私は変に思ったが、今考えて見るとそれは黙祷であった。私は十五歳の童児生であって、しかも東北の山奥から飛び出してきたばかりで何も分からなかったがカルザス先生に対すると親から何か教えられるような気がした。何時も先生が帰る時間には送っていくようになったのである。其頃、助教授の四谷純三郎、瀬谷鉞三郎の両君は、仲睦く日曜毎にバイブルを左の脇にさしはさみ、すまして出て行くのを見受けたが、後になって両君は築地のカルザス先生の会堂へ行くのであることが解った。当時の事情は良く解らぬがカルザス先生は我が慶應義塾へキリスト教の種子を播かれた恩人の一人であると思う。(65)

まるで別人かのようなカロザース評である。引用した小沢は「少し美化されているような気もするが、参考になる」としているが、日曜毎に築地の礼拝へ向かう四谷、瀬谷氏など明らかに史実を踏んだ、直接証言である。つまり、長老派在日宣教団の人間関係など大人の「当時の事情」を知らない一五歳の東北出の少年にとって、クリストファは、まるで慈父のように穏やかで、敬虔な宣教師として慕われる先生だったのである。

一八七三年以前の禁教下の東京のこと、クリストファには弾正台の諜者（警視庁のスパイ）が配置されていたが、そのスパイの報告にも、「礼拝を忠実に守っていて影響が門弟に及んでいること」が苦々しく述べられ、彼がどのような時と場にあっても福音宣教については、大胆かつ忠実にこれを行なっていたことが証明されている。[66]

加えて、太田は、クリストファが築地六番のA館とB館の間に「カロザースの書店」（石庫）を建て、文書伝道、聖書とキリスト教書の頒布の活動を「かなりの危険を冒して続けていた」ことに注目している。

クリストファは、この石庫について本国伝道局に宛てた手紙で、「現在、要求が増大して来ております聖書や宗教書を保管するために、東京市のミッションの敷地にしっかりした建物を建てて、小さな火をおこすことにしました。ビルはたった五百ドルで安いのに早々と良い仕事で仕上がりました。この東京から帝国の偉大な魂として、これら永遠の命の種は全土に播くことができます。我々は聖書と様々の宗教書の出版会社を建てるための援助を希望します[67]」（一八七二年九月二八日付）と述べ、頒布に留まらず、日本人への宣教のために、キリスト教文書伝道を首都東京から展開する必要性を語っている。こうして翌年三月一七日に、「耶蘇教書庫」が築地六番に開店する。火災から免れるため、「一尺角の伊豆石で築かれた間口二間、奥行三間位の堅牢な石庫」に「和漢洋のキリスト教書籍を集め」、国中に売りさばく卸所とすることが目的とされたのである。[68]

実際にカロザースは、自らの名前を漢字で「嘉魯日耳士」と表記して、キリスト教書の翻訳、著作、出版事業に携わり、明治初期の神学書として日本宣教に大きな影響を与えたマーティンの『天道遡源《てんどうそげん》』の最初の翻訳者、出版者となっている。[69]そして、このカロザースの働きが、築地バンドメンバーの後年の執筆活動や出版事業への従事に大きく影響したことは明らかだといえるだろう。

カロザースの石造の耶蘇教書庫は、その後、「カロザース、H・ルーミスの依頼で戸田欽堂、原胤昭によって、銀座の耶蘇教書肆十字屋の設立となった[70]」ことにより、キリスト教専門書店の嚆矢となる。後に日本橋教会牧師となるクリストファの日本語教師、北原義道は、その耶蘇教書庫の番頭から十字屋番頭を務め、千村五郎（木曾五郎）は『基督教　海徳山問答』（ハイデルベルク信仰問答）を訳出し、戸田欽堂は民権思想を明治政治小説の形で著し、田村は児童文学からコンコルダンス、日曜学校カリキュラム、教育書にいたる多作の人となっている。

また、クリストファは、人格者とは言い難い人物だったかもしれないが、教育者として築地大学校を通して、多彩な人々を多様な分野に輩出したことには違いない。キリシタン禁制が解かれた直後、一八七四年三月頃、カロザースは一人で築地入舟町で築地大学校の前身となる英語塾を始め、初夏にはそれを拡大し、「築地居留地に隣接する雑居地域の新湊町四丁目（同一丁目説もあり）付近に借家し、寄宿舎付きの英学校を開校」、これが築地大学校または東京大学校と呼ばれたものとなる[71]。当時の東京には、大学南校と東校、工部大学校の他に、私塾では、同人社（中村正直）、慶應義塾（福沢諭吉）、攻玉社（近藤真琴）があったが、外国人経営で教師もすべて外国人（専任教師にワデル、グリーン、デビットソン、カロザース、医師の教師としてフォールズ、パームの名が広告されている）、教科書はみな英語というのは、築地大学のみで、クリストファの母校ワシントン大学にならって「科学と宗教を共に教える」とし、旧、新約聖書も必修科目であった。洋行しなくても、東京で、英米の最高学府に学んだ六名の教師から、本場の英語での教育が受けられる学校だったのである。

こうして築地大学校には、英学を志す向学心に満ちた青少年が集まった。在学時期は異なるものの、若き日の「瓜生外吉（海軍大将）、都築馨六（枢密院顧問官）、尾崎行雄（東京市長）、真野文二（九州帝大総長）、戸川安宅（牧師）、原胤昭（社会事業家）、鈴木舎定（民権政治家）、長田時行（牧師）、戸田欽堂（政治小説家、大垣藩主の兄）、増田増三（大実業家）、渡辺信（教育家）、松本源太郎（学習院女学部長）、赤壁二郎（政府官吏）、石原保太郎（牧師）、斎藤岑雄、田村直臣（牧師）等実に多士済々」がそこに学んだ。そして、中島はこの学校を、「生徒の相当数がクリスチャンとして導かれたことで、わが国最初期のミッションスクールとして輝かしい成果であった」としている[72]。

築地大学校では、また、雄弁会が組織され、連日、日本語、英語の討論会が開かれていた。自由と民権の思想やキリスト教信条を、弁論や出版活動によって表明する力と術を、カロザースは、門下生に教育によって植えつけていった。明治初期に、すべての生徒たちは、個々人の言論の自由を保障され、民主的に自分の意見を表現する権利が与えられる環境で学んだということになる。

こうして、後年は出獄者たちに「エンジェル原」と呼ばれるようになる原胤昭は、若き日には自由民権の風刺画の出版で投獄されるほど、過激な言論活動を展開した。政治演説では右に出る者がなく、偽鈴木が出て講演料をだまし取る事件まであったという鈴木舎定は、その弁舌によって、岩手の自由民権運動を展開、指導していった。ちなみに、その鈴木舎定には、原のようなカロザース批判はなく、かえって「カロザースの激しさを継承しているようにも見える[73]」とされている。後年キリスト教と訣別することとなり、あらゆるキリスト教書を焼いた舎定は、「恩師カロゾルスから贈られた英文のバイブルだけは、どうしても焼き捨てるに忍びず取り除いた」という[74]。この行為の中に、若き日に受けた教育の原点と恩義、断ちがたい恩師との関係が映されているといえる。

教師としてのカロザースと出会ったこれらの門下生や義塾の生徒たちにとって、クリストファは、彼の性格がどうであれ、「我が師」に他ならなかった。太田は、クリストファの性格と働きについて、「伝道という仕事は不思議な働きをするもので、聖人君子が伝道者であるとは限らない。時には性格に難点があっても、熱心さによって難点が長所にもなりうるのである。とくに乱世において、この種の人は強く、個性的な働きをするものである。仲間うちでは喧嘩早いのに限って外からの挑戦に応じて大胆に行動するものであるし、妥協には応じない[75]」と述べている。迫害下の東京では、何事をも恐れず先陣を切って闘う勇敢な指揮官が求められていた。クリストファは、その時代の要請を受けた教師だったといえるのかもしれない。

築地大学を中心として展開されたクリストファの東京宣教は、大学開設と同じ一八七四年一〇月に、ひと月前の横浜に続き、東京で初めての長老派教会である東京第一長老教会の設立として結実する。一〇月一八日、田村直臣、原胤昭、戸田欽堂、鈴木舎定、都築馨六、出口たか（婦人伝道者、トゥルー夫人の協力者）、土屋梅吉（カロザースのボーイ、十字屋支店経営）、土屋まし（梅吉の母）、千村きよ（千村五郎の妻）、松浦一郎（不詳）の一〇名がカロザースより受洗し、既に七月に受洗していた千村五郎と合わせて一一名の教会員でクリストファを仮牧師として、一一月一五日、正式に教会が成立した。[76] こうして、その年の一二月二五日、日本で最初にサンタクロースが登場したと言われるクリスマス祝会が、クリストファの東京第一長老教会で開かれたのである。

クリストファの宣教は、これにとどまらず、教会創立と共に神学校の設立へと向かい、ジュリアの学校教場に、築地六番神学校を創設、田村もここに学ぶことになる。一八七五年一月に六番神学校への入学試験が実施された記録によると、石原保太郎、原猪作、篠原誾三《ぎんぞう》、太田留助、南小柿州吾《みながきしゅうご》、田村直臣、鈴木舎定の七名が合格している。[77] 神学校の教師は、O・M・グリーンとクリストファの二人だった。こうして、クリストファは、築地大学校の教務と第一長老教会の牧会以外に、神学校までをも主宰することになる。

また、そのころ、タムソンより受洗していた安川亨が、新島襄の教派主義堅持の勧めを聞き、タムソンの一致教会（東京公会）から、カロザースの東京第一長老教会に転籍。クリストファは、安川の依頼を受けて、彼の出身地である千葉県下総東葛飾郡法典村の開拓伝道にも従事することとなる。小檜山は、クリストファが一八七五年には、築地の二つの学校と牧会に加えて、「東京の二つの説教所と法典村などの近郊の伝道を一人で切り回し、勤勉に忙しく働いたことは事実」としている。[78] その法典村での伝道は同年一二月二八日に、法典教会の創立をみる。一八七五年は、クリストファの東京在住五年を経て、その懸命な努力が宣教結果として、次々に開花した時でもあったのである。

しかし、在日長老派宣教師仲間の不和は深刻で、一八七五年九月、在日ミッション問題の解決のため、W・インブリーが本国伝道局より送られ[79]、クリストファの孤立は深まっていく。自らの立場と主張が入れられない状況下、クリストファは、その年の秋ごろには辞任を考えざるを得なくなっていたという。そして、一八七六年一月、おそらくクリストファ自身も思いもよらなかったであろう些細な「ヤソ」「イエス」用語問題を発端として、彼は宣教師辞任を申し出ることになる。この申し出が意外にも本国伝道局に承認され、正式に辞任が確認された四月、東京第一長老教会でクリストファは九〇名もの人々を前に、別れのスピーチを行なうが、「彼は愛情深く、分別をもって演説し聴衆の賛同を得た[80]」という。東京在住の、彼に生み出された日本人キリスト者たちにとって、クリストファは、最後までキリスト教との出会いを与え、信仰を導く宣教師に他ならなかったのである。

この後、小檜山によれば[81]、クリストファは、それまでの自分の行為を反省し、何度も東京での宣教師活動再雇用を願い、自ら東京で英語を教えながら説教所を開くなどの努力を重ねたが伝道局に聞き入れられず、来日以来本拠地として離れることのなかった東京から、まず広島での英語教師の職へと向かうことになる。その後、大阪英語学校、秋田県下英語学校、神奈川県尋常師範学校（嘱託）、横浜商業学校、仙台第二高等学校（嘱託）へと日本各地を転々とし、仙台時代の一八九六年に「カロザース不敬事件」を起こしてアメリカに最終帰国する。東京・築地を離れて二〇年、初来日からは実に二七年にわたって、日本に留まりつづけ、日本での働きを志したことになる。

その後ジュリアとは離婚し、宣教師辞任以降の日本での生涯は不遇といえるものだったが、彼の激しく多難で数奇な生涯は、本節冒頭で紹介したような酷評されるだけのものではなかったのではないだろうか。クリストファ・カロザースは、来日以来築地居留地における精力的な宣教活動、文書伝道、教育活動を展開し、長老派ミッションを築地六番地に開き、築地大学校、東京第一長老教会、築地六番神学校を次々と生み出していった。この日本伝道への情熱と働きぶりは、強靭な信仰と使命感のなせる業にほかならない。そして短期間に終わったカロザースの働きが、田村直臣という一人の成果につながっていたことは、歴史的事実である。カロザース論を閉じるにあたって最後に、田村の記述を考察する。

田村に見る師カロザース

一五歳の田村少年にとって「初めてのキリスト教」は、自伝『信仰五十年史』の中に以下のように登場する。[82]念願の築地大学校に入学して、田村は初めて聖書と出会う。また「日曜日毎に組を設けて、カラゾルス教師は、親切に英書をもってバイブルの講義をしてくれた」と語っている。初めて聞いた聖書の話は、ソドムとゴモラ（創世記一八―一九章）で、「さっぱりわからなかったが、週を重ねるに及びて、多少聖書を理解する様になった」と述べているが、「初めての聖書」が、神の裁きによって滅亡する快楽の町、ソドムとゴモラの話で、それをクリストファから聞いているのは印象的である。当時の宣教師は、異教社会の日本に神の義を伝える預言者や、悔い改めを叫ぶ洗礼者ヨハネに似た立場だったのだろう。そして田村にとっては、カロザースは、何よりも聖書とキリスト教を人生にもたらした伝達者であった。

田村によれば、築地大学校には「雄弁会」が組織され、毎日のように盛んに討論会が開かれ、「学校の内部は比較的行届いて居った」としている。そんな学びの環境で、田村の役目といえばガキ大将として寮の食事に文句をつけるなど、率先して反抗し争いの先頭をきる生徒で、その破天荒ぶりを語るエピソードには事欠かない。学校の中で、主に「気概」と「腕力」をあてにされ、自他ともに「天職は軍人」と認めていたが、もしその、親も願っていた軍人にならなければ、「君の如き議論好きな、理屈ばかり言う男は代言人になるに如かず」と弁護士を勧める友人があったと述べている。

そんな田村が、受洗をする。周囲で驚かないものはいなかったというが、そのキリスト教信仰は、「どこまでも国家的で」、聖書の伝える福音や救い、霊的な事はわかっていなかったとしている。

併《しか》し私がバプテスマを受けたと云う事は、わたしに取って一つの革命であった。其れは私の生涯を顚覆させた。学生等は非常な興味を以って、私に注意を払った。私も基督者となったと云う自覚が、自分の身を治むる様になった。私の霊的年齢は、今年丁度五十歳である。当時基督者になると云う事は、今日とは、大いに違う所があった。親に捨てられ、友に馬鹿にさる、覚悟がなくては、到底基督者の仲間入はできなかった。私も其の苦い経験を嘗めた一人である。[83]

と、後年田村が述べるとおり、軍人か弁護士にでもなって立身出世を果たし、新日本の国家建設のために力を揮うことだけを目標としていた人生が、嘲りと迫害の対象であるキリスト者となることは、まさに革命であり、それまでの人生の顚覆に他ならなかった。

こうして田村はキリスト者として教会生活を送る信徒となるのだが、「設立せられた教会は幼稚。信者唯一の聖書の訳字は不充分。唄う讃美歌は、滑稽な『好い国あります。大層遠方』。聖日の説教は、宣教師の日本語か英語か解らない朗読説教。何から何まで明治初代の教会は、未成品で物になって居らなかった[84]」中での、笑い話のような船出であった。それでも、田村は、築地大学校での出会いによって、他でもない「基督者」、キリストの者となった。その意味で、クリストファは、「いい人」ではなかったとしても、その信仰の強さと確信によって、田村をして大きな決心に導いた人物だったのである。

また、クリストファの長老主義堅持を自分が支持したことについて、田村は、「決して深い信念があったのではない」と語り、築地大学バンドのほとんどが二〇歳にもなっていない若輩者（田村は当時一七歳）で、教派主義について、何の知識も思想も持ちえず、「カラゾルス教師の教訓と意見とを丸飲みにした」と告白している。もし、自分が横浜にいたら、無宗派主義になっていたと思われる程度のことで、これは横浜バンドの面々も同様であり、それが、当時の日本人クリスチャンの偽らざる状況だったという。

しかし、クリストファの聖書主義に基づいた保守的長老主義については、師の主張を以下のように伝えていて、興味深い。クリストファは、無宗派、つまりエキュメニカルな教会というものを、「理において首肯すべき点なきにしもあらざれども、今日の如く世界の大宗派は、既に各々代表者を日本に派遣して伝道を開始する以上は、統一的に無宗派主義の教会を、日本に設立するとは、非常に困難なる事を懇々説諭された[85]」というのである。超教派の一致教会は、理想としてわかるが、一八七三年に禁教が解けた日本で早速各教派の伝道が開始された今、エキュメニカルな教会を建てることは至難の業であり、現実的ではないとクリストファは考えていたと理解できる。

また、「ヤソ」か「イエス」かという、宣教師辞任の直接の引き金となった用語問題についても、クリストファは、「エスはグリークで日本人に分からない」が、「ヤソは日本一般の普通語」で、耶蘇といえばそれはキリスト教の人物であると日本人は言葉ですぐ理解できると主張していたと、田村は述べている。当時、ワデルが「聖気論」に立ち、聖霊、プニューマは、「霊」ではなく「気」だとして「聖気」と訳すことを死ぬまで熱心に主張したことに比べると、クリストファの考えは一時的だったと述べている。

田村は、クリストファの主義主張を、その時々に合理的、現実的なものとして理解していた。しかし、「明治初代の信者は、聖書の訳語の一字に於てすら、斯く熱血を注いで、忠実に戦ったものである。何事にも我等は一生懸命であった。斯の如き精神があったから、伝道にも、且つ忠実に且つ熱心であったのである[86]」と続けて述べているように、当時の教会や宣教師の、そしてクリストファの、キリスト教信仰へのひたむきさや日本人を考えたうえでの伝道への情熱は、まさに懸命、命を懸けてなされており、そこに築地バンドを花開かせる原動力があったと考えていたのだろう。

こうして創立からわずか二年で、五〇名の会員を擁する東京第一長老教会を牧したクリストファだったが、本国伝道局より、宣教師間の不和と問題解決のため日本に派遣されたインブリー、ノックスらが「東京に乗込み、独舞台のカラゾルス教師の向うを張る様になった結果、カラゾルス教師は、前とは違って、己れの意の如く何事もやれなくなった。カラゾルス教師は、実に勤勉な働き手であったが……」と、この段階で、本節冒頭に紹介した田村のクリストファ評が出てくる。自分の強く信じるところを、自分のやり方で推し進めていたクリストファだけに、それらの封じ込めは、働きの継続を不可能にし、カロザースの生み出した顕著な成果は、ここに分断されることになる。

宣教師辞任が決まったクリストファの告別説教を受け、田村ら教会創立時の信者たちは「ミッションの傘下に入らない日本人による長老教会の設立を訴え、二七人のメンバーが席を蹴って原胤昭邸に集まり、クリストファーを仮牧師とする『日本独立長老教会』の創立を宣言」し、「東京第一長老教会に残った教会員一三人は、O・M・グリーンを仮牧師に選び教会を守った」のである。(87) この独立を、田村は以下のように記している。

> 我等三年間恩義を受けた懐かしい恩人カラゾルス教師は、純長老教会建設の意見により、他の宣教師と意見一致せず、ミッションを退くに至った有様を見て、カラゾルス教師に、同情の意を表わし、カラゾルス教師が、ミッションを去ると同時に、我等も心持よくミッションの配下を脱する決心を起こした。（中略）ライス・クリスチャンは、日本に於ては、初めから忌むべき名称であった。日本の教会は、日本人本位でなくてはならぬ。日本人自ら主権を握らなくてはならぬ。(88)

当時、日本人キリスト教界には、澤山保羅が大阪で、粟津高明らが東京で、ミッションからの独立を唱え始めていた。築地バンドの血気にはやるメンバーたちは、クリストファが宣教師として受けた冷遇を見、遠くアメリカ本国伝道局から指示される宣教師にすべてを指揮され、教会も教師も、「ミッションの金力の配下」に置かれるならば、当然ミッションの思惑にそった教会しかできないことを察知した。そのような「ライス・クリスチャン[89]」すなわち、米をライスとよび、基督者をクリスチャンとする英語製のバタ臭いキリスト者、米国ミッション主導の信者ではなく、日本主義の教会を作る、それは、経済的自給をも掲げた独立宣言であった。

田村は、この日の自分たちの行動について、クリストファに恩義を受けた「青年の客気」がなしたもので、「今にして思えば、汗顔極まりたる暴挙」ではあったが、「併《しか》し茲《ここ》に又神の摂理の隠れたものがあったと思わる」としている。この時の反乱は、「此れ同胞間の争議でない。対外人の行動であった」と言われるように、それまで、すべてを宣教師と在日宣教団を通して欧米ミッションに頼って歩み始めた日本のキリスト教会にとって、引くに引けない日本人キリスト者のプライドをかけた一事だったのである。

だからこそ、その想いは、日本語がよくわかるヘボンには理解できたようだ。築地バンドの若者たちの独立演説を聞いたヘボンは、「日本若イ侍《さむらい》強イ」と語っていたと田村は紹介し、その後成立した独立長老教会に対し、フルベッキとヘボンは「常に厚意をしめされた」としている。在日期間が長く、築地バンドの若者たちの弁論にある正義を聞き取ることができたヘボンとフルベッキは、クリストファの宣教師辞任には同情の余地があること、クリストファが育ててきた長老主義教会が、真に日本の教会となって欧米ミッションからの独立を目指すことの意味を認めていたのだろう。

こうして田村は、カロザースの辞職に至る一連の事柄から、自主独立の精神を学ぶ。そしてこの日本人キリスト教会の自立は、外国からのお仕着せではないキリスト教信仰、日本人としての誇りと主権をもった教会の設置への意識として、田村の中に根付くことになる。また、この一連の出来事を通してフルベッキは、マリア・トゥルーと共に、カロザースが植えつけた田村のキリスト教信仰のよき理解者、次なる恩師たちとなるのである。

クリストファ・カロザースの生き方は、田村にキリスト教と新しい価値観との遭遇を与えただけではなかった。組織の規範やその保持よりも自らの信念に基づいて自由に行動することをよしとする態度、欧米ミッションに頼らない自主独立、日本人独自の教会形成の気概と権利意識、たとえ少数者となっても、あるいは全く孤立したとしても、信じるところに誠実で何者にも屈しない頑強さと雄弁などを、田村はこのクリストファから受け継いでいるのではないかと思われる。このような生き方の善し悪しや、幸不幸は別にして、後年の田村の権利概念、反骨精神と一途な子どもへのこだわり、組織や体制側からはみ出した者の側に生き続ける態度は、さらに言えば周囲から誤解を受け排除される様子も含めて、それらは、師カロザースのあり方と酷似したものであった。その意味で、田村は、まさに、クリストファによって、生み出され、育てられたキリスト者だったのである。

第1章　まとめ

本章では、田村直臣という人物とその教育思想を理解するために、田村のキリスト教信仰の始まりである築地バンドについて述べてきた。田村が、築地バンドと関わった時期は、一八七三年の上京以降、受洗を経て、カロザースがミッションを離脱する一八七六年までのわずか数年間であったが、そこには、それ以降六〇年にわたる田村のキリスト者としての生涯を貫かせる原点があったということができる。

一五、一六歳の田村が、東京、築地居留地で一八七〇年代前半に体験した人生の大転機を考察することは、次章以降に述べていく田村のキリスト者として言動と性格、ならびに彼が表明したキリスト教の教育理論と実践を理解する前提となる。本章で述べてきた田村の築地バンドにおける体験の時代的、地域的、人的文脈の検討から、その後の生涯と思想形成に与えた、大きな要因や背景について、以下に要約する。

その一つは、田村が誕生から築地に出てくるまでの、本章で前史とした少年期がもつ歴史的要因である。田村が築地バンドでキリスト教と出会い、その成員となる背景には、幕末から明治維新という日本社会の大動乱のさなかに幼少期を過ごしてきたことが深く関わっている。田村は、幼い頃、封建社会の中に当たり前のように生まれ育ち、権威の象徴であり、価値の基準であった巨大な「イエ」、徳川将軍家の瓦解とそれに続く血による抗争、権力の移譲、外国の脅威を目の当たりにしながら、依るべき価値観の喪失と模索の十代を過ごし、築地で、初めて「外人」のもたらす新しい世界と、個の決断を迫るキリスト教と出会ったのである。

しかも、その場所は、築地居留地という首都東京のウォーターフロント、文明開化と自由民権の発信地となる銀座周辺という地域的特性を備えていた。この築地に形成された、築地バンドの性格を特徴づける地域的要因は、田村がキリスト教信者となること、信者であるということの性格を決定づけるものとなる。田村にとってキリスト教信仰は、社会における個人の尊厳、自由と権利の擁護と切っても切り離せないものとして、築地で体験され、キリスト者である限り、その権利は闘って勝ち取り、東京から主張、発信し続けなければならないものとなったのである。

また、田村が築地バンドと関わった時期は、鎖国と禁教が長く続き、宣教が極めて困難であった日本のプロテスタント宣教の草創期で、海外ミッションによる伝道攻勢が一気にかけられていた時期であった。明治初期の特殊な日本の宣教事情のなかで、近代日本におけるキリスト教は、絶えず欧米の宗教であるキリスト教受容と日本主義との攻防を繰り返していくが、その中で形成されたクリストファ・カロザースの築地バンドには、当時の海外ミッションと在日宣教団の男女の宣教師が抱えていた問題や困難、そして、当時の日本人キリスト者が直面した問題や困難が、縮図の様に表わされていた。

田村は、このような、問題だらけの、そして短命な築地バンドを自らの原点とし、追放されたカロザース門下生であることを誇りとした。それは、宣教師とて、同じ人間的な問題を抱えている事を明らかに示し、田村に、欧米の宣教師の語りをうのみにしない批判的精神や、海外ミッションに一〇〇パーセント頼らない独立の気風を育てることとなった。また、たとえば、「教派（個別）主義」か「一致（諸派合同）」かという問題に対しても、日本社会に根付いた日本人独立の教会形成は可能かという論議についても、党派や派閥に頼らず、議論によって、自らの意思を決定し、それを実行するという民主的なやり方に、目を開かせることにもなったのである。

こうして田村は、築地バンドでキリスト教宣教を体験し、クリストファ・カロザースを恩師とすることで、自由で民主的、批判的な精神と、強固な信念を持つ日本人キリスト者として誕生する。そして、この原点が、田村のその後の教会形成や、教育論、宣教観を構築する土台となったのである。

(1) 田村直臣『信仰五十年史』警醒社、一九二四年〈覆刻『伝記叢書一〇一　信仰五十年史（伝記・田村直臣）』大空社、一九九二年〉（以下、田村『五十年史』と表記）。

(2) 森下憲郷『築地バンドの研究』日本キリスト教団巣鴨教会、一九八六年。太田愛人『開化の築地・民権の銀座　築地バンドの人びと』築地書館、一九八九年。

(3)『東京都史紀要第六　東京開市と築地居留地』東京都総務局文書課発行、一九五〇年、三二頁には、「安政日米修好条約」の各条文の要約が書かれているが、第八条は「外人の信教の自由」とのみ記されている（以下、『東京開市と築地居留地』と表記）。

(4) 田村『五十年史』四―五頁。

(5) 京都での田村の始めの住まいは、後年洛陽教会が建った近辺とされていることから、現在の京都市上京区寺町通周辺であった。その後、鴨川の向こう岸に邸宅を建築したと記されていることから、現在の京都市左京区東丸太町の川端通沿いに移ったと推察される。

(6) ここで田村が述べている大村益次郎との交流は戊辰戦争が続く中、一八六八年に明治新政府の軍事に携わる朝臣となっていた大村が、京都・伏見の兵学寮で御所警備の御親兵の訓練にあたっていた頃のことと思われる。大村は翌一八六九（明治二）年秋、関西視察のために訪れていた京都市中京区木屋町の旅館で刺客に襲われ、死去している。

(7) 横井小楠は、一八六九（明治二）年に、現在の京都市中京区寺町通丸太町で暗殺された。

(8) 築地門跡は、広重の「名所江戸百景」第七八景「鉄炮洲築地門跡」にも描かれた築地本願寺を指し、本願寺北隣には大隈重信邸があった。東久世邸は「門跡前」とされていることから、本願寺に極めて近い場所だったと思われる。

(9) 田村『五十年史』一四頁。

(10) 田村は自身が鉱毒事件から撤退した時期を一八九七（明治三〇）年と明記しているが、史実としては一九〇二（明治三五）年であり、五年の開きが認められる。

(11) 日本日曜学校協会『日曜学校』一九三四年二月号参照。

(12) 森下（一九八六）および太田（一九八九）は築地居留地とカロザース夫妻を築地の精神的開拓者としてとりあげ、自由民権運動に携わったクリスチャンとして原胤昭、鈴木舎定、田村直臣、戸田欽堂を紹介している。
(13) 田村『五十年史』一〇頁。
(14) 同、一〇頁。
(15) ここでは、明治新政府のごく初期の宗教政策のみ取りあげるが、その後、一八七七年一月には教部省も廃止され、神道国教化政策は神社非宗教論によりさらに巧妙化されていく。土肥、一九八〇、三七—三八頁参照。
(16) 『教会教育の歩み』二〇〇七参照。
(17) この国際統一教案は、植村の「福音週報」と同日発行の「基督教新聞」への田村の翻訳もある。小見のぞみ「戦前の日曜学校カリキュラム」『教会教育の歩み』一六七—一六八頁参照。
(18) 田村『五十年史』一〇、一八頁。
(19) 二川一騰は、諸派を転々とした流転型キリスト者で、一八七八年の「七一雑報」に「銀座長老教会の二川一騰(今小島と改姓す)」とあることから、一時、田村の所属した銀座の長老教会に籍を置いていた。このため田村は、二川の受難について、当然内輪のこととして言及したと思われる。小沢、一九六四、二九一頁参照。
(20) タムソンの浦上の信徒たちとの関わりについては、中島耕二「築地居留地と宣教師デビット・タムソン」築地居留地研究会『近代文化の原点——築地居留地』3、亜紀書房、二〇〇四、二七頁参照。
(21) 田村『五十年史』八二—八三頁。
(22) 『江戸から東京へ　明治の東京』人文社、一九九六年、四六頁(以下『明治の東京』と表記)。
(23) 田村『五十年史』二四三—二四五頁。
(24) 留岡幸助「一九〇一年」『留岡幸助　自叙/家庭学校』日本図書センター、一九九九年、九三—九六頁(以下、留岡、一九〇一と表記)。
(25) 留岡の教育の場所に関する考えを立証するかのように、留岡は、後年、巣鴨での実験を経て、北海道北見の原生林に北海道家庭学校を開設していく。
(26) 留岡、一九〇一の記録には、「本校の恩人」九名の中に田村の名があり、教師陣にも「田村直臣(旧約聖書)」との記載がある。
(27) 田村は英国到着当日にハガキを送付している。『留岡幸助著作集』第五巻、同志社大学人文科学研究所編、同朋舎、一九八一年、三二五頁所収。
(28) 築地居留地研究の基礎資料として『東京都史紀要第六東京開市と築地居留地』がある。また、近年の研究成果は築地居留地研究会編『近代文化の原点——築地居留地』1、築地居留地研究会、二〇〇〇年/2、二〇〇二年/3、二〇〇四年にまとめられている(以下『築地居留地1』、『築地居留地2』、『築地居留地3』と表記)。

(29)『東京開市と築地居留地』八〇頁に全条文が記載されている。
(30) 同、一〇四頁。
(31) 同、一〇四－一〇五頁。
(32) 同「第二篇東京開市」の「第一章　東京開市準備」、「第二章　東京開市」参照。
(33) 横浜裁判所総督はその後、神奈川裁判所総督、神奈川府知事と名称が変わるが、現在の神奈川県知事の職である。江戸開市取扱総督を任じられた一八六八年四月一日には、横浜裁判所総督の名称であり、東久世は神奈川県知事と兼務して江戸開市の責任を負っていたと思われる。
(34)『東京開市と築地居留地』一五四頁。
(35) 田村『五十年史』一〇八頁。
(36) 森岡清美「明治前期における士族とキリスト教」『淑徳大学社会学部研究紀要』三八、二〇〇四年。
(37) 太田、一九八九、参照。
(38) 原胤昭「基督教古文献売出し時代の思ひ出」『福音新報』一九三二年（引用頁は、佐波亘編『植村正久と其の時代』Ⅳ、教文館、一九三八年による）など、本人の書き残した一次資料がある（以下、「原、一九三二、『植村Ⅳ』」と表記）。
(39) 戸田欽堂他築地バンドの人物については、太田、一九八九、参照。
(40) 森下「東京第一長老教会の創立者　C・カロザース」一九八六、一五四－一五五頁。
(41) カロザースの三名の日本語教師については、森下、一九八六、一四七－一四九頁参照。
(42) 原、一九三二、『植村Ⅳ』七八－七九頁。
(43) 太田、一九八九、七〇頁。
(44) 同、七〇頁。
(45) 明石町資料室長、清水正雄による「築地居留地概説」は『築地居留地1』に収められ、『東京開市と築地居留地』の膨大な資料をまとめて築地居留地の歴史並びに全体像を端的に説明している。
(46) 鉄道建設の技術者だろうか、新橋ステーションや新橋運輪局構内を居住地とする人々や、海軍、陸軍の教師官舎在住者も多くみられる。民間の雇い主欄には、福沢諭吉、中村正直、大隈重信、木戸孝允、渋沢栄一、三菱商会・岩崎弥之助らと共に、宣教師の雇い主として、原胤昭、千村五郎、三浦徹らが記載されている。
(47)「明治四年　東京大絵圖Ⅲ」（『明治の東京』八－九頁）には、幕末の英国公使館が東禅寺に、仏公使館が済海寺に、オランダ公使館が西応寺に置かれていたことが図示されている。
(48)『明治の東京』一九九六、二〇－二三頁参照。
(49) 原、一九三二、『植村Ⅳ』七六－七七頁。
(50)『東京開市と築地居留地』四一八頁。

(51) クリストファ・カロザースの名前、姓の表記は、田村が使った「カラゾルス」の他、会田倉吉（『史学』三〇巻四号、慶應義塾大学）によれば一八種あり、森下憲郷は会田の発見した一八種以外に一〇種の別の表記を発見したとして紹介している。森下、一九八六、一五九頁。

(52) 田村『五十年史』二五—二八、四六—四七頁他。

(53) 同、三四頁。

(54) 原胤昭は、このカロザース評の後に、当時「毛唐」「女唐」と呼称していた外国人との関係を「我が同胞も、彼らを軽蔑したが、彼らも我らを野蛮人視し、見脱し難い所行も少なくなかった。わたくしにしても、彼らは禽獣の肉をはみ、骨をかじって恥ざる畜生めと」思っていたとも述べている。原、一九三二、『植村Ⅳ』九六頁。

(55) カロザース研究は、慶應義塾におけるカロザースについて「カロザスの慶應義塾に対する影響」「カロザスの経歴と人柄」（『史学』所収）などの論考が、会田倉吉によってなされ、その後、小沢三郎が『日本プロテスタント史研究』の第七章に「慶應義塾御雇教師C・カロゾルス」をまとめている。

(56) 小檜山ルイ『アメリカ婦人宣教師』、東京大学出版会、一九九二年。

(57) 中島耕二「築地居留地と米国長老教会の初期伝道——宣教師C・カロザースの活動」（『築地居留地1』所収）。

(58) 中島耕二・辻直人・大西晴樹『長老・改革教会来日宣教師事典』新教出版社、二〇〇三年（以下、『来日宣教師事典』と表記）。

(59) 中島『築地居留地1』二九頁。

(60) 米国長老教会宣教師としては、ヘボン来日（一八五九年）の翌年、中国で宣教していたネビウスが来日したが、一年の滞在で中国宣教へと戻っている。

(61) タムソンについては、中島『築地居留地3』参照。

(62) 中島『築地居留地1』二九頁。

(63) 太田、一九八九、三四頁。

(64) 小沢、一九六四、二二一頁。

(65) 同二二一—二二二頁に掲載された、加藤木重教の「初めて聖書を見たり」（慶應義塾「基督教青年会三十年史」）からの引用。

(66) 太田、一九八九、三六頁、森下、一九八六、一五二—一五三頁参照。

(67) 太田、一九八九、四〇頁。

(68) 森下、一九八六、一五四頁。

(69) クリストファの出版活動については、太田、一九八九、三八—四一頁参照。カロザース訳『天道遡原解』（一八七四）については、森下（一九八六）一四八頁、秋山憲兄『本のはなし』（新教出版社、二〇〇六年）二五〇頁を参照のこと。

(70) 森下、一九八六、一五四頁。

(71) 中島『築地居留地1』三一頁。

(72)　同、三二頁。
(73)　太田、一九八九、三七頁。
(74)　同、一七五頁。
(75)　同、三六頁。
(76)　最初の受洗者に「林清吉」の名が、設立時の教会員に「渡辺信」の名がそれぞれある資料も見受けられるが、ここでは森下、一九八六の資料に基づいて名簿とカッコ内の説明を記載する。
(77)　中島『築地居留地１』三二頁。
(78)　小檜山、一九九二、二〇六頁。
(79)　インブリーについては、中島耕二「宣教師ウィリアム・インブリーの築地居留地時代」(『築地居留地２』所収)を参照のこと。
(80)　中島『築地居留地１』三三頁。
(81)　小檜山、一九九二、一八九―二一二頁参照。
(82)　田村『五十年史』二一―二二頁。
(83)　同、二四頁。
(84)　同、二八―二九頁。
(85)　同、二六頁。
(86)　同、三〇頁。
(87)　中島『築地居留地１』五一―五二頁。森下憲郷「日本独立長老教会銀座教会について」(一九八六年、巣鴨教会創立周年百十周年記念　リーフレット)には、教会設立時に起草された、格調高い「日本独立長老教会趣意並定則」と、千村五郎(伝道者)と二七名の信徒、総勢二八名の「教会同盟人員」一覧が掲載されている。
(88)　田村『五十年史』三八―三九頁。
(89)　「ライス・クリスチャン」、「バタ臭いキリスト教」ではいけないという記述は、この『五十年史』(一九二四)から、『牧会漫談』(大正幼稚園出版部、一九二八)、『日本人の手によりて現在の基督教を建直する必要なきか』(一九三三)など、田村の最晩年の著作に至るまで見られる主張となっている。

第2章 田村の「男女同権」論

1908年頃の家族写真。田村直臣（右）、ゑい（右から4人目）夫妻と6人の子どもたち（長女みね、次女ひで、長男朋良、三女まり、四女蕙、三男襄次）（巣鴨教会蔵）

田村の人生の一つめの転機、人生の「顚覆」とも表わされたキリスト教への入信と、それによってもたらされた自由民権との関わりについて、前章では、特にクリストファ・カロザースと築地バンドをめぐって述べてきた。そのクリストファが東京を去っていった一八七六年からの二〇年を、本章ではとりあげる。

それは、若き田村が、恩師からも、ミッションからも離れて、キリスト教信仰を生き始めた時であり、具体的に言えば、東京一致神学校の学びを経て、日本基督一致教会の銀座教会（移転後、京橋教会）牧師として活動し、米国へ留学（一八八二―八六年）後、欧化主義絶頂期と、そこから急転した反動期を数寄屋橋教会牧師として過ごした期間となる。そして、この二〇年は「日本の花嫁」事件（一八九三―九四年）と呼ばれる、プロテスタント教会史上有名な教会による牧師職（教職）剝奪事件の当事者として、田村が日本基督教会から追放されるという結末へ向かう。

この時期、田村が主に扱い、強調し、同時に周囲から問題視もされたのが、彼の男女同権の思想だった。田村が築地で出会ったキリスト教と民権の思想は、当時の日本の「イエ」制度や、「婦人」の置かれた立場へと向けられ、米国で見た、男女の愛に基づく自由な結婚、クリスチャンホームの在り方とも相俟って、帰国後の活動へと結びつく。帰国後すぐ、『米国の婦人』を出版し、一八八九年には元老院への一夫一婦制建白に名を連ねた田村は、著作『日本の花嫁』の米国での出版によって、「日本の花嫁」事件を引き起こす。

この著作『日本の花嫁』は、それを描かざるをえない当時の日本女性たちの状況があって、世に生まれ出たものといえる。田村は、女性宣教師、日本の女性信徒とバイブルウーマン、ミッションスクールの女子学生、アメリカのクリスチャンホームと教会の女性たちと出会っていく過程で、旧来の日本女性とは異なる、新しい生き方や、従来の社会的規範や在り方と比較可能な、別の考え方にふれ、自らの、日本人キリスト者としての女性理解、結婚観、男女同権思想を持つに至ったのである。

この経緯を紐解くために、1節では、一八七六年からの銀座時代と米国留学を終えるまでの一〇年間を、2節、3節では、帰国後『米国の婦人』を出版し、一八九〇年の結婚を経て、「日本の花嫁」事件で追放されていく八年間をとりあげる。それぞれの時期に田村が抱いた男女同権思想について、田村を取り巻く人的環境に注視しながら、明らかにする。

1　銀座時代から米国クリスチャンホームへ

「十字屋」二階での出会い

築地バンドの首領であるクリストファ・カロザースのミッション離脱は、築地大学校の閉校と、生まれたばかりの教会が築地を離れ、東京第一長老教会（日本独立長老教会）銀座教会を組織せざるをえない事態を招いた。それればかりでなく、クリストファの妻ジュリア・カロザースが、長年心血を注いで築地居留地に育てたA六番女学校の廃校をも意味することとなった。築地バンドの原胤昭、戸田欽堂らは、ジュリアの女学校に残った女学生のために出資し、一八七六年六月、日本独立長老教会併設の原女学校を銀座三十間堀に開校する。クリストファの赴任した広島に後れて出立するまでの間、ジュリアが教師となったが、彼女の離京後は、マリア・トゥルーがその責任をひきつぐ。こうして、築地バンドとその活動は、本拠地を銀座へと移すことになったのである。

はじめに、田村の属した、そして後に自らが牧師となる銀座教会の変遷について、概略を記しておく。田村が受洗し、所属した築地の東京第一長老教会は、カロザースの離任により田村を含め一八名の信者が離れて分裂し、日本独立長老教会を組織することになる。教会設立式は、一八七六年四月四日、銀座三丁目の幸福安全社の階上広間で行なわれた。幸福安全社は、「自由党の党員たちが民撰議院開設に備えて、国会の下稽古をした」場所だと田村は紹介している。設立式の説教は、キリスト者で、後に帝国大学教授となる、同人社の敬宇・中村正直（後述）が行ない、田村は、自伝でその日の中村の説教を今でも記憶していると述べている。[1]

自由民権運動は、一八七四年に板垣退助が「民撰議院設立の建白」を左院に提出したことをきっかけに興り、建白は却下されたものの、その志を持つ人々が議会の成立を求めて運動を続けていった。その議会の稽古場とした広間を設立会場にし、説教を「明六社」の中村正直にしてもらい、四月九日の日曜日の礼拝から、しばらくの間は、幸福安全社の集会場を礼拝の場としていたというのだから、築地を飛び出した銀座教会は、自由民権の牙城で、初めの数か月を仮住まいして過ごしたことになる。

その後、先述の原女学校が銀座三丁目海岸通りに建築されると、一八七八年の学校閉校まで、独立長老教会は原女学校の大講堂を会堂として活動していく。その間田村は、カロザースが去ってから、まず中村正直の同人社で一時学び、その後、東京一致神学校で神学教育を受けて、日本基督一致教会に加入の認められた銀座教会の牧師に就任する。

しかし、一八七八年、原女学校が閉校されると、銀座教会はたちまち行き場を失ってしまう。それまで、経済的に原、戸田頼みで教会運営をしていたところから、田村が、牧師として責任を一手に負うこととなり、金銭的な後ろ盾のないまま、教会は居場所を求めてさまようことになる。その時の田村を支えたのは、わずかにトゥルーとその助手、手島荒二長老であった。手島と二人で教会探しをするのをみかねた津田仙に「大いに同情」され、京橋、新肴《しんさかな》町の学農社分教場の建物を譲ってもらい、京橋教会とすることができた。しかし当初その場所では、すでに群羊社の人々が小崎弘道を牧師として組合派の新肴町教会（現・霊南坂教会の前身）の礼拝をしていたため、一時期は日曜日になると、二階では長老派の京橋教会が、階下では組合教会が礼拝をしていたという。[2]

　築地を出た田村の教会は、銀座へ、そして新肴町へと場所を変えていくのだが、これらはみな、「明治十一年実測東京全図」（一八七八年）で見ればはじめの築地まで含めて同じ京橋区内となる。留学後に移転した数寄屋橋教会も含めて、巣鴨教会に移るまでの田村の教会は、名前は「銀座教会」、「京橋教会」（新肴町）、「数寄屋橋教会」と移転地によって変更されていくが、すべて銀座周辺に位置し、教会活動を軸に考えるならば、この時期は、広く田村の銀座時代といえるだろう。

　この田村の銀座時代の思い出には、まず「十字屋」の二階が登場する。銀座三丁目の名物に、もとはカロザース家の大テーブルの天板を大看板にして、「耶蘇教書肆十字屋」と掲げた原胤昭経営のキリスト教書店があった。その十字屋が原から戸川安宅の経営に移った時、田村は十字屋支配人を依頼されて、店の二階を住居とすることになる。日曜毎に教会で説教するだけでなく、「二階の我が室を教室となし、安川亨君や、奥野昌綱翁やに一週一回、ジョン・スチュアート・ミルの論理学を講義し、奥野翁には、一週一回、世界に於ける有名な説教を翻訳してあげて居った[3]」と書かれている。そこはまた、吉岡弘毅ら同信の人々が、横浜や札幌から訪れ、澤山保羅を泊める栄誉にも浴して、築地バンドを離れた出会いの場所、学びの場所となっていたようである。

　こうして、二二歳の若さで按手を受け、一八八〇年から銀座教会の牧師として出発した田村は、同年、植村正久、小崎弘道と共に「東京青年会」を設立する。編集人に植村、小崎、事務を田村がつとめてその年創刊された、日本青年会の機関誌『六合雑誌』の編集所もまた、この十字屋二階であった。そこは、単なる知識や学問を教授される教室を越えた、人生の、特に青年期の人生教場でもあったようで、「十字屋の二階は私の一生涯に於ては忘れんとして忘るる事の出来ない場所である」と語っている。

> 青年時代の煩悶の涙も茲《ここ》で流した。青年の陥入《おちい》るべき誘惑も茲で打ち勝った。徹夜して読書に耽った事も

あった。この十字屋に於て母の如く私を世話してくれた婦人は、森田みとと云うお婆さんで、大阪神学校に教鞭を執って居られる森田金之助氏の祖母に当たる。此のお婆さんは、世間から俗名をヤソ婆と呼ばれて居った。私共は十字屋のお婆さんと呼んで居った。「いろは」のいの字も読めなかったお婆さんであったが、恐らく此のお婆さん程男勝りの女はいないと思う。基督教宣伝には、大概の伝道師は足下にも及ばなかった。お婆さんは、新栄教会にも、我が京橋教会にも、日本橋教会にも大活動をした。(4)

この、人生で忘れられない教場、十字屋二階時代の母とも言うべき人として、田村は森田みとについて述べ、毎日「朝五時には、私を叩き起こして、勉強をせよと命じ」てくれた彼女に、始めは閉口したが、人にはできない、ありがたい存在であったと感謝している。森田金之助は、田村の記した職の後に、足利教会牧師、大阪女学院院長を務めた人物で、田村は金之助の祖母、みとのことを「ヤソ婆さん」として、日曜学校の歴史を語る際に、その草創期を担った人物として紹介している。みとは、「菓子や豆を袂に」子どもたちを集めて、田村の日曜学校を支えた人物であった。子どもたちは、彼女を「ヤソ婆」とからかったが、教育など受ける機会もなかったこの女性が情熱を傾けた伝道なしに、初めのころの日曜学校は語れないと、田村は述べている。(5)

キリスト教伝道においても、日曜学校教育においても、キリスト者の有為な青年を育てるという点でも、森田みとに代表される明治初期の女性信者の中には、田村が一日も、二日もおく人たち、自分を実際に育ててくれる女性たちがいたのである。「初代信者になったお婆さんの中には、なかなか偉い男勝りの婦人が居られた。出口たか（本多静六博士夫人の伯母）(6)という婦人は、森田みとと一対とも云うてよい位な偉い婦人であった」。このふたりの大婆さんに次ぐ「中婆さんでは、松村介石、植村正久、小崎弘道君達の母堂は、実に偉い婦人で、此の時代の青年は、彼女達から非常な感化を受けたのである」と述べて、入信したばかりの青年信者や求道者、若い神学生、牧師たちを教導する存在となった女性キリスト者に言及している。(7)

田村の自伝には、キリスト教界で多く交流のあった人々が登場するが、日本人男性キリスト者で、晩年まで長く友情を結んだといえるのは、「三村会」を創って親交を深めた松村介石と内村鑑三の二人、著述の中で特に敬意を払って「先生」としているのは、後述する「明治キリスト教界三傑」の、津田仙、中村正直、新島襄で、他には殆どみあたらない。日本のキリスト教界主流の男性の指導者たちにとっては、そもそも、田村自身が「褒められない」人物であったようである。このことは、田村が亡くなり、当時の日曜学校教師向け月刊雑誌『日曜学校』に載せられた、追悼の特集にも明らかである。(8)

田村の結婚式も司式した旧知の井深梶之助は、田村の最大の功績として、児童の宗教教育の普及と発展に努めたことを次々と挙げながら、送葬の辞の終盤で、「若し同氏にして幸いに今一層他と相容れ、能く協力するの雅量を示されたならば」もっとよかったのにと述べ、鵜飼猛は、「若し翁〔田村〕に協調性協力性が十分あったなら、それこそ鬼に金棒だった」と惜しむ言葉で追悼の言葉を締めくくっている。また、追悼のタイトル自体が「傍若無人」というものさえあり、いかに田村が周囲の人々とうまくやれない、周りとは違った変わり者で、浮いた存在であったかを強調するものとなっている。

これらは、キリスト教界の日本人男性指導者たちが田村を一般にどう評価していたかを示すものであるが、同時代を生きていた人の評価というものには、概して相互性がある。つまり、田村が高く評価する人物は、相関して田村を評価している場合が多いということである。

田村が生涯を通じ、もっとも評価し称えているのは、マリア・トゥルーで、彼女については、自ら『ツルー夫人之伝』を著している。そのマリア・トゥルーは、ほとんどの在日宣教師たちとは全く異なって、田村の留学を支援し、生涯彼を支持していた。無論、逆に、田村を異質と感じ、評価しない人とは、田村は疎遠であっただろう。そこで、田村があまり人を褒めないことは、ほとんど褒められないことに通じていると考えられるが、先の銀座時代に出会った大婆さん、中婆さん、つまり女性たちについては、「偉い」が短い段落の中に連発され、自伝中、他では見ることができない箇所となっている。

年配の女性信者に用いられている「男勝り」や「偉い」という言葉は、現代の用法とは、少し異なっているようである。田村と同時代の内村鑑三は、講演録集『後世への最大遺物』の最後に、「エライ非常な女が居た」として、マウントホリヨークを創立した米国女子教育の祖であるメリー・ライオンを紹介していることをみても、明治期にあって、男性が女性を評価し称える形容詞として、「偉い」は最も一般的だったと考えられる。明治期の女性キリスト者の偉大さ、卓越した力と人間性を「偉い」という語は表わしているのである。

田村は、これらの偉大な明治期のキリスト者女性たちとの関わりの中で、キリスト者として、また牧師として歩んでいくことになるが、それ以上にこの女性たちを育て、田村にも極めて強い影響を与えたのが、女性宣教師たちであった。そこで、次にまずその一人、ジュリア・カロザースについて述べ、その後でマリア・トゥルーをとりあげる。

ジュリア・カロザース――田村が初めて出会ったキリスト者女性

ジュリア・カロザースの日本宣教における働き、特に女性宣教師としての女性へのミッションについては、小檜山ルイの『アメリカ婦人宣教師』の研究に、またジュリアの女子教育については、女子学院の歴史資料、刊行物に詳しい。後に、その女子学院に合流することになる桜井女学校を建てた桜井ちかも、初めにジュリアの英語学校で学んでいる。さらに、森下は「築地居留地における幼児教育の源流」(9)において、東京女子師範学校付属幼稚園の最初の保母となる近藤はま(浜)のことをとりあげ、ジュリアが彼女を親しく「おはまさん」と呼んで親交をもっていたことから、ジュリア・カロザースが日本の明治初期の女子教育だけでなく、幼児教育、保育にも影響を及ぼしていたと示唆している。

ジュリアについては、さらにジュリア自身が帰国後に日本宣教を物語った *The Sunrise Kingdom*(一八七九)

の検討や、これらを手掛かりにした、キリスト教保育史における意義の解明が望まれるが、ここでは、田村が初めて出会った、キリスト者女性としてのジュリアについて、田村との関係とその影響の観点から述べておく。

田村は、厳密には、初めに来日間もないメアリー・パークから英語を少し習ったというが、築地居留地での外国人との本格的な出会いは、無論カロザース夫妻とのものであった。特に、ジュリアは、一八七二年、築地万年橋にあった上田女学校で教えていた時点で、「おそろしく日本語のうまいカローザル夫人」と生徒が述べている[10]ことから見て、田村が築地居留地にやって来た時（一八七四年）、全くわからない初めての本場の英語を、おそらくジュリアの日本語で、相当橋渡ししてもらったのではないかと想像される。そして、このジュリアと田村の関係は、クリストファと田村が師弟関係を結び、創りあげていく際も、間を取り持ち、作用し続けていたと思われる。

田村は後年、ジュリアが生みだし、トゥルーが育てた女子学院の歴史（『女子学院五十年史』）を編纂している。これは、田村の妻ゑいが桜井女学校出身であったためもあろうが、それ以上に、田村自身と、ジュリアとトゥルーとの特に深く、長年にわたる親交がなさせたことだと思われる。[11]田村は、この二人の女性宣教師から、キリスト者女性の生き方を見、彼女たちが目指した女子教育に理解と協力をしていったと考えられるのである。そこで、以下では、ジュリア・カロザースがその後の田村の生き方や男女論、結婚観などの形成に対して与えた影響について、その三つの側面をとりあげる。

①日本の女性たちへの止まれぬ想い

クリストファの妻ジュリアは、定期蒸気船の爆発事故のため亡くなったクリストファの親友、コーンズ宣教師一家の遺児を連れて一八七一年に一時米国に帰国したおり、長老教会外国伝道局へ宛てた手紙の中で、再来日の決意をこう述べている。「日本の少女と女性のために自分の時間を使いたい[12]」と。その後のジュリアの女学校で

（上）ジュリア・カロザース（女子学院蔵）
（下）マリア・トゥルー（右）と峰尾（のち田村）ゑい（左）（女子学院蔵）

の働きは、その決心をまさに具現するものであった。日本語を非常によくした彼女は、自らが住む六番館で熱心に日本の女性たちを教え、一時は「生徒は二五人前後で、半分は彼女の家の三階に下宿」し、「孤児を一人引取って育てていた」という。

夫クリストファが健康を心配するほど、ジュリアは何役にも及ぶ仕事をひき受けていた。しかしそれらの仕事も、家のない子どもや、男装をしてまで学ぼうとする向学心に燃えた少女たち、旧弊に縛られる日本女性の窮状を目の当たりにしていたジュリアにとっては、とどめることの出来ない行動であり、当然の働きだったのだろう。単に外見や生活レベルの向上にとどまらない生き方の変革を目指しながら、ジュリアは女性たちに関わっていった。「彼女たちも魂を持っていることを教えたい、教育したいのです[13]」と。

ジュリアをこのような想いにさせた当時の日本女性の惨状について、ジュリアと築地時代に関わりのあったクララ・ホイットニーの『クララの明治日記[14]』から、少し長いが引用する。この記録は、後に勝安芳（海舟）の三男、梅太郎と結婚することになるクララが、一五歳で来日した時からつけていた日記である。外国人女性の極めて私的な日記であったため、事実をゆがめられることなく、損なわれずに残った貴重な証言であり、明治初期の、つまり、ジュリアが見た日本の真実な姿を語っている（以下の引用は来日二年目のもの）。

> この国では、男女の若者は、私たちとは違い、全く隔てられていて交際することがない。（中略）少女は、両親の決めた相手と結婚しなくてはならない。そして、他の男の人のことはほとんど知らないから、愛とは何かもわからずに結婚し、夫の友人の中に放り込まれると、男性は既婚婦人とは平気で話をするので、妻は夫の友人の中に恋人を見つけて、トラブルを起こすことがよくあるのだ。これも皆、女の人が男性社会からすっかり閉め出されていて、その結果、男性について何も知らないことから起こるのである。
>
> （一八七六年八月二四日[15]）

今日は一日中、日本の女の人の運命を考えて、心が重かった。考えると心がとても痛む。そして、日本の女の人の低い地位と希望の無さを見ると、自分の姉妹のようにいとおしくなる。だが何もしてあげられず、その過酷な運命を思ってただ泣くばかりだ。日本の女の人は結婚して二十五か三十位になると、若さと美しさを失ってしまう。紅、白粉を塗ることも、明るい色の着物を着ることも出来ず、ただ子供を生み、家事をするだけで、外に何もしない中に、肉体的、知的、精神的な生命をすり減らしてしまうのだ。違ったものは何も望めない！　休日もなく、労働だけで、何かいいことを期待することも出来ないのだ。（略）ああ、一人一人の姉妹を手で抱き、ぼろを脱がせ、無知から救い出し、聖母マリアのそばに座っていらっしゃるイエス様の神聖な足元に座らせてあげたいと、どんなに熱望することだろう。

（一八七六年一〇月二二日）[16]

以上は、クララが目の当たりにし、当時の米国人女性として感じとった日本女性の状態であるが、ジュリアを「おそろしく日本語の上手い」と評した山川菊栄の母、千世も、当時の女性たちを「鹿鳴館時代の女奴隷」と評していること、矢嶋楫子の伝記等、同じ明治初期の日本女性たちの数少ない証言からも、その虐げられた状況は明らかである。しかし、これらの女性の惨状は、男性には計り知れないもの、あるいは抑圧者の側からは、取り立てて記録するものではなかったと思われ、日本人男性はもとより、外国人男性宣教師にも一顧だにされないものだったと思われる。

しかし、同じ女性であるジュリア、クララ、トゥルーには、日本に来て何よりも、誰よりも、シンパシーを抱き、解放のために連帯して行動せずにはいられない「隣人」が、日本の女性たちだったのである。一八七六年二月六日のクララの日記に、自由民権の立場から政府批判記事を書いて獄に捕らわれた加藤九郎の娘みち（道）のために、ジュリアが奔走する姿が記録されている。「カローザーズ夫人が来られた。夫人の生徒の一人が困っているという。その女性の父親は、朝野新聞の記者であるが、日本の現状を合衆国の現状になぞらえて、近い中に人民の反乱が起こり、パトリック・ヘンリーの『我に自由を与えよ、然らずんば死を与えよ』というような叫びが起こるだろうと予言したため、三年間投獄されている」、それで、十七歳の娘は茶屋に住まわせられそうになり、ジュリアの元に置いてくれるよう懇願してきた。そのためにジュリアが、「みんなに援助をお願いしたいと言われるので、母〔アンナ・ホイットニー〕は一ドル」を出したとある。[17]

このように生徒一人への愛のために働くこと、日本女性への共感と抑圧状況からの救いのための働きは、ジュリアの使命の中心であり、すべてだったと思われる。そして、田村は、そのジュリアに出会い、ジュリアの思いと願いとも出会って、彼女が日本で理解したことを、自らの理解の中に取り込んでいったのではないだろうか。

②キリスト教保育、日曜学校を通じた子どもたちとの出会い

ジュリアが田村に与えた第二のものは、女性たちと共にあった子どもたちへの関心と関わり、具体的には日曜学校や保育の場との出会いだったと思われる。田村は、ジュリアが生み出したとも言える女性伝道者出口たかと出会うと同時に、おそらく、ジュリアの下で学んで、東京女子師範学校付属幼稚園の初代の保育者となった近藤はま、東京府教育会付属幼稚園保姆講習所の設立者、木寺安敦の娘で、ジュリアのA六番女学校で学び、クリストファから受洗、日本独立長老銀座教会の設立時の教会員として、父と共に幼児教育に携わった木寺チエらを知ることになったと思われる。[18] そして、ジュリアの周囲にある女性たちと、女性たちの働きとして進められていく女学校や日曜学校、キリスト教保育との繋がりを持つようになっていったと考えられる。

当時のミッションスクール（女学校）の様子、日曜学校のはしりといえそうな興味深い光景が、ジュリアの書簡の中に次のように語られている。

彼女たちは天気が悪くてもきちんとやって来て、ほとんど一日も欠席いたしません。マタイとマルコの福音

書の日本語訳を持っており（中略）生徒たちは皆、日曜日にもやって来て、歌を歌い、聖書を学んだり、子供用の教理問答を使って宗教の本を学び、また歌います。

（一八七二年一〇月二一日付ジュリア・カロザース書簡[19]）

田村は、自分が築地居留地に出入りするようになった「明治七年頃、東京に於て、日曜学校と云う名称を下して居る者《ママ》はあるはあったが、重《ママ》にミッションの学生に依って組織せられて居った。併し明治八、九年頃から、段々今日の如き日曜学校の姿が顕れて来た[20]」と述べている。先のジュリアの記述は、田村の言う「ミッションの学生に依って組織せられて居った」ものに相当し、ジュリアの書簡が書かれた一八七二年頃から、彼女によって組織されていったと考えられる。

一方「今日の如き日曜学校」については、田村は別に、一八七六年ごろ木挽町に「タムソン夫人（メアリー・パーク）が家を借り、荒井とき婦人を雇い保姆に依頼し、今日で云う幼稚園の如きものを開き、数名の子供を集め世話をせられた（略）これが東京市に於ける最初の幼稚園かも知れない。（略）日曜学校と云えばこれが今日の日曜学校に近いものであった。ミッションスクールの生徒でなく、純然たる家庭の子供等であった[21]」と述べている。ここからミッションスクール、幼稚園、日曜学校の起源が密接に関わりあっていることと、田村なりの区別が読み取れる。また、「ミッションスクールの助けを得ざれば、日曜学校なるものを維持する事は不可能であった」とも述べていることから、日曜学校教師の働き手として、ミッションスクールの生徒が多大な貢献をしていたことがうかがえる。

いずれにしても、後に「児童本位」を掲げ、自らの使命を唯一、子どものためとする田村の生涯の起点には、ジュリアが情熱を傾けた女性と子どもへの働きがあった。田村にとって、主にクリストファによってもたらされたキリスト教や聖書との出会いは、同時にその妻ジュリアが手掛けていた教育、保育との出会いをもたらし、彼のその後のライフワークとするきっかけとなったのである。

③夫、結婚に左右されるジュリア自身の人生

田村は、冒頭に述べたように、築地居留地でカロザース夫妻、つまり「外国人夫婦」というものを初めて見ることになり、特に妻の側、ジュリアの方との関わりは近しいものだったと推察される。ジュリアは、田村に、日本女性と子どもたちの、抑圧され、権利を蹂躙された状況を示しただけでなく、自らの生活から、結婚や夫婦について、また、特にそれらが女性の側へどのように影響するかを見せたということが出来る。

江戸っ子で毒舌家の原胤昭は、築地バンドの面々が横浜党と対面する出来事の回想で、田村を「まだ子供ぬけない田村直臣先生」とからかって紹介していた。築地時代の田村は、クリストファの弟子たちの中でいちばん年若い少年の面影を残した存在で、ある意味子ども扱いされていたのではないだろうか。そんな田村を、ジュリアは一五、六歳頃から知っており、親元を離れて、一人で東久世宅に書生住まいをしていた彼を、なにくれとなく面倒をみていたのかもしれない。ジュリアにとって田村は、自分の家に住まわせて世話をしていた日本の少女たちと同様に、親のような想いで接してきた、近しい相手だったと考えられる。

というのも、田村は自伝に、極めて短い不思議な記載を残している。一八七六年、「私もカラゾルス夫人を伴いて、広島に到り、数か月後再び夫人と共に広島を去り、夫人は神戸に止まり、私は東京に帰り、一致神学校の学生の一人となった[22]」というのである。

『来日宣教師事典』の「カロザース」の項では[23]、この間の経緯は、少々異なって記されている。カロザース夫妻は、築地でのミッション辞任後、一八七六年四月二二日に二人で上海へ向かい、そこで一週間過ごした後、長崎経由で日本に戻る。クリストファは兵庫で下船し、広島の赴任先へと向かい、ジュリアは五月一一日、横浜に到着して原女学校で教え始めるも、体調を崩し辞任して、療養していた。そこで、クリストファが夏休みになっ

て上京し、八月一六日夫妻で広島へ向かうが、ジュリアの体調は広島でも回復しなかった。そのため日本を離れることにし、一八七七年二月二二日にジュリアは横浜に着き、教え子や知人と別れを惜しんだ後、三月三日に米国へ向けて出港。「この時、カロザースは関西に残って、ジュリアの帰国に立ち会わなかった」とされている。クリストファの方は、同年二月に広島英語学校が廃校となり、大阪英語学校の教師に採用されていたため、「関西に残っていた」との記述となっている。

この二つの記録からは、ジュリアが広島に行く時と、広島を離れる時、クリストファと田村と三人だったのか、いずれか又は両方の道行は、夫婦二人、あるいはジュリアと田村の二人だったかは判明しない。また、広島にいた数か月を田村も広島に滞在していたのか、二度往復したのかも不明で、ジュリアが広島を出た時期もはっきりしない。しかし、東京でのジュリアが持病の神経痛で療養や介護が必要だったこと、広島での生活は「鼠と蚊と蚤に悩まされ」長く続けられないとジュリア本人が書き綴ったことは資料から明らかになっている。[24] 特に、この時、直接ジュリアを看病した先のクララ・ホイットニーは、一八七六年七月二五日の日記に以下の重要な手がかりを記録している。

富田さんと話をしていると、カローザーズ夫人から伝言が来て、病気だから来て欲しい、とのこと。行ったら、持病の神経痛で寝ていらっしゃったが、今日は体中痛くて、カロウザーズ（ママ）氏がいらっしゃっても余りよく世話がお出来にならないようだった。私は頭に包帯をしてさし上げ、お話をして、手紙や書類を読んであげ、お食事の世話をした。[25]

これらを総合してみると、東京で療養を余儀なくされて築地にいたジュリアのところに、七月二五日には夏休みで広島から彼女を連れにきたクリストファが、いるにはいたが、うまく看病も、身の回りの世話もできない状況で、ジュリアはクララの助けを借りた。八月一六日に広島へ向かった夫妻、特にジュリアの方に、田村は付き添って広島へ行く。夏から数か月広島に滞在したジュリアは、そこに長く住むことはできないと悟り、再び田村が付き添い、神戸まで同道。その後、田村は東京に戻る。一方、ジュリアは神戸にしばらく滞在し、翌年二月横浜へ移動し米国に帰国、夫妻の別居は続くこととなる。二人は、その後七、八年もの間、日本でのミッションに戻るため再三宣教師復帰願いを出し、日本宣教の使命については同じ情熱があったようだが、再び共に生活することはなかった。

これらのことから、一八七六年のカロザース夫妻の広島行きは、その後の結婚関係を決定づける岐路となったことは確かだろう。そして田村は、この微妙でセンシティブな夫婦間の亀裂が深くなる旅で、ジュリアに付き添える人物であると、夫妻から目され、実際にジュリアの広島往復と一緒にあったということになる。

この夫妻の問題は、築地時代の後半には進行していたようである。広島での別離の一年前、一八七五年夏から一〇月にかけて、ジュリアの両親（父リチャード・V・ドッジは長老派の牧師で、母の実家は地方銀行頭取の資産家）は娘の看護のため来日し、カロザース宅に滞在している。小檜山は、それを、「娘の窮状を心配するあまりのことだったと推察される」とし、クリストファが宣教師辞任後、再三にわたって再雇用を願い出たのにもかかわらず、ミッションが拒否した理由を彼のジュリアへの態度が問題の一つとなっていたとしている。そしてこれらの状況から、「他の宣教師との不仲に苛立つカロザースが、ジュリアに暴力を振るうようなことがあったのかもしれない」と述べている[26]。クララの日記の、カロザースがいても（いるから）、ジュリアが家に他人をわざわざ呼んだことには、そのような背景があったのかもしれない。

田村は、この別居、離別にいたる夫婦間の事情を、家庭内の出来事としてよく知っていたと思われるが、カロザース夫妻の不仲や離別については、生涯沈黙を守っている。広島往復のことも、先に述べたように、僅か一文に収めている。しかし、このことは、とりもなおさず、田村にとって、ジュリアとクリストファは、初めて目の当たりにし、個人的に知ることとなったキリスト者米国人の夫婦として敬愛と信頼を寄せた恩師夫妻であり、特にジュリアとは、病身での異国の旅を思いやって一緒に居られるごく近しい間柄であり、その心情を察することが出来たことの表れであったと思われる。そのことは、数十年もの後、田村が苦学生のための奨学寮、自営館の資金集めに奔走していたとき、ジュリア自身が英語の紹介文「JIEIKWAN」を書いて募金を助けていたことからも、裏付けられるだろう(27)。

そもそも、ジュリアは、女性宣教師に対して非常に辛口の意見を持っていたヘボンからも、「特にカロザースの妻はいい」と言われ、クリストファに敵対する宣教師たちも、ジュリアには別だったとされるほど、周囲から一貫して評価されていた。ギリシャ語、ラテン語、ドイツ語にも通暁していたといわれ、優れた能力、知性と愛情深さ、そして快活な人柄(28)をも兼ね備えた宣教師だったのである。そんなジュリアが、夫クリストファへの批判の渦に巻き込まれる。クリストファの宣教師辞任に伴う、過労と精神的苦痛、肉体的な痛みの中でも、ジュリアはA六番女学校の事業に最後までこだわり、女性たちへの教育を自分が続けられるように画策するが、所詮、妻の運命は夫と共にあり、情熱のすべてを傾け、非常な実績をあげてきた日本の女子教育を、道半ばで、突然手放さざるを得なくなってしまうのである。

A六番の寄宿生がそこを出て行く時、ジュリアは、ジョン・バラの妻リディアに付き添われてその別離の現場に立ち合ったとされている。妻として、女性として直面させられる不条理を共に受けとめ、ジュリアの傍にあったリディアは、後に、日本女性を看護教育へ開くヴィジョンを持ち、若くして急逝するが、その遺志は、るジュリアの女子教育の後継者ともなるトゥルーに受け継がれていく。夫に翻弄され、自分の仕事を中断させられるジュリアの痛みは、同じく自らの人生を自由に生きられない女性たち、妻たちに共有されていったのである。

そして田村は、おそらく異性として唯一ジュリアの無念を感じとり、女性の解放と教育を、受け継ぐべき宣教の課題とした相当稀有な存在であったと思われる。少なくとも、若き日に、妻ジュリアの苦悩、既婚女性が負わされる十字架を家庭の中に見たことは、その後の田村の女性理解、結婚観の形成に、深い示唆を与えるものとなったと思われる。

田村が「師」とした人々

田村の銀座時代の始まり、十字屋二階の次に出てくるのは、原女学校が廃校になった後の建物二階の素人下宿である。そこは、お初というお婆さんが切り盛りし、田村が築地の一致神学校学生当時、その下宿には、皆が集まってきてよく議論したという。「植村正久君の如きは、日課の如く毎日やって来た」とされ、本多庸一も弘前から上京するたび訪れていたというから、その当時の銀座のキリスト者青年の溜まり場だったと思われる。

この下宿と行き来しながら、田村は一致神学校での学びを終え、銀座教会の牧師となり、築地英和学校の英語教師としても俸給を得るようになる。すると、今度は、原女学校跡を教会、牧師館としていた田村の家が「一つの倶楽部の様」になり、青年たちの銀座の集会所になっていったようだ。田村が独身で書生が来やすく、二つの職場からの給料で、金銭的にも余裕があったことから、神戸から松山高吉、横浜から高橋五郎などが訪れ、雨森信成は東京に来ればいつも宿にしていた。また、松村介石は、宣教師と大喧嘩して「一致神学校を退校せられたが、行く処なく、二ヶ月ばかり、私の宅の食客となった」こともあったという。

その盛況な銀座教会牧師時代の男女同権論者ぶりと、当時の日本の教会が持っていた女性蔑視の様子が描かれた田村の記述をあげておく。米国に渡る前に、田村が抱いていた男女同権論とは、以下のようなものだったということができる。

原女学校に於て教育を受けたる女子達は、相当名ある人々の妻となり、教会に籍を置いて居られたから、我が教会に於ける婦人の勢力は男子の其れよりも遥にあったと思う。我が教会は数に於ても婦人の方が男子より多数であった。（中略）或る日曜日に奥野昌綱翁が、我が教会の講壇に於て、雄弁を振い「私の今日の説教は難解《むづか》しくて、子供と女とには解らない」と云わるるや、二、三の婦人は「解らない説教に座して時を費やす必要なし」と云いて、席を蹴って退座された事があった。当時男子は女子を見下げ、女子の頭は、男子と違って居ると思って居った。私はジョン・スチワルド・ミルの男女同権論[29]にかぶれ、我が教会に於て、盛んに男女同権論を主張した。当時男女同権論者として、私の名前を知らない者はなかったと思う。我が教会に於て、婦人の執事（田村はそれが「林西一氏の妻君」だったと『牧会漫談』で回想している）を選び、按手礼を施したらば、中会から一致教会の憲法の違反者なりと叱られ、大目玉を喰ったことがあった。当時、男女同権論を口にすれば誰も個も馬鹿にした者で（ママ）あった。併し私は男女同権論者であった爲、婦人の味方として、非常に其の社会に歓迎された者であった。私は、日本に於ける伝統的因襲を根本的に破壊せんと欲し、自由結婚論や、親子別居論を高調し世を騒がした事があった。[30]

このような当時最先端の、過激な男女同権論を、田村が持つに至ったのは、ひとつには本人の英語力があり、翻訳と合わせてJ・S・ミルの男女同権論をはじめとして、当時の欧米の自由な思想を原書でも、ある程度読めたためだと考えられるが、無論、すべてを独学で書物から学んだとは到底考えられない。カロザースが去った後、一八七六年から留学前の八一年までの、田村の銀座時代に強く影響を与えた師となる存在が必ずあったはずである。

田村の自伝において日本人男性で「先生」と呼ばれている人は数名で、ほとんどは「君」づけで、年長者には「翁」を、あとは「氏」をつけている。一致神学校での学生時代には、宣教師のフルベッキ以外、教師の記述すら見当たらない（日本人女性では「女史」となっているが、矢嶋楫子は「先生」と呼ばれている。矢嶋については次節を参照）。

その数少ない「先生」と呼ばれた一人は新島襄である。必ず「新島襄先生」「新島先生」と呼ばれ、その扱いは別格である。田村は、『五十年史』の中で、米国留学中、オーバン神学校の寄宿舎の自分の部屋で、一日枕を携えソファに臥しながら語っていた「新島先生」への特別な敬愛について[31]、また組合派と長老派の合同問題に関して「第十章」の一章を割いて、「新島先生」の意向と、自分が常に新島に賛同していたことを詳しく記述している[32]。

もう一人、田村に「先生」と呼ばれているのは、「津田先生」こと、日本の農学の第一人者で学農社を創立した、津田仙である。津田仙は、新島襄、中村正直とともに、当時の「キリスト教界の三傑」とうたわれた明六社会員、後に津田塾大学創設者となる津田梅子の父であるから、女子教育に理解のあったことは言うまでもない。田村にとってこの「津田先生」は銀座教会が行き場を失い、進退窮まった時に同情を寄せ、場所を提供してくれた大恩人であり、加えて留学当初、ニューヨークで、津田の長女の夫、上野栄三郎に大いに世話になっている。

最後の一人の「先生」は、田村の男女同権を理解する上で、最も重要な人物であり、田村が出会う以前から、大評判となったスマイルズの『西国立志編』(*Self-help*)、ミルの『自由之理』(*On Liberty*)を訳出し、一八七三年には同人社を創立、同年の明六社結成に名を連ねた当代きっての学者、中村正直(敬宇、一八三二—一八九一)だということが出来る。敬宇はまた、「絶えず新しき書を購入」することを「生涯無上の楽しみ」としたといわれ[33]、特に英米書については、一八六七年の英国留学から死の直前まで多くを収集し、その蔵書の中に、ミルの『女性の解放』(*The Subjection of Women*)も無論残されている。

こうして、田村にとって初めの、そして唯一の師であったクリストファが去ってから、田村は三人を「先生」と呼んだが、それらは奇しくも明治期の「キリスト教界三傑」と称された人たちであった。そして特に、中村敬宇は、田村が敬宇の同人社で実際に一時学んでいることから、名実ともに、カロザースに次ぐ、田村の学びの教師であったということができる。

中村敬宇は、また、1章で述べたように、銀座に独立長老教会が創立された時の初めの説教者であり、教会の協力者であった。さらに、銀座十字屋から、伝道目的でキリスト教新報の刊行を試みた時も、敬宇に悉く手伝ってもらっている。このいきさつは、田村の自伝では「閑話」部分とされているが、銀座時代の敬宇の様子や、田村との関わりを表わしていて大変興味深い。

当時はキリスト教への警戒が強く、「耶蘇教十字屋」から出す新聞へ、政府の許可はなかなか下りなかった。すると、「中村敬宇先生は（略）自分が先に許可を得て出版した雑誌は、今休刊して居るのもあるから」と、埒のあかない議論に時を費やすより、自らがすでに許可をもつ「東京新報」を継続する形で、出すことを勧めた。「表題は何とあっても構わない、中味の伝道にさえなれば宜い」と言われたと記されている。そうして刊行なった東京新報に、田村によれば敬宇は、次のように関わっている。

主筆は鈴木舎定君であるが、論文は、多く中村先生の稿で、即ち先生監修の編輯であったが、鈴木君は頗る急進な自由主義者（略）。それ故に鈴木君の論説は、折々敬宇先生を驚かした事があって、先生も亦《また》熱心なもので、其れに就いて原君〔原胤昭〕へ相談があると、今のような交通機関が無いから、先生は馬に乗って、原君の柳島の邸宅に朝早く訪われ、原君も亦飼馬に鞭打ち、共に市中に出て奔走された事もあった。(34)

敬宇・中村正直と男女同権

敬宇、中村正直については、『自叙　千字文』と、没後一六年目に石井研堂（民司）に描かれた『自助的人物之典型　中村正直伝』（一九〇七）を別格として、一九六〇年代に、高橋昌郎の『中村敬宇』(35)を筆頭に、伝記ならびに研究がなされている。幕末から明治の時代に、人間の自由と平等、相互愛に基づく倫理を説いた儒学者にして、『訓点　天道遡源』を世に送り出したキリスト者、中村敬宇への興味は尽きないが、田村の自由民権思想と、男女観に多大な影響を与えた「敬宇先生」という側面に限ってとりあげる。高橋の『中村敬宇』を基本として、山川菊栄の『おんな二代の記』にある菊栄の母、千世の記録と『クララの明治日記』といった、生前の敬宇と直接出会った人々の記憶資料などを題材に、田村が傾倒した敬宇の思想と活動について見てみよう。

まず、その第一のものは、女子教育と幼児教育の推進者であったことである。敬宇は、イギリス留学（一八六七―六九年）から帰国後、女子教育の必要性を強く感じていたが、周囲は女子教育無用論、尚早論の渦だった。[36]そこで敬宇は、一八七三年二月に、江戸川大曲の邸内に男子のための同人社を創立し、翌一八七四年秋には、同人社女子分校を麹町平河町に開校、自らの創った学校に、女子の入学を許して、女子の学びの道を開いている。

その後も、一八七五年、日本初の女子師範学校開校に際しては、文部大輔《たゆう》の田中不二麿から懇望されて、東京女子師範学校摂理（校長）として女子教育にあたるのみならず、翌一八七六年には、「中村先生の発意でお茶ノ水の師範に附属幼稚園が開かれ、ここに日本における幼児教育の基礎がおかれました」と千世が語っているように、日本に幼児教育の初穂をも開いたのである。松野クララ、豊田芙雄、先述の近藤はまの三名を保育者とした、日本初の幼稚園を生み出したのが、敬宇だったということになる。これを裏付けるように、一八七六年の『七一雑報』には、敬宇による、フレーベルとペスタロッチについての論考が掲載されている。

高橋によれば、女子教育の重要性についての敬宇の見解は、「人民ノ性質ヲ改造スル」には「善良ナル母ヲ造ル」ことが近道であるとの考えや、「善キ母ヲ造ランニハ女子ヲ教ルニ如カズ」の言葉によく表わされているという。[37]確かに敬宇はそのように述べ、胎教が肝要であり、「子ノ精神心術ノ善悪ハ大抵ソノ母ニ似ル」ことからも、善き母を造ることの重大性を繰り返し論述している。これは、現代の感覚からすれば、女性を「善き母」となることにのみ限定し、女子教育を良妻賢母を造る教育としているように思われる。しかし、同人社と東京女子師範で学んだ山川菊栄の母千世は、敬宇の女子教育の意味を以下のように語っている。

名宰相といわれた松平定信の「女はすべて文盲なるをよしとす。女の才あるは大に害をなす。決して学問などはいらぬものにて、仮名本読むほどならばそれにて事足るべし。女は和順なるをよしとす」といった言葉がまだ相当通用していた時代です。この時代に女子の文盲に反対して教育、とくに高等教育を与える意味の賢母良妻を主張したことは、明治中期以後の、女子の高等教育に反対する意味の賢母良妻主義ではなく、そこに封建時代の文盲主義を打破しようとする積極的な意味がふくまれていることを見なければなりますまい[38]。

まさに、この時代を女子として生きた人物のこの評は、当時、敬宇がもたらした女子教育がいかに画期的で、明治中期以降のものとは的確に区別して、その意義を計るべきものであったかを伝えている。それは、田村が、「男子の頭と女子の頭は違う」、つまり女子に教育など無用と断じる当時の社会的風潮がいかに強かったかを語り、そのような中で「日本に於ける伝統的因襲を根本的に破壊せんと欲し」た故の男女同権論であったと述べていることに通じるものと思われる。

敬宇は、一八七九年に、先の女子分校を江戸川の本校に合併し、同人社女学校を開校する。その女学校規則に書かれた教科内容には、最上級クラスの輪講テキストに、ミルの『男女同権論』と『代議政体』が用いられていたことが記されている。高橋はそれを、当時の他の女学校に例を見ない画期的なことで、「同人社の女子教育が、女子の政治的啓蒙を心がけ」ていたことを示すものとし、「科学的家政教育を重視した桜井女学校とは対照的」と述べている[39]。この同人社女学校は、短命に終わるが、敬宇の掲げた女子教育の理想をここに見ることが出来る。

また、敬宇が、胎教まで含めた乳幼児期の教育を重大と考えていたこと、子どもにとっての母子関係の特殊性を強く認識していたこと、具体的に日本初の幼稚園を開いたことは、田村の児童本位の生き方や、彼が最終的に深く傾倒することになるH・ブッシュネルの思想にも類似していて、「敬宇先生」の影を端々に感じられるところということができる。

第二に注目すべき点は、敬宇の学際的で自由な思想と徒党を組まないが謙遜で、実行力を伴う生き方である。敬宇は、その生い立ち――身分が低いながら高潔な父、貧しいながら聡明、賢明な母の下、幼いころから学問にはげみ、神童として昌平黌《しょうへいこう》に学び、若くして昌平坂学問所の教授となっていくが、英国留学中に幕府の瓦解により不遇の時期を経て大学者となる――から、終生変わらない勤勉と質素な生活をおくる実直な人柄であった。またその出自からか、学閥を組んで政治的に動くことがなく、常に謙虚な学徒であった。

千世の証言によれば、「先生は丈が低く、ずんぐりした体格で強い近視鏡をかけ、江戸前の早口で『いけねぇ、できねぇ』というような発音、歯切れのいいべらんめえ調で、その講義にはすこしのむだもなく、簡潔そのものといってよかったそうです。教室では椅子に腰をおろしたことがなく、せかせかと忙しそうに歩きながら話し、寸暇を惜しむというふうでした[40]」とされている。

『クララの明治日記[41]』には、クララの母ホイットニー夫人が、同人社女子校で教鞭をとることから、度々敬宇が登場する。クララは、「感じのよい」妻（鐵子）と息子、飼い猫のいる中村家に、母の就職問題の相談で数度訪れ、敬宇から「ためになる」アドバイスを得、客人の長話を好まなかったという彼から「またいつでもいらっしゃい」と言われている。そんな彼女の日記の中で、敬宇は、早口で、吃音だが「大変愛想のよい」、大先生ながら「目立たない人物」といった表現で描写され、簡素で地味だが、誠実で温かい人柄と、敬宇の家庭の雰囲気がうかがえる。

敬宇は、大学者でありながら、気取ったところが少しもなく、実体験を重視し、そこから得た識見を率直に語り、自ら信じるところを発信し、実行にうつす人物であったといえる。そして、英国での留学体験を日本の女子教育に実践し、卓越した文章力により、原著より優れていると評される訳書を通して、西洋の価値観とキリスト教に根ざした倫理を広めたのである。しかも、敬宇の翻訳は、「書物を万人が読めるようにという配慮」に満ち、漢字の右にふりがな、左にやさしい訓読みが施されていた[42]。

例えば、一八七八年に出版したスマイルズ『西洋品行論』（*Character*）の「（十）真正ノ愛ハ人ニ智識ヲ与フ」には、敬宇が言葉の力を文章に託した証拠とも言いたい、篤い翻訳が見られる。「恋愛ノ情アルニ非《あらざ》レバ、男女共ニ生涯ヲ做《な》シ経錬ヲ全ウストハイフベカラズ。愛ヲ知《しら》ザル婦人ハ婦人ニ非ズ。愛ヲ知ザル男子ハ男子ニ非ズ。男女相愛スルニ非レバ、各々ソノ全《まったき》ヲ得ズ」。

敬宇は、この書物、文章を通して大胆に、自ら信を置くところの女性論、結婚観や恋愛感情について語り、かつ、妻、鐵子とそのように生きたといえる。[43] そして、田村はこのような敬宇を通して知った男女同権思想に「かぶれ」、愛に基づく「自由結婚」に憧れていくと同時に、敬宇が善きものとして紹介する西洋の思想と倫理、その基盤となるキリスト教を、自らも彼と同じように留学によって実際に体験してみたいと強く願うようになっていったのだと思われる。

最後に、田村へ大きな影響を与えたものとして、敬宇のキリスト教信仰とその実践を挙げておく。

敬宇は、学問と自らには厳しかったが、女性をはじめとする社会から抑圧、差別された立場の人々のためには、大いに奮闘する活動家でもあった。そして、それはキリスト教の理念と愛に根ざしたチャリティと結びついてなされ、特に彼がキリスト者となって、その活動は顕著であったと思われる。敬宇は、田村の受洗と同年、一八七四年の一二月二五日に、自宅にてカナダ・メソヂスト教会宣教師G・カックランより受洗、その後すぐに「盲唖教育」に取り組み、古川正雄、津田仙、岸田吟香の三人と共に「訓盲院設立運動」を始めている。

高橋によれば、訓盲院の設立運動は「敬宇にとっては、それに反対する世人との戦い」であり、何度も請願を却下され、紆余曲折を経た一八八〇年一月、ようやく前年末に竣工した建物で事務が開始されたという。[44] 敬宇は英国留学時代から、盲教育の必要性を感じていたが、多数の盲人を「バイブルによって訓える」ことを目指し、この事業の達成のために粘り強く活動し、信仰者として愛を実践する生き方を示している。この時、古川ら四人の掲げたスローガン、「メン＝プロポーズ＝ゴッド＝ディスポーズ」（「謀事在レ人、成否在レ天」）の中には、深く願い、行動しつつ、実現を神に委ねるキリスト者の深い信仰が表明されている。

また、キリスト者である敬宇が重要視し、教育の根本とした「徳育と宗教教育」は、生涯をキリスト教教育者として生きた田村にとっても、非常に重要な概念となっていく。敬宇は教育には、「モーラル＝エンド＝レリヂオス＝エヂュケーション（Moral and Religious Education）」（修身及ビ敬神ノ教育）と、「アート」「サイエンス」（技芸及ビ学術ノ教育）の二つの柱があると考え、特に、前者に重きをおいた。高橋は、敬宇にとって教育は「修身敬神こそ本源」であったとしている。

教育の目的は、敬宇にとって、学術の識見高く、技芸に秀でた人物の輩出のみならず、敬神ということを知り、身を修める品性、徳を兼ね備えた人格の陶冶に他ならなかった。日本の近代教育において（現代にいたるまで）、軽視、あるいはタブー視されてきた「宗教的教育」を、キリスト教のコンテキストから、教育の基盤と考えた敬宇の教育観には、時代を超える意義と卓越性を見ることができる。

田村が敬宇と親交のあった頃、一八七九年五月一日、クララは、麹町平河町達磨坂で「同人社女学校開校の記念すべき」式典の様子を日記にとどめている。来賓の津田仙や勝安芳、そしてこの女学校で教師となるクララの母のために出席したホイットニー一家の前で、同人社社長の敬宇が挨拶をする。クララは「〔中村先生は〕早口なので分かったのは大体次の通り」として、まず、女子教育の意義について述べ、最後にホイットニー夫人の紹介部分をこう記している。「夫人は教養があるばかりでなく、聖書を深く信じ実行なさっておられる、まことに教師としてふさわしい方であられます。聖書こそ若人のしるべであり、夫人は自分のためではなく、あなた方のために教鞭をとられるのでありますから、心して授業を受けてほしいと思います(45)」。

ここには、敬宇の素直なキリスト教信仰が表わされている。そして、ホイットニー夫人を紹介して述べた短い挨拶の中に、教師たる者のあるべき姿、「聖書こそ若人のしるべ」という彼の信念が語られている。この挨拶の、「夫人」を「敬宇」に置き換えて読んでみると、教師敬宇の理想と実践を伴うキリスト教信仰が、そこに映し出されてくるようである。

晩年の敬宇のキリスト教信仰については、儒教へと傾斜した、ユニテリアン、あるいはユニヴァーサリストとなったなどの分析がなされているが、一八七四年の受洗から一八八〇年の訓盲院設立に到る時期は、敬宇が最も生き生きと、自由にキリスト教信仰を生きた時であることにちがいない。そして、田村はこの時期の「敬宇先生」から銀座で多くを学び、この日本人キリスト者、教師の生き方に触発され、後年まで多大な影響が残るような財産をうけとったのである。

アメリカ留学・クリスチャンホームとの出会い

ここまで述べてきたような人々に囲まれて、銀座時代を過ごしていた田村は一八八〇年、二二歳の若さで銀座教会の牧師となり、教会でも急進的な男女同権論者ぶりを示す一方、植村正久、小崎弘道と共に「東京青年会」を設立、『六合雑誌』を創刊し、日曜学校百年祭を執行するなど、青年と子どもたちに力を注いでいく。その時代、特に一八八一（明治一四）年は、キリスト教大進歩の年で、『六合雑誌』に「基督は明治十四年に於て我日本の社会に出現したりと云うも亦誣言にあらざん」とまで書かれた時であった。自由民権運動と共にキリスト教が「周囲の圧迫に対し果敢な闘争を展開し」、隅谷によれば、小崎らは『六合雑誌』と公開演説によって、「反対者の非難攻撃に応じ、攻守に花花しい活動をし、世の識者をしてひそかにキリスト教の力に敬服させさえした」という。[46] 人一倍血気盛んな田村も、意気揚々とその闘争に新米牧師として参加していたのは言うまでもない。

ところが翌一八八二年五月、田村はフルベッキと共に信州伝道旅行に行き、東京に戻ってみると教会内部で、牧師田村を告発する事件が起こっていた。結果的に中傷であったことが判明し、土壇場で田村への疑いは晴れるのだが、彼は責任をとって牧師を辞職することになる。それを機に、田村は一八八二年秋から八六年、米国に留学。オーボン〔オーバン〕神学校、プリンストン大学・プリンストン神学校で学び、心理学を学んだプリンストン大学より、当時の日本人には珍しいM.A.の学位[47]を得て留学を終えることになる。

敬宇の二年の英国留学がそうであったように、田村の四年におよぶ米国留学は、その後の田村にとって決定的ともいえる体験をもたらした。ここでは、特に、田村の男女観、結婚観、家庭観を形成する基礎となった留学時代の二つのことがらについて記述する。

①挫折と被差別の体験としての米国行き

田村の「留学体験」は、期間を短く区切られ、足早に表面をなでるようなものとは根本的に違っていた。生活の糧でもあった牧師職を辞し、退路を断ち切って単身アメリカへ飛び込み、全身を浸すことで、田村は、アメリカをまさに体得していくことになったのである。しかし、それは、「明治初年に、米国に留学した者の多数は、男女を問はず、皆政府の費用をもって留学を命ぜられた」頃に、「実に冒険的計画」を「独立独歩」で考え、友人たちによれば「無謀」な留学を敢行したと、本人が述べるところのものであった。費用のあても、送り出してくれる後ろ盾もないままに、明らかに無謀な留学に出た背景には、そうせざるを得なかった日本での失敗と挫折があった。

田村の牧師辞職につながった教会内の事件とは、教会の「ある婦人」との姦通疑惑であった。事件の次第は、『五十年史』「四　姦通罪の疑で中会を煩わす[48]」に述べられており詳細を省くが、結果的には田村の身の潔白が証明されて、中会は無罪を宣告する。しかし、この事件は、「若年の然かも独身者であった」若き牧師にとって、非常に危険な教会内での女性との関わり方を発端とし、田村が「教会の一派が、私に対して疑ったのは、或点に於いて実に尤もであった」と述べるような事柄であったようだ。

事件が起こった時、フルベッキと二人で信州伝道旅行中であった田村が、その道中のフルベッキと自分の心情は、さながら「ポーロとテモテ」のようだったと述べている。敬愛するフルベッキと連れ立っての宣教は、田村の大きな誇り、おそらく自慢でさえあったと思われる。そこから一転、この事件の結末を、田村は、「私は教会を騒がしたる罪の責任を荷い、大いに自決するところあり、教会に牧師の辞表を呈し、涙を以って教会を去った」と記している。姦通罪ではないとしても、そこには、田村の罪の自覚があり、責任をとるべき自らの落ち度、つまり失敗があり、自省して涙する後悔があったということだろう。田村の無謀な留学は、若い伝道者が、初めて鼻をへし折られるような大失態を演じ、それを契機とした体験だったのである。

こうして始められた留学は、なお、若く意気盛んで怖いもの知らずの田村を、米国においてさらなる挫折へと追い込んでいく。田村は米国に到着し、本当の意味で初めて、孤独と無力さ、自らの存在の小ささを思い知らされる経験をすることになる。

田村は、ニューヨークで最初に受けた冷遇――具体的には、後ろ盾もなく、怪しげな服装をした妙な東洋人に対する、白人キリスト者、長老教会伝道局幹事のラウリー博士からの冷遇――に対して、以下のように記述している。「私は其の夜、私の室を照らす月を見て泣いた。故郷を慕う念は俄に湧いて来た。嗚呼異郷に来て、此の冷遇――私のポケットに残す金は僅かに、五弗五十仙。此の金も、明日は無一文になると思えば思う程悲しかった。其の時、私は此の世に頼るべきお方は、神の外一人もないと染々感じた(49)」。

「嗚呼」や「思えば思う程悲しかった」などという哀切を直接吐露する表現は、長い信仰史を綴った田村の自伝の中で、非常に珍しい。後に過酷な「日本の花嫁」事件の迫害を記した箇所にも、全く見られない表現である。異国での孤立無援の夜に、田村が感じとったものは、おそらく初めての「差別される経験」への痛み、他の困難と性質を異にする特別な被差別経験であった。そして、その痛みを伴う経験が、ただ神への信頼へと田村を導き、田村を真のキリスト者とするものになったことを、この記述は語っていると思われる。

自らの留学を、田村は以下のように述懐している。「神の摂理は、人知の及ぶ処ではない。私の受けし大いなる試みは、私の心を何の位練磨したか知れない。若し私が信州伝道の成功を鼻に掛け、現状に甘んじて居ったならば、一生涯、己れの技倆を現わすことが出来なかったと思う。人格養成には苦痛が何よりの学問である」[50]。

②キリスト教文化の基となるクリスチャンホームの体験

以上のような拒絶される経験から出発した田村の留学生活は、今度は、ニューヨーク州シラキュース市の教会と、同州オーバン市にあったオーバン神学校とそれらに連なるコミュニティに受け入れられることで、次なる経験へと導かれる。オーバン神学校は、一九三九年にユニオン神学校に吸収されるが、フルベッキ、ルーミス、ノックスなどの卒業生が日本宣教に携わり、また田村を第一号としてそれから五七年の歴史の間に、七三名もの日本人留学生が学ぶこととなる、明治期の日本キリスト教界と深い関わりのある神学校である[51]。田村は、尊敬するフルベッキと、親友マリア・トゥルーの夫であるアルバート・トゥルーが卒業したオーバン神学校で、米国のクリスチャンコミュニティの温かさ、その文化の豊かさと出会ったのである。

オーバンコミュニティでの生活以降、田村の留学は生き生きと輝き始め、留学経験は深化していくことになるが、その中でも田村が最も驚かされ、注目したのは、自分を受け入れ、自分の居場所を作ってくれた米国の「クリスチャンホーム」であった。そして、それは後に田村を、子どもへの宗教教育、クリスチャンホームにおける家庭教育へと導いている。田村が重視したものの原型となる「米国の基督者家庭」について、田村の記す「ソルバル家」の様子を例にあげる。シラキュースにあるパーク教会牧師ソーバー博士の妻、「ソルバル夫人」は、マリア・トゥルーの親友で、この家族を通して、田村は後に生涯の友となるバブコックを知ることになった恩人でもある。

ソルバル夫妻は、実に徳の高い、優しい、何とも云えぬ風采を有して居られた。(中略)私が米国に来て、基督者ホームに始めて宿り、其のホームの有様を見て、日本のホームとの大いな相違を知り、非常に驚き、日本に、基督者ホームを作りたいとの決心を起こさしめたのは、此のソルバル博士の家庭であった。博士には、二人の男の子があった。二人とも音楽者で、毎朝一人はピアノを弾じ、一人は笛を吹き、家族互に聖書を読み、祈祷を献げた。夫妻は能く子供を教育せられた。私は米国に居る間、屢々此のホームの客となった。（中略）ツルー夫人と、ソルバル夫妻とは私の事業の親である。最早三人とも世を去られたが、私に及ぼした感化は失われない。(52)

このホーム以外にも、親友バブコック夫妻の家庭、南部長老教会の牧師バアマア師夫妻の家庭など、田村は多くのクリスチャンホームに一週間またはそれ以上滞在して、当時のキリスト者の家庭での生活、夫婦の在り様や女性の生き方、子育てといったものを身近に経験し、深い感銘を受けている。

さらに、田村は、オーバン神学校卒業後、「唯々同大学総長マッコオシ《ママ》博士」に誘われて、向かったプリンストンでも、マコッシュの弟子として夫人ともども深い親交を結び、プリンストン神学校のホッジ教授を加えて、二人の恩師を得るに至っている。しかもこれら米国での友人、家庭との付き合いは、帰国後も続き、自伝において確認できる一八九二年、一九〇四年、一九一〇年を含め、田村は都合七度米国に渡ったというから、その親交は三〇年近くとなる深いものであったことが推察される。

そしてこれらの体験は、「日本に、基督者ホームを作りたい」という具体的な課題の達成のために田村を動かしていくことになる。田村は、帰国後、キリスト教と聖書についての信徒に向けた著作と並行して、間断なく女性・子ども・家庭について、キリスト者として自らが提案できることを発信し続けていく。

女性に関しては、『米国の婦人』（一八八九）、*The Japanese Bride*（一八九三）の米国での発刊とその日本語訳『日本の花嫁』の刊行がある。子どもに関しては、帰国後五、六年だけでも、一八八八年に『童蒙道しるべ』、翌年『子供の頓智』、一八九一年には『童蒙をしゑ草』、『幼年の針路』と書籍の刊行を続け、定期刊行物として、一八九二年に子ども向け週刊雑誌『わらべ』、一九〇一年には一〇〇号に及ぶ『幼年教育』の自費出版のほか、一九〇四年に『母と子供』、一九一二年に『子供之友』、『ホーム』を「ホーム社」から発行する。

また、留学体験で理想とした日本におけるクリスチャンホームの建設は、自営館設立、自らの結婚と家庭の形成、後年の巣鴨教会と大正幼稚園へもつながり、田村のその後の生き方と事業、理念を考える上でも、重要なものとなっている。ことに苦学生のための奨学施設事業には、一八八六年一二月の帰国直後に着手した数寄屋橋教会の会堂建築後すぐ取り掛かり、一八八八年一〇月に、芝白金三光町に自営館を設立した。この、家を離れ苦学する青年のためのキリスト教のホームづくりは、大変な苦闘を田村に強いることになるが、一九一九年の田村塾（自営館の後身）閉鎖まで、実に三〇年以上続けられている。

The Japanese Bride, 1893

留学後の田村の活動が示しているのは、留学体験が田村に新たな、そして確固たる男女観、家庭観、結婚観を据えたことである。その中心にあったのは、日本の「家《イエ》」を超える新しい「ホーム」の建設が、これからの日本社会にとって、そして日本の女性たちにとってきわめて重要であり、それは、クリスチャンホームの形成による、キリスト教の愛に根ざさなければ成し得ないものだという確信だったと言えよう。

このように、田村が留学後に用いた「ホーム」という語には、打破すべき日本旧来の家制度に代わる新しい社会体制への思いが込められている。その「ホーム」には、同時に、自身が留学体験によって体得した、存在を拒絶するのではなくありのままで受容し、衣食住から霊性を含めた全体としての人間を、愛をもって「養育する場」という深い意味が含められており、後に、すべての子どもたちは、そのようなクリスチャンホームで宗教的養育を受けて育てられる必要と権利を有するという田村の発想へとつながっていくことになる。

2　帰国後の男女同権論

四年におよぶ米国留学を終えた田村は、留学中講演によって得た資金を、悩んだ末、見聞を広めるために用いることを決め、帰国の途上、聖地パレスチナを含めた世界各地を周遊して、欧化主義により空前のキリスト教ブームに沸いていた故国に帰る。そして、帰国するや、口語による児童向け童話『童蒙道しるべ』を出版、信徒の聖書教育のために『〇〇註釈』と題した聖書注解と、コンコルダンス『対照聖書辞典』の編纂に取り組むなど、子どもと信徒教育に尽力し、婦人解放、男女同権運動に関心と協力を示していく。

本節では、帰国後、一八八六年末から日本の花嫁事件までの時期、日本社会が欧米文化への反動期を迎え、大きく変動していく時期に、田村が男女同権に関する分野でどのように働いたのかを記述する。

この分野における帰国後の田村の活動は、まず、知己を得ていた矢嶋楫子と婦人矯風会との関わりの中に見られ、一八八九年の元老院への一夫一婦制建白提出に名を連ねたことがあげられる。また、峰尾ゑいとの自身の結婚の在り方にも、男女観、結婚観が非常に具体的に見られる。そして、これら留学前後の田村を支えた人間関係と、彼の人脈の背後には、常に親友マリア・トゥルーの存在とその影響を見ることが出来る。併せて、それらを裏付ける思想である田村の男女同権論は、この時期の著作の内、日本と米国の女性を比較した『米国の婦人』（一八八九年一二月）、*The Japanese Bride* と『日本の花嫁』（一八九三）並びに、『基督教と政治』（一八九〇年四月）のなかに明確に表わされている。

矢嶋楫子と「一夫一婦制の建白」

田村が、男女同権運動に関わって、帰国直後から賛同の意を示し、協力したのは、その頃矢嶋楫子（一八三三—一九二五）を会頭に創立された婦人矯風会と、矯風会が推し進めていた「一夫一婦制の建白（請願）」であった。矢嶋楫子の思想と働き、生涯については、様々な先行研究、文学者による小説化がなされており[53]、詳細に触れない。ただ、楫子自身が酒乱の夫に一〇年耐えた後、女性の側から離婚をつきつけたことを周囲から咎められ、我が子を残して上京するという家庭生活での辛酸をなめ、東京で妻子ある人との子どもを産んだ経験と痛みをもっていたことは、無論彼女の活動の大前提となっている。

楫子は、封建的家父長制の強い熊本の地での幼少期から、結婚において自由な意志は全く認められず、ただ、父と夫に服従しなければならない女性たちの中で育ち、徳富蘇峰、蘆花、湯浅はつの母となる久子、正妻となれない形で横井小楠に嫁いだつせ子ら、姉たちの虐げられた境遇から、家柄によって妻と認められない（妾となる）結婚、夫に自分以外の女性や妾のいる家庭の中で生きる苦しみ、男の子を産まなければ嫁として認められない現実を目の当たりにして生きてきた。さらに、自由に人を愛すること、自ら罪を犯してしまう弱さをも経験し、トゥルーとの出会いを通してキリスト者となり、女性の人権の回復、ならびに女性蔑視の社会との闘いに身を投じたのである。

田村は、その楫子を自身の留学前の早い時期、一八七〇年代半ばの銀座時代に知り、以来五〇年近く「矢嶋先生」として関わりをもち、楫子の最期の病床に見舞うまで特別な敬意と親交を結んでいた。それは、田村が自らの死の直前に『矢嶋楫子伝』のために書き残した追悼文に明らかである。そこには、出会った頃の楫子が、洋装に「男の靴」を履きボンネットを被って、田村が牧会する数寄屋橋教会に悠然と闊歩してこられたこと、女子学院と矯風会への献身、九〇歳を超えて平和のために欧米へ赴く熱意、新進の気概と同情篤い人柄などが述べられている。

一方で、田村は、「先生とて完全なお方ではなかった」、「皮肉家として名が知れて居った」と、楫子独特の人を寄せ付けない強さ、厳しさや、周囲から「一風変わって」いたことも述べたうえで、そんな「矢嶋先生」との関係を、「幸にも私は何があっても先生に対し友情をきづ《ママ》つける事はなかった」と書いている。田村には珍しい言葉で言い表わされた、楫子との信頼と友情を大切に思う気持ちの表われであろう。(54)

こうして、尊敬する「矢嶋先生」が心血を注いだ矯風会、楫子自身と女性たちの苦しみの根源との闘いでもあった禁酒運動、一夫一婦制への思いに田村は共感し、帰国後直ちにそれらの活動に関わる。田村と矯風会のつながりは深く、「創立以来私は婦人矯風会に同情があったが、其れ〔『日本の花嫁』事件〕以来、私も私の妻も婦人矯風会に近づく事の出来ない様にされてしまった(55)」とあることから、会の活動の当初から「同情」、同じ思いを共有していた。

その関わりの一つは、留学からの帰国当夜の出来事、矢嶋先生にした米国土産話である。「私は（中略）明治十九年十一月下旬帰国し、当夜はツルー夫人の好意により、番町の女学校に一夜をあかし、久し振に先生に接し、米国土産話として、米国に於けるウイラルド女史の熱心なる禁酒運動を物語った。其後にこの土産話が、先生をして熱心に、矯風事業に従事せしむる一つの原動力となったとき、私は非常に悦んだ(56)」。

おそらく田村は、フランシス・ウィラードが、ノースウエスタン大学女子部の学部長という高い地位や、婚約者であったフォーラー博士からの求婚により大学総長夫人となれるという名誉を棄てて、女性たちの闘いと連帯に一身を捧げ、禁酒にとどまらず、アヘンや売春の問題にも立ち向かっていることを語ったのだろう。留学中日本に関する講演をしながら、休暇ごとに全米各地の教会を訪れていた田村は、ウィラードの熱意から教会女性たちの中に広がっていった女性たちによる禁酒運動を、その目で見て実感し、もっともその思いに共感できるであろう楫子に、熱心にそれを語ったと思われる。

また、『女学雑誌』第四四号に記された婦人矯風会創立を伝える記事には、一八八六年一二月六日、婦人矯風会創立の発会式と共に、「海老名弾正氏の勧話と近頃米国より帰朝ありたる田村直臣氏の米国婦人談」の講演があり、その後、役員選挙がなされたとある。さらに、『矯風会百年史』は、発足三か月のころ厚生館で開催した大演説会で、松山高吉、井深梶之助と共に田村が講師となったことを伝えている。

このように、ウィラードを中心とする米国の女性たちの禁酒運動は、「世界婦人矯風会」からの特派員レビット夫人によって日本へともたらされ、トゥルーとミス・デビスの多大な協力によって矯風会組織の結成につながるのだが、田村もまたウィラードの働きを直接矢嶋楫子に伝えることで、矯風会の初期の活動に一役買ったといえる。

先の楫子への追悼文に田村は、「当時禁酒事業に於ては、津田仙先生と矢嶋楫子先生とは、良き一幅対であった」と述べ、楫子の思い出として、憲法発布の記念日（一八八九年二月一一日）に祝いで沸く東京において、「岩崎が酒樽を市中に積み上げ、自由に飲ますると云う事を耳にせられた両氏は、其れに反対し、非常な活動をせられた事は、決して忘れる事は出来ない」と書いている。婦人矯風会の働きは、女性の権利の回復と女性を縛る社会の旧弊を糺《ただ》すためのものだったが、創立のきっかけとなり、設立当初の大きな目的となったのは、楫子と米国のクリスチャン女性に共通する、夫、父の飲酒による不幸を断ち切るために、原因となる酒の害に立ち向かうことだったのである。

こうして創立され、活動を始めた婦人矯風会と田村との関わりは、先述のとおり「日本の花嫁」事件を期に一方的に壊されることになり、一〇年に満たない間にいったん断ち切られてしまう。しかし、その関わりのあった短い期間に田村は、矯風会が「一夫一婦制の建白」を元老院に提出する際の署名に名を連ねている。

この「一夫一婦制の建白」と、婦人矯風会の働きについては、詳細を他に譲るが、『婦人矯風会百年史』と当時の機関誌、雑誌、新聞による裏付け資料を基に判断すると、[57] 田村が署名をしたのは、一八八九年六月二七日の「一夫一婦制の建白」であったと断定できる。原文が残されていない「一夫一婦制の建白」の内容は、久布白が述べているとおり、この建白書の功労者であった、楫子の姪、湯浅はつの「倫理の基の要旨」（『女学雑誌』一六一号）に見ることができる。

この文書は、「一夫を以て数婦に接するは自然に反す」、「一夫を以て数婦に接するは人情に背く」から始まる十一項からなり、「蓄妾《ちくしょう》より生ずる弊害」を述べた項目では、妻が虐遇され一家が不幸になる、妾は家財を欲し我が子に家督を継がせようと「一家を攪乱絶滅」させるに至る、「児童の円満なる発育を妨げ」るなど、一国の基となる一家が混乱と不幸に陥ることが具体的に述べられている。また、儒教、仏教ではなく、「只基督教は一夫一婦を主張するものなれば必ずこれによらざる可からず」と、一夫数婦の弊を説く唯一の宗教として、キリスト教をあげている。さらに、建白書、つまり立法の提案書として、刑法二五二条の改正について、現行と改正案の文言を記すと共に、「民法若しくは婚姻法の如きものにおいて男女の姦通を罰する爲」条項を設けることを希望して、その案を載せている。

矯風会百年史は、「建白書の起草は家永三郎『植木枝盛《えもり》研究』によれば、植木があたった」としながら、「そのころの『東京婦人矯風雑誌』が欠号なので、詳細は建白書文面とともに不明である」とする。植木枝盛と湯浅はつの二人が、この作文にどう関わったかは別として、建白書の内容が上述のものだとすれば、それは、具体的かつ過激な提案であるとみることができる。田村が賛同、署名するのは宗教的、思想的背景からもうなずけるが、基督教による一夫一婦を記述した項目に「儒教は遺徳の活気なく且その教え妾を卑めず、仏教は女人を以て悪人となし、仏の熱心なる信者の中若《もし》くは高僧の中には数婦を蓄うるもの多ければ以て頼みとするに足らず」との文言をみると、その建白書が、「著名人男女を含めた八百余名の署名連印で元老院へ呈出されたり」とされていることは、注目すべきだろう。

そこには、一八八六年の矯風会創立からの悲願、日本の家における女性の苦しみの最も深いところに一夫多妻を認める弊習があり、それを断ち切らなければ女性と子どもの幸せはないことへの強い連帯があったことがみてとれる。日本各地の女性たちの切望を、矯風会は三年がかりで大きな運動としてきた。また、そこには特に楫子が必定と考えた主張の仕方があり、その方法に込められた、立法案提出の意図が見えてくる。

創立当初の矯風会には二とおりの主意書の存在が認められる。一つは、東京婦人矯風会書記、佐々木豊寿《とよじゅ》の手によるもので、そこには、「男尊女卑の風俗及び法律を除き一夫一婦の制を主張し娼妾《しょうしょう》を全廃し家制交際の風を改め飲酒喫煙放蕩遊惰《ほうとうゆうだ》の悪習を刈る如きは悉《ことごと》く皆な吾等が熱心に尽力せんことを希図する所のもの也」とあって、勇ましい。一方、同じ「東京婦人矯風会主意書」と題された矢嶋楫子の文章は、「勧告文」「女子の勧告文」と呼ばれるもので、天皇皇后の臣下として、「両陛下の御志」、「恩徳」である民の自由、人の平等を実現するため、「女性を卑しむるの弊風」を取り除いていかなくてはならない、という論調に終始して、矯風会の目的を述べている。

楫子は、創立から建白提出までの三年にわたる長い世論への働きかけを、天皇皇后への忠誠を尽くすことを前面に出してなし続けた末、一夫一婦制の建白を元老院へ提出する。しかしその請願でさえ、「趣旨が敗戦後まで叶えられず、民法制定・改正作業で委員の賛成を得られなかったのは、皇室を非難し国体に反するとの意見もあったから」であり、「明治天皇の多妻が、明治・大正期の人びとに無言の影響を与えた」という当時の状況があった。(58) 無論、旧来の女性蔑視の弊習が強く日本社会を取り巻いていたこと、男性の優位が支配者側にとって手放したくない特権であったことは厳然としてあるが、現在では想像しがたいほどの皇室の影響力が、当時の社会と人々を席捲していたことがうかがえる。

皇室への尊敬と忠誠は、田村を含めた明治期のキリスト者の中に顕著に見られるもので、「私が育ちましたのは何しろ、嘉永安政など申す時分の事」と自分史を語りだしている熊本出身の楫子には、当然、非常に強かった。その状況をみていた女性宣教師ヤングマンとトゥルーは、一八八三年に婦人祈祷会で皇后の誕生を祝う祈りをささげることを提案、それを発端にした「地久節運動」（天皇の誕生日である天長節と共に、皇后の誕生日、地久節を盛んに祝おうとする運動」のはしりとみられる動きがキリスト者女性たちの中に起こっていた[59]。

一夫一婦制の建白提出は、天皇家を中心とする家父長制を糺《ただ》す行為であり、楫子は、まず「天皇の家」自体が「真の神の存在」を知り、キリスト教における一夫一婦を実現していくことからそれを始めなくてはならないと認識していた。そこで、特に皇后への忠誠と連帯を強めながら、一夫一婦を天皇家の意志、天皇家が具現する模範的夫婦像とするべく務めている。それは、白装束に懐剣を忍ばせ、自刃覚悟で建白を差しだした姿に表わされたとおり、「まことに大それたこと」ながら、楫子の方が、「天皇」一家の、多妻の家族関係を諫める行為であり、ここに、天皇、皇后に対する楫子の立ち位置と認識が顕されているのである。

そして、田村は、このような楫子の「一夫一婦制の建白」提出に、全面的に賛同する。一八八九年六月の元老院への提出の翌年、田村が著した『基督教と政治[60]』には、留学後の田村の男女同権論と同時に、当時の彼の天皇理解が、「第三章　基督教と皇室」に明らかに示されている。この中で、「基督信者が天皇陛下《てんしさま》を尊敬する理由《わけ》を述べましょう」とされた、その第一に、「基督教信徒は天皇陛下《てんのうへいか》を神として尊敬《たっとび》はいたしませぬ」が掲げられている。そして、天皇を神とするその態度は、「田舎の人、旧弊に縛られた人」ばかりでなく、以下に述べられるとおり、知識人たちにも広がっていることを嘆くのである。

随分物の理屈を知って居る人々の内にも、天子様を神様のように思い、天長節だとか云うと諸学校の生徒に厳命を下して、天子様の写真を拝ませたり、又太神宮の神祠《やしろ》に参詣させたりして、若《も》し基督教信者の内に天子様の写真を拝まないとか、太神宮を拝まないと云うと、基督信者は皇室を尊敬せぬとか、基督教は臣民の義務を欠くとか、国の秩序を害するとか云いますが、基督教は神は唯一《ただひとつ》であると云う事を教えます。宇宙を造り、夫《そ》れを治めて居《い》ます神の外には決して神は居《い》ませぬ。天子様は位《くらい》高く在《あら》せられますが、畏れ多くも我等《われら》の様に人間で居《い》らせられます故、其《その》人間に在《ま》します天皇陛下を神として尊敬いたしますは、天皇陛下に対してすまぬ理由《わけ》、又神に対しては大きな罪です。然《さ》れば基督信者の天皇陛下を尊敬いたしますは、天皇陛下は神で在《い》ますと云う理由《わけ》ではありませぬ。

ではなぜ天皇を尊敬するかについては「基督信者が天皇陛下を尊敬いたしますは、国に在って権を握ぎる者の其権《そのけん》は、神より与《あた》えられたものであると信ずるからであります」と、言う。この神が与えた統治者への権力について、田村は聖書が「上《かみ》に在って権を掌《と》る者に凡《すべ》て人々服《したが》うべし。蓋《そは》神より出《いで》ざる権なく、凡《およ》そ有《ある》ところの権は神の立てたもう所なれば也《なり》。是故《このゆえ》に権に悖《もと》る者は神の定《おきて》に逆《そむ》くなり。逆者《そむくもの》は自《おのず》から其《その》罪の定《さだめ》を受くべし」と教えていると引用する。[61] このように、上にある者の権は神が与えたものと聖書によって信じる以上、「如何《どう》しても基督教徒は天皇陛下を尊敬せねばなりませぬ。尊敬せざれば啻《ただ》に天皇陛下に対して無礼なばかりでなく、真神《まことのかみ》に対しては罪人です」と、語るのである。[62]

この書には西欧の王室への言及もあるが、田村が一貫して語るのは、ロイヤルファミリーだから尊いのではない、天皇であるから神聖視するのではないということである。基督者にとって唯一、信仰をおくのは神であって、その神が、統治者、為政者として立つ者に権を与えたゆえに、人である現天皇を尊敬する、これが田村の論理であった。

天皇は「我等の様に人間」と、ここで田村が明言していることが、極めて重要であることはいうまでもない。また、『基督教と政治』の最後には、人間は「皆其《その》一人の父なる真神様《まことのかみさま》に創造《つくら》れた者」というキリスト教の人間理解が述べられ、どの国、どの家、どの性別に生まれようと、人間として、同様、同等であることが宣言されている。田村にとって、国家の家長、天皇家の家長である「天子様」を我等と同等とすることは、ひとえに「神の前に」、「創造主の下で」可能となる。そして、ここに、絶対的父権支配による家族主義からのキリスト教信仰による解放の道が示唆されているのである。

この田村の主張こそ、元老院への一夫一婦制の建白書の提出は、「お上《かみ》にもの申し上げること」であると認識していた楫子の皇室、天皇理解に通じるものと言えるだろう。田村も、楫子も、唯一の神を信じるキリスト者として、天皇もまた過ちを犯す可能性のある人であること、皇室もまた真の神の前に糺《ただ》すべきところをもつ家《イエ》であることを、共通の理解としていたのである。

楫子の上申、元老院への建白書提出は、一八八九年二月一一日、キリスト教界がこぞって大日本帝国憲法の発布を、信教の自由を保障するものとして祝った四か月後のことであった。その頃まで好調に推移してきたキリスト教と欧米の自由思想を受け入れるムードも、憲法発布と国会開設への期待と共に最高潮に達し、キリスト教の躍進は翌年にかけ目覚ましかった。ところがちょうど同じ頃から状況は急旋回し、帝国憲法は日本主義への大反動の引き金とも、道具ともなって、国中に反キリスト教が広まっていく。

一八九〇年一〇月に教育勅語が発布され、一二月には直轄学校に天皇親署の勅語が下賜されるなど、忠君愛国が最も重要な教育規範となる。こうして翌、一八九一年一月九日、内村鑑三の一高での教育勅語に対する「不敬事件」が起こる。内村の「事件」後、既に広がりつつあったキリスト教への批判は、国家主義者、仏教徒を中心に一層強まり、井上哲次郎の所謂「教育と宗教の論争」が展開、勅語に反するとしてキリスト教への大攻撃が繰り広げられていく。

田村の『基督教と政治』は、教育勅語発布に先立つこと半年、内村の「不敬事件」より九か月前の一八九〇年四月八日の刊行である。田村の記述には、勅語が出される以前から、帝国憲法が皇室崇拝をもたらし始め、それがひたひたと教育現場におよんで、天皇の写真を拝ませる、神宮に参詣させるといった忠君愛国の踏絵が使われるようになっていたことへの危惧が述べられている。天皇を拝む行為を否むキリスト者への擁護も語られ、もし、田村が学校教育の現場にいたならば、真っ先に「事件」を起こしていたかもしれないと思わせられると同時に、まるで内村の「事件」を知って、語ったかのような記述もある。

矯風会の一夫一婦制の建白の提出は、当時の社会に対して、男女同権運動としての側面と同時に、天皇・皇室をどうとらえるかを問うことで、封建的、家族主義的国家観を造りだす装置としての天皇制の本質を露わにするものだった。それは、一八八六年から八九年ごろまでの草創期の矯風会において、無論楫子と、そして田村とも同一歩調内にある、男女同権論であり、一夫一婦制の請願運動であった。ところが、僅か四年後の「花嫁事件」の際、矯風会は、『日本の花嫁』絶版を勧告し、田村を批判していく。一八八九年、九〇年からの数年はキリスト教信者にとって、時代が一変し、逆風の吹き荒れる時であった。そして、矯風会、キリスト教界はそれを乗り切ろうと計り、波に迎合する方策をとったが、田村は、男女同権に関して、自らの主張、立ち位置を変えなかったと考えられる。

楫子は、『日本の花嫁』絶版処分を求める矯風会の書状送付に際して、自分がその書状に「何の関係もなき事を申し来られた[63]」とされ、田村は楫子の追悼に、「花嫁事件」によって教界のあらゆる団体、人々から放逐されたとき、「矢嶋先生だけは私に同情を表わし、親切な書状を送られた事を、今に忘るる事は出来ない[64]」と述べている。「不敬事件」と「花嫁事件」によって共に「営《かこみ》の外」におかれ、主義の違いを認め合いつつ友情を五〇年以上一度も壊すことがなかった内村については、ここでこれ以上を述べないが[65]、楫子も内村も、そして田村も、天皇・皇室を深く敬愛し、しかし同時に、キリスト教信仰故に、これとどう向き合うのかを問われていた。そして、少なくとも、楫子と田村には、この点における共通認識があったと言っていいだろう。

田村ゑいとマリア・トゥルー

ここで田村の妻ゑいと、田村が最も尊敬した女性宣教師であるマリア・トゥルーについて考察する。ゑいは、生涯を通して最も身近で最も長く田村と過ごした伴侶であり、トゥルーは、彼女の死後田村自身が『ツルー夫人之伝』を執筆するほど、田村にとって特別かつ重要な女性で、後年『牧会漫談』において、トゥルーを「親友」

と称している。田村とトゥルーの親交は、本章が扱う、田村の銀座時代から留学後にかけて（トゥルーは一八九六年「日本の花嫁」事件の数年後に逝去）と重なる。

両者とも田村の女性観、男女観の形成に欠くことが出来ない重要人物であるが、その人物については、個々に関する資料や研究[66]に任せ、田村との関わりという側面からいくつかの点をあげる。

①田村ゑい（一八六六―一九六三）

田村は、ゑいについて、また自身の恋愛、結婚、家庭生活といったプライベートなことがらについて多くを語っていない。特に、子どもについての記述は、早世した次男襄を除き、自伝に名前が列記されているのみである。そんな中で唯一、自身の結婚の経緯と新家庭の様子を述べているのが、『信仰五十年史』の「我が新ホーム」（一七一―一七四頁）と題した箇所で、以下のように語っている。

もともと留学前の銀座時代から、田村は「男女同権論を主張し、男女の関係に就いて、日本在来の習慣を根本的に破壊せんとする過激派であった。故に結婚も自由結婚を主張し、日本に基督者的新ホームを作りたいのが、私の大希望であった」。そこで、アメリカから「白人の妻を連れ帰ると内外で思われ」、新橋駅に出迎えた人たちは、田村が単身で降り立ったのに皆失望したという。実際に、米国で女性の親しい友人が二、三人出来、一人は後に自分の遺産をすべて田村に贈ると遺言したほどモテたそうだ。しかし、米国人女性が日本の貧乏牧師の伴侶になることは、不幸な結末になること必至、「結婚は、人生にとって最も慎重に取り扱うべき重大問題である」故、国際結婚はしなかったと述べている。

そして田村は、一八九〇年一月一五日、井深梶之助司式により峰尾ゑい（纓・栄子）と結婚する。当時の田村を想像させる、「田村らしい」逸話を、ゑいの文章を交えて紹介する。

一八八一年、一五歳で田村より受洗していた峰尾ゑいは、田村が留学から帰国して半年後に、桜井女学校を卒業することとなり、卒業後すぐに田村と結婚する予定であったが、田村が米国帰りであることから、「私の恩師らは私も暫時なりとも米国の学校生活を体験し、また各家庭の様子をも観て来た方が良かろうという意見があり（略）一切の御世話をして下さり、旅費は田村が出してくれ」て、一八八七年八月に渡米、ニューヨーク州のエルマイラ女子大に入学する。(67) 二年四か月の留学期間中は、田村が留学時に親しくしたバブコック、ソルバル等の家庭を訪れ、同時期にエルマイラに学んだトゥルーの娘アネ（Anne）と、トゥルーの姉夫妻の家庭にもたびたび滞在した後、一八八九年一二月に帰国、翌一月に田村と結婚したのだった。

結婚を二年半近く延期してでも、結婚し共にホームを創っていくために、必要な共通のホームの体験を、田村はゑいに持つことを奨め、その経験を経済的にも支えて、帰国を待ったということになる。こうして有楽町で、ようやく始まった二人の新ホームは、すべて洋式であったという。この頃は欧化主義の最後の絶頂期で、「我等夫婦が共に洋服を着し、共に洋食をなし、米国式有りの儘を演じて居っても、誰一人非難の声を放つ者はなく、反って非常な歓迎をうけた」と田村は述懐している。

ところが、先述のように、一八九〇―九一年は、憲法発布後の帝国議会の開設、教育勅語発布をうけて、社会は日本主義へと一変する時期で、田村は「米国の心酔者」、「日本文明の破壊者」と世人の非難を受け、「教会も、自然と世人に化せられ、私に反対の矢を放つ様になった」という。新婚後すぐに、羨望のハイカラ生活から「反対を受ける本家本元」となった田村家に、自営館経営上の経済的危機もふりかかり、一八九二年に一家は白金へ転宅、自営館内に住むようになる。牧師の多角経営に反対する教会員の分裂、資金繰りのための田村の渡米、そのさなかに「日本の花嫁」事件が起こり、田村は日本基督教会の教職を剝奪され追放される。

この間、二人の家庭には、一八九〇年一一月に生まれた長女みねを筆頭に、次女ひで、長男朋良、三女まり、四女蕙《けい》、次男襄（早世）、三男襄次の四女三男が生まれている。また、ゑいの口述の中に、「日赤に入院した時に、治ったら衛生園にいらっしゃいと言われましたが、とうとう行く機会はありませんでした(68)」とあることから、病気治癒後に静養を要するとトゥルーが思うような病気をゐいが患い、入院したこともあることがわかっている。
ゐいと田村の結婚当初から、田村家ほど波瀾万丈で、困難続きの家も珍しかったと思われるが、田村の妻となったゐいは、子どもたちの母として、教会の「牧師夫人」、そして自営館経営者の妻、苦学生たちの第二の母としても、働くことが求められていただろう。田村亡き後のゐいの述懐の中からしか、当時の苦労は見えないが、夫田村や家庭を、ゐいがどのように支えていたかが垣間見られる記載をあげる。

バブコック氏は私の主人田村直臣とは親交あり兄弟さながらのようであった。一つの問題に打《ぶ》つかると相方一歩も譲らず、海をへだて丶もよく手紙で論を戦わせた。それでも友情には少しの変化もないどころか益々深くなっていった。田村が宗派を離れ独立で教会の経営をしているのに深く同情され多大の援助を頂いた。バブコック氏夫妻は私を我娘の如くに思って下さり、牧師の家庭ことに私共のような境遇の家庭は物資に乏しいのが当然だといって、私の子供達のために絶えず援助して下さり、これは必ず家庭のために使うので外の事業のために使うのではないといって送ってくださった。私が痛く恐縮すると決して心配するには及ばぬ、これは私共の愛の贈り物ですといって下さった。(69)

留学中の米国人との親しい交流の様子、後に看護学校で教え、トゥルーの講演のゐい翻訳が残っていることをみても、ゐいは、英語力をはじめとした能力の高い女性であった。また後年田村が、巣鴨教会に併設した大正幼稚園では、田村の死後も長く保育の責任を担っている。田村もさることながら、ポール・バブコック夫妻とゐい、トゥルーとゐいという関係を結んでいた女性であっただろう。
「昔かたり」は、一九五五年、ゐいが八八歳を迎えての自伝的回顧だが、その最後にゐいは生涯を振り返り、「その間、幼時の頃には明治維新あり、また、日清日露の大戦、大正に入って第一次欧州大戦、内部的には関東の大地震、ひいては今次の大戦や戦災に逢い猛火の中に九死に一生を経るなど、一方自分自身の過し方にも色々の思い出が多々あります」と述べている。田村の妻となった人は、「自分自身の過し方」、維新前からの時代を女性として生きた家庭内のことだけでなく、慶応、明治、大正、昭和、それも第二次世界大戦後までの日本と世界の大変動の時、社会的事象をしっかりと見ながら生きてきた女性だったと思われる。

そのゑいの長い人生の過ぎ越し方を根底で支えたものは、何だったのだろう。ゑい自身の思想、信念に関わる記述はほとんど残されていない中、それを思わせる小著を紹介する。留学から帰ってきたゑいが、田村と帰国翌月に結婚し、その数か月後に出版した、田村繆（編集・発行）『キリストをのぞむこと』（一八九〇年四月五日）である。

冒頭、この本は、アメリカのある夫人が、夫の生涯の力となるように書いた文章を、夫人の死後夫が出版したもので、アメリカだけでなく、すべての国の信者に読ませたいとの彼の願いと好意から、日本の信者に送られたものだとの説明がなされ、ゑいによる本文の翻訳が、仮名だけで綴られている。これを訳出、出版した動機の中に、ゑいのキリスト者としての信仰が明らかになっていると思われる。その本文の終わりに、以下のようにある。

　ただキリストに、あなたのめをとめ、キリストのし、くるしみ、いさおし、さかえ、とりなしを、つねにこころにおぼえ、あさおきるときも、よるねるときも、いつでもキリストをおのぞみなさい。あなたとキリストのあいだに、あなたののぞみと、おそれをさしはさんではなりません。キリストにちかく、おしたがいなさいまし。キリストは、けっしてあなたにきおちさせることはなさいません。

ただキリストに目を留める、あるアメリカのキリスト者の妻が、遺す伴侶に、「あくまにうちかち」自分の思いを越えて「キリストをのぞむこと」を生涯の励み、また力としてほしいと願ったこの本は、ゑいが留学を終えて持ち帰った信仰と確信であり、田村との新ホームを創っていく土台だったと思われる。どんなときでも、周囲に非難の声が響く時も、恐れや自分の考えに振り回されることなく、一筋にただキリストをお望みなさい、というこの勧めを、ゑいは、自らの、苦難の嵐の連続だった田村との結婚と田村家、明治の日本に創られようとしたクリスチャンホームの指針としただけでなく、広く、女性にもこどもにも読めるように手渡したのである。

②マリア・トゥルー（Maria True, 一八四〇—一八九六）

一八七四年に来日し、日本で五五歳にして生涯を閉じた宣教師マリア・トゥルーが、明治期の日本で果たした役割は多岐にわたっており、宣教師としては近代日本宣教史に、女子教育に関しては女子学院等のミッションスクール関連の書物に、女性解放運動に関してはキリスト者婦人矯風会や矢嶋楫子研究のなかに、保育や看護教育、福祉事業などについてはそれぞれの歴史研究に見ることができる。生涯に関しては、田村の『ツルー夫人之伝』がある。しかし、働きの多様性と日本の女性たちに与えた影響に比して、包括的研究があまりなされていないように思われる。

温厚、謙遜な人格者であったことは、トゥルーに会った誰もが口をそろえるところだが、一方で、様々な働きを組織へと造り上げていく手腕があり、大変な事業家であったと思われる。それも自らが上に立って監督指導するのではなく、日本女性が表に立ってそれぞれの学校、施設を自分たちの手で着実に運営していけるよう動いているところから、かなりの戦略家だったと言ってよい。

女子学院の教え子によれば、トゥルーは、何事も皆で相談して決めることを徹底し、「決して命令をされなかった」、「ミセス・ツルーは、学問も大事だけれども、デモクラチックな生活を覚えることが大事であると云って教えられた」（『女子学院八十年史』）という。生徒が民主的に意見を出し合い、話し合いによって答えを出していく、女子生徒の自己決定権を尊重する。権威的な、いわゆる「教師」ができることではなく、生徒たちを信頼し、愛することが可能とする自律の促しだったのだろう。

このトゥルーの姿勢は、矢嶋楫子の教育方針の中に闡明《せんめい》されていく。三浦綾子は楫子伝に、女子学院の生徒であった久布白落実の書いた一文を印象深く紹介している。「当時、校長の矢嶋先生は口癖のように言われた。『あなたがたは聖書を持っています。だから自分で自分を治めなさい』。そして、校内には規則というものがなかった」。楫子の口癖には、トゥルーの精神が映し出されていると言える。

マリア・トゥルーという人物と働きは、このようなキリスト教信仰と、人間的にみれば、六歳で母を亡くし、結婚後六年半で夫を亡くすという、親しい者の死を経験してきた人生から造りだされたと思われる。「明治日記」を書き残したクララ・ホイットニーの母アンナは、トゥルーを「本当の妹のように愛していた」といい、クララの日記には、随所に親友であり姉のように思うアンナの家を訪れ、泊まっていくトゥルーの姿が描かれている。

一八八三年四月三〇日、四九歳の若さで、病気のために死に行くアンナの最期を、娘クララと共にトゥルーは看取っている。「おお、トルーさん、ひどく痛いの、こんな痛い目にあったことないわ」と叫び、恐れるアンナは、娘クララのキリストの苦しみを語る言葉に静かになり、「イエスのみ名を、イエスのみ名を、イエスのみ名にまさるものなし」とつぶやくと「トルー夫人がその続きを言い」、うわごとを繰りえし、「それから彼女は右側に向きをかえて頬をトルー夫人の膝の上にのせた」。その数時間後にアンナの「しずかな息は止まってしまった[70]」。

クララが描く、母の親友トゥルーは、「宣教師」や「教師」であることを越えた彼女を写している。一人の女性として、人間として、数々の別離の悲しみと不条理の痛みに自ら立ち合った経験、特に、日本に来てからは、愛する者が弱り死に行く時も、日本では家庭において必要な看取りが出来ない実情を見てきた経験が、アンナ・ホイットニーやリディア・バラの死の床や遺志と重なり、角筈村の衛生園（サナトリウム）建設や家庭看護の知識の普及、看護婦養成所といった具体的な事業へと向かわせたことは想像に難くない。

ジュリア・カロザースがリウマチに伏せっていた時に、クララ・ホイットニーが看取りのために家に呼ばれていったことをみても、当時のアメリカ人女性が常識的に備えている、家での病人の世話、からだを摩り、痛むところに手当てし清潔にして、場合によって冷やしたり、温めたり、消化の良い食事を与えるといったことが、日本の家庭においてはなされていなかった。病院では、見舞い客が大勢病室で喫煙しながら長居する中に患者が放置され、[71]家では、不潔な薄暗いところに寝かされ、迷信に従って怪しげな取り扱いをうける病人を、トゥルーは見たと思われる。病気の家族の「看護婦になれ」と、出口たかに勧めたトゥルーの言葉からも、そのような状況が推察できる。田村ゑいは、トゥルーが「日本の女の人の生活が、中々ゆっくり養生していられないのを気の毒に思って」、静養のための施設、衛生園を建てたと語っている。

そんなトゥルーは、自らが育てた、看護の知識と愛をもった教え子、岡見京ら弟子たちに看取られ、「いよいよ危ない、と言われた日、峯尾《ママ》ゑいの夫で牧師の田村直臣」に枕辺で聖書を読んでもらい、[72]衛生園で息を引き取る。それは「ああ、何だかこの世の中に頼るべき人が一人も無くなってしまった様な気がする」と多くの人々が思う死であったと、ゑいは伝えている。

このように、あまりに多くの人々の「頼り」となっていたトゥルーであるが、わけても、他の評価を一切無視して、神の計画を進めるために、奇跡のように人を見出し、育てる人だったことは注目に値する。これは、煙草盆に長煙管が手ばなせない矢嶋楫子を見出し、未信者の段階で女学校教師に登用し育てたトゥルー、[73]そして田村を支え続けたトゥルーに見られるものである。

田村留学のおり、米国長老派教会のミッションのラウリー博士と会い冷遇されたことは先に述べたが、その面会後に、G・W・ノックスがラウリーに宛てた田村に関する書簡を、下記に引用する。

アメリカに行くことについて、彼〔田村〕はこのミッション〔在日長老派宣教団〕の誰にも助言を求めませんでしたが、トゥルー夫人のとりなしがなかったならば、私たちは皆一般的理由でも特別な理由でもその手続きに反対でした。

〈略〉

もしだれかをそちらに送るとするならば、それは学級肌《ママ》の者であるべきであり、帰国したときに、翻訳と本の作成に専念できる人です。田村氏はそのような人ではありません。彼の強みは人々に説教することにのみあります。しかしそちらに行く以前から、彼は長い間キリスト教徒とともにいたので、異教徒にどのように語ったらよいのか忘れてしまっている、とも言われていました。（略）もし私たちが何人かをアメリカに送るのであれば、彼の気質や一般的な性格の故に彼を送るべきではありません。（略）トゥルー夫人の支持がなかったならば、多分だれも彼が行くことを勧めませんでした、なぜ彼女が彼に行くことを勧めたのか私にはわかりません。彼はカロザース夫人と同行しました。[74]そしてシラキュースにいるトゥルー夫人の友人たちが援助してくれることを期待していました。[75]

ノックスは、この書簡で、カロザースのミッション離脱に触れ、それによってミッションから独立した教会（田村の教会）にトゥルーがミッションから只一人、関わっていたと述べている。在日宣教団の他の教師たちは、フルベッキを例外として、[76]このノックスの意見に代表される考え方であった。そこで田村は、彼らに助言を求めず、トゥルーは無論それを承知していた。にもかかわらず、トゥルーは田村の無謀な留学計画が、神の働き手を教育する時となることを信じ、それがシラキュースとオーバン神学校のコミュニティから成就していくように協力し、支えたのである。その後の田村の人生を決める米国留学は、ひとえにトゥルーの信任と信仰によって可能となった。

しかしながら、小檜山は、『アメリカ婦人宣教師』の一節を「発展――マリア・ツルーの野心と挫折」と題して執筆している。表題の「野心」という語は、これまでのトゥルーに関する記述からは、およそ彼女に似つかわしくないものと思われるが、ここで小檜山は、日本で看護事業、看護婦教育を進めようとするトゥルーの仕事の手法を分析し、彼女が「ホーム」という語を用いて、男性宣教師たちと本国ミッション本部を説得しようと試みたことを検証している。

先述のように、ジュリア・カロザース、リディア・バラが志半ばで戦列を離れなくてはならなくなった後、彼女たちの願いを引き継いで、日本における女性のための女性のミッションを展開することがトゥルーの使命であった。このために、トゥルーは、自身の実業家、戦略家としての力を発揮して、利害を異にする自国の婦人宣教支援団体間の軋轢や、強大な抑圧者と化す男性教職者たちと闘おうとした。

そのことを小檜山は、「神の権威との直接的結びつきがツルーの野心を正当なものとした。実に、神はツルーの力の源泉であった。彼女の自我は神を通じてのみ、正当に生かされる可能性があった」と述べている(77)。つまり、トゥルーの戦闘家、戦術者としての側面を、小檜山は「野心」ということばで捉えているのだが、その「野心」の強さ、貪欲さについては、誤解または大本となるものの転倒があるのではないだろうか。

ここで小檜山の言う「神はツルーの力の源泉」は、ある意味で真実であり、そのとおりである。しかしそれは、「ツルーの野心」、「ツルーの力」、「彼女の自我」を、神が支え、正当化することではない。「野心」は、「現状よりさらに高い権力・名誉・財力などを得ようとする心。ひそかにいだいている分をこえた望み」(『大辞林』)である。つまり、その心をいだく「私が」今以上の力を望む感情であって、すべて現存する自分から生じ、そこに帰結する欲望である。一方、キリスト者の自我ないし生は、究極のところ、「もはや我生くるに非ず、基督我がうちに在りて生くるなり」(78)というパウロの言葉にいきつき、トゥルーの献身の生涯は、すでにそれ自体が「私の」や「自分の」では、そもそもなかったのである。

それは、田村ゑいが「キリストをのぞむこと」を通じて語った、「自分の思い」をキリストとの間に差し挟まないことと共通する、「わたくし」「我」を捨て去った信仰であるが、信仰に属することがらの性質上、概念的説明がある程度理解されても、そのスピリットが共感的に受容され得るのかは定かでない。ただ、トゥルーが女性のためになそうとしたあらゆる事業を神のミッション、神の計画とし、また、田村が、キリスト教による女性の解放にこだわり、キリスト教による男女の平等や、愛による結婚、クリスチャンホームの形成を目指すとき、そこには、キリストの心を心とする信仰がそれらの主張や働きの大前提と原動力、そして目的ともなって、個人を越えて存在しているのである。

南明は、トゥルーについて語った松村介石の言葉を紹介している。まず「介石先生」は、一八七四年、神戸のアッキンソンに英学を学び、「築地の一致神学校に転ぜられたのは明治九年ごろであった」が、「教師が全部白人」だった。しかし、英語に熟達していた「介石先生」が、「白人の先生たちと深い交渉を持って居られた事は言う迄もない」。

然し白人の大多数が表裏を持っていた。今日正史として伝えられている彼らの伝記には、その裏面はほとんどかくされて表面だけが喧伝されている。神学校における白人教師との意見の衝突、北越学館におけるその教育方針の相違、クリスト教青年会講師時代の白人教師の嫉妬といった調子に、日本人を野蛮人視している彼らと先生〔松村〕との衝突は少なからざるものがあった。先生のお口から「あの白人教師は実に立派だった」と賞賛された人々の数は僅かに数本の指を屈するほどしか無かったが、言一度びミセス・ツルーに及ぶと、先生はたちまち絶賛された。「あれは砂の中のダイヤモンドだよ。僕自身接した上でもその他多くの日本人が接した話を通じてもミセス・ツルーほど立派な人物は居らなかった。妬心《としん》も無く、競争心もなく、すべての人をゆるし、あらゆる人々の美点をあげて、これを伸ばそうとし、又むりにクリスト教を押しつけようともしなかった。彼女は輝いていた。しかも強い光で人を刺す様な光ではなく、温かい光であらゆる人を包容した」と賞賛されていた。(79)

「砂の中のダイヤモンド」、男性宣教師たちの辛辣な競争、嫉みが渦巻くなかに輝いた一人の女性、トゥルーを表わすのに、これ以上の言葉はないように思われる。そしてそのマリア・トゥルーは、この人がいなければ、留学はなく、ゑいとの結婚もなく、後の田村はないという、田村直臣の人生の大恩人だったのである。それは、トゥルーのキリスト者としての美徳に感化されて、キリスト教信仰を具体的に形成していった。田村は、築地バンドで「別に深い確信があった訳ではなく、何処までも国家的で、霊的なキリスト教の味はまだ少しも味わって居らなかった(80)」田村の初期の信仰を変え、生き方や使命を据えるものとなったのである。

著作から見る田村の男女同権論

田村は、帰国後、本格的な著作活動を開始し、一八八八年の『童蒙道しるべ』を十字屋書舗より刊行したのを皮切りに、『創世記註釈』、『真神を信ずる理由』を出版し、キリスト教と聖書に関する著作を、子どもや、信徒、求道者などに向けて著す。続いて、帰国から三年の一八八九年一二月に出版した『米国の婦人』*American Women* が、田村の男女同権論の内容を知る一冊目の著作となる。同じ月に、峰尾ゑいが米国留学より帰国しているので、『米国の婦人』は、田村の独身時代最後の出版となり、結婚するまでに彼がもっていた女性観、男女観を表わすものとなる。

結婚した一八九〇年とその翌年は、著作ラッシュで、特にその後七版を重ねることになる苦労の結晶、『対照聖書辞典』が刊行されるなど、聖書の学びを助ける著書が目立っている。その中で、先にも取り上げた『基督教と政治』には、田村の男女同権理解を示す記載が認められる。

それから数年を経て、日本社会が西欧文明やキリスト教への大反動期に在った一八九三年になって、田村は *The Japanese Bride* を、ニューヨークのハーパー&ブラザース社より刊行し、これが日本で新聞各紙をにぎわす大変な騒動を引き起こす。田村は、米国での出版を終え、帰国して、*The Japanese Bride* の日本語版『日本の花嫁』を、一二三館から刊行するべく、印刷製本を完了するが、国内メディアの猛反発から、日本基督教会内部の田村バッシングへと騒ぎが続いていたため、内務省より発売禁止処分を受ける。

その後、田村攻撃は教会の場に移され、一〇月五日、日本基督教会東京第一中会は、田村を「同胞讒誣罪（ざんぶ）」と定める。これに対して田村は、一〇月二〇日、「田村直臣原著、一二三館編集部訳述『日本の花嫁』の出版広告を、田村攻撃の中心であった『福音新報』一三六号に掲載。そこには、本書は「売国の著なりと絶叫せられたる著」である、とにかく購入して「其（その）真否如何を判定せよ」との挑発的宣伝文句と、原著（英文）の方も同時購入できる旨が書かれている。

一八九三年の The Japanese Bride 『日本の花嫁』出版以降、田村は自らの男女同権思想や家庭論を、それだけで一冊の著作としてまとめることを止めている。まるで、この問題からはいったん卒業したかのような変化の理由については、次章以降で検討するが、銀座教会牧師時代から留学、帰国後の結婚を経て数年までの、都合一五年ほどが、田村の男女同権論が特徴的に主張された期間だといえる。築地で始まった田村のキリスト教と自由民権との出会いが、男女同権論とキリスト教の家庭観において展開されたこの時期の、男女同権に関わる主要二著作『米国の婦人』『日本の花嫁』を先ずとりあげ、補完する意味で最後に「基督教と政治」について考察していく。

① 『米国（アメリカ）の婦人』[81]

田村が帰国して見た四年ぶりの日本は、「何でも彼でも欧米のものでなくては、夜も明けない有様であった」。その真っただ中、田村は米国帰りほやほやで、「此の時に当って」、モテた事この上なく、引っ張りだこのようにあちこちから歓迎されたという。そこで田村はあえて「此の時に当って」、このような時流だからこそ、日本中の多くの一般庶民に受け入れられるように、自伝に、「此の書に於て、体験談を多く入れた旅行記のような形で、『米国の婦人』を刊行する。

著作の主旨は、日本と米国との婦人の地位の相違を論じ、私の持論なる男女同権論を主張し、日本の風俗習慣を破壊し、新日本に於て、新ホームを作るの必要を高調し、基督教の力でなくては、男女の貞潔を守る事も出来ず、婦人の地位を高める事の出来ないことも極論した」と述べられている。つまり田村は、この本によって、日米の女性の地位の相違を示すことで持論である男女同権を興味深く紹介しようとし、旧来の封建的家族制を打ち壊して建てるべき民主的なホームのヴィジョンを具体例から示すとともに、男女の潔い交際と結婚、そして女性の地位向上（男女同権）という日本社会の根本的な課題は、キリスト教の教えと道徳によらなくては成らないことを喧伝しようとしたのである。

『米国の婦人』は、第一章体格と衣装《よそおい》、第二章婦人《おんな》の待遇《もてなし》、第三章男女《なんにょ》の交際《まじわり》、第四章婚姻の手続き、第五章家庭の内幕の全五章、一五〇頁強からなる小品である。内容は、文字どおり身体的特徴、スカートなどの服装について述べた第一章と、第二章のレディ・ファーストの国、アメリカの女天国の様子までが、短く前座的に取り上げられ、第三章の男女交際に関わる記載から徐々に主張の中心へ向かい、後半二章（第四章、第五章）は、それぞれ五〇頁以上を割いて「婚姻の手続き」と「家庭の内幕」を展開、婚姻と家庭の核心にふれている。

特に前半部分と、全編を通して挿入された体験談のエピソードは、「面白おかしく」事柄を伝える文体で、軽口や、時には戯言と思われるような表現が使われている。ユーモアを交えた英語での会話を、長年米国でしてきたためともいえるが、先のノックスの手紙に、「しかしそちらに行く以前から、彼は長い間キリスト教徒とともにいたので、異教徒にどのように語ったらよいのか忘れてしまっている、とも言われていました」と書かれているのを見ると、田村は留学前から、アメリカ人的な会話の妙を身につけ、日本人離れした話し方をする人だったのかもしれない。『米国の婦人』第二章の結論部分以降の内容を、要約する。

どんな「ご婦人」であっても、レディ・ファーストで大事にされるアメリカの面白い光景を語った二章の最後に、田村は、「米国《アメリカ》に生まれた婦人は実に幸福です。米国は女あっての米国です。女が斯くまでに女大明神と尊敬せらるる様になったのも、屹度道理のある事」でしょうと言う。そして、「日本の女も何時米国の女の様に男から取り扱われましょうか。指折り数えて其日を待っておいでなさい」と締めくくっている（三〇頁）。男性優位の、男しか人ではないとも思われる日本社会を正面から糾弾するのではなく、そこで虐げられている女性たちに向けて、まるでウインクしながら、いつかきっと、そんな日が来るよ、と希望を語る。このような応援の仕方が、田村らしいところであり、日本人男性らしからぬところだと思われる。

また、第三章の男女交際については、以下のようにある。米国では、若い男女が親に妨害されず、直接二人で話をすることができ、男女の交際を貴ぶ文化があるので、米国に滞在する日本人男性は、女性との付き合い方を知らないと大変なことになる。「日本の男の様に威張て居てはとても女と交際することはでき」ないと、チクリと風刺する。しかし、「境遇というものは実に恐ろしいもので、馬鹿な男を見ると腐った女の様な奴だとか、ぐずぐずした男を見ると女のような奴だと言い、女と云えば人でない様に思って居た日本人が、婦人国《おんなのくに》と呼ばるる米国に往うものなれば、芝居の早変わり」のように変化して、女性の前でヘコヘコしていると笑うのである。裏を返せば、どんなに固く、変わらないと思われることも、「境遇」が変われば、変わる。人は、置かれる環境や出会う人、考え方が、それまでと違うものに変えられることにより、事実、一八〇度変わるのだということだろう。

この章には、米国へ来る日本の男性陣への注意と称して、様々なことが語られている。たとえば、「ミス」と「ミスセス」は発音が似ているが、絶対に間違えてはいけないので、「人の家を尋ねて行く前には一時間位自分の部屋で『ミッセス』『ミス』『ミッセス』と度々間違のない様に下稽古して行けば」本番で間違えない、とある。田村本人が実証済みであることがありありと感じられ、その稽古の情景が想像される。

『米国《アメリカ》の婦人』は、このように、現代人にもわかる、つまり、誰にでもわかるように書かれている。田村の帰国後の著作は、本書に限らずどれもこのように平易な口語文体がとられ、著作中のすべての漢字に振り仮名が付され、平仮名が読めれば、全て読めるようにしてある。漢文の素養があり、漢文体で著すことが、「学」のある男性の当然の手法であった時代に、田村は、子ども向けの（子どもが読める）読み物を刊行し、聖書やキリスト教教理を学ぶ本も、一般の読み手にわかることばを意識して用いている。当世の知識人からは、ずいぶん馬鹿にされたようだが、一般大衆のことばで、日常的な事柄を題材に、真理を伝えようとする姿勢には、一人でも多くの読者を得ようとする思いが貫かれている。

第四章は、「婚姻の手続」で、田村の同権論、家庭論とその根底にあるものが述べられてくる。何でも好き放題のいわゆる「自由結婚」でもなく、「婚姻させるのは親の義務」だから親の言いなりというのでもない、「愛がある結婚」こそ重要なのだという主張である。

米国では、「日本の様に親が見込んだからと云って、娘がまだ一度も見た事もない男を夫に持たしたり、娘があの男はいやだというのに、無理に持たしたりする様なそんな無法な箸にも棒にもかからない事は致しませんが、親はしじゅう子供の内から女の位置の高い事を教え、婚姻と云うものは一生涯の内で最も大切なものであるから、性質の悪い夫を持てば一生涯の不幸である。又婚姻の基《もとい》は純粋の愛であるから、真正に心の底から愛さない男と結婚するのは、道に背いて居る、神の教えに背いて居る」とよくよく注意して夫を選ぶよう教えているのだと、述べている[82]。

こうして、ほとんど初めて見たような相手と三々九度を交わして成る日本の婚姻とは違い、一年も、長いものは一〇年もの時をかけて互いを知り、求婚と同意の後に、神の前で愛を誓う結婚式による米国の婚姻を語り、田村は、こう説明する。「米国人が夫婦になるのは、只肉情を恣《ほしいまま》にしたいと云うような卑い考えではありません。婚姻をするのは一身の為め一家の為め国の為めにするのです。婚姻の道は人の大倫だといって最も大切な事となし、全く潔い心から発《おこ》った愛に基き、神を畏れ神の道を守り神に誓って、正しく潔白に婚姻するのです[83]」と。田村の理想とする結婚が明確に述べられている部分といえる。

最終章、「家庭の内幕」には、結婚式後すぐにハネムーンに出かける米国のカップルと、初めての見知らぬ家で、姑らの目にさらされながら過ごす日本の花嫁の対比に始まり、米国の夫婦中心の羨ましい新家庭づくりとその親子関係などが述べられている。ここで特に注目したいのが、田村が積極的に示そうとした、米国における「楽しい家」の風景である。

田村は、とりわけ、家族一同が同じ時間に集い、感謝の祈りと楽しい語らいによってなされる食事、クリスチャンホームの食卓に深い感銘を受けたようである。それは、女に給仕させて男だけで先に食べる食卓とも、何の会話もなしに、ただ、「ザブザブと茶漬けでかき込み、漬物《こうこう》をガリガリ噛んで、二分か五分、長くても七分」でお仕舞の味気ない日本の家族の食事風景とも、あまりにも違うものだった。米国の「家族の楽《たのしみ》の一つは御飯時」のようで、笑ったり、洒落をいったり、話の尽きない、にぎやかな食卓を囲んでいると、驚きを交えながら印象深く書いている。

そして田村は、米国に来た日本人に、商法、機械、政治のことばかり研究していないで、家族の在り方を学ぶべきだと勧めているが、田村のように米国の家庭に入り込むのは、体面を気にする日本男子には難しいことをよく知っていたのだろう。また、すべての人が米国生活を体験できるわけではないことも承知の上で、本書に一人の日本人の男（自分）を登場させ、たくさんの失敗、恥かき談を滑稽に披露することで、アメリカン・ライフ、アメリカン・ファミリーと少しでも親しくさせたいと願ったのだと思われる[84]。

こうして、米国の家庭風景は、最後に母親の力、女性の地位がいかに高く尊いものであるかを述べることで終わりに向かう。子どもの教育に対して、絶大な感化力を持つのは母親、女性であり、その母が、キリスト者の親切と熱心な祈りを持っていること、高潔な信仰と人への優しさ、知性を持っていることが、素晴らしい人格を子どもの内に育てるという。たとえキリスト教を謗《そし》っていた無法者の男でも、「こんな親切な気象（ママ）のある教育ある母と交われば、キリスト教と云うものはかくまでに女の徳をたかめ、女の愛を潔白にするものかと感じ議論も何もせずに目の前の証拠物を見て直ぐに基督信者になる」ことさえある。日本からの留学生の中にもそんな人がたくさんあったと、ここでも論より証拠で表現している。

この「日本からの留学生」は、無論、文字どおり米国で、クリスチャン女性たちの美しい徳と優しさに触れた留学生について述べているのだが、他のエピソードと同じく、田村自身のことであると想定して考えてみることも可能だろう。田村は、「キリスト教を誇っていた無法者」の日本人男であったが、米国の婦人、ジュリア・カロザースや、マリア・トゥルーを見て、愛と祈り、親切に充ちたこのような女性を存在させるキリスト教を、忽ち信じ、彼女たちが日本の女性たち子どもたちを育てる感化力にほだされて、「一生涯こんな母と一所に居たなら屹度よい者になるでしょう[85]」と信者となった――ということが、ここには込められているとも読むことができる。それは、中村正直が英国の母たちに感銘を受け、女子教育、幼児教育の重要性に目覚めたこととも共通し、大変興味深い。

こうして『米国の婦人』は、以下のことばで終わる。たとえ、鉄道が通り、電気灯が付き、商売が盛んになって、学校がたくさんできても、「潔い正しい家族が出来なければ、どんな事があっても日本が文明開化の国と呼ばれ、外国と対等の権利を持つ事は出来ません。此の潔い正しい国の基《もとい》なる家族をつくるには、神道でもだめです。儒教でもいけません。仏法でも何の力もありません。どうしてもキリスト教の力でなければいけません[86]」。

このように全編を通じて風俗、文化を笑いと共に紹介しながら、キリスト教倫理へいたるこの著作と内容は、どのように当時の社会に受け取られ、もしくは拒否されたのだろうか。梅本順子は、この著書を忠実に検証した上で、次のような指摘をする[87]。まず、田村の用いた軽妙な文体は、「アメリカ人のウィットの精神を学んだ田村ならではのサービス」であるが、「アメリカ流のユーモアを解せない日本人」には逆効果で、「神経を逆なでする行為」であったかもしれないという。

また、田村が著作において最も重要視した「愛がある結婚」、生活と存在の基盤となる「愛」の問題は、当時の日本人には理解しがたいものだったのではないかとも、述べている。このような米国的な婚姻は、日本において、簡単に実現できるものではなく、「婚姻の制度や民法上の家制度など、個人の問題というよりは国家の問題であり、一朝一夕でできることではなかった」としている。

さらに、田村が最終的に帰結する、「キリストによらなければ」という信条について、梅本は、「大半の日本の知識人は、キリスト教化しなくても文明国は創建できる」と考えていたとし、それら大多数の日本人は、「伝統的価値を破壊することなく近代化できると確信し、それに邁進したのだった。そのあたりが、キリスト教徒である田村との相違である。田村の言う内面的世界の充実に目を向けられるほど、日本にも、日本人留学生にも余裕はなかった」と述べている。

これら梅本の指摘は、確かに当時の、もしかすると今も変わらない、大多数の日本人の意識とあり方であり、当然起こりうる田村への批判だと思われる。しかし、たとえば「愛ある結婚」を、制度や国家の問題として、個人から切り離してしまうことは、田村が本書を記した意図と最も離れることではないだろうか。田村が、日本男児として育てられ、その文化と教えの中で生きてきたにもかかわらず、今は、「愛ある結婚」をして、日本でクリスチャンホームを造っている。そのような一つの実例、個の体験が、次の実例、誰かの個別な体験へとつながり、いつかそれが制度へ、国家へとつながるというのが、田村の実証済みの信念ではなかっただろうか。だからこそ、田村は、できるだけ多くの個人に、それを訴えようとしたのだと思われる。

梅本の指摘したことがらは、また、梅本自身も取り上げて解説している、田村の『米国の婦人』の「序」に述べられた本書執筆の理由に、その答えを見出すことができる。田村は執筆理由としてまず、一、「腐敗の極点に達したかとも思わるる男女交際の道も基督教の道徳によれば純正潔白のものとする事が出来ることを世人に知らせたい」、二、日米の男女交際や婚姻の仕方が「月と鼈《すつぽん》」のように違うのには、「深い理由《わけ》」があることを知らせたい、三、石のようにコツコツ論じて理屈を述べるのが、著作、文学の道と思われているが、「社会の緊要な問題を笑《わらい》の中《うち》に述べますも一《いつ》の方法《しかた》である」ことを知らせたい。それはまた、「基督教の教師と云えば渋柿を食べたように何時でも渋い顔を為し、どんな可笑しなことがあっても閻魔《えんま》の様に剛《こわ》い顔して」いなくてはならないという誤解や、「教師は罪の事ばかり語るがよいと途方もない考えを持っている人」の惑いを解きたいという願いにも通じている、と述べている。

つまり、執筆理由はすべて、キリスト教によるならば新しい女性、男性の生き方が可能となり、新しい、潔い、楽しいホームを創ることが可能となるという希望を、日本人に示したいということに尽きるのである。「キリスト教によらなければ」は、田村にとって欠くことのできない前提であったが、梅本の記すように、日本人には最も遠い世界だった、そこで、田村はあえて「極論した」と、自らこの著作を語る。日常的周辺的でありながら、誰もが悩み経験する男と女の生き方と婚姻、切っても切り離せない家族と日々の生活を題材に、自分を笑い者にして楽しませながらデフォルメし、その核心にあるキリスト教について、人々にその真意を語ろうとした、と思われるのである。

凝り固まった考え方や、従来の道しか歩めない硬直した人間、習慣化、固定化した社会というものを、打ち破るのは、異次元からの切り込みに他ならないことを、田村はよく心得ていた。そして、その異次元に、人間の霊性をとりあつかう宗教や、「笑い」といったものがあり、田村は『米国の婦人』の中でそれらを用いて、日本の、強固すぎる封建社会に風穴を開け、新しい次元と世界を見せようとしたとも言うことができるだろう。

② *The Japanese Bride*『日本の花嫁』(88)

英文の *The Japanese Bride* とその日本語訳版である『日本の花嫁』は、『米国の婦人』の資料に基づいて、外国人向けに書かれた著作とされ、書中には『米国の婦人』と同じエピソードがいくつも挿入されている。しかし、読んでいて受ける印象は全く違う。本書を短く表すなら、『米国の婦人』の不真面目なところ、面白おかしいところをすべて除き、差異がありすぎて中々理解できないであろう日本女性のおかれた位置を、米国人に対してわかりやすく述べる解説本、となるだろうか。そして、伝えたい中心である「日本女性の位置・地位」を、最もよく示すのは、日本における家制度、結婚制度であることから、この本は、「日本の花嫁」と題されたと思われる。

本書は、下記の八章からなり、全編を通して「日本の婚姻」がどのようであるかを、米国のそれと対比させながら説明している（日本語の章題は、一二三館編訳の『日本の花嫁』の広告に記載されているもの）。

第一章　結婚の目的　WHY DO WE MARRY?
第二章　男女交際　COURTING
第三章　媒酌人　THE GO-BETWEEN
第四章　祝儀の準備　PREPARATION FOR THE WEDDING
第五章　結婚の祝儀　THE WEDDING CEREMONY
第六章　ホネー・ムーン　THE HONEY-MOON
第七章　新夫婦の家居　BRIDE AND BRIDEGROOM AT HOME
第八章　慈母及び祖母　MOTHER AND GRANDMOTHER

以下、『日本の花嫁』の内容を要約して述べていくが、本文については『資料集』所収の梅本順子訳を用いる。解説には、武田清子の「田村直臣に見る家族主義道徳の批判――『日本の花嫁』事件をめぐって」[89]以上に優れて、的確な検証と表現はなく、その論説に負うところが多い。

まず、簡潔にまとめられた武田の言葉を借りて、本書に語られていることを列挙すると、「日本における結婚は愛によるのではなくて、家系をつなぐ」ためになされること。女性は「子供の頃から男性に劣るように教え込まれ」、異性との人間的、人格的な交際によって相手を選ぶ機会を与えられず、「親によってまとめられた結婚に

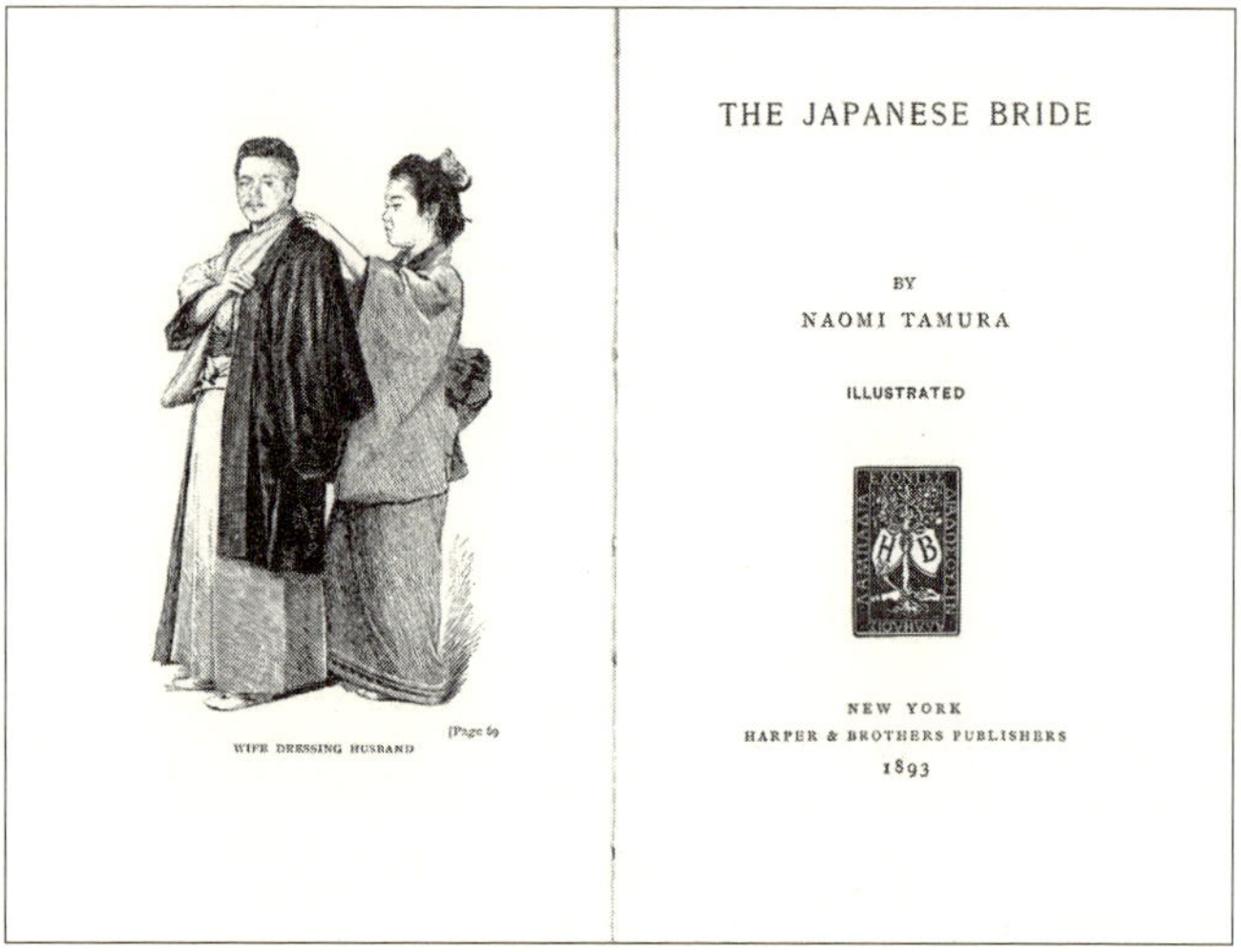

WIFE DRESSING HUSBAND [Page 69

THE JAPANESE BRIDE

BY

NAOMI TAMURA

ILLUSTRATED

NEW YORK

HARPER & BROTHERS PUBLISHERS

1893

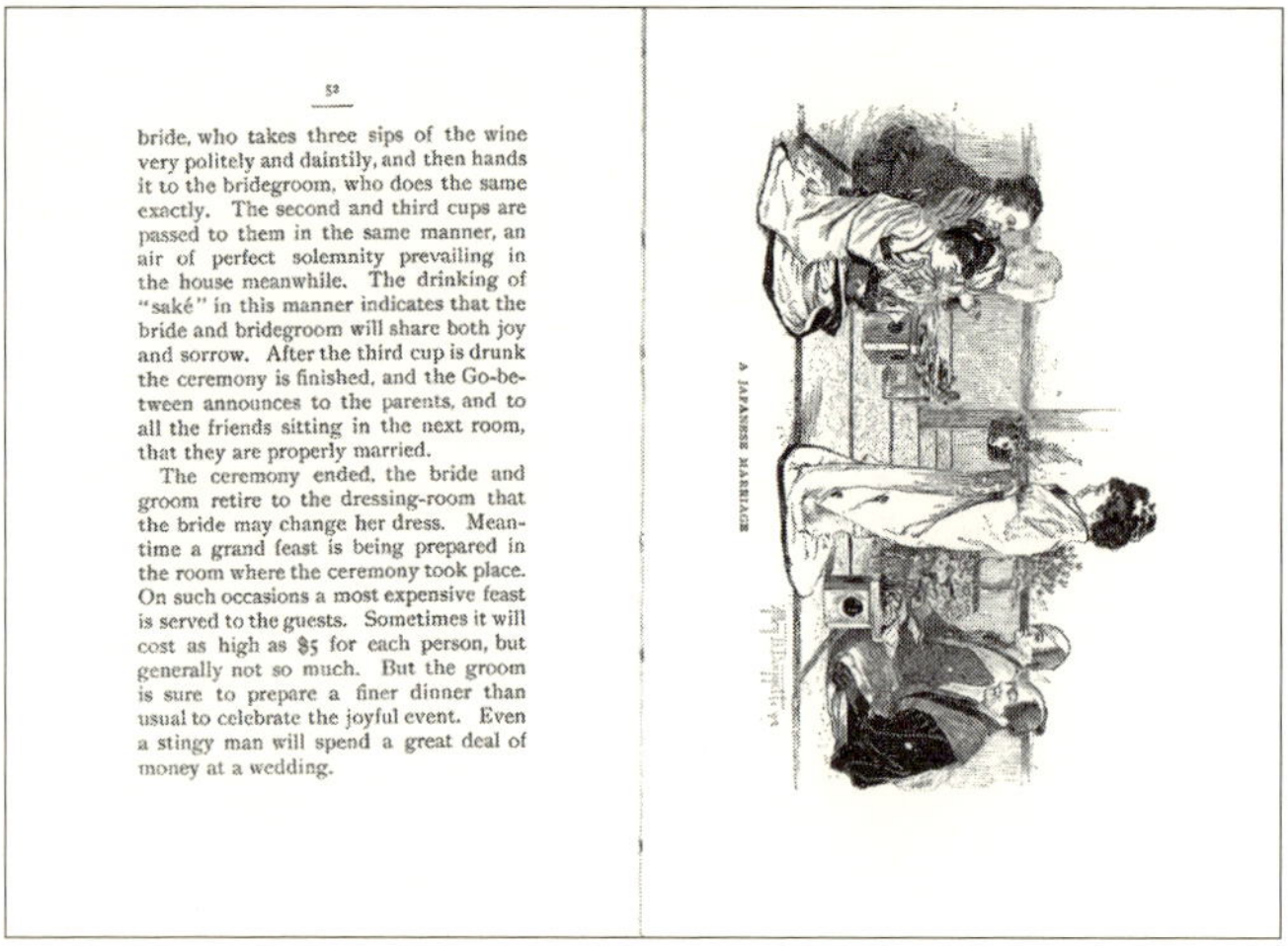

52

bride, who takes three sips of the wine very politely and daintily, and then hands it to the bridegroom, who does the same exactly. The second and third cups are passed to them in the same manner, an air of perfect solemnity prevailing in the house meanwhile. The drinking of "saké" in this manner indicates that the bride and bridegroom will share both joy and sorrow. After the third cup is drunk the ceremony is finished, and the Go-between announces to the parents, and to all the friends sitting in the next room, that they are properly married.

The ceremony ended, the bride and groom retire to the dressing-room that the bride may change her dress. Meantime a grand feast is being prepared in the room where the ceremony took place. On such occasions a most expensive feast is served to the guests. Sometimes it will cost as high as $5 for each person, but generally not so much. But the groom is sure to prepare a finer dinner than usual to celebrate the joyful event. Even a stingy man will spend a great deal of money at a wedding.

A JAPANESE MARRIAGE

The Japanese Bride, 1983 より

（上）口絵「夫の身支度を整える妻」と扉、（下）本文と挿絵「結婚式」

日本の習俗が挿絵でも紹介されているこの田村の著作は、出版月日は不明とされてきたが、筆者の収集した初版本に手書きで“With best wishes to my friend Miss F. Y. Coulson by the author. March 15, 1893”と献辞が記されていたことにより、1983年の3月には刊行されていたことが判明した。

よって父親の所有物から夫の所有物に移ること」。女性は、「絶対君主国の国民と同様、常に絶対的服従を要求され」、婚家では、夫や姑のどんな理不尽な取り扱いにも、何ら抗議できず、笑顔をもって忍耐しなければならないこと。「夫や姑への不服従は直に離婚を意味すること」、しかも離婚する権利は妻になく、夫だけが思うままにできる。財産も、たとえ「妻が持参したものでもそれは夫に属するのであり、夫が死ねば全財産は長男にゆずられる」ので、母になっても女性には、何の権利もなく、老齢となって隠居し、ようやく大切に扱われるまで、「日本の女性は安らう時がないこと等」となる。

以上のことが、「あるがままに描写」されていると武田は述べ、加えて、このような、日本において美徳とされる「服従」は、「心から」なされるものでなく、極めて「外面的、パリサイ的なもの」で、結局「基督教によらねば真正の愛を味わうことはできない」と主張するのが、本書であるとする[90]。

実際、『日本の花嫁』には、母親から嫁入り前に教えられる一三箇条の心得すなわち戒律[91]と呼ぶに等しいものが書かれている。また、「致命的」な問題である、父母との同居が原則の日本の家では、「家庭における妻の地位は、女王様というよりは家政婦である[92]」といった現実が、ありのままに示されている。

しかしこの「あるがままの描写」が、後に、日本国内の実情を外国に吹聴したとして、花嫁事件の引き金となる。キリスト教界で初めに田村の批判記事を掲載した『福音新報』一二七号には、この新聞の主幹でもある植村正久が、田村を「国の恥辱を売りて、外人の笑納に供するもの」と数え、田村が著作に述べた事柄が「よし真実なることにもせよ〔たとえ真実だとしても〕、自国の事は一々之を外国に告ぐるの必要なし、或いは之を隠蔽するの義務あり。況《いわん》や虚妄の記事を列ねて自国の恥辱を海外に風聴するをや、余輩は此の種類に属する著書の軽薄を爪弾きす」と糾弾したのである。

植村は、同記事において、上の引用の少し前に、田村が描いた「日本の習慣」が「実を得た」ものかどうか〔本当かどうか〕と問い、「其の実なる所多くは吾が中以下の野卑《やひ》なる社会に的中するのみ」、つまり田村の描写どおりのことが日本にあったとして、それは「中以下の野卑なる社会」でなされているにすぎず、それを日本全体の代表のように取り扱うのは、「国民のために迷惑」だとしている。

植村が読んだ『日本の花嫁』にある女性たちの状況は、中流以上の「まともな」日本社会にはないものだったのだろうか。またその女性たちの状況を、植村は、「国の恥辱」、外国から笑いものになるものと考えていたのだろうか。いや、田村が描いたのは「中以下の野卑な」女たちのことだから、「国の恥辱」だったのだろうか。そうだとして、「野卑な恥辱でしかない女」のこと、外国から笑いものになるようなことは、国内に隠して、外からは見えないようにすればよいのだろうか。隠蔽が、義務とは、そもそも、一体誰の義務、それも、誰から誰を守るための義務なのだろう。

植村の文章には、『日本の花嫁』を扱いながら、著作が一貫して述べる「日本の花嫁」たち、日本の女性たちの姿が見えてごない。見えないどころか、『日本の花嫁』に登場する日本の女性たちは、ここで「国の恥辱」とされているのである。一方、田村は「日本の花嫁」の姿を、以下のように描き出す。

> アメリカの花嫁が経験したことのないような悲しみや苦痛を日本の花嫁は味わう。夫はやりたい放題の自由を持っているからだ。家に帰りたくなければ、一週間なりとも一ヶ月なりとも家を留守にする。自宅、もしくは妾宅に妾を囲い、それに対して妻は抗議することもできない。もし、逆らったり、夫の気に障るようなことをいったりした場合はどうなるか。結果は、彼女の人生で最も厄介なことになるだろう。それゆえ、日本の妻は、夫の我がままを許し、たとえ死ぬような苦しみを抱いていても、できるだけ愛情深くかつ暖かく夫を取り扱うことになる。(93)

ここには田村の、女性たちが結婚して、今はそこ以外に住むところもない家で直面する、死ぬような苦しみや悲しみへの共感と同情が表わされ、その切ないとしか言いようのない姿を具体的に文字として表わすことで、「日本の花嫁」を、なんとかして「見える者」として告発しようとする意図が感じられる。

外国から来た宣教師によってキリスト教と出会った田村は、まずは、外国人の目にその実状を映し出し、そこからある種の外圧や騒ぎを用いてでも、もっとも見てほしい、気づいてほしい日本人、それも男にも、女にも読ませたい、と願ったのではないだろうか。それは、同時代の福沢諭吉の『日本婦人論』（一八八五）、『新女大学』（一八九九）が、同じ女性解放の必要性を語りながら、日本の男性の教育のために書かれたのとは異なる、もっと広い読者とセンセーションを想定した田村の戦略のように感じられる。

「日本の花嫁」事件に用いられた「同胞讒誣罪《ざんぶざい》」に憤慨して、田村が自伝で檄を飛ばしている中に、次のような言葉がある。「基督教に反する日本の風俗習慣に関して、己の意見を発表したからといって」、「日本人夫婦は、基督に根ざしたる真正の愛なしと叫」んだからといって、また「日本人の或者が、己の娘を嫁する時に、道具を呉れる如くな」すのを、深遠な愛を知らない、パリサイ的行為だと語ったからといって、それがなぜ同胞を誹《そし》ったことになるかというのである。これらの主張には、この著作『日本の花嫁』に田村が何を託したのか、世界に向けて田村が何を告発したかったかが、表われている。

『日本の花嫁』は、娘として、嫁として、母として、生涯すべてを、父権社会の慣習と「家《イエ》」に縛られる日本の女性たちに、実は別のあり方、生き方があるということを、アメリカの女性と夫婦、「ホーム」を引き合いに出すことで示したものだった。そして田村は、この「家《イエ》からホームへ」の変革が、キリスト教の説く、自由と平等に基づくならばなされるものであることを、封建的家族制度の旧弊に支配されている日本社会――男も、姑も、親も含む――に、著作を通して知らせようとしたのだろう。

最後に、文体について付言すれば、『米国の婦人』の方はともかく、『日本の花嫁』は終始一貫、事実を述べていて、お茶目なところや、ふざけたところは全くみられない。『米国の婦人』に使われたものと同じ逸話が挿入されている場合も、それらは米国の事例であり、読み手に周知のことと思ったためだろうか、取り立ててアピールするようには書かれていない。書物の最後まで客観的な事実を一本調子で述べていて、次のようになっている。

女性が服従すべき三種のものとは次のものである。第一、若いときは父親に従い、第二、嫁すれば、夫に従い、第三、老いれば長男に従うということである。老齢になるまで、日本女性には自由で気楽な生活はない。そこで母親たちは「ご隠居様」となって大切に扱われるときがくるのを心待ちにする。息子たちは年老いた母を大事にするのである。

愛あるアメリカの家庭に比べれば、日本の家庭は欠陥だらけであるが、老人に対する親切な取り扱いには、神聖な美徳が潜んでいることがおわかりいただけただろう。終。[94]

このように淡々と述べて、素っ気なく「終」である。面白味のない本だといってよいと思う。ただし、「日本の花嫁」の現実が、知らない人から見ればあまりにも意外で、もしかすると興味深いという意味で、外国人には面白かったかもしれない。しかし、日本人である植村が、「爪弾きにする」と宣言し、「軽薄の書」の類だと烙印したのは、なぜだったのかは、本書の内容に照らす限り判然としない。

③『基督教と政治』

『基督教と政治』は、表題どおり、「政治」や「国家」とキリスト教との関係、キリスト教はそれらをどう見るのかを取り扱った著作で、一見、男女同権や女性の地位、結婚や家族とは無縁のようであるが、先述のように、この小品には、天皇家を頂点とする、日本の封建的家族主義の問題に対して、田村がどのように天皇制や国家主義的家族制をとらえていたのかが端的に表われている（重複をさけるためここでは述べない。本章1節参照）。

また、この著作も、すべての漢字に振り仮名がふってあり、国家や政治について女性たちが関心をもって学べるようにとの配慮が感じられる。著作で述べられている、国家と家族についてや、政治制度と男女同権、ならびに万民の同等同権について、男女同権や人権の基になるキリスト教の人間理解については、論の立て方自体も明快で、興味深いが、本節では、特に家族、男女同権に関わる記述を抽出するにとどめる。

○愛のある結婚、愛のある家族についての言及

・「家族と国家とは、その区域も違い、又その働きも全く別です。家族は愛情の支配する領分です。国家は正義の支配する領地です」。

・「米国の青年は一生涯に二つの大望《のぞみ》があると云います。一つは自分の愛する女と婚姻すること」で、二つ目は二十一歳になって選挙権を得て政治に参加すること。

○キリスト教の人間理解、自由と同等

・「基督教は真正《まこと》の自由を得る方法《しかた》を教えます。基督教は政海《せいかい》の自由の根源《もと》です」。

・教会にある自由を説明して、「基督の教会に属する者は、女で有うが、男で有うが、学者で有うが、無学の者で有うが、位の高い者で有うが、賤しい者で有うが、金満家《かねもち》で有ろうか、貧乏人で有うが、誰でも彼でも皆な神の前には同等です」。

・キリスト教国の政治の組織《くみたて》は、「人は同等同権であると云う主義に基づいて建てた家です」。

・「基督の教え玉《たま》いました人は神の前には女でも男でも誰でも彼でも皆な同等同権であると云う教理は其《その》基督の教えを信ずるものが常に重んじ、貴び、飽くまでも其教理を貫き、ついに政海にまで及ぼしました」。

・キリスト教は、どこの国に住んでいるどんな人でも、「一人の父なる真神様《まことのかみさま》に創造《つくら》れた者であると云う事を教えますから」、その教えを信じる者は、肌の色や、学問のあるなしにかかわらず「皆兄弟」である。

この著書には、女性や家族が、言葉としてそれほど多く取り上げられているわけではない。しかし、絶対君主制のもたらす服従の構造が、日本の「家《イエ》」制度を支え、日本の女性たちに絶対服従を強いていた明治期前半に、田村がこれを著し、ここにはっきりと、「天皇も人間」という文字を刻んだことは、画期的であったと言える。男も女も、天皇も民も、神の前に同等である、という確信が前提とならなければ、強固で絶対的な「家」や、「家」の存続を支える男尊女卑思想を打ち崩すことは到底できないことを、田村は知り、そこに彼の男女同権論を立てたのである。

3 「日本の花嫁」事件

「日本の花嫁」事件は、近代日本キリスト教史上、一般社会を巻き込んだ論争となった点で、また教会による初めての「教職剝奪」事件という意味でも、稀にみる事件となる。このため種々の研究がなされてきたが、田村を、キリスト教教育論の提唱者としてとらえようとする本研究においては、先行研究をふまえながらも、田村の人権思想、人間観、家族観の形成と推移を関心の中心とする。

「事件」についての基礎資料となるのは、当事者である、田村直臣『信仰五十年史』第十一章「『日本の花嫁』日本を騒がす」と、田村を糾弾する教会側からの証言を中心とした、佐波亘編『植村正久と其の時代』第五巻の「婦人に関して」、「『日本の花嫁事件』の顚末」（教文館、一九三八）、さらには、中会に対して、原告田村の告訴人となった井深梶之助の関わりから事件を語る『井深梶之助とその時代』第二巻、第七篇「日本の花嫁」（明治学院、一九七〇）である。

花嫁事件の概要

事件の起こりは、田村の自伝の言葉によって述べれば、次のようになる。当時、一八八九―九〇年を境に日本社会は一変し、「女子教育も無用、女子は男子の奴隷、仏教は良い、孔子の道も良い。併《しか》し基督教は駄目になって来た」。こうして、教育勅語発布を引き金として、「宗教と教育」論争が起こり、井上哲次郎は、「基督教は日本の国体に一致しない、それを信ずる者は国賊であると言わんばかりの言を弄し、世の歓心を買った」。そんな折、田村は「再度の渡米に際し、『米国の婦人』の材料を、其の儘《まま》用い『日本の花嫁』と改題して、英文を以て、米国ハアパー、ブラザル社から出版した。此の書物が、当時日本に於て物議を醸し、我国を騒がしたのである」。こうして花嫁事件は起こるが、その真相は、「日本の内幕を、露骨に外人の目前に暴露したというのが世人の気色に触ったのである」ということになる。

社会的に問題となった事件についての、田村の説明は四〇年前のことだけあって、端的に事実を述べたまでという、あっさりとしたものだが、実際は相当な騒動となった。一八九三年の米国での出版後、日本でまず、横浜の英字新聞『ジャパン・メール』がジョセフ・クック夫人の名で、批判記事を掲載(95)。日刊の『万朝報』をはじめ、国家主義的傾向の強い『日本』にとどまらず、全国二百以上の新聞がこの著作に関する記事を掲載したという。また、巌本善治は『女学雑誌』三五二号の社説から、誌面で非難を繰り返し、田村が属する日本基督教会とキリスト教界内部での批判も厳しくなされていく。こうして、問題の *The Japanese Bride* の日本語訳である『日本の花嫁』は、あまりの騒ぎに、内務省より発売禁止処分をうけるに至ったのである。ここまでが、事件の第一ラウンドというところだろう。

ここで興味深いのは、ジョセフ・クック夫人の反対意見の骨子が、「田村は上級の宗教家であるのに、なんで自国の恥を外国に訴えて、同胞を貶めるのか」というものだったことである。その後の田村批判の論調からみて、この投稿に表わされた評価こそ、その後の騒ぎの、すべての出発点だったと考えられる。つまり、日本の女性の状況を、大変ひどい、恥ずべきものと見ていたのは、日本に滞在する外国人女性のクック夫人だったのである。彼女はおそらく、親日家であった故に、このように悲惨な日本女性の状態を外国にさらして、日本の評価を貶めたくないという善意から、日本を擁護する目的で異議をとなえたと思われる。[96] 田村は「何を苦しみて」、何を好き好んで、自分たちの汚点をさらけ出すのかという彼女の言葉に、それが表わされている。

しかし、「国の恥をさらして、日本を貶める書物が米国で出版されている」という外国人女性からの指摘は、それを寝耳に水のように聞かされた日本人にとって、到底看過できないものだった。そんな指摘を外国人から受けること自体が、日本の恥だと思ったであろうし、何より、自分たちが日常的に行なっていること（女性の扱い）が、「なぜそんなことを暴露したの」と叫ばれるような汚点であり、「国の恥」だとまで言われたことに、おそらく愕然としたのではないだろうか。しかも、その著者は、都合のいいことに、今日本主義が叩いているキリスト教の日本人牧師だというのである。

植村正久は、八月一八日の『福音新報』において、「前日のジャパンメールが此の書を批評」し、その後「或る日刊新聞」（『万朝報』と思われる）が「本書を国に忠ならざる」ものとした問題をとりあげ、『日本の花嫁』に対して、キリスト教界がどのような立場を取るかを公表し、非難の声を挙げた。クック夫人の驚愕の告発をうけて、すぐに『万朝報』は、田村個人の行動を、「売国の所業」として非難する立場に自らの身を置くことを決し、時を経ずして植村も、田村を「同胞を誹《そし》る者」と、教界のリーダーたる自分が判定したことを宣言して、キリスト教界を田村から引き離し、難を逃れようとしたのである。

クック夫人の告発から、ふって湧いたように表れた、日本中の反応は、『日本の花嫁』が何よりも問題とし、キリスト教をもって変えようとした日本女性の地位について議論し変革することではなく、「田村は、自国の恥を外国にさらす売国者であるから、これを成敗しなくてはいけない」という一事に擦りかえられていった。こうして、一八九三年夏（七月末から八月初旬か）に始まった「日本の花嫁」事件だが、田村は『ジャパンメール』や『万朝報』の批判には、一切反論せず、キリスト教界からの批判に対してのみ、猛然と反論し、植村の『福音新報』と田村の『いのち』誌上の論戦が繰り広げられている。

花嫁事件の第二ラウンドは、教会裁判の場に移る。一八九三年一〇月五日、日本基督教会東京第一中会定期大会において、「日本の花嫁」調査委員三名（井深梶之助、熊野雄七、山本秀煌）より、田村は、同胞讒誣《ざんぶ》罪で告訴される。採決の結果は、同数で、議長の判定により田村は、同胞讒誣罪と定められる（告訴状の文言、議場でのやりとり、糾弾を不当とする宣教師が多くあったことなどの詳細は、原資料を参照）。田村は中会の決定を不服として、即時に大会に上告。教会裁判は、翌年の大会開催まで持ち越されることとなる。

八か月後の一八九四年七月四日、新栄教会を会場に、日本基督教会大会が開催され、前年の東京第一中会による「同胞讒誣罪」の決定は不当とされ、田村の上告が認められる。しかし、大会二日目、押川方義は、田村の「教職剥奪」を議場に動議し、それが二〇対一四で可決される。田村は、この決定を不服とするも認められず、日本基督教会を離脱する。押川の動議が可決されたとき、これに大反対していた宣教師たちの一人が、「宗教裁判の殺人」と叫んだと言われている。

二年越しの教会裁判、中会、大会の様子は、『植村正久と其の時代』に詳しいが、そこに描かれているのは、田村一人を笑いものにする議場の光景である。「疎外」または「無視」、そして何より「嘲笑」を用いての個人攻撃は、「いじめ」の現場さながらで、これが、大多数は聖職者で占められたキリスト者集団での出来事かと、目を覆いたくなる。しかし、この教会裁判の目的は、まさに、当代きっての売国者、非国民が、キリスト教会の牧師であるという事実を一刻も早くなきものとし、田村以外のキリスト教牧師とキリスト教界の保身を図ることであったとすれば、手法といい、結末といい、すべて首肯できるものである。実際、植村は、中会後、『福音新報』において「同胞讒誣罪」では生ぬるいと不満を述べ、「田村氏と断つ書」（絶交状）まで掲げて、大会での教職剝奪にこぎつけている。

こうして、田村は日本基督教会から追放され、それ以降独立教会として数寄屋橋教会（後に移転し巣鴨教会となる）の牧師を継続することになる。これは、植村正久の死（一九二五年）の翌年（一九二六年）に巣鴨教会が日本基督教会への復帰を許されるまで、実に三二年に及ぶ。特に事件直後の約一〇年は、「社会の表舞台に立つことを奪われ」、不遇の身に置かれたと、自ら述べる状態で、しかも、それは田村三五歳からの、まさに働き盛りの壮年時代のことであった。キリスト教の牧師であることを自らの存在理由としていた田村にとって、花嫁事件の第二ラウンドは、その生きる場であるキリスト教界を舞台とした、自らの働きに関わる「追放事件」であり、田村自身からすれば、日本国中の大騒ぎであった前半よりも、はるかに堪《こた》えるものであったと想像される。

田村は、後年著した『五十年史』において、「私は明治二十七年夏以来、孤立の生涯を巣鴨の地に送って居ったから、誰も私に目をつける者は、一人もなく、世の日陰者の取扱を受けて居った」、「明治二十七年、私は売国罪を以て、日本基督教会大会に於て、教職を剝奪されて以来、基督教界に顔を出し、他の教役者と共に伝道事業に従事したことは一度もなかった。ほとんど九年間、巣鴨の地に退隠し、基督教界に於ては、私は忘れられて居った」などと、この事件について述べている[97]。これらは、前年の同胞讒誣罪ではなく、一八九四（明治二十七）年の教職剝奪こそ、田村にとって「事件」であったことを表明するものだと言える。

花嫁事件が露わにしたこと

まず、田村の一著作である『日本の花嫁』が、「日本の花嫁」事件となった背景についていくつかの要因について考察する。

第一の要因としてあげるべきは、既に繰り返して述べてきたように、反キリスト教の社会的風潮という、時代の流れである。帝国憲法発布（一八八九年）下、旧来の儒教倫理に基づき、天皇を頂点とする封建的な国家を建設しようとしていた明治政府は、キリスト教がもたらす自由主義思想や、キリスト教道徳に基づく民主的な近代市民社会への憧れを弾圧、排除する必然があった。教育勅語（一八九〇年）は、ただ天皇の命に絶対服従する臣民の形成が、国家の教育方針であることを広く示し、これに添わない国民教化、たとえばキリスト教による教化を厳しく取り締まろうとしたのである。

教会は、反欧化主義と排外思想の標的となって、逆風の中での宣教を余儀なくされていた。そこに、起こったのが花嫁事件だったのである。当時の教会は、当然自らの存続をかけて、この日本主義に配慮、または迎合することになる。こうして第一の要因は、時代の波、キリスト教への逆風の中で田村がとった言動への世間の反発によって起こったもの、田村自身の言葉で言えば「日本主義との衝突」だったと言える。田村もそれはよく承知しており、「当時、日本主義に気触《かぶ》れて居る人々に応戦を試みたのである」と、ヒートアップする日本主義の状況を語るほどだった。そして、「婦人矯風会の如きは、黒幕に扇動《おだて》られ、私に『日本の花嫁』の絶版を迫られた」とあるように、矯風会（女性の当事者）や巌本善治らも、そこに同調することになるほど、そのうねりは非常なものだったのである。

しかし、最初の要因が「表向きの」理由とされているように、事件発生には、裏の要因も複数からみあっている。その一つに「『日本の花嫁』騒ぎの裏面」として本人が推察しているのは、田村への「嫉み」と、主流である「横浜党」に対していつも「向うを張って立って居った」「少数党の親分」田村の失脚を狙った教会政治的な権力抗争である。

また、そのような「嫉妬」の中には、田村の経済的な成功をあげることもできるだろう。自営館については、次章で詳しく述べるが、田村は、日本主義が吹き荒れる一八九二年、自営館の継続と拡張のために、海外からの支援を仰ぐことを目的に一年にわたる渡米を敢行する。その滞米中に『日本の花嫁』を刊行していることからみて、この本の出版目的のひとつは、自営館の資金調達のためであったことは明白である。講演や出版を通して、また、米国での幅広い交友関係から、相当な資金援助を得た田村は、帰国後、実際に広大な土地を巣鴨に取得し、『日本の花嫁』に対する批判の嵐が吹き荒れる中、その敷地内に、並木通りや、テニスコートまである楽園のような自営館を建てている。「宣教師の中にも、日本人中にも、其の成功を嫉んだ者のあった」と本人が述べるとおり、当然の結果と言える。

この自営館事業は、明治学院とも、在日宣教師とも対立する火種となっているが、このように教会の牧会だけにとどまらないで、事業を展開する型破りの牧師スタイルや、仕事には相当な報酬がつきものという金銭感覚、事業の遂行のために募金、献金など集金活動をするのは当然という考え方などが非難の的となったことは、想像に難くない。先のノックスの評からみるに、留学以前から、田村は日本人離れした、合理的でフランクな人間で、ありのままを自由に生きるため、「親しい友人も多いが敵も多かった」(武田清子の言葉)のだろう。つまり、花嫁事件を引き起こすことになる人々の「妬み」の一因は、田村の性格、彼の人間性ともいえるのである。

田村のこの自由で率直な人柄は、「事件」の最中にも遺憾なく発揮され、それがまた、火に油を注ぐ結果となっている。この書を米国で出版する計画を聞きつけたタムソンが、忠告に自宅まで来たときには、「仮令《たとえ》此の書に対して、世は挙《こぞ》って反抗しても、真理を語り、日本人の短所を指摘するは、真理を愛する者の義務であると主張し」、出版を敢行している。キリスト者としての確信犯である。田村を「殺す」というハガキが毎日のように舞い込み、奥野昌綱は、「米国に逃れよ」と勧めに来たぐらいだったが、一般社会の騒ぎは数か月もあれば忘れられるもの、案の定半年で世間の騒ぎはほぼ治まったと高を括る。

しかし、事件は、キリスト教界の方に飛び火して、こちらの方が大火になるのだが、そんな窮地も、「今其の境遇に遭遇し、強者の憎むべきを知った。パリサイ対基督の心理関係も味読した」と、自らの糧となる経験とし、

「基督者社会に於ても、弱者は強者より圧迫を加えられ、見す見す死地に陥るを見て、異様な感に打たれた事があった」とすら書いている。死地に陥っているのは自分なのに、どこかでそれを観察している。そして、弱者とされても、嘲笑されても、一般民衆に平民的な言葉で語ることを止めず、花嫁事件を、「基督教界も時勢には勝つ能わず、日本主義の為に遣込められてしまった」結果なのだと解説する。痛いところをついてしまう人だといってよい。

田村は、中会の同胞讒誣罪に上告したことを、「茲に於て、『日本の花嫁』も一ヶ年間、翌年大会の開かるる迄、我が家に安眠する事が出来た」と述べる始末である。武田清子は、ゑいから聞いた当時の話を以下のように紹介している。田村を殺すまでは食事をしないという権幕の田川大吉郎らキリスト教の青年一派があり、いつ襲撃されるかわからない不穏な空気に、「自営館の学生たちは、毎夜木刀をもって田村を守った」。「こうした危険迫る中で、身を隠すことを友人親戚にすすめられても、神が私を殺そうとされる時、天が下にかくれる所はないではないかと田村は毎夜ぐうぐういびきをかいてのんきに眠っていたとのことである(98)」。

この大胆な性格と言葉は、神の前に一点の曇りなき確信からくるものだろう。しかし、耳の痛いことを聞かされる者にとっては、そんな信念の人は煙たい存在であり、旧約聖書の預言者たちの受難のように、人々の恐れと怒りをかうことになる。「日本の花嫁」事件は、ここでも、その内容よりも、田村への人間的恐れや嫌悪感を主たる要因として、引き起こされていたと思われる。

こうして起きた「日本の花嫁」事件だが、最後にあらためて著作『日本の花嫁』をみると、そこには、事件によって覆い隠そうとすればするほど、明らかに存在する女性蔑視の旧弊と、田村の「日本の封建的家族主義への批判」がみえてくる。「これまでの社会組織は、婦人に教育を与えず、財産を与えず、独立を許さなかった。婦人は男子の玩弄物であり奴隷であり寄生虫であった」（「婦人問題の解決」『萬朝報』）と幸徳秋水が一九〇二年に述べているように、それまでの、つまり一八九〇年代の明治の日本は、女性たちに一切の自由と選択を許さず、ただ父権への服従を強いていた。

しかし、そのような日本女性とは異なり、当時海外で脚光を浴びていたのは、外国人、「ピエール・ロチ、アリス・ベーコン、エドウィン・アーノルドの三人が描いた日本人女性」であり、田村は、この三人の著作に対して、「平均的な日本女性のイメージ」から大きな違和感を抱いていたと、梅本は述べている。(99) 田村が、『日本の花嫁』を刊行した動機と、真意の中には、現実の日本女性を、「日本人による自画像」として欧米に向けて発信する意図があったのである。

植村は、田村の『日本の花嫁』に書かれた「日本にては父親は無限独裁の君主」という言葉を、日本社会の事実に反するとし、田村の著作に述べられた出来事は「中以下の野卑なる社会」に属するとした。しかし、矢嶋楫子（一八三三―一九二五）がこの時代を生きて、女性であることに苦しみぬいたことや、同時代の広岡浅子（廣岡浅、一八四九―一九一九）が京都の豪商三井家六代目当主、三井高益の四女として生まれるも、家系図には「四女　浅　別腹《べつばら》」と記され、母の名前のない妾の子どもであり、広岡家においても、夫と妾との間の子どもたちと、同じ屋根の下で暮らす苦労におわれたことは、どんな事実を語るのだろうか。

矢嶋楫子は、「籠の鳥とも乞食とも」に、哀れな吉原の女たちの様子を語り、(100) 名士と言われる横井小楠の家に正妻ではない立場で入った姉つせ子や、徳富蘇峰、蘆花、湯浅はつの母となった姉久子が、どれほどの辛酸を嘗めてきたかを知っていた。山川菊栄の母千世は、華やかな鹿鳴館の社交場を支える上流社会の女たちが実は、父や夫の道具として使われていることを、「鹿鳴館時代の女奴隷」として言い表わしている。明治期に国際結婚をした女子学院卒業生で、田村が少年時代を世話した山田耕筰の実姉、ガントレット恒子は、外国人を夫にもったことで、迫害だらけの日常を送ったことを証言している。(101) これらは、どの社会的階層にあっても、生まれついた家によって、女性であるゆえに、その「家」のために父親の決めた運命をたどるしかなかった明治期の日本の女性たちの現実を、赤裸々に映し出しているのである。

そのような中で、田村は、彼女たちを無視しないことを選び、『日本の花嫁』を世に送り出して、自身の「男女同権論」を批判的に提示し、キリスト教によって、女性たちを見える者にしようとした。しかし、近代日本キリスト教史は、日本主義が横行する時代に、キリスト教擁護の立場にたって、キリスト教宣教の促進を名目に、これらの「日本の花嫁たち」を抹殺した歴史を、その主流としてきたことを物語っている。

こうして「日本の花嫁」事件は、日本のキリスト教界が、これにより、女性蔑視の旧弊を深く内包した日本の封建的家族主義に批判の目を向けないことを内外に表明しただけでなく、田村や椙子がその中に捉えていた巨大なイエ制度・臣民制の国家支配、天皇制国家主義に対しても、一切対峙しない体質を露わにしたのである。

そしてこのことは、土肥が花嫁事件を、「田村直臣『日本の花嫁事件』とキリスト教の戦争協力」[102]と章題をつけて記述したことがらに的確に表わされているとおり、花嫁事件直後におきた日清戦争に全面的な協力を示すことへと向かうこととなった。花嫁事件において、「キリスト教は日本の伝統習俗や臣民道徳に合致しないという世論の非難や攻撃」に対して、田村を切り捨てることで臣民としての身の証を立てようとしたキリスト教界は、基督教同志会を中心に一八九四年八月から開始された日清戦争に対して、「天皇制に培養された臣民意識」にあふれて戦争協力へと突き進んだのである。[103]

第2章　まとめ

田村が本格的に、キリスト者、そして牧師として動き出した銀座時代から、留学、そして帰国後、「日本の花嫁」事件までを取り扱った本章は、年代としては、一八七六年から一八九四年までの約二〇年にあたる。それは、田村にとって、築地バンドで出会ったキリスト教と自由民権が、男女同権、特に日本の女性たちの封建的家制度からの解放と、キリスト教による新ホームの建設という課題へと集約されていった時期と言えるだけでなく、当時の日本のキリスト教界において、田村が、排除されて、極めて独特な異邦人的存在となっていく分岐点となる重要な時期でもあった。

田村にこのような男女同権論を抱かせ、同時代の日本人男性教職者と全く異なる道を歩ませることになった最も大きな要因を、本章全体から考察すると、それは、人的要因としては、ジュリア・カロザースとマリア・トゥルーという二人の女性宣教師が田村と深く関わったことによるということができる。ジュリアとトゥルーは、田村に、キリスト教による愛と親切の徳を身をもって示し、女性たちの現実を見る目を与え、また、女性たちによる教育、保育、社会運動との接点を与え、留学をサポートすることによって、米国でのクリスチャンホームを体験させて、その後の田村の思想形成に大きな感化を与えたと言えるだろう。

本章で取り上げた田村の男女同権論を示す著作、特に『米国の婦人』の主張は、田村が、女性宣教師たちと、彼女たちとの繋がりで出会うことになった女性たちを通して、生きたキリスト教信仰の何たるかを実証的に知り、そこから、自らがキリスト者として取り組まなければならない課題として、日本女性の「イエ」からの解放と、キリスト教の愛に基づくホーム建設に取り組み始めたことを物語っている。いわば、女性宣教師による教育の賜物として、明治期の日本人男性である田村が、キリスト者として生み出されたことが、田村の男女同権論、そしてそこから続く子ども本位の教育実践の独自性を生み出していくことに繋がるのである。そのような意味で、本章が扱った明治期の女性たちの状況と働き、田村の男女同権論の内容を丁寧に読み解いておくことは、その後の田村のキリスト教教育論と「子供本位」思想を適切に捉えるために、非常に重要となる。

さらに、田村が牧師としてのスタートを、銀座十字屋で切ったことも、日本のキリスト教史との関わり、並びに地域的要因から、注目すべき点である。田村は、銀座で、明治期のキリスト教界三傑をはじめとする人脈とつながり、バイブルウーマンや大婆さん、中婆さん、ミッションスクールと婦人矯風会などの女性たちの活動と交友関係を持ち、常に英書で最新の学問、思想に触れていく。これら、築地バンドから引き継がれて、銀座で花開いた明治期のキリスト教文化は、田村の財産となって、その後の人生に関わっていくのである。

この中でも、特に敬宇・中村正直を、クリストファに次ぐ「先生」としたことは、非常に大きな意味をもつことだったと考えられる。敬宇は、田村にとっての、おそらく唯一と言ってよい日本人男性キリスト者教師のロールモデルであり、日本の女性たちと保育への関わりにおいて、また常に英書から学び、実践と行動に移すことにおいて、さらには、学問を平易な文章で表現することにおいて、田村の指標となる生き方となったと思われる。

また、帰国後の田村の男女同権論を明らかにするために、矢嶋楫子と矯風会について、取り上げた。それによって、『日本の花嫁』に向かう田村の男女同権論の核心に、封建的父権的家族の頂点としての天皇制の問題があることが明らかになった。楫子と田村には、天皇家を尊敬することにおいて、しかし、天皇家もまた、キリスト教による新しいホームの規範に則ってあるべきということにおいて、共通性、類似性が認められる。田村は、一夫一婦制請願に関わり、『基督教と政治』によって、封建的父権社会を構築する天皇制に対して、キリスト者としてどのようにそれを位置付け、そこに対峙するのかを明確にしていく。

こうして、田村は、日本における封建家族制からの女性の解放は、それに代わる、キリスト教による新しいホーム建設というヴィジョンなしにはあり得ないものとして、自身の男女同権論を、解放とヴィジョンを表裏一体化したものとして打ち立てていく。つまり、田村の男女同権論は、キリスト教信仰抜きにその全容をとらえることができない、キリスト教的男女同権論と呼べるものだったのである。

そこで、「日本の花嫁」事件は、田村にとっては、キリスト教信仰のあり方に関わるものであるゆえに、キリスト教界の問題であった。田村の男女同権論は、教会が、当時の封建的家族制度と、国粋主義的な天皇制国家造りに対して、どのような立場をとるのかを問うものであったのだ。しかし、当時のキリスト教界と日本基督教会は、「日本の花嫁」を、田村個人の資質がもたらした事件として排斥することで、そこに問われた本質に対峙することを避けたということができるだろう。

(1) 田村『五十年史』四二―四三頁。
(2) 同、四四―四六、七四―七七頁参照。
(3) 同、六三頁。スポルジョン、ムーディー、ビーチャー、ジョン・ホールなどを奥野のために翻訳、解説することで、自分は「非常な説教学者」となったと述べている。
(4) 同、六四頁。
(5) 田村直臣「我が知れる日本の日曜学校」『日曜学校の友』一九三三年一月号(佐波亘編『植村正久とその時代』第三巻、三七一頁所収。以下、田村「我が知れる」『植村Ⅲ』と表記)。
(6) 出口たか(出口せい、一八四三―一九一一)は、田村と同時にクリストファから受洗をした、ジュリアの育てたバイブルウーマンで、その後トゥルーの協力者となる。森下憲郷「婦人伝道者ツルー夫人の協力者　出口せい」(『白金通信第一六五号』明治学院大学、一九八二年)、亀山美知子『女たちの約束――M・T・ツルーと日本最初の看護学校』(人文書院、一九九〇年、二八五―二八六頁)参照。
(7) 田村『五十年史』六五頁。
(8) 『日曜学校』日本日曜学校協会、一九三四年一二月号。
(9) 森下『築地居留地1』二〇〇〇、四八―五五頁参照。
(10) 山川菊栄『おんな二代の記』平凡社、一九七二年、一七頁。菊栄の母千世が上田女学校に入学した初日の感想として述べている。
(11) 田村は、トゥルーとは一八七六年から彼女が亡くなる一八九六年までの二〇年間にわたって親交を結んだ。ジュリアとは、築地での出会いから三年ほどで、一八七七年のジュリアの離日となるが、海を隔ててもその関わりは続いていたようで、一八九四年に巣鴨に建てられた自営館の資金集めのために、ジュリアの手で英文の紹介文が書かれている(森下、一九八六、一三五―一三六頁)。ジュリアはまた、一九〇二年に観光のために再来日し、*JAPAN'S YEAR* (1905) を出版していることから、田村とも三〇年にわたる親交が続いていたと思われる。
(12) ミッション本部へ宛てた一八七一年六月二四日付ジュリア・カロザース書簡。小檜山、一九九二、一九〇―一九一頁。
(13) 小檜山、一九九二、二〇八頁。
(14) クララ・ホイットニー『クララの明治日記』(上・下)一又民子訳、講談社、一九七六年。
(15) ホイットニー、上、一九七六、一一七頁。
(16) 同、一三一頁。
(17) 同、五九―六〇頁。
(18) 近藤はま、木寺チエについては、森下『築地居留地1』五一―五四頁参照。
(19) 小檜山、一九九二、一九三頁。
(20) 田村『五十年史』九一頁。
(21) 田村「我が知れる」『植村Ⅲ』三七一頁。
(22) 田村『五十年史』五七頁。

(23)『来日宣教師事典』七三頁。
(24)小檜山、一九九二、三一一頁。
(25)ホイットニー、上、一九七六、一一三頁。
(26)小檜山、一九九二、二〇九頁。
(27)森下憲郷「田村直臣と自営館」一九八六、一三五―一三六頁。
(28)小柄でメガネをかけ、温厚で真面目な印象が伝えられているジュリアだが、クララの日記からは、茶目っけがありユーモアに富んだ横顔を垣間見ることが出来る。
(29)ここで田村がかぶれたというミルの男女同権論の詳細については、金子幸子「明治期における西欧女性解放論の受容過程――ジョン・スチュアート・ミル *The Subjection of Women*（女性の隷従）を中心に」（『国際基督教大学学報』Ⅱ―B社会科学ジャーナル、国際基督教大学社会科学研究所、一九八四年）参照。田村が読んだのは、この *The Subjection of Women*（一八六九年）の一、二章のみを深間内基が訳した『男女同権論』（一八七八年）であったと思われ、敬宇もこれを後述の同人社女学校のテキストとしている。しかし男女同権論自体は、ミルの深間訳出版以前から、スペンサーの著作を含めて、「明六雑誌」上で、森有礼、福沢諭吉、加藤弘之と敬宇らに取り上げられ、自由民権期の深間訳出版でいよいよ世人の知るところとなったと思われる。
(30)田村『五十年史』七八頁。
(31)同、一七八―一八〇頁。
(32)田村と新島については、序論に述べたとおり、本井康博の研究がある。特に「新島襄と田村直臣――『築地バンド』との秘められた交遊」（本井、二〇一五）には、田村の貴重な写真や、海老名弾正に宛てたハガキが掲載されている。また、本井、二〇一六には、築地バンドの節が設けられ、東京在住の長老派でありながら、時に組合派の人々よりも新島の理解者であった、田村の姿が描かれている。
(33)石井民司『自助的人物之典型　中村正直伝』成功雑誌社、一九〇七年、一六一頁。
(34)田村『五十年史』六二頁。
(35)高橋昌郎『中村敬宇』吉川弘文館、一九六六年。
(36)イギリス留学の際、ロンドン到着後すぐ、会話と発音練習のために三五歳にして小学校に入った敬宇の経験を、千世は次のように伝えている。「四角い字なら何でも知っている幕府の大先生も、雨はどうして降るか、雷はなぜ鳴るか、というような科学的な質問には答えられません。ところがイギリスの子供はさっさと答える。君たちどうしてそんなこと知ってるの？ときくと、お母さんから聞いたという。なにかにつけイギリスの母親の知識や識見の高いことを知った先生は、日本の母親を省みて心うたれるものがありました。日本へ帰ったら女子教育に力をいれなければ日本は危ない、婦人が今のままでは日本は外国と競争できないと痛切に感じました」（山川、一九七二、三一―三二頁）。敬宇はまた、帰国後静岡に在住していた折、横浜に設立されることになったピアソンらのアメリカ・ミッション・ホームの生徒募集の広告を書いている（高橋、一九六六、八五―九〇頁）。

(37) 同、一五七頁。これらの敬宇の考えには、ミルの男女同権論が影響している（金子、前掲論文参照）。

(38) 山川、一九七二、三四頁。

(39) 高橋、一九六六、一六〇―一六六頁。高橋は一八八二年の敬宇の日記に、「昔、女の美は容貌、言語に在ることに留まっていたが、今や女の美は知識、聡明にあって、政治、学術をよくなすことができる」との主張があることを合わせて紹介している。

(40) 山川、一九七二、三三頁。

(41) クララの日記には、上下巻にわたり、勝、津田（仙）、森（有礼）らと共に度々「中村さん」が登場している。

(42) 高橋、一九六六、七六―七七頁参照。後に言文一致体で子どもの読み物を書いた田村への影響がみられる。

(43) 妻、鐵子と敬宇については、「第三十九章　先生の令夫人」（石井、一九〇七）を参照。

(44) 高橋、一九六六、一七五―一八八頁参照。

(45) ホイットニー、下、一九七六、九九―一〇〇頁。

(46) 隅谷三喜男「第二章　明治初期社会とキリスト教の展開」（『近代日本の形成とキリスト教』新教出版社、一九六一年、五五―五六頁）参照。

(47) 田村の米国留学、特にプリンストンでの学びと、そこで取得したM.A.が、プリンストン大学第一一代総長マコッシュからの名誉学位だったと思われる点は、梅本、二〇一〇、四二―五〇頁参照。

(48) 田村『五十年史』一〇三―一〇七頁。

(49) 同、一一四―一一五頁。

(50) 同、一〇七頁。

(51) 岡部一興「オーバン神学校に学んだ人々」（『明治学院大学研究所紀要』二〇一五年）参照。

(52) 田村『五十年史』一一七―一一九頁。

(53) 久布白落実、徳富猪一郎監修『矢嶋楫子伝』（不二書房、一九三五年）、三浦綾子『われ弱ければ――矢嶋楫子伝』（小学館、一九八九年）、永畑道子『華の乱』（新評論、一九八七年）参照。他に女子学院、婦人矯風会からの資料がある。

(54) 田村が「友情」という言葉、しかも終生変わらない友情を結んでいたとするのは、数名で、親友のバブコックとマリア・トゥルー以外は、日本人では五〇年来変わらなかった内村鑑三との友誼が見受けられ、これに楫子が加わっている。戦闘家で個性の強い内村と、「女丈夫」の楫子、そして、殊更に「傍若無人」とされた田村の間には、共通点があったのかもしれない。誰に何を言われても、曲げない意志を持ち、その点を互いに認め合い、変わることなく受け入れていたのだろうか。
(55)　田村『五十年史』二一五頁。
(56)　久布白、一九三五、七〇〇頁。『矢嶋楫子伝』に寄せた、田村による追悼文。
(57)　日本キリスト教婦人矯風会編『日本キリスト教婦人矯風会百年史』（ドメス出版、一九八六年）、『日本婦人問題資料集成』第一巻（ドメス出版、一九七八年）、『日本女性運動資料集成』第一巻（不二出版、一九九六年）参照。
(58)　『日本婦人問題資料集成』第一巻、四一頁。
(59)　『日本キリスト教婦人矯風会百年史』五四―五五頁。
(60)　田村『基督教と政治』。
(61)　新約聖書ローマの信徒への手紙一三・一―二の使徒パウロの言葉。「人は皆、上に立つ権威に従うべきです。神に由来しない権威はなく、今ある権威はすべて神によって立てられたものだからです。従って、権威に逆らう者は、神の定めに背くことになり、背く者は自分の身に裁きを招くでしょう」（新共同訳）。
(62)　ここに見られる「権」は神から与えられるものという考え方は、田村の「子供の権利」主張に引きつがれるもので、子どもに権利があるのは、神が子どもを「神の子」とし、「神の子」たる権利を与えたからだとする（三章で詳述）。
(63)　田村『五十年史』二一五頁。
(64)　久布白、一九三五、七〇二頁。
(65)　田村直臣「我が見たる内村鑑三」（『我が見たる植村正久と内村鑑三』向山堂書房、一九三二年）参照。
(66)　田村ゑいについては、女子学院の歴史に関する資料や、自身の著作である「昔かたり」等を参照のこと。トゥルーに関しては、田村の著した伝記と、ゑいの口述をもとにした「思い出」をはじめとする教え子たちの記録、研究としては、津田一路「マリア・T・ツルー夫人の人物史のための基礎的研究」（『明治学院史資料集』第一三集、小檜山、一九九二）、亀山（一九九〇）、小林恵子『日本の幼児保育につくした宣教師』上巻（キリスト新聞社、二〇〇三）、佐藤直子「伝道師マリア・T・トゥルー」（『築地居留地３』）などがある。写真集『目で見る女子学院の歴史』（一九九二）二六頁には、「ミセス・ツルーと明治20年英語科卒業生峯尾《ママ》ゑい（後の田村直臣夫人）」の写真が掲載されている（本書一〇六頁、下段に転載）。
(67)　田村ゑい「昔かたり」一九五五年（『築地バンドの研究』四一頁所収）。
(68)　女子学院史編纂委員会編『女子学院の歴史』一九八五年、五九六頁。ゑいの病気入院は、一八九二年一〇月トゥルーが日本へ戻ってから一八九五年一〇月にトゥルーが病に倒れるまでの間と推察され、田村の「花嫁事件」渦中と一致する。
(69)　田村ゑい「昔かたり」六一頁。
(70)　ホイットニー、下、一九七六、二一七―二二〇頁。

(71) 田村ゑい口述のトゥルーの思い出の中に、大関チカが目の当たりにした、その頃の病室の描写がある（『女子学院の歴史』五九六頁参照）。
(72) 亀山、一九九〇、二八八頁。最期の訪問は、田村の『ツルー夫人之伝』にも残されている。
(73) 「ツルー夫人と矢島先生とは、恰も一体の如く、互いに祈り、互いに助け、日本の女子教育、及び矯風会事業に一身を捧げられた」（久布白、一九三五、七〇〇頁）。矢嶋楫子「わが自覚の時」（『新女界』第四巻一〇号、一九一二）参照。
(74) ノックスが述べる「カロザース夫人と同行した」は、詳細不明。田村は渡米の際、偶然クリストファ・カロザースと同船するが、ジュリアには言及していない。文脈からは日本でなのか、アメリカでなのかも判明しないが、トゥルーと共に、ジュリアも田村の留学をサポートしていたことになるだろう。
(75) 横浜指路教会教会史編纂委員会編『G・W・ノックス書簡集』キリスト新聞社、二〇〇六年、一二二―一二七頁。
(76) オーバン神学校卒業生で、田村と伝道旅行を共にしたフルベッキは、オーバン神学校教授ビーチャーに宛て、田村を頼むハガキを送付している（梅本、二〇一〇、二九頁）。
(77) 小檜山、一九九二、二三四頁。
(78) ガラテヤの信徒への手紙二・二〇「生きているのは、もはやわたしではありません。キリストがわたしの内に生きておられるのです。わたしが今、肉において生きているのは、わたしを愛し、わたしのために身を献げられた神の子に対する信仰によるものです」（新共同訳）。
(79) 『女子学院の歴史』五八九頁。
(80) 田村『五十年史』二四頁。
(81) 田村直臣『米国の婦人』秀英舎、一八八九年。
(82) 同、七四頁。
(83) 同、七五頁。
(84) 食事に招かれ、目の前の美しいお嬢さんに見とれていたら「食前の祈り」を指名され、思わずその娘さんを賞賛し彼女について祈ってしまったなどという失態を演じないよう、お祈りが終わるまでは注意が必要だ。食卓で大きな肉料理を切り分けるのは、主人の役目だが、主人が不在の場合、その場にいる男性がそれをすることになる。日本人は、人の首は切れるが、牛や鳥はさばけないなどと言い訳できないから、米国に行く前に、牛肉屋か鳥屋に二、三年、年期に入っておくことをお勧めする、など、自分の失敗をネタにして、笑わせている。
(85) 同、一四七頁。
(86) 同、一五三頁。
(87) 梅本、二〇一〇、六〇、六二―六三頁参照。
(88) 梅本『資料集』。
(89) 武田、一九五九。

(90) 同、二八二―二八三頁。
(91) 梅本『資料集』三二〇頁。
(92) 同、三三五頁。
(93) 同、三三七頁。
(94) 同、三四七―三四八頁。
(95) クック夫人と「ジャパンメール」の内容については、梅本（二〇一〇）六五頁、梅本『資料集』二八七頁参照。
(96) クック夫人が日本を擁護する立場にあったことについては、文中で、愛と情の区別を知らずに結婚するのは、日本に限ったことでないと弁明していることからも証明できる。
(97) 田村『五十年史』二五六、二六九―二七〇頁。
(98) 武田、一九五九、二八五頁。
(99) 梅本、二〇一〇、八〇―八一頁。
(100) 矢嶋楫子「半生の事業」『新女界』第五巻第二号、一九一三年参照。
(101) 久布白（一九三五）六二八頁、三浦綾子（一九八九）一五〇頁参照。
(102) 土肥、一九八〇、一二〇―一二六頁参照。
(103) 同、一二〇頁。

第3章
万民の権利から「子供の権利」へ

1931年4月イースターの日曜学校。巣鴨教会礼拝堂（瘤会堂）にて（巣鴨教会蔵）

築地居留地で、キリスト教と自由民権の思想と出会った田村は（第1章）、留学を挟んで銀座時代に、その民権、人権思想を特に日本の女性解放と、日本の「家」が保持する家父長制度の打破との関わりで展開してきたといえる（第2章）。ところがそれは、前章で見たとおり、「日本の花嫁」事件へと予期せぬ展開を見せ、田村は、当時プロテスタントの一大主流派であった「日本基督教会」（長老派）に属する銀座の大教会「数寄屋橋教会」牧師から一転放逐され、単立の一教会牧師となって、宣教の第一線から退けられたのである。

一八九四年の花嫁事件による追放の後、田村は活動地域という点でも転換を迎える。一八九四年八月、自身が住む牧師館と帰国後力をいれていた苦学生のための奨学施設、自営館を、明治学院のある白金から東京の北辺、巣鴨へと移転し、日曜毎に数寄屋橋教会に通う生活を四半世紀にわたって続け、一九一九年以降には、その数寄屋橋教会をも巣鴨へ移して、完全に巣鴨の人となり、生涯を終えるまで本拠地を巣鴨に据えるのである。

本章では、1節において、花嫁事件後、巣鴨で自営館事業に日々従事しながら、単立の数寄屋橋教会牧師として過ごした孤高の時代と、転機となる二十世紀大挙伝道、ならびに足尾銅山鉱毒事件への関わりと撤退（一九〇一―〇二年）について記述する。この後、田村は彼の信仰生涯の後半生三〇年を賭けた、児童中心主義へと向かい、その関心は、自由民権や女性の権利、公害問題に苦しむ人々をはじめとする万民の権利、そして大衆伝道による大人への宣教から、ただ子どもへ、「子供の権利」とその擁護、ならびに教育へと至るのである。

田村の子どもへの関心については、主に日曜学校運動との関係と日曜学校論を4章で、養育・宗教教育とその根底にある児童本位の神学については5章で別に取り上げるが、万民の権利から、焦点を子どもへと向けて田村が著した子どもの権利論については、本章2節でとりあげ、一九一一年の著作『子供の権利』の思想史的意義について述べる。

さらに3節では、キリスト者としての歩みの始めから、田村が有していた子どもへの強い関心を裏付ける、田村の子ども向け、家庭向け著作、機関誌等をとりあげる。そこから、言文一致体で子どもにわかる読み物を提供しようとした、児童文学者としての田村のスタンスと子ども理解を見ることができ、それらの仕事が一九〇〇年代に、家庭教育と日曜学校運動と結びつき、日曜学校教案、宗教教育教科書などと重なっていく経緯を見ていきたい。

1　巣鴨自営館と数寄屋橋教会

自営館（青年育成）事業

田村の四年にわたる留学の目的は、何よりもまず、帰国した後に、日本の教会の一牧師として宣教をより力強く進めるためのものであった。米国滞在中講演によって得た財を、欧州見聞と聖地旅行のために用いるか、すべてを数寄屋橋教会の会堂建築に使うかを迷ったと書いてあることを見ても、留学中に米国のクリスチャンホームや日曜学校の在り方、さらに心理学、とりわけ青年心理学を熱心に学んだことが、常に帰国後の教会形成と牧会に役立てるという一事のためであったことを示している。

留学前に、銀座教会（数寄屋橋教会）を辞任していたものの、教会は後任牧師を招くことなく田村を待っていた。そこで、田村は帰国前には、自らが東京の中心地である銀座、数寄屋橋界隈で教会を牧しながら、留学前にも関わっていた一致神学校（のちの明治学院）での神学教育にも寄与することを予想していたかもしれない。自分が現場として働く場所をイメージした上での、米国での観察、体験、学びが、田村の留学を具体的で豊かなものとしたと考えられる。

一八八六年末に帰国した田村は、数寄屋橋見附（南町奉行所跡）に移転していた数寄屋橋教会牧師に再任され、早速新会堂建設に取り掛かり、翌年一〇月に数寄屋橋新会堂が完成まぢかで倒壊するという困難に出遭ったにもかかわらず、一二月末には新会堂建築を達成、帰国一年で最優先の大事業を成し遂げる。そして、その翌年、田村は、芝白金三光町に「自営館」を設立するのである。留学での学びと経験は、まず教会における宣教活動へ、また前章で見たように日本女性の解放活動へ、子どもや家庭へと、驚くほど多方面に発揮されていくわけだが、分けても教会堂建築のすぐ次に立ち上げられた自営館による青年育成事業は、三〇年に及ぶその後の関わりの長さをみても、田村が教会形成と共に、非常に重視した青年教育の働きであることを示している。

しかしながら、全国から優秀な苦学生を集めた奨学施設である、この自営館は、田村の多くの業績のなかで、おそらく最も知られていない側面と言うことができ、先行研究も、森下憲郷による「田村直臣と自営館」と、「巣鴨・自営館と山田耕筰作曲『からたちの花』」と題された小冊子[1]以外には、自営館生に関するものは、後述する松尾重樹による「自営館時代の石原純[2]」ぐらいしか見当たらない。主に森下と巣鴨教会に残された資料、田村を始め当事者の記録から、この働きについて明らかにする。

一八八八年一〇月八日、田村は、芝区白金三光町の家屋を借りて、後に東北学院教授、明治学院高等部長となる笹尾粂太郎ら三名の学生を住まわせ、自営館事業を開始した。学生たちは、自炊しながら、明治学院に通学していたという。その後、田村は、自営館施設拡張のため、同町内に五百坪ほどの土地を借り、寄宿舎を建設。その費用の多くは、米国ニュージャージー州のパトルソン市児童外国伝道会[3]からの献金であったため、これを「パトルソンホーム」と名付けている。舎監に、ゑいの両親、峰尾治平夫妻をあて、館生は苺作り、飴の製造、牛乳配達、クリーニング、活版印刷等の仕事をしながら、学校で学ぶという形をとっていた。

一八九四年の段階では、田村が主宰、峰尾治平が発行人となって自営館出版部から発行していた週刊キリスト教新聞『いのち』には、一〇号（三月八日発行）に自営館洗濯部の、一二号（三月二二日発行）に自営館活版部の生徒募集広告が出されている。自営館の白金時代の終わり頃は、毎年三月に生徒を募集し、館生は、昼はそれぞれの事業部の仕事を習いながら、夜間「英漢数の三学課を授く」とあることから、自営館自前の夜間学校で学んでいたことになる。

そもそも田村自身は、帰国後、牧会と同時に、開拓すべき多くの事業があった中で、特に「一致神学校に教鞭を執りつつ、私の起した教育的事業」として「日本伝道学校と自営館との二つ」をあげている。伝道学校は、ムーディーの学校をモデルに、速成の伝道者養成を目的としたもの、自営館は、米国のパーク・カレッジを模して学生が自ら働いて勉学を続ける「自助」会の制度で、[4]「苦学生に職業を与え、基督者ホームで、学生を基督化する爲」のものだった。[5]この就業型の奨学寄宿舎である自営館事業と、速成伝道者養成事業は、いずれも、当初は、白金の明治学院と深く関わって考えられていたようである。そこで、自営館事業の第一期と捉えられる、一八八八年から一八九四年の白金自営館時代については、伝道者養成事業と明治学院との繋がりも時系列で合わせてみておく必要があり、関連する部分を記述する。

自営館に先立つこと一年、一八八七年九月に白金に開校した明治学院は、東京にある改革長老派系の三つの学校、①一八七七年創立で田村自身も学んだ「東京一致神学校」（築地明石町一七番に校地）と、②一八八三年に築地大学校と横浜の先志学校が合同して築地明石町七番の築地大学校校地に開かれた「東京一致英和学校」、③同校の生徒数が増加したため一八八四年に設けられた神田淡路町の「（東京一致英和学校）予備校」（通称、神田の予備校）を一つの場所に合同したものであった。その協議は、一八八六年に進められ、校地を白金とする決定は、田村が帰国する前になされていたことは1章で述べたとおりである。

一八八七年九月、開校した明治学院普通学部に、東京一致英和学校の生徒が築地明石町七番から移され、学院の予科には神田の予備校の生徒が、神田淡路町二丁目四番から移ったほか、新たに入学者を迎えて、明治学院は白金の地で開始する。築地（明石町一七番）の東京一致神学校は、明治学院神学部となり、一八八九年に白金キャンパス内にハリス館が完成するのを待って移転する。一方田村は、同年九月二一日、東京伝道学校の校長となる。この伝道学校は、「築地明石町十七番の明治学院邦語神学部の白金移転後の教室を使用し、速成の伝道者養成機関として開校」されている。

田村の側から見れば、一八八六年末に帰国し、翌年明治学院がキリスト教の一大高等教育機関として、白金に居を構えてスタートすることを知り、会堂建築後直ちに、明治学院に学ぶ苦学生のための寄宿舎を白金に建て、米国に倣って、学生が勉学に必要な費用や住まいを、自活しながら賄える制度をつくろうとしたということになる。また、日本人伝道者の神学教育が、明治学院で本格的になされていくことを見るや、何年にも及ぶフルタイムの神学教育を受けられない信徒が伝道の一助を担うために、一致神学校跡地で開始した東京伝道学校の校長となったのである。ムーディーの聖書学院に倣った実践的、伝道者養成学校の理事には、井深梶之助、石原保太郎、ノックス、アメルマンが名を連ねている。(6)

この行動力と迅速な働きぶりには、目を見張るものがあるが、本務である数寄屋橋教会では、牧師の教会外の大活躍を疑問視、問題視する声が上がる。一八九〇年、牧師の兼職に批判が起こり、数寄屋橋教会は、奥野昌綱を議長として総会を開催。教会総会で、田村の留任は決定されるが、反対派信徒（世良田亮、手島荒二ら、長年田村と苦楽をともにした有力者たちの一部）は離脱し、数寄屋橋教会は分裂してしまうのである。田村は、後年「若し私が其の時思切《おもいき》って、自営館の事業を中止さえすれば、其れで、教会は分離の憂《うれい》なく、波静《なみしずか》であった」だろうと述懐している。(7)

あまりにも性急に次々と事業を展開し、しかもそのやり方は、当時の日本人はおろかクリスチャンにも、全く理解不能な米国の斬新な方法であったのだから、教会専従の働きを牧師に求める反対派の意見も当然のことだった。しかし、数寄屋橋教会は分裂したにせよ、牧師留任という結果を決めた。このことは、田村が牧師としての働きをおろそかにしていなかったことの証明でもあるだろう。多方面で事業を進め、日々東奔西走しているにせよ、「田村牧師」への教会員の信頼と、牧師が情熱を傾けている事業への支持は、数寄屋橋教会の過半数にあったということになる。

田村は、反対派の思いにも道理があることをある意味で認めており、あまりにも多くの事に手を出しすぎてはいけないという神からの警告だと、反省もしている。が、その反省から、関わりを絞って残ったのが、自営館の青年育成事業であったようで、その後さらにその思いは熱く、一八九一年七月三一日の『福音新報』には、田村の熱意がこめられた「自営館設立の旨意」が掲載されている。その要旨は、苦学生が適切な仕事につけないために、学生生活と職業生活があいまいになり、堕落してしまう現状を、なんとかして救う必要があるというものだった。

そして、そこには、「忽《たちま》ち十有年前の余を想起し、破帽短褐《はぼうたんかつ》寒窓粗食《かんそうそしょく》、辛くも、猛濤激浪《もうとうげきろう》中を潜り出て、漸《ようや》く今日に至りたるに鑑み」と、不幸な境遇から勉強を断念せざるを得ない青年たちの状況を目にすると、自分の若い日の辛酸労苦が思いおこされ、経済的困窮を乗り越えてきた今の自分が、何かしなくてはならないという思いに駆られることが述べられている。頼るべき家族、親戚もなく、寄るべき財政的支えなく、無謀にも唯一人、東京へ出て学んできた自身の経験が、「之を聞くにつけ之を見るにつけ愛憐の情緒は余をしてほとんど無言に至らしめず涙潸然たるを覚えしめたり」というのである。そして、「嗚呼《ああ》失望落胆に彷徨《ほうこう》する、可憐の青年学生をして就学せしむる者」たちが起こされるようにと訴えている。実際、「青森から徒歩で草履を何足もはきつぶし垢で黒光りしたマントを羽織って上京してきた学生」もあったという（彼は自営館生として学び、後に弁護士となった）。

この趣意書によって支援の要請がなされた一八九一年には、自営館の寄宿生は八名となり、「明治学院から入学金・授業料免除の特典を受けていた」との記述や、「東京伝道学校の給費生」などの文言が見られることから、田村は熱心に学校における「奨学金」制度を確立しようと画策していたのだろう。明治期の日本には、米国のように、貧富の差や身分、境遇にかかわらず、志を持って勉学に励む若者を支える土壌や制度はなかった。人々の善意による献金、寄付で高等教育を支援し、社会全体で身内以外の若者を育てるという発想自体、皆無に等しかったと思われる。

そこで当然のごとく、自営館の経費、学校の講師に払う給金などの支払いに窮するようになり、アメリカ的な奨学事業は経済的にたちゆかなくなっていく。田村はこの年、白金に転宅、自営館に同居して、白金の地で次女ひでが誕生する。翌一八九二年五月、田村は突然、築地明石町での東京伝道学校校長を辞任し、自営館内に信徒伝道者養成のための日本伝道学校を設置。これら一連の白金への引き揚げは、まだ乳飲み子と幼児であった二人の娘のいる家族を離れて、六月より一年もの長期再渡米を実施するためだったと思われる。こうして、白金で寄宿舎の舎監を務めるゑいの両親と、妻子を同居させ、東京伝道学校の責任から離れて渡米した田村は、自営館運営資金調達のため「日本の花嫁」（英文）の米国内での出版に奔走し、一年がかりで全米の旧知の友人や支援者を回って自営館への支援をとりつけたのである。

田村にとっては、『日本の花嫁』の出版が日本主義者たちから個人攻撃されるだろうことよりも、自営館事業の経営の建て直しと維持、つまり、その背後にある苦学する学生を一人でも多く育てることの方が、明らかに重要だった。2章に述べたとおり、田村は一八九三年六月、一年ぶりに資金と共に日本に帰国し、すぐに大騒動が起き、日本基督教会で自身は告発され、一〇月には東京第一中会の「同胞讒誣罪」が決定される。しかし、このキリスト教界内外を揺るがす事件と、同時並行で、田村は自営館を移転させるための広大な土地を探し歩いていたようなのだ。田村はこの年、新しい自営館の建設のため、移設地として巣鴨宮下（現、豊島区南大塚一丁目）に三三〇〇坪の土地を入手している。東京中の土地を物色し、数寄屋橋教会員、大鐘立敬の仲介により、巣鴨の土地を買ったとされる。

田村の上告が審議され、逆に「教職剝奪」動議が決定された日本基督教会大会が開かれたのは、一八九四年七月四日、五日のことで、田村はこれを不服とするも認められず、即刻日本基督教会を離脱する。ところが、記録によれば教職剝奪と放逐が決定された翌八月、田村は、巣鴨に自営館（巣鴨会館）と牧師館を建設し、白金からそこへと移転し、坂下町の仮住まいを経て完全に建築移転が完了したのは、その年の一二月であった。その巣鴨の土地は、大穴付きのいわば悪所で、土地を売った地主たちもこんなところで何ができるのかと訝《いぶか》った場所だった。田村の略歴をたどれば、この一八九三―九四年は、「日本の花嫁」事件の年以外のなにものでもない。しかしその花嫁事件の渦中も渦中、真っ只中に、田村は、「白金の自営館」事業のための渡米から帰国し、これを「巣鴨の自営館」とするために、奔走し、交渉し、土地を買い、大穴を整地し、建物を建て、白金を引き払って、引っ越していたことになる。

こうして、自営館事業は第二期、巣鴨自営館時代に入る。この時期の状況は、後述の山田耕筰少年や、石原純ら館生たちによる思い出や日記の中に垣間見られ、特に巣鴨での初期には、周囲から「耶蘇学校」と呼ばれる「自営館普通学校」を経営し、この学校と就業場とを合わせ持つ施設であったことがわかっている。森下によれば、その様子は、以下のようであった。

枳殻の生垣と桜の木立、入口から玄関までの楓の並木道は秋になると真紅のトンネルとなった。広大な敷地の中央にある池にはボートが浮かべられ、テニス・コートと野球をする場所が設けられていた。館内にはオルガン、バイオリンなどの楽器も置かれて学生は自由に演奏を楽しんでいた。学生たちは、厳しい勉学と勤労の毎日であったが、一面では青年らしい伸び伸びとした生活でもあった。朝夕の祈祷会、炊事、清掃、ランプ磨きと各々の当番が担当する規律のある生活であった。(8)

巣鴨に忽然と現れた一大パラダイス、まるで外国を思わせる美しい園内で、「苦学生に職業を与え、基督者ホームで、学生を基督化する」という田村の理想は、表面的には、規律正しく、文化的、宗教的生活の中に実現しているように見える。しかし、現実の印刷、クリーニング業などは、設備投資、必要経費がかさんで大変な赤字続きで、普通学校の講師の給金も借金しなければ払えないなど、田村が自営館事業に関わった三〇年、田村家は文字どおり「火の車」に乗り続けた状態だったという。家具、衣服、蔵書は度々売却され、田村の金時計は何度も質屋と彼の懐を往復し、支払いが追い付かず、ジェームズ・バラや、フルベッキには一時毎月のように借金し、ピアソン、デイビス、トゥルーら女性宣教師からも援助を受けていたが、日本人からの支援はほとんどなかった。借金の返済で、ポケットに一銭も残らず、「苦学生から十銭の金を借りた事」や、数寄屋橋教会からの帰り道、「蕎麦屋に入るには金がなく、三厘で御田楽《おでん》を喰った事を覚えて居る」とも述べている。

巣鴨の自営館運営を支え続けたのは、米国の田村の友人、支援者たちで、田村は、バブコック夫人の計らいで五年毎に米国を訪問していたようだ。(9) 一八九八年にも、半年ほど渡米し、この年には、ちりめん本「自営館Jieikwan」(英文)が発行されている。(10) おそらく、ちりめん本のような日本的な美装本をもって、米国での募金活動を行なっていたのだろうが、当時、自営館で生活していた石原純によれば、この時の米国での資金調達は思うようにはかどらなかったらしい。翌一八九九年、田村は、それまでの館生の就業時間を一時間短縮し、自営館普通学校を廃止して、館生がそれぞれ希望する外部の学校へ通学するというシステムに改めている。

しかし、その後も資金集めが間に合わない状況が続いたのだろう。巣鴨に移転して一〇年、一九〇四年に田村は、神奈川丸で渡米。進退窮まった自営館について、バブコック夫妻と長時間相談協議して、自営館の組織を変革することを決める。この時の渡米について、田村は「日露戦争酣《たけなわ》なる時」、「我国は破産するか、私の事業は破産するか」という二つの大心配に心を苦しめられつつ、船に乗っていたと胸中を明かしている。だが、予想に反し、対ロシアの戦争も、自営館運営のための莫大な借金も、破滅直前の瀕死状態は、いったん回避されることになる。翌年、帰国後、借金はバブコックによって清算され、彼の助言に沿って、自営館の活版、洗濯等の労働事業は廃止、選抜した学生を専ら学業に就かせることとし、自営館は、「田村塾」と改称する。

その後田村塾は、「経済的な理由で進学できないでいる健康で優秀な青年を、全国から十名内至十五名選抜して勉学に専念させ」る学生寮となり、毎年、全国各地から五十名を超える応募者があった。[11] 田村は、学生が働いて、その「労金を以て学問をさせる」という理想は、立派なものだったが、その実行は「不成功を以て終った」と総括している。

そして、その田村塾も一九一九年、時代の趨勢のなか、ついに閉鎖の時を迎える。田村はその理由を、第一次世界大戦後の物価高騰により、田村塾で一人の学生を支えるのに、「少なくとも二、三十円を要する様に」なり、「時勢の大変化に伴い、苦学生という者は、割合に少なくなり、学校教育のなき者でも、一本の手腕で五十円や、六十円やをとる事の出来る世の中となった」と述べている。[12] こうして明治から大正という時代の激変の中で、三〇年におよぶ奨学育英事業をおこなってきた自営館は、その歴史に終止符をうつ。これを機に、田村は、数寄屋橋教会を巣鴨の地へ移転させ、巣鴨教会へと改称すると同時に、青年育成事業に替えて、一九一九年一月に大正幼稚園（後に、巣鴨幼稚園）を開園、田村塾の建物（パトルソンホーム）は幼稚園で働く保母のホームとしたのである。

田村は、自営館について、数寄屋橋教会の分裂問題では、自分に多大な「苦しみをかけ」る存在だったが、花嫁事件では、一貫して田村を守り、「教会の救助者」として窮地を救ってくれた心強い味方でもあったと語っている。そして、自分はこの事業に身を粉にして関わり、その報酬として、神が自営館より社会に有為なる人物を起こしてくれたと述べ、「彼等は、自営館の永久の記念である」と宣言している。[13]

その「彼等」、自営館在籍者、卒業者の正確な数はわかっていないが、森下によって種々の資料から拾い出された、四二名の自営館出身者名簿が残されている。[14] そこには、理論物理学者の石原純、キリスト教史学者で東京女子大学長を務めた石原謙兄弟や、洋画家の和田栄作、神戸新聞社社長の進藤信義、麻布獣医科大学学長となった中村道三郎ら、当時、自営館から東京帝国大学や早稲田大学などに通っていた俊英たちの名が列挙されている。なお、石原純、謙兄弟の父、本郷教会牧師の石原量は、植村正久との信条論争に敗れて、田村と同じ一八九四年七月に日本基督教会を追放され、彼に関する記載は日本基督教会の公式記録からも抹消されたという人物である。田村には、共感や同情があったのだろう、苦境に立たされた父を持つ息子たちは、田村の自営館で生活することとなり、それぞれの道へと進んでいったのである(15)。

また、近代日本洋画界の正統派とされ、黒田清輝の弟子で、後に東京美術学校校長を務めた、和田栄作については、竹中正夫が『美と真実』(16)に述べているもの以外に、キリスト教側からの検証はみられない。竹中によると、和田栄作も牧師の息子で、父、和田秀豊は、粟津高明の塾に出入りしたのをきっかけに、一八七四年築地居留地で聖公会のC・W・ウィリアムズ主教から洗礼を受け、一八八二年に日本基督教会芝教会の牧師となった人物である(一九〇四年に日本美普教会に移る)。このため、田村は栄作の父を、築地、銀座時代から、あるいは帰国後の数寄屋橋教会で、牧師仲間として知っていたと思われる。

栄作は、一八七九年、五歳でH・ワデル宣教師から幼児洗礼を受け、父が美普教会麻布教会に転任した際、信仰告白をしている。栄作が自営館生であったのは、一八八七年に明治学院に入学し、学生だった期間に、父秀豊が、大阪北教会に移ったことによるものと思われる。自営館の始まりが一八八八年で、田村は、一八九二年に発行した子ども向け週刊『わらべ』の挿絵を栄作に初めて描かせていることから、記録がないため定かでないが、一八九〇年前後のことだったと推定される。栄作は、明治学院で、島崎藤村と同級生であり(藤村の小説『春』の挿絵は栄作による)、牧師となるようにとの父の強い意向に反して、明治学院を中退し、美術の道へ向かう。田村は、牧師か画家かの将来を悩んでいた、煩悶の時期に、自営館生としての栄作と関わったことになる。

田村は、これらの有為な青年たちについて、その後の出世や自分との関わりを得々と述べることはなく、個々人について、殆ど何も記録していない。神が与えてくれた「報酬」は、自営館の永久の記念、取り去られることのない天の宝だと考えていたのだろうか。こうして、田村が、広大な敷地を持つ巣鴨の自営館において行った事業は、僅かでもその実を社会に還元する働きとなったのだが、当時の日本社会や教会には、ほとんど理解、評価されなかったのである。

しかし、この事業の最も中心となる目的は、外からの評価ではなく、「日本に基督者ホームを建設する」という、留学において抱かされた使命を、田村が日本の若者たちのために実現しようとしたものに他ならない。田村自身が十代の少年時代から青年期に、苦学生として歩みながらキリスト教と出会い、それが人生を決定づけるという経験をもっていただけに、これからの人生の展望が開けない、不幸な境遇の若者を見捨てる事が出来なかったのだろう。田村は、この事業を、自らなすべき重大な任務と考え、度重なる困難と無理解の中でも、これを継続した。自営館の三〇年の歴史には、田村が目指したクリスチャンホーム建設と青年教育・育成の理想が、映し出されているのである。

そこで、最後に、巣鴨の自営館の「永久の記念」作品ともいえる、自営館生の証言を数名分あげ、田村の青年教育事業・自営館が、この時代においてなし得たことの一端を記す。そして、これらの証言から、田村の自営館教育の目的や方法論について考察する。

自営館生であることを、一般に最も知られているのは、後に日本を代表する作曲家となる、山田耕筰であろう。山田耕筰は、自身の自営館時代について、名曲「からたちの花」が生まれ出るエピソードと重ねて、自伝『はるかなり青春のしらべ』[17]の中で度々触れている。彼が、自営館で生活したのは、巣鴨に自営館が移された始めの頃、一八九六年から少年時の三年間であった――ただし、本人は、「九つから十三という、足かけ五年にわたる活版所生活」だったと述べている[18]。自営館生と言っても、耕筰は、父の死により母に連れてこられたものの、幼すぎて入所を断られている。しかし、母は耕筰を田村の元に置いて去り、田村はやむなく彼を預かって、一番小さな自営館生としたのであった。

山田と同時期に、学生として正真正銘の自営館生であった石原純の一八九九年の日記も合わせて当時の自営館をみると、そこは、小学校卒業から二十歳前後までの青少年学生が在籍し、本職の職工が就労する自営館内の活版印刷工場などで学生は毎日四時間労働し、あわせて、周囲から「耶蘇学校」と呼ばれていた「自営館普通学校」でも学んでいた。寮生活は、規則正しく、当番制で家事万端がなされ、館生たちは、キリスト教の家庭教育、聖書教育を自営館で受け、日々なされる祈祷会と、日曜毎の数寄屋橋教会での礼拝に必ず出席していた。しかし、石原純によれば、館生にも色々な輩、不真面目な者もあって、表面上だけの教育感化しかなされない部分もあり、純自身はそれを嫌っていたようだ。

日記(19)には、一八九九年、田村が米国から帰国後、自営館普通学校を廃止し、それぞれに希望する学校へと通う勤労学生寮となった経緯が記されている。また、田村が半年の米国滞在から帰って来た夜、「館長の帰館何となく聞て喜む」、「館長と生徒――無言の間に縷々《るる》たる情の繋がるあり」とあり、館生と館長の細かな絆があったことを物語っている。ちなみにこの時のお土産は、バナナと「乾葡萄《ほしぶどう》」で、純は、「始めて食する所頬辺将《ほおべたまさ》に落ちんとす」と書いている。一高浪人中であった石原純は、この年の改革により、就業時間が一時間減り、学業にいそしむことが奨励され、日曜には、ただ教会に出席するのではなく、田村に説教を提出することなどが決められて、館生がキリスト教とも、それぞれの勉学ともいっそう真剣に取り組めるようになったと評価している。

館生はみな貧しく、相当ひもじい暮らしだった。少年であった山田耕筰は、過労と栄養失調から病気となり、自営館を退所、療養後の一九〇〇年六月三日に田村より洗礼を受けるが、後年、「抹消」と巣鴨教会記録に残されている。しかし、自分を音楽の道へと方向づけてくれた自営館と巣鴨教会、そして、自営館敷地に咲き乱れるからたちの花の記憶と、田村の恩顧は終生忘れがたいものだったのだろう。数寄屋橋教会創立四十周年記念礼拝(一九一六年)には、記念の献曲をし、一九三五年の田村の葬儀にも耕筰は列席、オルガンミサ曲を演奏している。

また戦後、一九五一年六月に開かれた自営館出身者の集いに出席し、思い出を語っている。[20]

さらに後年、自営館の辛かった日々の意味を、以下のように述べている。自営館生活が二〇年も昔の出来事となった一九二一年、耕作は、フィラデルフィアのカァチス出版会社を見学する機会を得、どうみても出版社とは思えない、素晴らしく豪華な建物と環境を目にして社長に理由を聞く。すると、その社長は、「働く者の自尊心を保持させるためですよ。気品のある心からは、つまらぬ製品は生まれませんからね」と言った。

私はその時、すぐ巣鴨の自営館を想った。私共に自活する道を教えた田村直臣先生はやはり偉人だったのだ。その頃は、苦学生の汗で贅沢な庭園を造った牧師などと、蔭口をたたく者もあったのだが、先生はいつも、そうした言葉を笑殺しておられた。労働生活をした者、殊に苦学した者の陥る弊を、田村先生は見抜かれていたのだろう。[21]

財を得ることだけを目的としないこと、たとえ極貧の中に在っても、美しく広い庭園をもつこと。若い人々に、ただ苦労だけに汲々として卑屈にならない生き方を教えた田村は、清貧に甘んじても志を高く持つことこそ、彼らがその後の人生を切り開く力となると考えていたのだろう。そして、耕作は、「その立派な庭園は、自営館の青少年にちょっと言葉には表わし得ぬ力——自尊心といっていい——を与えていた」と述べるように、少年時代駆け回ったその場所から、かけがえのない、尊い教えを受け取っていたことに気づいたのである。

また、次にあげる自営館生（小沢衛）の証言の中に、後年耕作が、自営館生活で自分が「忍耐力を非常に養われた」と語り、「世の中にはずいぶん辛い骨の折れることが多い」が、めったに倒れずに仕事を続けられるのは、自営館時代に「忍耐努力の徳を先生より授けられたる結果」だと感謝していた、と記録されている。

小沢衛は、中学一年から、「専門の学校を了える迄約十年間」自営館（途中田村塾と改称）の学生として、田村の「膝下《しっか》にありて親しく訓陶《(ママ)》を受け」、晩年の田村とも亡くなるまでの一六年余り「知遇を得て」いた人物である。「恩師田村先生を悼みて」[22]と題した文章に、自営館時代のことが書き残されている。

一九〇〇年代の巣鴨は、一帯広々とした畑で、人家も少なく実に寂しい不便なところで、遊びたい盛りの学生が従事する、広大な敷地の草抜きや池の掘り返し、樹木の植え替えなどは、「随分と辛いと感じる仕事」だったという。しかし、そんな労働の「間にあって先生は働く吾々《われわれ》の傍《かたわら》にあり、世間話をしたり、学校の話を尋ねたり、又ほめたり叱ったりして元気をつけ、はげまされたりせられたることは、実に忍耐力の養成に外ならぬものであったと思う」。そして、その日の労作業が終わると、「先生は、おかげで庭が綺麗になった。気持ちがよくなったと申され、労をねぎらいはげまさるるのであった。早稲田には大隈の庭、巣鴨には自営館の庭だろうと、しばしば自慢せられた」。実際に、自営館の並木道を彩る秋の紅葉のトンネルは、「子供乍《なが》ら風流の感を催さし」、「自然を楽しみ土に親しむよろこびを覚えたことは度々であった」という。

また、男手ばかりの自営館で、掃除や炊事などすべてを当番で行ない、物を粗末にしないことを体得したことも、後年社会人として、家庭人として、どのくらい役立ったかしれない、と小沢は述べ、このような自営館における教育は、「先生が青年時代に修練されたことをよしと信じて我々に躬行《きゅうこう》せられたのだろうと思うのであるが、今日、自営館出身の者百何十名が」皆、至る所で活躍しているのは、もっともなことと記している。

田村は、青少年に、敢えて巣鴨という場所で、エンドレスな労作を求めてくる自然を相手に、汗を流して修練させた。そうして、そこで働いた自営館生らは、辛さや飢えに勝って、その「先生」の想いを受け取って成長していたのである。小沢は、その頃の「先生は実に元気にみちたお丈夫な御体の所有者であった。無雑作にグルグル巻帯をして鳥打帽をかぶり、太いステッキを持ち、広い庭園を散歩なさる御姿が目に浮かんでくる」と言い、当時の十数人いた舎生の中には、風邪をひいたり、おなかを壊して病気になるものもいたが、「先生を見かけない日はなかった」と述べている。それは、田村が、「生来壮健な体質を持って」いただけでなく、きっと「日常非常に規則正しき生活」をしていたためと推測している。若き田村が、十字屋の二階で早朝から起こされ、時間を無駄にすることなく、勤勉に働く習慣を身につけたころから、最晩年まで、その良習慣は絶えなかったのだろう。始終読書する姿、大きな声で英書を読む声が、自営館生の思い出の中に、たびたび登場している。

また、妹尾房次郎は、自営館生として数寄屋橋教会に日曜毎に通っていた頃のことを記した中に、「教えるは習うに半《なか》ばすとの建前から、田村先生は私に諸事下命せられて、祈祷会の司会をしたり、日曜学校の聖書の講義を受け持ったり、歌の稽古に竹で指示する役をつとめたりして居った」と述べている。

自営館においても、教会においても、田村は、青年たちがあらゆることを、体験的に知るように、また、実践と生活の中で身につけながら学ぶように企図し、その練習場を造りだして、自ら率先してそこで働き、或いは若者たちの実践に励ましながら伴っていたことが浮き彫りになってくる。「苦学生に職業を与え、基督者ホームで、学生を基督化する為」に建てられた自営館、田村はこの目的のとおり、ここで青年たちに家庭教育、クリスチャンホームの中での感化を与えることを試みていたのである。

数寄屋橋教会牧師として

以上述べてきたように、田村は日本基督教会から放逐された後も、花嫁事件の顚末に一切関係なく、独立の数寄屋橋教会牧師としての宣教活動と自営館事業を、淡々と、自分の流儀で推し進める。殊に花嫁事件の一八九四年から、大挙伝道に「引っ張り出され」、足尾銅山鉱毒事件へ「駆り出され」る一九〇一年までの七年間は、宣教の表舞台から忘れ去られた存在であり、年表の記載事項も極端に少ない。

田村自身も、この期間を「私は明治二十七年の夏以来、孤立の生涯を巣鴨の地に送って居ったから、誰も私に目をつける者は、一人もなく、世の日陰者の取扱を受けて居った[23]」と述べている。皮肉とも自嘲気味とも思われる言い方であるが、この期間が、田村三五歳から四二、三歳という、人生の中で最も働き盛りの年代であったことを思うと、花嫁事件によって活躍の場を極端に狭められ、巣鴨自営館と数寄屋橋教会牧師だけに押し込められた思いがにじみ出たのも無理からぬことのように思われる。

そうでなくても一般に、教会の牧師の勤め、働きというものは、取り立てて記録されることがなく、田村の場合も、事項に挙がっているのは、会堂建築や移転、教会分裂以外では、一八八八年三月に数寄屋橋教会において北村透谷に洗礼を授けたこと、同年一一月に透谷と石坂ミナの結婚式の司式をしたこと、花嫁事件以降では、一九〇〇年に山田耕筰に洗礼を授け、一九〇六年には、日曜学校時代から育てた岸田劉生を洗礼（及川勇五郎より受洗）に導くという、著名な人物に関わる記録のみとなっている。しかしながら、透谷（詩人・文芸評論家）、耕筰（作曲家）、劉生（洋画家）という三名の若き日に、数寄屋橋教会で出会い、彼らをキリスト教信仰へと育んだ事実は、それ自体が特筆すべきことであり、当時の文化、文芸にとっても、それぞれの生涯にとっても、田村の教会での働きと青年教育の手腕を知るうえでも、重要な出来事であることは言うまでもない。

山田耕筰も、岸田劉生も、後年二人そろって教会の記録からは「抹消」されているものの、耕筰が自営館や教会、田村と親交を続けていたことはすでに述べた。また岸田劉生は、画家として大成した後、独特の潔癖なライフスタイルを持つに至るのだが、三八歳の若さで病没する二年前の一九二七年に「田村直臣七十歳記念之像」（カンヴァス油彩、四〇・六×三一・五センチメートル、東京国立近代美術館蔵）を描いている。

この岸田劉生は、ヘボンの『和英語林集成』の編纂、発行を助けた人物として知られる父、岸田吟香の四男で、父の奨めで、幼少時から田村の数寄屋橋教会日曜学校に通っていた。一九〇五年六月、劉生が一四歳のとき父は亡くなり、葬儀を田村にキリスト教式で執行するよう依頼していたことから、劉生は数寄屋橋教会の礼拝に通い詰めるようになる。父の死の翌年、東京高等師範学校付属中学を三年で退学した劉生は、この頃から独学で絵を学び始めると共に、牧師、田村直臣の影響を強くうけ、熱烈なキリスト教信者となって、週に三度も教会に通い、日曜学校の教師としても励むことになる。田村の長男朋良は、劉生の日曜学校の担当クラスの生徒で、よく劉生が連れまわしており、当時の劉生について証言している[24]。これらの劉生の田村への傾倒ぶりから、梅本は、山田、石原兄弟といった自営館生と共に、自営館には入らなかった「もう一人の愛弟子」として、岸田劉生をとりあげている[25]。

田村の肖像について、酒井忠康による解説には「劉生がこのモデル（牧師）のもとに通って、熱心にその教えを請うようになるのは十五歳のときである。断片的に残っている一九〇七（明治四〇）年の日記には、教会（数寄屋橋教会）での日々のようす――牧師になる決心をして、教会の奉仕活動に没頭している若い劉生の一途さ――を記している。しかし、この牧師の奨めもあって、劉生が画家の道を選ぶことになった経緯については、詳《つまび》らかにされていない」とあり、劉生が伝道者となることを目指していたこと、それを画家への道へと方向転換させたのが田村だったことが述べられている。その若き日から二〇年の時を経て、劉生は歳を重ねたかつての師の肖像を描く。一輪の花を右手にもち、着物姿の田村像は、「キリスト教内外から批判の矢を浴びたことのあるこの牧師と、画壇から離れて孤独を噛み締めていた自分とを重ねていたような画面である[26]」と評されている。

また、北村透谷は、一〇代で没頭していた自由民権運動に失望し、これを離れた二〇歳で田村より受洗[27]。その後は伝道者としての道を進み、文筆活動をなし、クエーカー派の人々の影響から絶対平和主義を掲げるようになるも、日清戦争前夜の国粋主義的気運の中、二五歳で自殺する。隅谷三喜男は、普連土派の英国人G・ブレスウェイトの通訳をしていた透谷が、メソジスト教会からフレンド派に転じた加藤万治とともに一八九〇年に創立した日本初の平和協会である「日本平和会」の主張について論じ、これが、キリスト者として「内心の平和」、「人と人との平和」にとどまらず、「国と国との平和」に及んでいたことに注目する[28]。しかし、透谷の平和運動は、日清戦争へと向かう世論と、教会内の強力なナショナリズムによって、数年で頓挫することとなり、透谷は自殺、「平和会」も、日清戦争開戦後間もなく解散する。

透谷が自死を選んだのは、田村の花嫁事件の最中、中会の決定に田村が上告し、大会が開催されるのを待つまでの期間であった。透谷の国家間の非戦、平和運動と、田村の女性解放主張である『日本の花嫁』刊行は、いずれも、一八九〇年以降の、近代日本国家が対外戦争の始まりとなる日清戦争へと向かう道程にあり、国民とキリスト教界の間に日本主義的風潮が高まる中、そこに巻き込まれる形で、その声をかき消され排斥されている。しかし、田村は、透谷の死について、また日清戦争について、完全な沈黙を守っている。日清戦争前夜、日本人信徒が問われた、戦争支持か否かの選択について、また日本人キリスト者の平和運動については、今日いよいよ検証すべき課題が多いと思われるが、ここでは、多弁の田村が、敢えて一切「語らないこと」に注目し、そこに潜む、深い意味と深刻な問題の存在を指摘するにとどめる。

牧師として、青年たちの決断を導き、立ち合ってきた田村が、その後の彼らの歩み、特に自ら死を選んだ透谷の短い生涯に、胸中何を思ったのかをうかがい知ることは出来ない。しかし、その後、田村が一層、巣鴨自営館の家庭教育における感化へ、そして、ついには乳幼児期を重要視した子どもの教育へと力を注いでいく姿を見ると、透谷の死は、田村にとって、教会における青年時代の教育の限界や困難を思い知る出来事ではなかったかと思われてならない。

このように、著名な人物から、田村の牧師としての顔を垣間見ることができるが、これらの人たちと牧師田村との関わりは、ごく短く、限定された期間であることから、数寄屋橋教会牧師時代の田村をさらに明確にするために、巣鴨教会教会報『鐘の音』(29)にある教会員五名の記述をあげておく。筆者たちは、長い者で数十年、毎日曜田村の教会で過ごしており、数寄屋橋教会と田村の牧師としてのルーティーンを知りつくした人々ということができる。以下、これらをできるだけ時系列に引用、要約して列記する。それらは、教会を取り巻く当時の環境、状況を合わせて語っており、近代日本の教会史的にも、非常に興味深い資料であると同時に、数寄屋橋教会牧師、田村直臣を、教会内部から映し出したものとなる。

①「明治二十〔一八八七〕年ごろの教会の話」　今村直藏
一八八八年一月の「第一の日曜日に、数寄屋橋基督教会と名称した新会堂に移転して、初めて拾《じゅう》人の入会者が洗礼を受けた。そのうちの一人は僕である」。その頃は、各教会とも大リバイバルが勃興している最中で、数寄屋橋教会も「其《その》聖霊の震源地」とでもいえるところだった。「田村牧師は涙を流しつつ深刻な祈を献げられたことを記憶する」。この熱狂的祈りは、教会だけでなく、学校の寄宿舎〔芝白金の自営館のこと。筆者の今村は自営館出身者〕でも行なわれ、祈祷会が終わると教会へと連れ立って、連夜の伝道説教会が教会で開かれた。「其当時、大公会場と言えば、木挽町の厚生館に限ったもので、講演の評判者は、宣教師フルベッキ氏、ワデル氏、代議士の島田三郎氏、経済新報の田口卯吉氏、国民の友社の徳富猪一郎氏、そして牧師では、田村氏、星野氏、伊勢時雄氏、金森通倫氏等が屈指の人気者であった。集まる聴衆はいつも満場立錐の地なく、当屋外に立って、窓の下で耳を聳《そばだ》てたものである。併し又迫害も盛んにあった。投石戦斗は常習であった」。

その頃は、毎水曜夜の祈祷会があり、遠方から教会まで皆歩いて集まっていた。早天祈祷会もあり、火曜夜は讃美歌の稽古、「日曜礼拝の外に青年会婦人会の集まりあり、夜は伝道説教会」と、「多忙なこと此上《このうえ》なしであった」が、教会員は「一致団結して一心不乱に努力」し、信仰に燃えていた。「実に日曜日に教会に集まる位楽しいものはなかったのである」。

②「明治二十四、五〔一八九一、九二〕年頃の数寄屋橋教会を想ふ」　椎名常次郎
その頃の「田村牧師は年の頃三十五六の実に元気旺盛なる若々しい牧師で」あったが、「当時は欧化主義の反動から基督教も其影響を蒙《こうむ》り」、そのために教会の集会も盛んとは言えないものだった。しかし、そのような教会の寂しい状況の中でも「私は田村牧師の勇弁と其熱心なる態度とに深く感動」させられていた。当時、「田村牧師は有楽町に住まれ」、「専心教会の任に当たられた」。

③「明治三十〔一八九七〕年頃の数寄屋橋教会」　妹尾房次郎

私は、「受洗してから結婚して家庭を営むまで」の十年間、「教会には自営館から毎日曜日に出席しては居」ったものの、「未だ不明瞭な事多く、記憶に残っているものが少ないが、田村牧師の働き盛りで、其の元気の良かった事は、巣鴨時代の人達には想像されない位だったと思う」。教会の長老は、杉本恒次郎、今井権次郎、椎名常次郎氏で、自分も色々な役目を手伝っていた。教会のオルガン奏楽は、すべて「麹町の女学院〔女子学院〕生徒」が行ない、「大人の礼拝式は卅《さんじゅう》人位、日曜学校生徒は四五十人位で、現今の組織と同様な風で、まだ四つの礼拝式などは夢だにもせなかった」〔後に巣鴨教会は児童本位として子どもの礼拝を四つ実施する〕。

「三十三年の大挙伝道〔一九〇〇年。二十世紀大挙伝道のこと〕は、其頃の一大復興の大事件でありました。一週間程朝祈祷会、夕方には日曜学校生徒四五十人列をなし、市中を練り歩きて集会の宣伝をなし、直に伝道説教と云う順序で、閉会の後は、各自同方向の青年が婦人を宅に送るを常として、祈祷会には泣くもの、叫ぶものあり、集会の時に金の装身具を投げ込むものも少なくないと云う有様で、熱狂と称すべきものでありました。此の大挙伝道は、京橋にはじまり、東京市中に広まり、遂に全国的に及ぶ盛況で、田村牧師は毎夜各処に説教せられ、声はかれても疲労は見受けず、其勢力と熱心、驚く可きものがありました」。

「其頃電車もなくと云う位で、早稲田又は巣鴨から歩行で通って遠いとも思いませんでした。教会の集会は、青年共励会《きょうれいかい》がありまして、毎月一回集会をなし、会員には自営館の学生が大部分を占め、時に演説練習会を催しました。婦人会には婦人伝道師の鹿子木艶子姉(30)が熱心に活躍せられ、婦人会もまた盛会でありました。此頃の田村牧師は教会の働きの一として、社会問題、外交問題に奔走せられて忙しく東奔西走の有様でした」。

④「故田村先生を追憶す――一九〇〇年頃の教会と田村牧師」　椎名常次郎

〔筆者は自営館生であったが、父の看病のため、自営館を出て自宅から数寄屋橋教会に通っていた〕

「其頃田村先生は、日曜日毎に腰弁当にて数寄屋橋教会に出張し、朝九時より日曜学校の監督に当たり、十時よりは、朝の礼拝を司り、午後は教会員の家庭を訪問し、夜は伝道説教を終わり、それより自宅に帰らるる事が通例となって居りました」。私も、日曜日毎に、「終日教会に止まり、終始先生と共に働き、夜の伝道集会を終わり帰る時には電車はなく、数寄屋橋より巣鴨迄殆ど二里」の道のりを歩いて帰っていたのでした。「神田橋から水道橋を渡り春日町を経て伝通院に至り、それより同心町清水谷町を経て今の文理科大学前の所にて先生と別れ、先生は大塚辻町方面に向かい、私は植物園の裏より小石川林町自宅に帰りますが、家に帰れば既に早や十時を過ぎて居ったのであります。回想すれば、実に三十三年間田村先生の数寄屋橋教会のためにいかに奮闘せられしか察するに余りあります」。

⑤「明治三十五、六〔一九〇二―〇三〕年頃の教会」　岡田省三

「東京中で一番変わった場所は、数寄屋橋付近をみたらよいと云うことだ」。教会は、「丁度今の邦楽座あたり、三階建で塔に只今の鐘があった」。泰明小学校近くの、僕の家から鐘の音がはっきり聞こえた。教会の「三階の色硝子の窓から」は富士山が遠くに見え、「服部の時計台も見えた」。

「日曜日には早くから教会へ行き、入口で田村先生に頭を撫でられてほめられるのが嬉しくて勇んで教会へ行った。クリスマスには教会員、自営館一同青年女子、共励会等総動員でアーチを造り、ツリーを飾り、大小の星を天井の高い会堂からつるし、入口には提灯をつるし、実に盛会で有名なものであった」。

明治四〇年に開成中学に入り青年会員になったが、「当時の青年会員には、目下長老の小沢君、佐藤君、成瀬君、洋画の大家故岸田劉生君、目下宝塚にて有名なる岸田辰彌君、植物学者の松若君、興銀の中原真一君等、女子には、田村、太田、広瀬姉妹、なお現在第三高女教諭秋山松子御姉妹等あり、其の他会員中には、商人の故今井権次郎氏、画家の椎名常次郎氏、銀行家妹尾房次郎氏、実業家今村直藏氏、音楽家の岩渕氏、橋本長五郎氏、

小林氏等、名士学者多数あった」。

親睦会となれば頗る賑わいで、「岸田君兄弟の能狂言、有志の琵琶、蓄音機と福引、活人画、劇と称するものなどあった。ある時は、遠く巣鴨の田村先生の庭にて園遊会が催される。池あり、原も広いし、愉快に遊び、宝探しなどあった」ことを覚えている。

「巣鴨の地に移転の時は残念に思った。議論百出だった。偉大なる田村先生の御考えは先見の明ありで、当然只今なら移転すべきを、当時敢行された事は、誠に敬服すべき事である。田村先生の説教は実に元気に充ちていた。激励された時は講壇がゆれた。それで、講壇の下は二重ばりで出来て居た事だ。テーブル中にかん竹の二尺位のむちと小さな鈴があった。むちは日曜学校のさんびかを歌う時に元気よく振られ、時々さんびかの紙をたたき、一つ一つ字を指されたものだ。鈴は時間の時にふられ、ピアノのマーチにつれて、こちらも元気で降りた。なお、田村先生の面影や数寄屋橋の事は、今でも思い出す事が多々ある」。

以上、『鐘の音』の証言は、田村を自らの牧師とした、教会員の記憶資料であり、他では見ることのできない牧師としての田村を、それぞれの筆致で表わす貴重な文章である。特に、田村が、二十世紀大挙伝道のころまで、リバイバルを引き起こす大衆伝道の説教者として、熱心に活動したこと、数寄屋橋教会の日曜学校、共励会活動、とりわけ教会での青年たちとの関わりや、数寄屋橋教会の巣鴨移転は、田村のこれ以降の教育実践、教育論を考察する背景となる。

巣鴨教会を含めた、牧師としての田村を知る上で、上記の教会員の証言の他に、説教集『五十二の礎』[31]が参考となる。一般に、数ある牧師の仕事の中でも、おそらくもっとも大きなものといっても過言でないのが、毎日曜の礼拝説教であり、田村の五二の説教と祈祷が収められ、「信仰修養」と付されたこの説教集を読むと、田村が、牧会者（信徒の羊飼い）として信徒のキリスト教信仰をどのように導こうとしていたかを見ることができる。

田村は、書中のすべての漢字に振り仮名を付したこの短編説教集を、「安息日に教会の礼拝に列席し説教を聴くことの出来ない人々のために」、また「牧師の居ない田舎の教会」ではこれを読んで礼拝説教に代えることができるように編んだと、序文に書いている。「説教」はまた、語り手、すなわち説教者の信仰を色濃く映すものであるため、当時の田村のキリスト教信仰を最もよく表わすものとも言うことができる。このうちの一つ、早世した次男、襄の死について語っている「人生の秘密(32)」を、以下に要約して引用する。

「支那の学者が『天道は是乎非乎《ぜかひか》』と叫び天の無情を恨ん」でいるように、わたしも神を信じていなければ、毎日同じように叫ばざるを得ないでしょう。「余りに世に起こる事件が残酷で」、それは我が身にも起き、「腸《はらわた》を裂かるる様な思いをする事があります」。数年前、米国に居たとき、「家より愛児《あいじ》の生まれたる音信《おとづれ》に遇い、とるものもとりあえず帰朝をいそぎ家に帰りてみれば幼児《おさなご》は玉の如く愛に笑顔も破《は》れんとして居りました。親にとっては幼児程《おさなごほど》可愛い者はありません」。ところが、「此《この》愛らしき玉の如き幼児は三カ月を一期として哀れにも此世を去りました」。

田村はこうして、神の無情を悲しみ、親として己の不注意を懺悔した事を語る。しかし、人にはわからない、不条理と思われる出来事にも、神は意味をもっている。だから、「人生の秘密なること」のうちに、「希望の力があり又大なる恵《めぐみ》がある」ことをキリスト者は信じるのだという。そして、この説教の終わりになされる祈祷は、次のように記されている。「神よ仮令《たとえ》人生に解《かい》す可《べ》からざる事ありとも貴方《あなた》の摂理《せつり》を疑うことなく、万事を貴方《あなた》に委《ゆだ》ねさせ給《たま》え。子供を失う悲しみの内に貴方《あなた》の在《いま》し給《たも》うことを悟らしめ給え。基督の御名《みな》に依《よ》り祈り奉《たてまつ》る。アーメン」。

五二の説教の中には、無論聖書の人物や話もあるが、聴く者たちの日常生活、親子の愛、そして人生の悲しみや不条理に寄り添ったものが多く見られ、神の慰めとイエスの与える平和、希望を伝えるメッセージとなっている。「鐘の音」の岡田の証言からもわかるように、牧師田村の最も印象的な部分は、講壇に立ち、礼拝説教する姿の中にあり、説教によって信者たちは田村牧師を知っていた。聴く者たち、すなわち教会とそこに集う者たちを愛する、優しい牧師だったことが想像される。

二十世紀大挙伝道と足尾銅山鉱毒事件との決別

ここまで見てきたように、花嫁事件後、田村は巣鴨自営館の館長と一教会の牧師として、世間やキリスト教界での活躍から離れて、七年余りの時を過ごす。その田村が、再び世に出はじめるのが、一九〇一、〇二年を境にしてのことで、その転機にあったのが、「二十世紀大挙伝道」と「足尾銅山鉱毒事件」である。田村自身は、自伝でキリスト者としての六〇年の歴史を二分し、後半の「児童中心」へと大転換をしたのは、一九〇〇年のことだと述べ、鉱毒事件との関わりを一九〇〇年以前と誤記し、その後大挙伝道に関わって、それをきっかけとしているが、実際の順序は逆である。

しかし、田村の中では、長く表舞台を離れていたことから、次なる活躍に引き出されたこの二つの出来事は密接に重なり、ほぼ同時期に田村に影響を与えたものと思われる。それまで心血を注いだ自営館が、一八九九年から改革され、段階的に事業部門を縮小して、一九〇四年に「田村塾」へと変わって一時代を終えていることをみても、一九〇〇年代の初めの数年間が、田村のターニングポイントとなったとみてよいだろう。

田村再登場の始めのきっかけは、二十世紀大挙伝道である。長く低迷していたキリスト教界に、空前のリバイバル、大覚醒が起こり、日本全土をめぐることになった出来事で、田村は自伝に、その経緯を以下の様に記述している。

一九〇〇年、福音同盟会は、「廿世紀の初年を期して」大阪で大会を開き、大挙伝道を実施することを決議し、一〇名の実行委員が選出される。それから、数十回の協議会、祈祷会が持たれたが、目覚ましい成果が見られない状況が続くまま、一九〇一年二月まで過ぎた。そこで、鵜飼猛牧師が、この状況を打開するため、田村を訪れ、運動推進を要請する（前後の記述からみて、鵜飼の訪問は、一九〇一年三月頃と思われる）。

運動の組織作りと立案を任された田村は、数寄屋橋教会が、麹町区に所在するものの、他教会とのつながりとしては、隣接する京橋区連合に属していたため、東京での二十世紀大挙伝道を京橋区の運動として展開する。田村は、①京橋区内の教会から義勇兵を募る、②連合祈祷会の開催、③説教会の開催、によって運動を進め、特に志願してこの伝道を助ける義勇兵が、集会案内の宣伝広告やトラクト〔伝道用の読み物リーフレット〕の配布、戸別訪問、路傍説教と子どもの集会の開催によって働くことを求めた。また、この運動に関わる人たちの「霊的準備」のために、四月最終週と五月第一日曜に、銀座教会で連合祈祷会を実施して、この運動の支えをつくったという。

こうして、京橋区の二十世紀大挙伝道は一九〇一年五月第二日曜（一二日）から開始され、初日の祈祷会では、七〇名の参加者が熱い祈りをささげて、「精神も一致し、明かに聖霊の燃ゆる焔《ほのお》を見た」と、田村は記している。以降、二六日（日）までの二週間、連日連夜の集会が開かれ、日を重ねるに従い盛んになっていった。田村は三週に及ぶこの期間、連日巣鴨から京橋区へと通って、毎夜説教したという。京橋区で始まったリバイバル（信仰復興）は、東京全市の大挙伝道へと移り、六月三〇日まで続けられた東京での運動には、全国からこの出来事を目撃しようと人々が集まり、リバイバルも全国各地へと広がっていったのである。

これらの状況は、田村を身近でみていた前掲の教会員、妹尾房次郎の『鐘の音』の証言に、よく表われている。妹尾の見た二十世紀大挙伝道は、当時の「一大復興の大事件」で、朝に夕に祈祷会や集会が持たれ、日曜学校生徒も宣伝に駆り出され、市中を行進した。「祈祷会には泣くもの、叫ぶものあり」で、金品を講壇に投げ入れる者など、「熱狂と称すべきもの」だった。「此の大挙伝道は、京橋にはじまり、東京市中に広まり、遂に全国的に及ぶ盛況で、田村牧師は毎夜各処に説教せられ、声はかれても疲労は見受けず、其勢力と熱心、驚く可きものがありました」とされている。

その後、六月末で東京全市の大伝道運動は終了し、七月上旬、青年会館において大感謝会が開催され、その席上、東京のリバイバルを全国の諸教会に報告することが決まる。田村は、綱島佳吉牧師と二人で、東北、北海道地方の教会を訪問し、各地で歓迎を受けたと述べている。(33) 田村は、また、東京でのリバイバルにおける教会の躍進について、自伝に数字を挙げて報告しているほか、いわゆるリバイバルと言われた、キリスト教の大躍進、信仰復興の大きなうねりは、田村留学中の一八八三年と、この一九〇一年の二回であったと明記している。

もともと、キリスト者となった当初から路傍説教(34)や伝道集会によってキリスト教宣教に携わり、演説や弁論の技量は築地バンド仕込みだった田村は、米国留学で、その話術に磨きをかけて帰国、情熱的に聴衆に訴えるタイプの弁士として名を知られていた。花嫁事件から七年、鵜飼は、田村を独立の数寄屋橋教会牧師としてだけ留めおくのではなく、そろそろ、その弁舌の才能を大挙伝道に用いてもいい頃とみたのだろうか。田村は二十世紀大挙伝道で、そのような、田村を知る人々の思惑どおりに、あるいは期待以上に、持てる能力を用いられ、力を発揮して、評価を得たのである。

しかし、この大挙伝道は、その後、田村にとって、評価の対象よりも反省の対象、批判的に省みて、方向の大転換を迫るきっかけとなる。本当に日本にキリスト者を根付かせるためには、二十世紀大挙伝道に代表される、集団を一挙に回心に導くような運動のやり方では駄目だという結論に達した田村は、従来の信者獲得に有用とされてきた宣教方法に対して、「心理学的に反対するに至」るのである。田村が「反対」した宣教方法とは、ここでは、人々を感情的に高揚させて、一夜にして信者をつくるやり方であった。それと同時に、田村は、この一大転換を、大人への伝道によって一代かぎりのキリスト者を即成でつくることから、幼い子ども時代から長い時間をかけ、教育によって真のキリスト者を育てることへの転換としてもとらえている。

大挙伝道と田村の子ども本位への転換については、村田幸代が、「田村直臣の子どもの権利思想――その形成過程と子ども観を中心に」[35]において、帆苅（二〇〇六）、梅本（二〇一〇）の指摘を踏まえて述べている。それによるとこの転換は、田村が心理学、教育学を学び、「宗教教育」の概念を得てなされたもので、留学、花嫁事件、大挙伝道の振り返りを経て、徐々に「子どもに対する教育的アプローチをより鮮明にしていった」事柄とされている。これらの先行研究は、総合的に見て妥当だと思われ、異論をはさむところでない。

しかし、田村が「廿世紀大挙伝道の運動が終結すると同時に、私の生涯に於て、実に革命的一大変化が起こった」と、何かはっきりとした起点があったことを示唆し、その転換の内容を説明して、H・ブッシュネルが『キリスト教養育』（*Christian Nature*, 1861）において、主題として掲げた「基督者は作るべきものにあらずして生長する者なり」との言葉が「私の耳朶《じだ》を鋭く打った」としていることは、注目に値する。つまり、二十世紀大挙伝道後にもたらされた、児童本位への明確な自覚は、田村がブッシュネルの『キリスト教養育』を読んだ事によってもたらされたと考えられるのではないだろうか。田村が傾倒したブッシュネルの『キリスト教養育』については、今後本論において随所で触れることになるが、ここでは、田村がこの著作を読んだ時期について、転換点との関連で考察しておく。

田村は一九〇七年の『二十世紀の日曜学校』の巻末付録に、百冊の子どもと教育に関わる参考書を挙げている（本書第四章資料2、三二四―七頁参照）。ここで、田村はブッシュネルの『キリスト教養育』を「宗教的児童教育の基ともいうべき」もので、一八七四年に刊行され、「確かに其の『クラッシック』である」が、「其の理想に於ては実に最近の」ものと紹介している。他の九九冊の寸評とは趣きを異にした表現で、著作の内容説明ではなく、この書物の歴史的意義を述べているのである。ともかく、この記載から、一九〇七年より前に、田村がブッシュネルを読んでいたことは明らかとなる。特にそれ以降、一九一〇年代から二〇年代は、様々な著作、刊行物の中で、田村はブッシュネルに頻繁に言及している。おそらく、留学時代から田村はブッシュネルの名前と、難解と言われるこの書物に接し、ある程度——古典《クラシック》として——知っていたが、その言わんとする本髄、理想については、「実に最近」の課題として、再び出会い直すような体験をしたのではないだろうか。

一方、田村は、留学中に、児童の回心運動を熱心に進める牧師E・ペイソン・ハムモンドと知り合い、自著を手渡される。それは、「子供伝道」の手引き書と呼べるもので、ハムモンドは、これを日本で訳して、子どもの救霊、伝道のために役立ててほしいと田村に託したのである。そして、帰国後、花嫁事件を経過した一八九七年一月に、ハムモンド著、田村直臣訳『子供を基督に導くの秘訣　一名　子供の悔改』（*The Conversion of Children,* 原題「子供の回心」）が、基督教書類会社より刊行される。[36] この本は、初めから終わりまで、「子供も罪を告白して、悔い改め、救いに導かれることができる」ことが、子どものリバイバル経験の多数の実例と共に述べられている。その中に、一〇頁にわたる紙幅を割いて、ハムモンド自身が生前のブッシュネルに面談して、子どもの救いについて聞き、自分なりの意見を述べている部分がある。[37]

田村は、この本の序において、ハムモンドからの申し出を喜んで受けて、「一友人〔この友人については不明〕の助力を得」て翻訳を漸く完成したが、自分は「平日業務多端」のためこれに専念することがなかなかできず、「訳文陋劣《ろうれつ》加うるに省略せしところ少なからず」あり、原著者に対して慙《は》じるところが多いとしている。田村の刊行したものに、このような歯切れが悪い、言い訳にも似た序文を見ることは稀で、はっきり言えば、自分の思ったこと、つまり自信作しか世に出さなかった田村の刊行物のなかで、非常に珍しく、迷いを感じるものとなっている。

この本を原著者から託された経緯から見ても、田村は、帰国後すぐには、子どもへの大挙伝道、リバイバル運動、回心体験などに対して、大人へのそれと同様、大きな疑いを持っていなかったと思われる。そこで、下訳を友人に頼み、ハムモンドの著作を、積極的に世に送り出そうと考えていた。しかし、改めて手を入れるために読み直すと、そこにはブッシュネルとの会談の記事があり、ブッシュネルの考えをハムモンド流に解釈するくだりで、田村は、改めてブッシュネルを読むことになったのではないかと推測される。

最終的に出版された田村訳、田村改編の『子供を基督に導くの秘訣』では、この、ブッシュネルとの会見のくだりの大部分は、「ブッシュネル博士」の言葉の紹介に費やされている。そして、その部分に関しては、非常に忠実に『キリスト教養育』の言葉が記述され、前後のハムモンドが力説する「四歳の子供が泣いて罪を告白した」という実証体験談とは、全く違う論調となっているのである（言うまでもないが、ブッシュネルはリバイバルに真っ向から反対して、生まれた時から子どもを基督者として育てることを提唱している）。田村は、おそらくこの時、ブッシュネルが『キリスト教養育』に表わした真意と、ハムモンドの解釈とは、まったく異なるものであることを、読むことになったのだと考えられる。そこで田村は、原著者の作品を勝手に改変することはできないため、「陋劣〔下劣〕」な訳者の編集句の追加や「省略」という手段までもを用いて、どちら側からも読めるものにするため時間を費やし、苦心の末、ようやく、この本を刊行したと想像されるのである。

その後、長年田村の気がかりだった『ツルー夫人之伝』を出版するため渡米し、一八九九年にこれを発刊。一九〇一年の二十世紀大挙伝道に駆り出された田村は、運動を企画するよう求められて、「子供の集会」の開催を提案していることは先に述べた。つまり、田村は大人への大挙運動と共に、大人同様の、子どもの大挙伝道集会を従来どおり実施したのである。ブッシュネルの真意と出会って迎えたその大挙伝道は、おそらく田村に大きな矛盾をつきつけ、変革を否応なく迫るものとなったのではないだろうか。田村における、二十世紀大挙伝道を終えて行きついた真理は、ブッシュネルの説く「キリスト者としての生長」こそ重要であるという考えであり、大人よりも子どもの教育・養育こそ、熱狂的、一回的、回心に優るものという思想だったと思われる。

次いでこの転換への、もう一つの重大事となったのは、足尾銅山鉱毒事件と鉱毒問題運動であった。田村の「足尾銅山鉱毒事件との関わり」については、先行研究として、工藤英一、梅本順子らがある が[38]、特に工藤においては、田村の運動への取り組み方が厳しく批判されている。しかし、一九〇〇年代初めに起こったこの出来事を、純粋に田村史の視点からだけ検証し、誤解を恐れずに言うならば、実は、田村の運動への「関わり方」よりも、むしろ鉱毒事件と大挙伝道からの「撤退」の方に、重要な意味があるということができる。それは、鉱毒事件と大挙伝道との決別こそが、田村をして、次なるステージへ、他の色々な課題から、ただ「子供本位」へと向かわせる原動力、あるいは動機となっているためである。

ここは、日本最初の公害問題となった足尾銅山鉱毒事件と田中正造について論ずるところではないので、鉱毒事件とキリスト教界との関係に就いては、土肥昭夫（一九八〇）に依拠し[39]、女性運動との関係に就いては、山田知子の「足尾銅山鉱毒事件と女性運動——鉱毒地救済婦人会を中心に[40]」を参照しながら、田村との関連に限定して、主に工藤が掲げた田村批判について、論じていく。

一八七〇年代末に栃木県渡良瀬川で、すでに起こり始めていた川魚や流域農作物の異変は、足尾銅山（政商古河市兵衛の所有）の鉱毒が問題ではないかと目されながら、被害を受けた渡良瀬川流域の一部、局所の問題として、当時者である地域農民たちの運動として推移していた。しかし、一九〇〇年二月、政府への四回目の請願のため、農民たちが大挙して上京した際、これを阻止する警察や軍隊と衝突、流血事件に発展し六八名が検挙される事態となった川俣事件を一つの契機として、問題は、社会全体の関心事となり、工藤によれば、「都市知識人の運動へのコミットが顕著」となっていく。

一九〇〇年七月、東京に「鉱毒被害調査有志会」が組織され、そのメンバーには、島田三郎、巌本善治、安部磯雄、小崎弘道、留岡幸助、江原素六、松村介石など、キリスト者を含む二一名が名を列ねる。この調査有志会が翌年「鉱毒問題解決期成同志会」となり、田中正造の衆議院議員辞職（一〇月）、天皇への直訴（一二月）と進むなか、運動は、婦人矯風会を巻き込むものとなり「鉱毒地婦人救済会」が潮田千勢子を中心に組織される。そして、この婦人救済会は、女性だけでなく、木下尚江、内村鑑三、田村直臣、石原保太郎など、多くの東京在住の男性キリスト者の弁士を動員して、救助資金や物資を被害地に送る運動を展開したのである。

一九〇一年一一月、田村は、花嫁事件で田村の著作の廃刊を迫った矯風会の潮田千勢子と、中会での「同胞讒誣罪」判決の議長で、田村有罪のキャスティングボートを握った石原保太郎という、事件時、積極的中心的に田村を糾弾した二人の訪問を受け、鉱毒事件への関わりを懇望される。こうして一一月二八日には、足尾銅山鉱毒地へ赴き、惨状を目の当たりにした田村は、翌日開催の「鉱毒地救助演説会」で弁士の一人として雄弁に語り、救済運動に関わり始める。

続いて田村は、冬休みとなる都下の学生たちが実際に鉱毒地を視察するという、「鉱毒視察修学旅行」の企画責任者となり、事務局を数寄屋橋教会において、実務から引率のすべてを委員長として取り仕切る。一二月二七日、上野発六時三五分の汽車で、日帰りの現地視察が敢行され、田村の他、安部磯雄、木下尚江、内村鑑三らも引率同道して、学生を指導した。参加学生は毎日新聞で八〇〇名、警察資料によると五二〇名とされ、その資料には、「本郷大学校生六十名」(東京帝国大生)、「専門学校生二百五十八名」(後の早稲田となる東京専門学校生)や、「慶應義塾生十一名、独逸協会生十二名、国民英学会生八名、正則英語学校生九名、立教学校生三十六名、明治学院生十五名、明治法律学校生十名、真宗大学校生二十名」など多様な学校から参加があったことが記されている。

この視察修学旅行の三日後、年の瀬もせまった一二月三〇日、参加学生たちは、鉱毒地視察の報告大演説会を東京キリスト教青年会館で開催。六〇〇名を超える聴衆が熱心に聴き、多くの義援金が集まり、学生による街頭運動が進められるが、警察の取り締まりによって、この活動に制限が加えられる。田村は第二回現地視察を起案したようだが、私立学校へは「文部省の圧迫が加えられて私学の学生の参加は不可能」となったため、東京帝大生を中心として、二度目の視察は行なわれたという(41)。

また田村は、間髪を入れず、新年一月五日から一五日の間、足尾鉱毒救済を訴えるため、木下尚江、潮田千勢子と共に京阪神地方への遊説をおこなっている。この時の講演会場となったのは、大津市坂本町交道館(一月六日）、京都四条教会（同八日）、神戸教会（同一〇日）、大阪土佐堀青年会館、京都洛陽教会（同一一日）であった。(42)一一月末に初めて足尾銅山へと出かけてからの、スピードと行動力は、まさに田村らしく目覚ましいもので、別の記録では、一二月にも、京都洛陽教会で鉱毒救済集会が開催され、その弁士となっている。

田村の運動への関わり方に批判的な工藤でさえ、田村が「もっとも雄弁な弁士として、聴衆に鉱毒被害の惨状を語って、強い感動を与え、救援のための募金を効果的たらしめる点」において、鉱毒運動へ貢献したことを認め、「彼〔田村〕のキリスト教牧師としての能力は、情動的なマス・ミーティングの指導者・演説家として活かされた」と述べている。このような築地・銀座仕込みの弁舌の才は、教会員たちが証言するとおり、二十世紀大挙伝道で遺憾なく発揮され、広く知れ渡っていたのだろう。花嫁事件の糾弾者であった潮田や石原保太郎が、田村を担ぎ出したのも、この能力を鉱毒事件救済に役立たせるために他ならなかった。

しかし、救援活動に奔走した多くのキリスト者たちは、この問題が社会構造の矛盾に及び、その抜本的解決には長い時間と困難があることに直面しだすと同時に、この運動から引き揚げていくことになる。田村は、一九〇二年一〇月、井深梶之助と共に再び足尾銅山に入り、原因となる排水が、すでに浄化処理されていることをその目で確かめ、東京鉱毒調査委員会にこれを報告してこの事件から手を引く。古河側の説明者が、田村と旧知のクリスチャンであったこともあり、農民や運動家たちは、田村たちが古河に買収されたと激しく非難した。

土肥は、「キリスト教界の救援活動は一九〇二年までであった」とし、一部のキリスト教社会主義者たちだけが、「この問題の背後に日本資本主義の矛盾を見抜いて」田中正造の支援に留まったものの、「キリスト教界の大半の人たちの救援活動」は一時的なものに終わったとしている。その理由として、土肥は、この運動に携わった人たちは、都市の中産階級の知識人で、被害農民との意識のずれもあり、この問題の本質を社会主義的に認識できなかったため、真の連帯には至らなかったとし、「日露戦争のために彼らの関心が他に移ったこと」もあるだろうと述べている。

また、梅本はその他の理由として、鉱毒問題が「一筋縄ではいかない問題で、時間と共にその形を変えてゆくにしたがって、宗教家としての対応では手に余るもの」となっていたこと、「鉱山からの排水が浄化されるにつれ、その主旨は、鉱毒から治水問題にすり替わって」いて、流域ごとに違った事情もあり、「善意の救援活動だけでは処理できなくなっていた」ことを挙げている。(43) 加えて、ちょうど、二十世紀大挙伝道のうねりがそこに重なり、多くのキリスト者は、その本来の伝道、宣教に専念したこともあるだろうという。

そのような多くのキリスト者の中で、田村は『五十年史』に詳しく、自らの運動の仕方を述べ、撤退することにしたいきさつについても、自分の理解するところを、包み隠さず公表していることから、安易な転向として、捉える向きが多い。しかし、梅本が田村の運動への関わりの特色として述べているように、救済運動における世論への感化、広告塔としての田村には大きな意義があった。また、一八九九年に文部省訓令一二号が発令され、キリスト教学校への文部省の監視、制限が強まる中で、おそらく日本初となる学生のフィールドワークを企画、実施したことは、高い評価に値する。田村は、聴衆を魅了し、人々を巻き込む弁舌の才にたけ、何百名もの学生視察を企画し、即時に実行する能力とリーダーシップを持っていた。そして、運動への要請者たちは、その手腕を発揮することを願い、ある意味で期待どおりの働きを田村は為したと言える。

しかし、その止め方がまずい、とされるのだが、そうだろうか。その止め方、田村の鉱毒事件からの撤退には、むしろ、田村の活動の特色が表われているのではないだろうか。鉱毒事件撤退は、田村にとっては、工藤が述べるように変心として非難されるような「転向」ではなく、田村なりの理論に基づく選択である。それは、工藤の言うように、鉱毒事件を長く深刻な、公害問題、社会構造の問題、環境問題として、真摯に自らがそこに関わらなかったという批判や、田村の表現の仕方が、傲慢だとか浅薄だとかいう非難に値するとしても、牧師田村直臣の使命と献身の方向性という観点からは、首肯できる決断と行動だったということができる。

被害地の状況を喧伝して、人道的に救済に関わるところまでは、キリスト者、牧師として携わるとして、長期にわたるこの地域の土壌改良や治水といった環境問題や、農民たちが抱える根本的な社会主義的問題に、田村は自身が当事者性をもって、これ以上関わることはできないと考えていたと思われる。そこで、毒水垂れ流しがすでになされず、元凶となる水の浄化がなされていることを、自らの目で確認したことを「救済活動」からの撤退のポイントとしたのだろう。

田村は、下山して、その水がすでに浄化されているという事実を報告した際、これに一切聞く耳を持たず、古河側に買収されたとして、暴徒化した人々に取り囲まれ、「危うく命をおとしかける」ところだったと語っている。これは、「田村を殺す」という脅迫状が何通も舞い込んで、自営館生が木刀をもって館長の警護をする中、ゆうゆうと眠っていた、あの花嫁事件の時とは全く違う反応である。田村は、そこで「自分等の意見に相反する意見を述ぶれば」、すぐに「暴言を吐き、暴力を奮って、その人に当たる」という、運動体の持つ暴力性に気づき、政治化するこの運動にこれ以上深入りするべきではないことを確信した。それは、この社会問題は、自分の使命、命を懸ける一事ではないという判断であり、このことで、自分の命を危うくしてはならないという認識だったといえるだろう。

そしてそのことは、田村の負うべき課題、使命を明確にさせる一つの契機となった。他の事ではなく、社会問題、政治問題ではなく、女性問題、農民問題ではなく、児童問題こそが自分の命を懸ける一大事であり、それはキリスト教社会主義によってではなく、キリスト教教育によって取り組むべきことだと、田村は強く自覚するようになったのである。

2　田村の「子供の権利」思想

ここまで、「権利」思想という観点からみれば、自由民権にはじまった田村の関心が、特に男女同権へ、そして、日本女性の解放を目的として書かれた『日本の花嫁』が事件となった後、自営館と数寄屋橋教会、大衆伝道を経て、鉱毒事件という社会問題へも移っていった状況をみてきた。そして、一九〇〇年代前半に、田村は、それらの様々な立場にある人々の権利のなかから、自らは特に子どもへと向かうことを自覚し、女性や青年たちの権利以上に、子どもの権利に特化して、これからの生涯の課題とすることを決意する。そこで、本節では、田村が取り上げ、一九一一年に日本で初めて『子供の権利』と題した著作を書くにいたった子どもの権利をとりあげていく。

「権利」という用語は、田村自身も、著作において「耳触りのする言葉」と書いているように、日本人にとってなじみの薄いことばである。田村は、「法廷での争い」や「女権」などがイメージされ、聞いただけで眉をひそめられたり、嫌がられたりする響きを持っているとも語っている。[44] 権は権力の権、利は私利私欲の利であり、文字と響きそのものが、それだけで煙たがられるものとなる。

人権や権利というだけでそうである上に、「子どもの」権利という場合には更なる特殊性が付加される。すべての大人は、子どもであった経験を持つ故に、身に覚えがあるのだが、子どもというのは、大人（親、または親に代わるもの）との関係性の中でしか生きられない存在である。上笙一郎は、子どもの権利の思想史を書き表わすに当たって、自らの子ども体験からこのように述べている。

〈子ども〉の意思の実現は、〈おとな〉に依るしかないのだけれど、そのおとなは、子どもの心を本当には分かってくれない。子どもはおとなに生殺与奪の権を握られており、したがって、〈おとな〉は子どもの〈支配者〉であり〈子ども〉はおとなの〈被支配者〉にほかならない、（そこで）こどもにとっておとなとは、最親最大の〈愛護者〉であるとともに、反面、最大最強の〈支配者〉でもある[45]。

つまり子どもは、女性や「しょうがい」者、労働者などと同じ、階級や身分、性別、国籍などの属性による差別や蔑視の問題を抱えつつ、もう一つ別な側面を持たされていると言える。子どもは、親―子、大人―子ども、という絶対的支配被支配の関係の中で、その時代（子ども期）には全く逃げ場のない「子ども差別」にさらされ、それを訴える術をもたないという、一種独特な人権的主題をも持たされているのである。

加えて、「権利」や「人権」は、その言葉や思想が西欧諸国から輸入され始めた当初から、特に日本にはなじまない思想、根付かない思想とされていたと思われる。河上肇は、一九一一年に「日本独特の国家主義」という評論の中で、「日本人には天賦人権の思想なくして、天賦国権の思想あり」と述べている[46]。この論考は、日本においては、「天」が個人に権利を与えるという考えはなく、「国」にこそ「天」より与えられた権利があるとするのが、当時の自然な理解であったことを表わしている。個の観念と個人主義の発達した西欧の意識として、人権という思想が存在したとしても、日本にはそもそも無い、理解されない、これからも存在し得ない思想だとする土壌が、その思想の伝来当初から、強く日本にあったと考えられるのである。

このような中で、先の河上の論考が発表された同じ年、一九一一年九月に、田村は、日本で初めて『子供の権利』という言葉を書名とした一冊の小さな本を刊行する[47]。以下、どのような経緯と思想的な流れから、田村はこの論考を発表することになったのか、日本の「子供の権利」思想受容史におけるこの著作の意義と位置づけはどのようなものかについて考察していく。

二〇世紀初頭にいたる世界の「子供の権利」思想の流れ

日本において「子供の権利」という言葉は、田村がそれを初めて書名に使った時から数えて、たかだか一〇〇年にすぎず、長い歴史を持つものではない。そもそも「子供の権利」思想は、人間の権利や人権という精神と繋がって表出してきた概念であり、その人権思想自体が、日本やアジア諸国にではなく、ヨーロッパ社会において生じたものだったといえる。

そこで、田村の『子供の権利』が著される背景となった二〇世紀初頭までの世界の「子供の権利」思想の流れを、全一〇巻に及ぶ「日本〈こどもの権利〉叢書」の編者である上笙一郎の、極めて包括的で優れた子どもの権利思想史の論考を先行研究として、概観していく。

上は、まず、日本を含むアジア社会の最大の宗教であった仏教が、長い間「女人往生」や「子供往生」を認めなかったことに比べて、「ヨーロッパ社会に浸透したキリスト教は、『幼児のごとくならずば、天国に入るを得じ』（『マタイ伝』）と」し、「この世においては差別と蔑視の対象のほかでない〈女性〉と〈子ども〉が、〈神〉の前では対等のものと見做されている」ことに注目する。[48] つまり、人権やそこから現れる「子どもの権利」思想の源流には、キリスト教、特にイエスの子ども理解があり、そのキリスト教の浸透した西欧社会の思想史が、アジアならびにその他の地域のそれに先行して認められるというのである。そして、このイエスの子ども理解、子ども中心思想こそが、田村の児童本位の神学と教育に、ダイレクトに結びついて発展することになる（後述）。

上は、イエスによって紀元後直ぐにもたらされた「子供尊重」やそこからくる「子供の権利」という思想は、しかしながら、「〈力の時代〉であった中世期にはほとんど圧殺され」、ルネサンス期になって興ったヒューマニズムの思潮によって「息を吹き返した」と考察する。[49]「子供の権利」思想はイエスによる発端から実に一五〇〇年もの時代を経て、ようやく教育思想史に再登場することとなるのである。

それはまず、十六世紀の人間中心主義思想や十七世紀の「近代教育の父」コメニウス、ならびに子どもが独立するまで「養育（教育）される権利」を述べたジョン・ロックなど教育との関係における議論を前史として、十八世紀に、ジャン・ジャック・ルソーの『エーミール（または教育論）』『社会契約論』（共に一七六二年）によって、「子供の主権」として初めてフランスにおいて表現された。子どもが「人間として」、「自由なものとして」生まれ、その自由は子ども自身のものであるとするルソーの主張[50]は、親ならびに大人、社会が子どもの権利を侵害し、子どもに対して越権行為を行なっていることを的確に表明している点で画期的であり、子ども観の大きな転換点となるものであった。

こうして「子供の発見者」と呼ばれることになるルソーの思想は、ヨーロッパ社会において具体的な施策や活動へと繋がっていく。フランスでは一七九二年、コンドルセの『革命議会における教育計画』によって、あらゆる「市民」に平等な教育を受けさせることが主張され、教育の国家責任論が出てくる。この「教育を受ける権利」は、十九世紀に入り、ロバート・オーエンによって「市民」から「労働者階級の子供」へも拡張されることとなる。さらに、年齢的に幼稚な存在ということで、放置されていた幼児にも適切な教育が与えられるべきだとするフリードリッヒ・フレーベル（『人の教育』一八二六）が現れ、「子供の権利」は、乳幼児を含む子どもたちの幼児教育、保育の概念と結びついていくことになるのである。

ここで、人権思想史の先行研究に触れられていない部分の課題として、日曜学校運動の発祥について取り上げる。その後のキリスト教の子ども理解と宗教教育に大きな影響を与えていくことになるキリスト教の日曜学校運動は、一七八〇年キリスト教信徒の実業家ロバート・レイクスによって、英国グロスター市において開始される。その動機となったのは、劣悪な状況下にある子どもを放置できないという思想であり、そこに慈善学校としての日曜学校が始められている。

一七六二年のルソーによる「子供の権利」思想の再表明と、一七八〇年にキリスト教教育・保育の実践活動である日曜学校運動が、二〇年の間をおかずにヨーロッパのキリスト教界で起こっていることは注目すべき点である。このことは世界規模で広がっていく日曜学校運動の根底にイエスの子ども観があり、子どもには権利があるというルソーの表明をきっかけに始動したことを示唆している。そして、この日曜学校運動と田村が深く関わっていったことについては、次章に述べていく。

その後、産業革命と資本主義の台頭著しいヨーロッパ社会は、新たな資本主義階級と労働者階級の貧富の格差を体験し、子どもを取り巻く搾取や虐待が表面化する。桜井智恵子は、このような十九世紀の「子供の権利」の特徴を、それまでの教育思想と、子どもの福祉を守ろうとする社会福祉思想の合流と捉え、十九世紀後半には、児童労働保護法、児童虐待禁止法、公教育法など子どもの権利の法制化が進められ、「国家が子どもを取り巻く社会的諸関係に介入するようになった」としている[51]。

一方、このような階級社会における資本家の繁栄は、労働者階級が「人間水準以下」の劣悪な生活と貧困に甘んじていることの上に成り立っていると考えたカール・マルクス、フリードリッヒ・エンゲルスは、一八四八年『共産党宣言』を発表する。これは、労働者階級の資本主義階級からの解放を宣言したものであるが、同時に人権宣言、人間宣言としての性格を持っていた。これを、労働者階級の最下層に属する大多数の子どもの立場からみれば、「すべての児童の公共的無償教育」や「児童の工場労働の撤廃」を明らかに成文化した児童の権利宣言の意味合いを持ったものでもあったということができる[52]。

二〇世紀初頭までの「子どもの権利」思想史の中で、もう一つ忘れてならないのは、一九〇〇年にスウェーデンの女性思想家で教育者であるエレン・ケイによって著された『児童の世紀』である。この著作は、来たる二〇世紀を、児童にかかわる問題がすべて解決された世紀にしなければならないという訴えであった。ケイは著作の中で、人類全体と個人の幸福のために、「子孫及びその発生その処置その教育に関する事柄が社会の中心事業となり、すべての道徳すべての法律すべての社会施設がそれ等の事柄の周囲に集り来たる」（原田実訳『児童の世紀』）ような形で社会改善がなされる必要を説いている。

この著作は長編で表現が難解であったためか、発刊当時本国ではあまり読まれなかったとされるが、海外において反響を呼び一一か国語に翻訳されていく。歴史的に長く虐げられてきた女性と子どもの尊重と人間的復権を掲げて、「子どもはよく産んでもらうこと」、「育てられる権利」があると宣言し、家庭教育の重要性、体罰禁止、教育上の差別撤回、教育の機会均等について触れている。その論述は、子どもの社会的待遇の具体的問題におよび、たとえば学校教育については、十九世紀前半までに成立した近代学校教育制度の大人中心主義を批判し、本来学校はそこに集う（子ども）個人を発展させ、幸福にさせること以外の義務を有しないものでありながら、それをなしえていないと厳しく批判している。こうしてケイの著作は、その後の世界の「子どもの権利」と児童中心主義、児童の擁護と福祉、教育の在り方を牽引する理念や表現となっていくのである。

日本では、ケイの著作は、発刊からしばらくの時を経て、一九一五年に山田わか訳で女性文芸誌『青鞜』に紹介され、一九一六年に原田実訳が出版され、大正自由教育、新教育運動を支える理念となる。また、当時の女性解放運動の第一人者であった平塚らいてうは、エレン・ケイの影響を最も強く受けたとされているが、田村の『子供の権利』に展開される、当時の学校批判や社会施設、制度、法律、道徳などにまたがる子どもをめぐる社会改革の視点は、ケイの『児童の世紀』の理念と論調の影響を色濃く表わし、ケイの著作からの引用も明記されている。[53]

以上が田村の著作の前提となる二〇世紀初頭までの世界の「子供の権利」思想の流れと、いうことができる。イエスの子ども観を始まりとするこの考え方は、田村においては一九一一年の『子供の権利』に先立って見られるもので、一九〇七年の段階で「世界第一の教育家は、フレーベルでもなく、ペスタロヂー《（ママ）》でもなく、又ホラス・マンでもなく実に基督である」[54]と述べている。このように一九〇〇年代から、田村の「子どもの権利」に関する意識は、極めて高かったが、現実の子どもの権利擁護は、その後も困難な道のりを行くことになる。田村の著作の位置づけを理解するため、その後の子どもの権利思想史について略説する。

「二〇世紀を子どもの世紀に」というケイの訴えは、先述したように二〇世紀初頭の児童保護運動や児童中心主義教育、児童文化運動へと広がっていったが、時代はすぐに「二〇世紀は戦争の世紀」と省みられる状況へと進んでいく。「子どもの権利」思想は、特に二度の世界大戦の影響と関係の中で、その歩みを進め、あるいは停滞させることとなる。

世界の多くの国を巻き込み、ヨーロッパを広く戦場とした第一次世界大戦以降、「子どもの権利」をめぐる問題は、個人の思想を超えて、グローバルで同時代的認識をもつ社会運動として組織的に取り組まれていくことになる。戦争が生み出した子どもたちの惨状から、一九二二年、イギリスで「世界児童憲章」が作られ、人間の権利から、子どもだけを取り出してその権利が主張された最初の憲章となる。そしてこれが、一九二四年スイス、ジュネーヴでの国際連盟第五回総会における「子どもの権利に関するジュネーヴ宣言」へと引き継がれていく。この「ジュネーヴ宣言」は、以後の子どもの権利に関する宣言の原型となり、世界各国へ伝えられたが、日本では三年後の一九二七年になって、仏教系の社会事業指導者菊池《きくち》俊諦《しゅんたい》により翻訳紹介されたものの、反響は皆無に近かったと言われている。

一九三〇年には、第三回ホワイトハウス会議が「アメリカ児童憲章」を決議するが、それ以降児童に関わる宣言等はなくなり、一九三〇年代前半期に、日独伊三国が国際連盟を脱退、第二次大戦に突入。少年・少女までもが兵士となる時代の中で、「子どもの権利」を思うことすら許されなくなる。一九四五年、日本の無条件降伏により、第二次世界大戦は終結する。一九四五年一〇月に成立した国際連合は、一九四八年一二月に人間全体にかかわる「世界人権宣言」を採択し、その後二〇年の協議を経て一九六六年、上記人権宣言の理念を具体化する「国際人権規約」がようやく採択される。

このような人権意識の高まりの中で、国連は一九五九年子どもに焦点をおく「子どもの権利宣言」を採択し、この運動を具体化するため、一九七九年を国際児童年と定める。しかし宣言は、言葉の宣揚（マニフェスト）であったため、国連は一〇年の審議を経て一九八九年一一月の第四四回総会で「子どもの権利に関する条約」を採択し、個々の国家に批准を要請、批准した国には条約内容の実行が義務付けられることとなった。これをもって「子どもの権利」はついに、法的な実効力、拘束力を持つ国際条約となったのである。

上が「キリストより数えれば、一九八九年、ルソーより指を折るなら二百あまり三十年、エレン・ケイからなら八十九年、長い長い道程であったと言わなくてはならない！」[55]と嘆息するほど、「子どもの権利条約」にいたる「子どもの権利」擁護は、その思想と精神の発生から遠く、簡単に到達できないものだった。さらに、日本において、子どもの権利条約は、田村から七八年（日本の条約批准一九九四年までを考えれば実に八三年）の道のりであったと言える。このようにみてくると、田村の一九一一年の『子供の権利』の日本における出版は、まさに奇跡的な先見性によってなされたと言っても過言でないかもしれない。

日本における「子供の権利」思想と田村

キリスト教と西欧社会における「子供の権利」思想の発芽と展開は、日本ではどのように受容されることとなったのであろうか。日本における子ども理解の変遷と、子どもの権利思想史について、上笙一郎の先行研究を主な資料としながら概観し、田村の「子どもの権利」思想の位置づけについて、考察する。

日本の古代社会の子ども理解を表わすものとして、「子宝」という言葉が示すように、「子供」が「宝」と見られる思想があったことが認められている[56]。しかし、この「タカラ」は、タ（田）とカラ（同胞《はらから》）から成る「田族《たから》」であり、「田を耕作する者」という意味であったとされる。つまり、「収税者としての貴族階級からすれば、農民は経済的財貨をもたらしてくれる〈宝〉であり、その農民の子どもは、〈未来耕作力〉として正しく〈子宝〉のほかでなかったのである」[57]。その子宝、田を耕作する農民の子どもの現実は、着物はぼろぼろで、住む家には蜘蛛の巣がはり、食事もままならない貧窮生活で、社会的待遇は「宝」とは言い難い状況だった[58]。

そのような古代日本は、中世を経て近世、封建社会へと向かうが、信長入京（一五六八年）に始まる武士階級支配の時代は、家《イエ》制度の時代であった。この社会においては、「第一義的に重要なのは〈家門〉で、家門の存続の限りでしか、人間の個人格も価値も自由も認められなかった」[59]のである。家の跡取りである子どもを産まなかった妻は当然離縁され、子どももお家《イエ》存続のため、男子二人（長男にもしものことがあった場合）と女子一人ぐらいが必要とされ、それ以外は間引きされることも多く、それもお家に何ごとかが起これば、子どもは孝行の道として、身売りされる存在だったのである。[60]

明治維新によって近代がやってくるまでの、この三〇〇年にわたる封建時代は、個人よりも家が優先される価値観を日本に植え付け、儒教的な道徳意識によってこれを強固にした。そこで、このような封建的な考え方は、以後の日本の近代史において、また現代に至るまでの個人格や人権意識、家族観の形成などに大きな影響を与えていると思われる。

こうした長い封建時代が終わり、近代日本に、ようやく子どもの人格を認め権利を擁護する大人が現れ始める。これら自由民権運動の先鋒となったのが、福沢諭吉である。諭吉は一八八五年に「日本婦人論」、一八九七年には『女大学評論』を著し、儒教的女性観からの女性の解放を主張する。諭吉には子どもに特化した著述はないが、抑圧差別されていた女性の解放は、子どもの解放に繋がるものとして、ブルジョワ民主主義による男女同権、子供尊重論の、日本における発芽であったとすることが出来るだろう。

この時代の自由民権運動の活動家で、「子供の権利」思想に最も影響を与えたのは、上によれば先述の「一夫一婦制建白」の草案者とされる植木枝盛《えもり》の一八八六年の『親子論《しんしろん》』である。[61]この論考において植木は、親の権利ばかりが大きく、子どもの権利が極めて小さく軽くされている日本社会の弊習を、打ち破るべきものとする。子どもを、自分を養ってくれるからという理由で親自身のための付属物として縛りつけることや、親にとっての宝、親が重宝することを強く批判して、「父母其子を頼むの弊習を廃棄せよ。親子同居の旧慣を削り、第一夫婦、第二夫婦家屋を別にするの新趣向を取れよ」と勧めている。

植木が『親子論』に掲げた「子供解放論」は、家の権威を象徴する親の支配から、子どもたちを自由にすることがなければ、子どもの権利は守れないというものであった。これらの主張は、田村の『子どもの権利』にも見られるものであるが、『親子論』と植木についての直接の言及はなされていない。いずれにしても、植木の「子供解放論」は、当時の子どもたちが置かれていた立場、家族環境や日本社会の状況を如実に物語る、画期的な子供の権利主張であったといえるだろう。

しかしこのような子ども解放論を説いた自由民権運動に対して、王政復古を掲げ、絶対主義的な政権を目指す者たちからの反動が直ぐに起こってくる。政府から依頼されていた仏法学者ギュスターヴ・ボアソナードの民法草案は、[62] 当の明治政府によって没稿とされ、弾圧は表面化していく。そして、一八八九年に「大日本帝国ハ万世一系ノ天皇之ヲ統治ス」を掲げた大日本帝国憲法が、翌一八九〇年には「教育ニ関スル勅語」が天皇の名をもって発布されるに至る。

この教育勅語は、上によれば「天皇制的家族主義思想を国家是として、子どもに父母への『孝』と国家=天皇にたいする命を棄てての『義勇』とを要求したもの」で、「子どもを〈国家より独立した人格〉と見、〈生きる権利〉を持つ主体と認識する観方は、ここに、完全に圧殺されたのである！」[63]と評される、巨大な力として「子どもの権利」思想の萌芽を押しつぶしたといえる。

こうしてその後三〇年近く、「子どもの権利」思想の潮流は、大日本帝国憲法と教育勅語によって閉塞状況に追い込まれる。その「子どもの権利」思想が再燃するのは、一九二〇年頃の大正デモクラシーと呼ばれる時代で、自由主義教育、新教育運動、児童文化ルネサンスなどとなって息を吹き返したように急速に発展する。国家主義的で教授中心の教育に、児童の主体を尊重する児童中心の自由な学習が取り入れられ、『赤い鳥』などの芸術的な児童文化が花開くこととなるのである。

「子どもの権利」思想も、無論この大正自由主義期に当時の運動や流れを支える理念としてもてはやされる。一九一六年にエレン・ケイの『児童の世紀』が原田実訳で出版されて、デューイ、モンテッソーリ、パーカストなどが読まれるようになり、一九一七年には、キリスト教社会主義者の安部磯雄が『子供本位の家庭』を著し、従来の日本の「夫本位の家庭」から（欧米の「妻本位の家庭」もよいが）、両親が何より「子供の幸福を図る、子供本位の家庭」となるべきとの家庭論を展開した。

一九一八年には西山哲治《てつじ》が、教育界から『教育問題　子供の権利』を出版する。ここで西山は、「子供には三つの天與の権利がある」として「善良に産んで貰う権利」「善良に養育して貰う権利」「よく教育して貰う権利」を語り、その後の日本における子どもの権利論の論調を定めることとなる。(64)その後、一九一九年には平塚らいてう『婦人と子供の権利』が、さらに社会事業の方面では、一九二三年に生江孝之《なまえたかゆき》『児童研究』叢書八の『児童と社会』が著される。生江は、この著作において、児童には生まれながらにして、親や社会に要求すべき三つの権利を持っているとして、「立派に生んで貰うこと」「立派に擁護して貰うこと」「立派に教育して貰うこと」を挙げているが、ここには明らかな西山の影響がみられる。(65)

また、一九二四年六月には、賀川豊彦が東京深川での児童保護講話会で、「喰う、遊ぶ、寝る、叱られる、親に夫婦喧嘩を止めて乞う、禁酒を要求する」の六つの権利を主張する。(66)賀川は、三年後には、「生きる、喰う、眠る、遊ぶ、指導して貰う、教育を受ける、虐待されない、親を選ぶ、人格としての待遇を受ける」の九つを「子供の権利」として発表している。(67)

しかし、このようにさまざまな分野でとりあげられた、大正民本主義期の「子どもの権利」思想は、第二次世界大戦の引き金となる一九二九年の世界大恐慌までの、わずか十年余の短命なものとなり、その後はひっそりと影を潜めているしかない時代を迎える。天皇制家族制度に基づく日本主義の他には、どんな意見も容れない軍国主義的流れの中で、「子どもの権利」の思想に触れることすらできず、この継承と具体化は戦後まで時を待たなくてはならなかったのである。

教育勅語をさらに強化させた一九三七年『国体の本義』による教育がなされた戦時下と、戦後の主権在民をうたった新憲法下での流れ(68)については、ここでは詳述しないが、その後も、国家の児童政策と児童に対する意識の大転換や児童権利運動にもかかわらず、「政治的・経済的・実務的理由」と「日本国民の児童観―民衆の心理にひそむ子ども軽視＝蔑視的な思想、感情(69)」などにより、子ども階層の「幸せではない状況」は続き、今日に至ると言ってよいと、上は結論している。

先述した一九〇〇年頃からの「教育勅語」跳梁期の「子どもの権利」思想の停滞が、第二次大戦前の大正民本主義思潮の開花を迎えるに至る中間期に、田村直臣の『子供の権利』は登場する。この中間期には、幸徳秋水の『平民新聞』に見られるような社会主義運動が興っているが、専ら労働者の権利主張がなされたため、「子どもの権利」の問題はほとんど取り上げられなかったのである。ところが、この時期に、「別途にユニークな展開を示した思想があって、それはキリスト教信仰に立つ子どもの人格の確認＝子どもの権利の主張である(70)」と、上は理解する。

この、キリスト教信仰に立つ、あるいはイエスの子ども観に立脚した「子供の権利」の主張は、『女学雑誌』派の巌本善治と、身分や家の釣り合いではなく、恋愛によって結婚はなされるべきとするその妻若松賤子をさきがけとし、旧来の支配―被支配のある儒教的家族制度を否定して、キリスト教信仰に基盤をおいて専ら信愛によって成り立つ近代市民社会的な「ホーム」の必要を訴えたものだったと、上は分析している(71)。若松賤子は訳書『小公子』(前篇、一八九一)の序文において、一般には「不完全な端《はし》た物」とされている幼児にも人格があること、その価値は大人と変わらないどころか、それよりももっと純粋で尊いものだと述べている。

そしてこのキリスト教信仰に立つ「子どもの権利」思想は、一八九三年に『日本の花嫁』を著して儒教的家族制度を批判し、旧来の枠組みから日本女性を解放、擁護しようとした田村に受け継がれ、新しい家族観、子ども観の表れとして一九一一年、『子供の権利』に結実するのである（ただし、巌本善治は、花嫁事件に際し、『女学雑誌』三五二号「社説」で田村を痛烈に批判し、詰問のため、本多庸一と共に田村宅を訪れている[72]）。

この田村の『子供の権利』は、日本の「子どもの権利」思想史においてどう理解されてきたのだろうか。桜井は、「日本における子どもの権利思想の展開[73]」を述べる節において、「日本近代の権利思想の展開にキリスト者の働きは大きな影響を及ぼした」として、時系列にまず社会事業施設や感化院の働きを興した石井十次、留岡幸助を挙げ、その後に巌本善治と若松賤子を紹介。続いて田村の著作を一九一一年「子どもの権利論として刊行された最初の書籍」とし、「信仰を基盤に子どもの権利論を形成」したものと言及する。しかし次の段落では安部磯雄の『子供本位の家庭』（一九一七）が紹介され、そこまでの記述をまとめて「この時代のキリスト教社会事業家は、子どもはすべて『神の子』ととらえ、（略）子どもには何より家庭的な愛情が必要という近代的家庭観を発展させることとなった」と結んで「キリスト者の権利思想」の項目を終えている。

桜井は上記のように、日本の「子どもの権利」思想史において、田村の著作が果たした特別な意味合いについてはさほど強調していない。無論、日本の権利思想史全体の中で、キリスト教信仰に立つ「子どもの権利」思想の流れがあったこと、そして「子どもの権利」という言葉を題として最初に掲げたのは、田村直臣というキリスト教の牧師であったことは自明のこととして了解されているが、それ以上ではない。

このような時系列的な事実としての取り上げにとどまらない評価を加えているのは、『子供の権利』「解説」の関口安義と、上笙一郎であろう。関口は以下のように述べている。

田村直臣は「子供の権利に就きて尽くす程名誉な働きは他にない」と言い、この一書を書いた。当時は非難の声が諸方に起こったというが、幸いよく読まれ、刊行半年後には再版がでている。それにしても一九一〇年代のはじめに、このような提言がなされていたことは注目されてよいことである。日本で「子どもの権利条約」が

国会で批准されるのは、八十年以上を経た後のことになるのだから。(74)

関口は、教育勅語の跳梁期、その精神から外れることが許されなかった時代に、田村が社会からの批判の中で『子供の権利』を著したことに注目する。「子どもの権利」を主張すること、それは田村自身によれば、生涯の一大革命となった児童本位への転換をなして、周囲の非難を——あの花嫁事件から再び——浴びることになる抵抗(プロテスト)であった。子どもを中心として、児童の宗教教育に専心する田村に対して、「非難百出、私を目してキリスト教界の一奇人なり、一種の好事者なりと見做し、キリスト教界の主導者たる資格なしとまで非難の声を発した」者があったと、自身が述べているとおりである。(75)

先述のように、「日本独特の国家主義」(河上肇)と呼ばれる、天皇制による日本主義、国粋主義が隆盛を極め、特に「権利」という思想が、西洋ではライト(right)、正義だとして、「日本に於ては斯かる事は決して正義に非ずして、只だ義勇奉公と云うことが最上の道徳なり」と宣言されていた時代に、子どもこそ中心であり、「子どもの権利」こそ正義であるとの一書を投じた勇気には見るべきものがある。そして、この田村の小さな、しかし決然とした表明が、来る大正自由教育と子どもの人権の日本における夜明けの幕をおとしたと言っていいだろう。

加えて述べれば、田村がこれを発表する前にあたる一八八〇年代から一九一〇年は、誕生したばかりのキリスト教界が、その価値観、人間観をめぐって、日本の国家主義勢力からの批判に常時さらされていた時期であったということが出来る。土肥は、そのころ、東京大学の関係者からのキリスト教攻撃が、進化論(E・モースら)、人権論をめぐって激しくなされていたとし、一八八二年の『人権新説』で加藤弘之が、自然界においては最強の優者こそ専制の権利を持つとして天賦人権論を否定したことをあげている。加藤はこの著作で、「直接的には自由民権論を批判し」ながら、「神の前における人間の自由、平等を説くキリスト教をも攻撃」する意図があったという。さらに加藤は、一九〇七年の『吾国体と基督教』、翌年の『迷信的宇宙観』等の著作を通して、「天皇制国体論を組み立て、国家の外に世界教を持つキリスト教を国家に有害なものとして攻撃した」と土肥は述べている。[76] つまり、田村は、キリスト教が説く自由、平等、人権の思想が、キリスト教攻撃の的となって、真っ向から批判されるなかで、イエス・キリストによって表わされた子どもの権利を主張したことになる。

そこで、上は、田村がこの著作の中で教育勅語に対する批判を明確にしていない点[77]を批判しながらも、以下に記す、最大級の賛辞を呈したのだと思われる。「田村の『子供の権利』は〈子どもの権利〉という言葉ないし概念を用いた日本最初の書物であり、歴史的な意味からも永遠に記録されなくてはならない一冊である」[78]。上は、このように、巌本善治、若松賤子らに見られ、田村の子どもの権利論を生み出すことになる、「キリスト教信仰に立つ子どもの人格の確認＝子どもの権利の主張」を、歴史的に高く評価し、田村を以下の様に位置付けている。

キリスト教信仰にもとづく近代市民社会的な「ホーム」、すなわち縦系列に立つ〈家〉ではなくて人間の横系列的な信愛関係を元とする〈近代家族〉こそが、女性・子どもは勿論のこと、ひるがえっては男性をも解放し得るものだ――という宣言であると言ってあやつまい。そしてこの思想は『Japanese Bride（日本の花嫁）』（明治二十六＝一八九三年・ニューヨーク刊）で家族制度に泣く日本女性を擁護した牧師＝田村直臣に受け継がれ、『子供の権利』（明治四十四＝一九一一年・警醒社）という一小冊にみごとに結実したのだった。[79]

このように、上は、田村のキリスト教信仰が、『日本の花嫁』において封建的家族制度に苦しむ「女性の権利」の解放を扱わせ、次いでその延長線上に、やはりキリスト教信仰の故に『子供の権利』が著されたことを、的確にとらえている。しかし、ここで問題なのは、真にキリスト教の立場から、子どもの権利こそ正義であり、何よりも護らなくてはならないものとした田村の主張を、キリスト教界とキリスト教教育のその後の歴史が、どのように受け止めてきたかである。田村をして、歴史的指標となる「子どもの権利」思想に至らしめたキリスト教、当のキリスト教界では、残念ながら、田村の主張は、花嫁事件の女性の権利同様、殆ど顧みられることがないばかりか、国家主義者たちの恰好の餌食になると考えたのであろうか、田村を「キリスト教界の一奇人なり、一種の好事者なり」として、非難を浴びせ切り捨てたのである。イエス・キリスト発祥とも言える「子どもの権利」は、こうして、一般社会と同じようにキリスト教界において軽んじられ、僅かに日曜学校運動とキリスト教保育の分野で、その価値を認めることとなっていったと言えるだろう。

『子供の権利』に表わされる思想

以上、田村直臣の著作『子供の権利』が一九一一年に著されたことの、「子どもの権利」思想史上の意義を論述してきたが、以下、この著作の内容について、まず、先に述べた関口安義の「解説」が示す、この著作の特徴と意義をあげ、次に加登田恵子の、再版『児童の権利』の「解題」に述べられた評価から考察する。

関口の「解説」には、田村の著作に対して、要約すると、以下の五点の評価が記されている。①「この一巻の書物の背景にあるものは、『子供は神のもの』という彼の信仰である」とされるように、キリスト教と聖書の子ども理解が土台となっている点。②田村の「アメリカ生活で養われた人間尊重の精神」ならびに民主的な「ホーム」への希求が色濃くみられる小品であること。③エレン・ケイ、フレーベルなど当時最新の研究、業績や発達心理学を踏まえた論説が展開されていること。④日曜学校教育の理論と実践に裏打ちされた説得力のある論が展開され、「画一的公教育への批判」がこの点からなされていること。⑤以下に述べるような、実際の子どもの権利を具体性に富んだ指摘をもって記述していること。それは、「よい教育を受ける権利、親から虐待を受けない権利、活動する権利、疲れないようにしてもらう権利、子どものための設備を作ってもらう権利、個人差を認めてもらう権利、意思を尊重してもらう権利、親に理解してもらう権利、子どもとして取り扱われる権利、よい習慣をつけてもらう権利、世によく生まれて来る権利、遊ぶ権利など」である。

田村のこの著作の特徴を網羅し、一般化してよく表わしたまとめだと思われるが、特に著作の背景とされている「『子供は神のもの』という彼の信仰」といわれる部分は、最も重要でありながら、その本質を伝えることが最も困難な部分だろうと思われる。

一方、加登田恵子は、再版『児童の権利』の解題[80]において、田村の「日本の花嫁」から「子どもの権利」にいたる家族観について一定の評価を示し、『日本の花嫁』は、自ら士族出身であった田村が儒教的形式主義による生活を批判することによって「まず自己否定しなければならない旧来の枠組みを指摘する作業」を行なっていたのではないかと述べている。しかし、『児童の権利』の内容は、基本的に家族内の親子の問題に終始し、「親以上に社会へ向けて広げられたイメージがなかった」とし、いわば新しい親子関係を「育児方法論的」に説いたものであって、「単なる親の『子の見方』にすぎなくなる」と批判している。

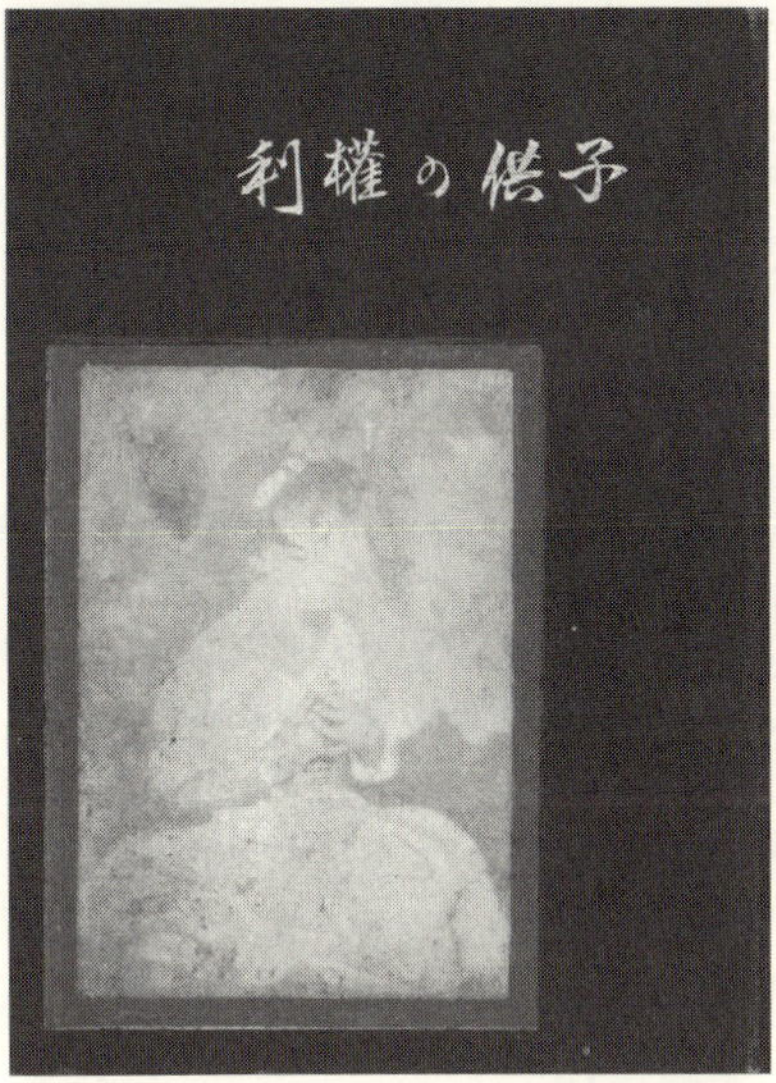

『子供の権利』（警醒社、1911 年、表紙画、ジョシュア・レイノルド「無邪気の時代」11 × 15cm）

「社会改革と子供の権利」の章をはじめとして、学校教育、公共の設備、出版物等について広く言及している著作に対して、加登田が「親以上に社会へ向けて」のイメージがないとしていることの意味が、筆者には摑めないが、たとえば田村は、家庭において子どもが「親より如何なる虐待を受けても訴うることができない」と述べている[81]。それは、確かに子どもの家庭内での権利の蹂躪を語っているが、田村はそのすぐ後に、「子供の権利を認め給うた方はイエスお一人」とイエスの児童観を持ち出して、子どもの権利擁護を支えるキリスト教の思想について記述している。つまり、本書において田村が問題にしているのは、キリスト教信仰に立つ子どもの権利の重大さであり、それが、当時の封建的日本社会全体と家庭において全く無視されていることの告発である。しかし、加登田の論評は、一切キリスト教もしくは、イエスの子ども理解に基づく「子供の権利」について、触れていないものとなっている。

そこで、以下、関口が「彼の信仰」と言い表わした、キリスト教信仰とイエスの子ども理解に焦点をおいて、田村が用いている表現とことばに注意しながら、『子供の権利』の命題を考察していく。

『子供の権利』は、本文二〇〇頁あまりの小本で、二九章から構成されている。田村はこの著作の中で、「権利は独《ひと》り男や女にあるのではありません。子供にも亦《また》権利があります。廿世紀に必ず起ってくる重大なる問題は子供の権利であります」(二頁)と述べ、愛され尊ばれて人として生きるという権利概念は、「子供」にも与えられているという認識を社会が持つようになることを願い、また予見している。

その場合の「子供」は、田村によれば、大人の小形ではない。大人とはまったく違うもの、つまり子ども、子どもとして大人とは違う権利を有する者でありながら、力関係の上で大人よりも弱い立場におかれているがゆえに、権利を蹂躪されている者として理解されている。

子供は決して大人を小さくした者ではない。(略)子供と大人とは身体に於《おい》ても又心に於《おい》ても全く違うのであります。(略)大人を本位として子どもを取扱うのは大なる間違いであります。大人を取り扱う様に子供を取扱うのは、子供が生まれながらに神様から与えられて来た権利を奪ってしまうのと同様であります。(略)親には親の権利がある様に、子供も亦《また》子供として取扱わるる権利を有して居るのであります。

(一八―一九頁)

子供を大人扱いするのは確かに子供の権利を害したのであります。親が子供に対して知らずにすることでも其《そ》れは罪であります。故に親は子供に対しては恭《うやうや》しく愛と畏れを以て其《そ》の任務に当らなくてはなりません。

大人扱いすることは、罪だとまでいう程、田村は、子どもが子どもとして生きる権利を尊重し、「子どもが子どもであること」の重要性を語る。現代の、「急かされる子ども」（デイヴィット・エルカインド）や、「子ども期の消滅」（ニール・ポストマン）といった問題に通じる視点で、興味深い。そして、子どもをそれほどまでに大切にすべき存在だと考えるのは、子どもが「神の子供」であるという根本的な子ども理解の故であることが表明される。

> 子供は云うまでもなく獣の子供ではありません。又単に人間の子供でもありません。子供は即ち神の子供であります。子供は尊い神の子供である大いなる権利を有して居ります。（二一〇頁）

しかしながら、田村が見るその子どもたちの現状は、「少数の大人より圧制を受け己の神より与えられた貴き権利を踏みつけにされて居る」（四頁）状態にある。そこで、田村は著作を通じて、親や大人、社会や学校のあり方の中に具体的な問題を指摘し、実際例をあげて批判を展開するのである。

まず、社会については、「日本の悪い社会は、日本の子供に悪い事をする様に、毎日催眠術をやって居る」（七八頁）ようなものであるとして、社会の方が「今日腐敗して居る其の罪」から離れ、改革されることが子どもの権利の向上につながるとしている。たとえとして、公共の場の設備が大人中心に作られているため子どもには危険が多いこと、タバコや酒の害、新聞や小説など大人社会の悪影響に子どもが晒されていることなどをあげ、子どもにとって危険がない設備作り、環境作りが国の責任でなされるべきだとしている（「8　子供のための設備」

「26 子供の真似」等)。

また、親と家庭については、かなりの章で折に触れて子どもの人格を認める親のあり方、「家《イエ》」第一主義をはなれた家庭のあり方を説き、特に子どもに対する親の責任に関しても厳しく言及する。

親が子供を自分の所有品であると思うのは大なる間違いであります。親は単に子供の保護者であります。子供は親に神様から預けられた大切なる宝であります。然し金銀宝石の如き朽つる宝ではありません。神の形の印を持って居る、生命のある、大未来を持って居る、希望に満ちたる、神の子供であります。(八頁)

学校に送って子供を教育するのは、子供を物品と見做し資金を入れて商品として卒業の後は算盤《そろばん》の上で此《こ》の子供にはいくらの資金が入って居るとか云うて教育とは商売をするが如く思う人のあるのは実に子供の権利を蹂躙して居るのであります。又或親は子供の天才をも顧ず(略)自分の思う通り商人にせんとするのは(略)子供を軽《かろ》視じ子供の権利を害して居るのであります。(一八八頁)

親を「保護者」と規定し、子どもは親の所有物ではないという田村の言葉は、あたりまえのようでありながら、実は現代にいたるまで実行されにくいものである。そうして繰り返される親の勘違い、考え違いを田村は的確に指摘し、子どもの権利問題を考える際に重要となる基本的人間関係のありようを示している。

親は、単に保護者であり、子どもを託されているに過ぎない。このことを深くわきまえ、決して強い権力で親の命令に従わせて、子どもの天才(天より与えられた賜物)や意志、自由な選択を奪ってはならないのである(「10 子供の意思」「27 子供に対する尊敬」)。それは、子どもの日々の遊びにもおよび、「28 子供と遊び」では、「子供の遊びを押さえつけるのは確かに子供の権利を蹂躙したもの」(一九六頁)とも述べている。

また、親は、消極的に子どもを押さえつけてはいけないというだけでなく、積極的に、子どもの宗教教育を行なう責任主体であることを田村は明記し、家庭での宗教的養育を強調する。子どもは、幼い日から親に愛されることにより、神の愛を知るものとして、宗教性を養われて育てられる――それが親たるものの責任なのである。

> 親たちが家庭に於て子供を教育する時、忘れてはならぬ事は子供は神の子供であると云う一事《いちじ》であります。子供は神の子供である以上は、何処迄《どこまで》も子供を貴き地位に置かなくてはなりません。イエスが子供を中心に置き給うた様に、子供を家庭の中心におかなくてはなりません。子供時代の宗教教育は書物や口で教うるのではありません。自分の行《おこない》に依って子供に暗示を与え、子供の心にある宗教の本脳性に刺激を与えて、宗教心を発達さしてゆくのであります。（中略）親は子供の体と心の発達に従い、宗教心を養ってゆかなくてはいけません。幼い子供は親の愛に依って神の愛を知るのであります。
>
> （一一八―一二〇頁、傍線部原文）

また学校教育については、集団で教育することによって子どもの個性を無視し、子ども特有の気質や発達論を理解していないとして、学校教育の方法に対する問題提起をなし、子どもの宗教心を養うことに親、教師、文部省が真剣に取り組んでいないとして、宗教教育への無理解と不足についても述べるなど、現代の教育論議かと錯覚するような主張が展開されている。さらに、教師の指導力不足、子ども理解の不足なども挙げられている。

> 今日の学校は余りにも子どもに学ばす事が多すぎます。其《そ》れが為《た》め子供の体ばかりでなく、頭をも痛めるものは非常であります。子供は飽迄《あくまで》も子供であります。子供と大人とは全く違います。
>
> （三三三頁）
>
> 今日学校にて教えて居る有様は、恰《あたか》も机の上に茶碗を幾つもならべて置いて、遠い所から水入れに水を入れ

て、其の水を注ぎ込むのと同様であります。（略）十人来れば十人とも、体も、心も、多少違って居ります。其の違った子供に対して、一様《いちよう》の教育法で教えますから、或《ある》子供はよく憶えますが、或《ある》子供は少しも憶えません。今日の先生は（略）水入れからこぼし入れる主義で教えて居るのであって、一つの茶碗に水入れの口をあて、、一つ宛の茶碗に水を入れて教えて居らないのであります。（四七―四八頁）

そして、このような「子供の個人性を無にして居る教授法」「十把《じっぱ》一絡《ひとから》げ主義の教育」において、「子供が己《おのれ》の個人性を害せらるるほど、子供にとってつらいことはありません」と語るのである（「9 子供の個人性」）。このような、集団主義的な学校教育法への提案として、「子供と云う者は教師が教える時何か珍しいことがあれば、必ず注意する」ので「子供に注意を惹起《ひきお》こさせ、又興味を持たす様に」子どもの好奇心に注目し、これを育てる必要があること（「23 子供の好奇心」）、「子供の意思」を尊重して主体的に学ばせるためにも、親や教師、牧師は「習慣の力」、子ども時代に身につけるものについても学ぶ必要があること（「15 子供の習慣」）なども述べられている。

また、学校の成績がよくないことに落胆失望する親に対して、「今日日本の学校制度によると組の上席《じょうせき》を占めんとするには多方面に学才のある者でなくては到底上席に座する事は出来ない」のだから、学校の全教科が押しなべてできないため、平均点が低くなることもある。それを「愚鈍《ぐどん》」とか「馬鹿」と言うのはけしからんことなのである。また、親が、子どもそれぞれに与えられた才知才能を無視して、「自分の子供も必ず出来ると思い、無理に学校の好きでない子供を叱りつけて学校に送る事は実に子供の権利を害して居る」とも語っている（「24 子供の力の標準」）。学校の成績や成績の標準の偏重への警告は、現代の偏差値神話に踊らされた子どもへの評価や、学校教育への不適応、教育家族化の問題などにも通じるもので、百年前の社会においても学校教育のもたらす同種のひずみがあったことがうかがえる。

そして、「我文《わが》部省は小学校、中学校又は大学校に於て、子供の生まれつき持ってきた宗教性を教育する方針をとって居りますか」（二一六頁）と詰問し、「教育家は何の権利を以って子供の此の大切なる権利を蹂躙するのであるか。子供は飽迄も神の子供である権利を有して居る以上は、子供は宗教的に教育しなくてはならぬのであります」（二一八頁）と宣言するにいたっている。

上述のような、子どもをとりまく実情についての記述と共に、田村は当時の発達論や、心理学の学理にもとづいた「子ども理解」の紹介にも努め、幅広い領域と視点から子どもを総合的に描き出そうとしている。これは、『子供の権利』の大きな部分を占め、総てを列挙することは出来ないが、以下に田村が捉えていたことの一部を要約して紹介する。

○「子供の全身は朝起きてから寝るまで、絶え間なく働く様に造られて居るのであります。子供の活動は子供の生命であります」。活発な子供の活動をむやみに抑えてはいけない[82]。しかし、勝手気ままに乱暴することは注意しなくてはいけない。
（「６ 子供の活動」）

○大人の嘘と子供の嘘とは違う。①子供は想像力が強く、「無邪気で、或時は、詩のような嘘」もある。②誉められたいために嘘をつくことがある。③基本的に親が怖いので、罰を免れるために防御上嘘をつくことがあるが、他人を害するための嘘ではない。④子供は真似るので嘘もたぶん親を真似ている。そこで、嘘に対してみだりに厳しい刑罰を加えて子供の権利を害してはいけない。
（「11 子供の嘘言」）

○子供と云うものは生まれつき怖がる。怖がるのは①弱い存在であるため、②理性が充分発達していないため、③想像力に富んでいるため、④神経が鋭い（感情が強い）ためである。それを理解してむやみに怖がらせてはいけない。

（「12 子供の恐懼《おそれ》」）

○子供が喧嘩をするのは子供の持ち前。子供は活気に満ち、全力を傾け集中して喧嘩する。自分の激情をうまく制しなければ、喧嘩は出来ないので、喧嘩の悪い部分ばかり見なくてもよい。

（「14 子供の喧嘩」）

○好奇心や、誉められたいから、また人が盗むのをみてなどの理由で子供は盗む。あまりひどくしからなくていいことと、重大な大泥棒を育てないために言わなくてはならないことを見極めることが必要。

（「16 子供の手癖」）

○「子供は善く生まれて来る権利を有して居るものであると云う事が明白になれば、母が胎内に子供を宿すときは、其の胎内に宿したる子供に対して十分の尊敬を払わなくてはなりません。胎内の子供に対して母が及ぼす感化は非常な者《(ママ)》であります」。

（「20 母の胎内に於ける子供」）

○子供と云うものは非常に貪欲、利己主義であるが、それは必ずしも罪と言うことではない。大人のような善悪の判断、良心がない間貪欲はしかたない。欲張りな利己主義があってはじめて、後に他を愛する主義に移る。

（「21 子供の欲心」）

○「子供と云う者は生まれつき物を問う様に造られてきたのであります。」「凡《すべ》ての知識は問うより来るのであります」。親がわからないときはわからないというべき。子供は哲学者にもわからない難しい問いを掛けることがある。

（「25 子供の問い」）

〇子供にとって遊びは働きと同一。歳をとるにしたがって遊びは進歩する。遊ぶ本能をうまれながらにもち、子供の遊びは教育的である。一、二歳の子供は個人遊びをし、なんでも遊び道具にする。遊びによって筋肉が発達。三歳―七歳では元気がついてくる。木登り、ブランコ、人形遊び、歌をよく歌う。七、八歳―一二歳の遊びは個人的から社交的になる。一三、四歳からはスポーツなどをする。（「28 子供の遊び」）

このように田村はこの著作の中で、社会、学校、家庭での子どもの現状および心理学的、発達論的見地など、多方向から光を当てて子どもを描き出し、包括的で斬新な、リアルな子ども像を表現しようと試みている。その田村の子どもへのまなざしは、保護を必要とする「可哀想な」子どもを描くことや、社会的権利としての子どもの人権を声高に主張するものではない。

かえって田村は、大人や社会のあり方を痛烈に批判するまでに、子どもに限りない愛と尊敬を表わしている。なぜなら子どもは「尊い神の子供である大いなる権利を持っている」からである。子どもは神のものであり、神の子どもとして生きる権利がある、そこが田村の出発点であり到達点でもあった。そしてこれほどの信念を田村が子どもに対して抱く原動力、それは「イエス」その人であった。

子供は腕力もなく、又金力もなく、又権力を叫ぶ知力もない（略）思えば実に子供は哀れなる者であります。（略）子供は自分の力で自分の権力を主張し、又自《みずから》実行することは出来ないのであります。貴き権利を有しながら、其の権利を実行することが出来ないとは何と哀れな事ではありませんか。幸いにもイエスは世の聖人君子又豪傑とはちがい、子供のチャンビヨン（ママ）（勇者）であったのであります。子供の権利を認め給うた御方はイエス一人であったと思います。（略）プラトー（ママ）が子供を大切にした理由は、子供は大人となって国民になると云う利益から割り出して、斯《か》く子供を大切にしたのであります。（略）イエスの如く権利上より主張するのではありません。（略）我等はイエスの足跡を踏み平和的に戦争をなくして子供の権利を主張し、又其権利の実行せらる、様に尽力しなくてはなりません。（一四―一六頁、傍線部原文）

プラトンにみられるように、子どもが後に大人になって有為な人となるからとか、自分たちの後継者となるからといった付加価値の故に権利を認める見方を超えたのは、イエスであり、そのイエスの子ども理解が、田村の子ども理解を成立させたことがわかる。田村が出会い、その足跡を踏み行こうとしたイエスが「子供のチャンピオン」であったことは、キリストに倣い、キリストに従って歩く生き方を田村に教えることとなった。

イエスのように、付加価値によらず、存在そのものの故に子どもを価値あるものとすること、イエスのようにその子どもたちのいる世界で「平和的に戦争をなくして」子どもの権利を主張していくことこそ、キリスト者のすべきことであり、教会の果たすべき課題なのだと田村は確信するのである。

イエスは『小子《おさなご》の一人をも慎みて軽視《かろん》ずる勿《なか》れ』と命じ給うたにも係わらず、基督信徒と雖《いえど》も、イエスの命令に背き、子供を軽視《かろん》ずる傾向のあるのは実に怪《けし》からぬ事であります。人が子どもを軽視《かろん》ずるのは子供の価値を知らないからであります。イエスは子供は如何なる物《（ママ）》であるか、子供の価値を善く御存知であるから、決して軽視《かろん》じ給う事はなかったのであります。（一八四―一八五頁、傍線部原文）

しかし、このイエスの命令にもかかわらず、イエスを主と仰ぐキリスト教界はどうなのだろう。田村は、この著作の中で、教会及び日曜学校の無理解を批判して次のように述べている。

此《こ》の子供の権利に対して基督《キリスト》教会は未《ま》だ充分の設備《せつび》をして居《お》らないのであります。今日の基督教会はイエスの教訓を無にして、子供の権利を蹂躙して居るのであります。今日の伝道は大人を救わんとして汲々《きゅうきゅう》として居るのであります。大人のみに気を取られ、子どもを眼中に置かないのであります。今日の基督教会が子供の神の子たる大権利を有して居ることを認め、子供に対して心理的教育的に充分なる設備をし、子供の宗教教育に大々的力を尽くさなくては、決して神の王国はこの世に建設する事は出来ないのであります。（一二〇―一二一頁）

これら、キリスト教会への言及のなかに、田村のこの著作の極めて特徴的な思想が現れている。田村が語る「子供の権利」は、イエスがその真価と意味を発見し、教えられたキリスト教の中心的使信、命題であるので、教会の在り方、生き方に深く関わるものとして理解されなければならない。つまり、子どもの権利思想を貫くイエスの「子供中心」「子供本位」を知り、教会の宣教や伝道の方法、教会形成の仕方、子どもの育て方、教育の在り方などをこれに沿って行なうことこそが、「神の国」、神の心にそった世界を実現することになるというのである。それは、大人に対する大挙伝道によって、大人の信者を獲得しようとすることとは全く異なった、子どもの養育、教育を中心とする教会形成の提案として、田村の児童本位の教育観をよく表わしている。

そこで田村は、神の子どもとして尊重され、神に愛されていることを知って宗教的に豊かに育っていく子どもを阻害するキリスト教教育の方法論についても、言及する。「基督信者の親や又日曜学校の先生が、日曜学校に於て未《ま》だ物事がよく解らない子供に、イエスの十字架につけられてお居《い》でになる画《え》を見せたり、又十字架につけられて血を流し給うた話をするのは大変悪い事であります」（七〇頁）と述べ、「子供を恐がらす事は、子供を殺す様なもの」（七〇―七一頁）であり、宗教を教えようとしてこのような害を与えることを厳に慎むべきだと語っている。使われる教育手段や方法の選択は、あくまでも子どもが子どもとして尊重され、脅かされたり、怖がらされたりしていないことが最低の基準であり、ここにも、教える側の論理と方法論ではなく、聞く子どもの側の思いを何よりも尊重する姿勢が貫かれている。

田村の「子供の権利」論の原点は、まず子どもの内に、生きた「神の形の印」を認めたことであり、田村において、キリスト教と教育は、子どもの価値を認める、子どもの権利の思想と分かちがたく結びついていた。そして田村を、このような子どもの擁護者へと向かわせたのは、彼自身のことばを借りていえば「子供のチャンピオン」であるイエスご自身だったといえるだろう。

以上述べてきたように、一九一一年に出版された『子供の権利』は、関口が「彼の信仰」と言い表わした、田村のキリスト教信仰と神学の上に立った「子供の権利」思想の披瀝であった。そして、それは、キリスト教との深い関わりの故に、教界外ではもちろんのこと、キリスト教界においてさえ、なかなか理解されてこなかったと言える。しかし、そもそも、現代社会においてもなお実現が程遠い緊急の課題である「子供の権利」擁護が、思想的にイエスに由来するものと捉えるならば、田村の著作を丁寧に掘り起こし、その根幹となるイエスの示した「子供」を理解することには、大きな意義があると言えないだろうか。イエスの示す「子供の権利」「子供本位」を、キリスト教信仰によって深く知り得た田村が、その生涯を「子供」に賭けて取り組んだことは、今日の非常に困難な「人権」「権利」教育と子どもの擁護にとって、その拠り所、動機の源となる思想を探る一助となるものだと思われる。

3 「子供向け読み物」「子供・家庭向け雑誌」に見る子ども観

田村の、キリスト教信仰に立つ権利思想が、自由民権から、女性の権利へ、また、青年教育や社会問題とも結びつき、ついに子どもの権利へと特化され、「児童本位」へと自覚的に転換するところをみてきた。転換点は、年代的には一九〇一―〇二年頃であったと思われる。そして、一九一一年の『子供の権利』において、田村のキリスト教信仰に立つ児童本位の子どもの権利思想は確立され、公表されたと言ってよいだろう。その後、田村が生涯をささげる、子どもの権利擁護の実践については、日曜学校運動ならびに家庭教育と宗教教育において、どのようにそれらが展開されたのかを次章以降でとりあげていくが、一方で田村は、「生来子供が好き」で、この児童本位への転換以前から「子供」とは、深い関わりをもっていた。

クリストファやジュリアと出会った築地バンド時代のごく初期から、田村は、日曜学校と関わり始め、日曜学校で教え、一八七八年の日曜学校大集会や、一八八〇年のロバート・レイクスの日曜学校百年祭で、フルベッキと共に弁士として演説している。留学中も、米国の教会で日曜学校教師を引き受けており、キリスト者としての歩みを始めてから「子供の顔を見ない日曜日は一日もなかった[83]」と述べるとおり、信仰生涯の終生、それは変わらないものだった。

この、田村の子どもへの一貫した取り組みが、最もよく現れているのが、子ども向け読み物の執筆活動である。従来日本の近代児童文学史は巌谷《いわや》小波《さざなみ》の「こがね丸」が出された「明治二十年代の初期」つまり、一八八〇年代後半から始まったとされてきているが、近年、小波に先行してキリスト者による児童文学書の刊行がなされていたことに光が当たり始めている。特に、日本児童文学史における田村の位置づけについては、通説よりも早く、言文一致体の童話を訳出した貢献に再評価がなされ、その代表的な研究に、勝尾金弥の「小波に先行する〈童話〉の試み——田村直臣の『童蒙』訳業[84]」がある。また、キリスト教児童文学の取り組みを反映した児童文学史として『はじめて学ぶ日本児童文学史[85]』などがあり、田村の初期作品が紹介されている。

また、田村研究の観点から、児童向け読み物について扱ったものとしては、梅本順子（二〇一〇）「第四章　児童文学への貢献」があり、ここには、田村が初期の「童蒙」をタイトルに付して訳出した話の原資料について詳しく述べられているほか、村田幸代（二〇一二）の「田村直臣の子ども向け読み物における子ども観の変遷——『童蒙道の栞』から『幼年道の栞』まで」がある。

これらの先行研究をうけ、しかしながら、ここは日本近代児童文学史を論じる場ではなく、田村の作品を児童文学の観点から内容的に分類するものでもない。そこで、本節では、児童中心への大転換とされた出来事とは関連なく、キリスト者となって四〇年にわたって継続された、田村の子ども、家庭向けの読み物の文筆活動の全体について概観すると共に、特にその初期作品に注目し、これらを生み出すに至った田村の意図と、一貫して流れる思想について、考察する。

「児童もの」「家庭向け雑誌」の執筆と刊行

田村は、巻末年表に示すように、多作の人で、生涯を通じて出版を続け、書籍として数えられるものだけでも四〇冊以上を世に出しているが、そのほとんどすべては、「子供」と関わっている。表題ですぐに日曜学校教育や宗教教育、子どもに関する著作とわかるものだけでなく、題名からは、そうと判断できないようなもの、たとえば、帰国後長年かけて編み、版を重ねた『聖書語句辞典』や多数の聖書注解の類も、学術的な研究書としてではなく、日曜学校教師の学びに資することを主眼として書かれている場合がほとんどである。

ここでは子どもを対象とした読み物、童話とよべるものに絞って取り上げるが、そのジャンルの中にも、単行本として出されたものと、週刊、月刊の定期刊行物、雑誌、新聞にあたるものがあるほか、用途が主に日曜学校教育のために刊行された教案や教科書、副読本などがある。田村の童話は初めから、日曜学校教育との連関をもって書かれているため、純粋に子ども向け童話とカリキュラムを区別することは困難であるが、できる限り、教案以外とされるものに絞ってみていく。

田村の児童向け、初の作品は、アメリカの牧師で児童説教やお話集を出していた、リチャード・ニュートンの読み物を翻訳した「忠義な鼓手《たいこうち》の話」で、一八八〇年八月二七日発行の『七一雑報』に無記名で掲載されている。この話が、同年一〇月に、十字屋書店から出版された童話集『童蒙道《わらべみち》の栞《しおり》』に収録されており、本人も自伝で

「太鼓打ち」が初めの作品としていることから、訳者は田村であったと推定される。

留学中、田村は直接ニュートンが子どもたちに話す説教を「縷々《るる》」聴いて多くを学んだというが、米国に渡る前に、英書の子ども向け物語集数冊から、八編を選んで日本の子ども向けに訳出し、田村の初の出版物となる『童蒙道の栞』を二二歳で刊行していたことになる。これは、鳥越信が、児童文学草創期の内容種別に四つあったと挙げている分類[86]からみると、「キリスト教の伝道を目的としたもの」と、「外国の本の翻訳・翻案もの」のいずれにもあたるものと言えよう。

梅本が述べているとおり、日本のキリスト教界では、欧米で発行された出版物は、すぐに宣教師を通して輸入されていた。1章で述べたとおり、師クリストファ・カロザースの書庫にはじまり、築地、銀座時代の若い田村は、当初から英書に親しみ、キリスト教分野の日本語文献がなかったことも手伝い、これで学んでいたことを考えれば、理解できる話である。しかし、日曜学校に携わっていたとはいえ、英書で子ども向けのお話集を読み、しかもそこから選んで、翻訳編集して、童話集を出版するにまで至っているところに、つまり、その情熱と実行力を子どもに傾けているところに、田村の特性が表われているといえるだろう。こうして田村は、子ども向け読み物の草分け的存在である『童蒙道の栞』を、明治一〇年代前半で発刊してから、四年間の米国留学へと旅立つのである。

一八八六年末に帰国した田村の留学後初の出版物は、一八八八年一二月に十字屋書舗より刊行した『童蒙《こども》道しるべ（志るべ）』だった。留学帰りで、多方面ではなばなしく活躍し、数寄屋橋の大会堂建築も抱えていた田村が、アメリカ帰りで先ず執筆刊行したのが、『童蒙道の栞』と同じ、リチャード・ニュートンの著書にある話を中心に、二〇編を収めたこの児童書であったことは、田村の子どもへの熱意が、その時代から並々ならぬものであったことを示している。

『童蒙道しるべ』は、また、田村がいわゆる言文一致体で、文章を表わした記念すべき初めの作品である。それは、若松賤子の『小公子』に一年先立ち、田村自身も言文一致体で書いたのは、「誰よりも私が先である」と述べ、「もっとも誇りとすべき事」としている。『童蒙道しるべ』は、日本の児童文学史上に新しい世界を切り開いた作品で、子ども向け読み物における田村の非凡さを如実に語る一冊だといってよいだろう。

さらに田村の子ども向け作品は続き、翌一八八九年に『子供の頓智《とんち》』、一八九一年には『幼年の針路《しんろ》』と、一二月に『童蒙をしゑ草』を一二三館より刊行している。一八八〇年の『童蒙《わらべ》道の栞』、一八八八年の『童蒙《こども》道しるべ』、そして一八九一年の『童蒙《こども》をしゑ草』の、「童蒙《どうもう》」三部作までが、田村の子ども向け作品の初期のものと考えられる。

というのは、このような子ども向け童話集を本として刊行するというスタイルが、『童蒙をしゑ草』刊行の翌年に変わったためである。田村は、一八九二年に新聞『いのち』と『わらべ』を十字屋書舗より創刊し、子ども向け読み物に、新たに、単行本以外の頒布の形を加えている。『いのち』は、大人向けの週刊キリスト教新聞で、田村は花嫁事件の際、この『いのち』紙上で、植村の批判に応戦した。そして、書籍を一冊の形として出版する以上に、タイムリーに、直接的に、主張を発信することができる定期刊行物の有用性、即効性を必要とし、自らそれを発行するようになるのである。

そして、田村の場合、注目すべきは、その『いのち』と共に、子ども向けの週刊新聞『わらべ』を出版していることといえよう。子どもは大人ではなく、子どもとして扱われなくてはならないと考える田村にとって、定期刊行物もまた、大人とは別に、子どものものを、大人向けを出すなら同時に発行するべきだと考えたのだろう。『子供の権利』で述べられている子ども観は、まだはっきりと成文化されていなくても、一八九二年のこの時点で、既に田村の中に芽生えていたことが想定される。

児童向けの読み物を、常に家庭へ、子どもへと供給したい。そのためには、安価で身近な形にする必要がある、という意識の表れが週刊『わらべ』の創刊となっており、田村はこれを「日本に於ける、週刊子供新聞の最初のものである」と述べている。しかも『わらべ』の挿絵は、先述の、自営館出身者である、「和田栄作画伯の処女画であった」とされ[87]、ここには、子ども向け雑誌のクオリティに対する田村の信念が現れている。

後に田村は、月刊雑誌『ホーム』において、定期刊行物を出すことの大変さを自分はよく知っていると語るが、週刊や月刊誌の発行は、常に次の締め切りに追いかけられる、途切れることなく続く苦労の連続を田村にもたらしたものと思われる。それも、売れ行きが悪ければ、出し続けることができなくなり、すぐに廃刊の憂き目にあう。その内容や質だけでなく、広告宣伝から販売までを背負うことになるのだ。

それでも田村は、一八九二年に初めて、『いのち』と『わらべ』によって、定期刊行物発行を試みた後、続いて、一九〇一年からは『幼年教育』を週刊で刊行し、苦労して継続することによって、読者を得はじめ、一〇〇号までで終刊にする。さらに、一九一二年には、子ども向け週刊読み物『子供之友』を、リーフレットとして毎週発行し、その『子供之友』からの抜粋も収録した、家庭向け総合月刊誌『ホーム』をいずれもホーム社より刊行したのである。『ホーム』は、後述する大人の事情により、一九一三年までで廃刊となるが、田村は、『子供之友』の方だけは、子どもたちのために継続し、一九一五年まで四年間、毎週休まずに刊行している。

これら子どものための定期読み物の体裁は、それぞれに多少異なるが、数ページの小さなリーフレットで（『子供之友』は全て二つ折り四頁）、挿絵が入り、手に取りやすいものとなっている。これら刊行物の実物を、現在、一般に入手できるもので見ようとするならば、『新聞史資料集成』第一巻明治期編に、『幼年教育』の「新聞売子」が、たまたま新聞販売を扱ったお話だったことから、収録されている[88]。これは、表紙から合わせて四点の絵が入り、大きな読みやすい活字で、田村のペンネーム「巣鴨子」によるお話が二二頁まで続く二つ折りの冊子となっている。どの週刊読み物も、毎週のお話に合わせた挿絵を画家に依頼して載せるだけでも、大変な作業だったことだろう。

その「新聞売子」の奥付には、「明治三十五年（一九〇二）九月三日印刷、九月六日発行、明治三十六年六月七日再版、十月十四日三版」とあるため、おそらく週刊で出されたものが、一〇話ごとに一巻となって翌年再版され、その合本も四か月で増刷されたとみてよいだろう。この日付から見て、足尾銅山鉱毒事件に田村が関わっていた時と『幼年教育』発行は並行しており、事件から撤退して、一〇〇号までの継続発行と合本の製作が続けられていったことになる。

一八九〇年代に『わらべ』、一九〇〇年代に『幼年教育』、一〇年代に『子供之友』という、三つの定期刊行物の出版の間を縫うように、一八九四年一月には、花嫁事件の最中に、田村は三光隠士の筆名で『幼年道の栞』を自営館出版部より刊行し、一九〇四年には、『母と子供』を出版している。一九一二年以降は、一二年にリーフレットをまとめた『子供之友　第一集』、一九一三年には一〇〇号までの『幼年教育』を一〇〇話まとめて編集を加えた、『幼年教育百話』を単行本として発刊しているが、一九一五年の『子供之友』の終刊を最後に、田村の「子ども向け読み物」は書かれていないことになる。

このようにみてくると、田村の児童向け執筆は、初めに子どものための童話集の出版をさきがけ、続いて、それらがもっと身近に、各家庭の多くの子どもたちの手元に届くように週刊誌型の刊行物を試みて、三つのシリーズを出し、一九一〇年代半ばで、それまでの刊行物を集大成して単行本として届けるという流れを辿っていることがわかってくる。田村は、一八八〇年の『童蒙道の栞』から、一九一五年の『子供之友』まで、実に三五年にわたって、子どもに向かって、子どものために書いてきたということになる。しかもそれらは、日曜学校事業における膨大な教案の文筆活動と並行して行なわれていたのである。

田村の児童文学に表われる「子供の権利」

以上見てきたように、田村は、キリスト教信仰に入った当初から、児童本位への大転換を経て子どもへと集中し、その教育論を発展して最盛期を迎える一九一〇―二〇年代に至るころまで、児童向け読み物を書き続け、出し続けている。いわばそれはキリスト者としての田村のライフワークであったと思われる。

一方、村田（二〇一二）は、先にあげた「田村直臣の子ども向け読み物における子ども観の変遷――『童蒙道の栞』から『幼年道の栞』まで」において、一八八〇―九四年までの一五年の田村の子ども向け読み物から四冊に焦点を当て、初期の二作と後期の二作を比較して、田村の子ども観の「変遷」を明らかにしようと試みている。しかしながら、確かに田村が作品の中で扱うトピックや言葉、子どもの名前などは、時代を映してそれぞれに違いがあるが、その内容や子ども観については、一五年の間に、村田が結論付けるような変化は、見られないのではないだろうか。

たとえば、変遷と捉えられている「親から子へという関係性から子から親への新たな流れ」が認められることについて言うならば、初期の『童蒙道しるべ』に収められた「十一　感心な男児」、「十二　喜ばしく死んだ児童」などには、明らかに子どもから大人へ、子どもから親への流れと感化が見られている。

筆者が最初に田村と出会ったのは、『子供之友』として書かれた二〇八話のお話によってであった。あまりにユニークで、現代的な言葉遣いによる、生き生きした面白いお話が、「子ども向け」として毎週欠かさず発行されていることに、深く印象づけられた。しかし、これは、田村の児童向け作品群からすると、最終のものだったことになる。その後、時代を戻るように田村が初めて口語文で書いた『童蒙道しるべ』や、田村がこのジャンルの自信作と位置付けている『幼年教育百話』を読んだが、お話はどれも、様々な意味で同様に「田村らしく」、文体の調子や内容、テーマも変わらず、繰り返し見られるものが多い。

この印象は、おそらく、田村の「児童もの」の底流に流れる、一貫した思想によるのではないだろうか。そこで、ここでは、田村の児童向け読み物の意義と、これらが書かれた目的について考察する。

まず注目したいのは、田村が児童ものに使用する言葉についてである。『童蒙道しるべ』の序は、松村介石とされる田村の友人「容膝堂主人」によって記されている（異説もあるが、本論では、序文の書き手を松村介石としておく）。その序には、田村がこの草稿を持って、序を書いてほしいと松村を訪ねた時の様子が描かれている。

松村は、田村にそれを読むように指示し、田村が読み始めると、たちまちその世界に呑み込まれ、「抱腹失笑《ほうふくしっしょう》」「垂頭流涕《すいとうりゅうてい》」し、ある時は手を挙げて感激し、面白さに「首を振り膝を打って」感嘆したという。松村だけでなく、そばで縫い物をしていた彼の母親も、話に感激して涙したとも述べられ、これには、素材の選定と選んだ例話自体の良質性だけでなく、日本語の流れ、話し言葉の卓越性があると田村に述べたことが書かれている。そして、その最後に松村は、この話を聞くと、ただ直訳するような翻訳をしてしまう自分を恥じると言い、翻訳の妙を引き出す田村の言葉のセンスに感嘆するのだが、田村はそれには、微笑するだけで何も言わなかった。そして、ただ、序を書いてほしいのだと言うだけなので、わたし（松村）は、この実際に起こったやりとりを写して、序に代える、としている。

これを読んでわかるとおり、田村が一八八八年から児童作品にもちいた言葉、話し方は、ダイレクトに人の心に届く、非常に画期的で優れたものであり、以降文体のスタイルは全く変わっていない。この田村の「言文一致体」の妙を実証するため、『童蒙《わらべ》道の栞』と『童蒙《こども》道しるべ』の冒頭を比較する。

『童蒙道の栞』も、無論子ども向けの物語であるが、このように始まっている。「数年前、アイルランドに一揆おこりしことあり。其勢《そのいきおい》のさかんにして甚《はなは》だおそるべき中に、亦《また》甚だ愛すべき美事《びじ》もありき。今其事《いまそのこと》を如何《いかん》と尋《たず》ねるに、蓋《けだ》し英国官軍《えいこくかんぐん》の中《うち》に、十二年許《ばかり》の鼓手《たいこうち》ありて」という調子である。これに対して、『童蒙道しるべ』では、お話は、以下のように始まる。「アメリカの或処《あるところ》に、エルバルト、コリンスという一人《ひとり》の童児《こども》がありました。ちょうど今年六才《ことしむっつ》になりましたから、母《おっかさん》はエルバルトを小学校《しょうがっこう》に入校《にゅうこう》させました」。このような調子で、現代でもこのまま語って遜色ない口語文となっている。

これが、田村が初めて行ったという、言文一致体の正体であるが、このような平易な言葉を「大の男」が文章に使用することは、当時相当勇気のいることだった。また、田村は『牧会漫談』の「文章のかき始め」で以下のように述べ、一八八八年の『童蒙道しるべ』こそが、自分の文章の書き始めだとしている。「明治初年に文章を綴らんと欲するものは漢文体の文字を並べなくては文章と称するには足らなかった」のだが、自分のように「中途半端の教育」しか受けなかった者は、「漢文はろくに書けず、さりとて英文も善く綴る事が出来なかった」。そこで、一八八〇年に『六合雑誌』を出したときには、植村正久からも、松村介石からも「文章を直してやるからかいて見ろ」と何度も励まされたが、「何となく筆を取る勇気はなかった」。しかし、「人から笑われてもひやかされてもよい。一番言文一致で私が云う儘《まま》を文章に表わしたいと云う決心を起こし」、『童蒙道しるべ』を「言文一致で初めて世に公にした」(89)。

現代からは想像できない、笑いものになる覚悟が必要だったことがわかる。また、『牧会漫談』の別の箇所には、当時の説教について、「漢語を多く入れなくては、偉い説教とは思われなかった」こと、説教の中で「何か難しい事を云う場合には婦人と子供にはわからないと云う」断りの常套句があったことを述べている。これは、文章ではなく「説教」の言葉について語っているところであるが、「理解できないこと」を、「おんなこども」にはわからないと表現していたということである。子どもに読んでもらう読み物が、漢文体で書くことで、子どもにわからないものとなっていたという、笑い話のような当時の常識を、笑いものになっても、田村に打ち破らせたものは、何だったのだろうか。それは、子どもにとって良いお話を、子どもにわかるものとして、子どもに読んでもらうために書きたいという田村の、ほかの何にも増して強い願いの故だったのだろう。

田村が児童ものを書く理由は、まさにそのことにあった。その基本的思想について、一八八八年の『童蒙道しるべ』の自序において、田村は、この本を、タイトルのとおり「児童輩《こどもたち》が真正《まこと》の道を知る手引きになるようなやさしいはなしでございます」と紹介している。そして、普段から、子どもが面白くてよい話を聞くことで、「小さい時分から、自然と善事《よいこと》を覚え、其《その》まねをするように」なるのが、子どもを教える「最も良い仕方」だと思うと語っている。

これが、後期の一九一三年、『幼年教育百話』の序では、「今日日本の社会の要求」として「子供の良い文学」があるが、それは「有体《ありてい》に言えば母や教師が子供に話したり、又読ましたりする良い話」が少ない事を指しているとして、この一〇〇話がその欠けを幾分かを補うものであるという。そして、この一〇〇話によって、「日本否世界の子供達が良い子供に教育せらるる事が出来ますれば」、自分の働きは無益にならず、「実に私の名誉」だと述べるのである。(90)

ここには、田村が、子ども向け読み物を書く一貫した理由として、子どもたちがよく教育されるためであることが挙げられている。社会のひずみや、家庭の問題の犠牲になる子どもたちが、よく生きる真正の道を知り、良いものとして育てられるために、家庭に、子どもたちに、良い読み物を届けること、それこそが、田村の使命であった。田村にとって、子ども向けの良い読み物は、子どもが子どもとして、よく育ててもらう権利の一つだったのである。

自伝に、「児童文学を世に出すの苦心(91)」と題された『幼年教育』を出版し続けた時の苦労が述べられている部分がある。お伽噺ぐらいしか、子どもの読み物を認めなかったころ、毎週出版した『幼年教育』は、初め「道徳臭いとか、耶蘇《やそ》臭いとか云うて、非難百出、書店に於《お》いて、誰も馬鹿にして売捌《うりさば》いてくれる者はなかった」という。売れ行きが悪く、警醒社から発行を断られてしまい、自営館出版部から自ら発行し、販売にまで関わることになった。しかし、どう評価されても継続しつづけて、ついに一定の評価を得ることになったというが、そこへ行くまで、売れる、売れないにかかわらず、「最後の勝利は此にありと確信し」て、書き続け、出し続けたというのだから、子どもにわかる良い読み物を届け続ける仕事は、まさに田村が自らのなすべき働き、使命であると信じるところだったというほかない。

最後に、田村の「児童もの」が最盛期をむかえる一九一〇年代に、田村の子ども理解と彼の使命をよく表わす著作として世に出された『子供の権利』の序文を少し長いが、引用する。この本は、子どもに向けて書かれたものではもちろんないが、ここには、田村が子どもを語るとき、子どもに語る時、子どもを教育するとき、どのような言葉を用いようとしたのかが、明確に書かれている。と同時に、田村自身が当時、最も強く願っていたことが端的に述べられていると思われるのである。

此《この》書物は私の七八年間集めた材料を基《もとい》として一冊の書物としたのであって、此内《このうち》にある文章も一度も新聞雑誌に載せたことはないのであります。『権利』と云う文字《もんじ》は六ヶ敷《むづかし》い文字でありますから、此書物は何か六ヶ敷い書物であると云う誤解が起こるかも知れないと思い、幾度《いくたび》か『権利』と云う文字を替えて他の文字を用い様と致しましたが、如何《いか》にしても他に適切なる文字を見出す事が出来ませんでしたから、止むを得ず『権利』と云う文字を用いたのであります。

初めは比較的六ヶ敷《むづかし》く書いて見たのでありましたが、中途《ちゅうと》で其の文章を書き直し、誰れでも読める極々平易《ごくごくへいい》な文章にしたのであります。若《も》し此《こ》の書物が日本の家庭に愛読せられ、親達が子供の権利を認め、子供を愛し、子供を尊敬し、子供を能《よ》く教育して親の親たる務《つとめ》を尽くす事が出来ますなら私の幸福《こうふく》は此上《このうえ》もないのであります。

第三章　まとめ

本章では、「日本の花嫁」事件によって、キリスト教界から排除され、田村の男女同権論が行き場を失ったかに見える一八九四年以降、二十世紀を迎えて田村が一大転換を経験して、「子供本位」と教育へ向かっていった時代を取り扱い、併せて一九一一年に著された『子供の権利』が、子どもの権利思想史においてどのような位置と意味合いを持っているのか、ならびに、子どもへの転換に関わりなく、田村が持ち続けた「子供」への関心について田村の子ども向け読み物において考察した。

田村の自覚的な子どもへのシフトを理解するために、1節では、花嫁事件後そこへ向かう田村が、最も力をいれていた青年育成事業と青年伝道について述べた。苦学生のための就労奨学施設である自営館は、和田栄作、石原純、謙兄弟、山田耕筰らの少年、青年時代に大きな影響を与えた先駆的な試みであり、田村が米国においてヴィジョンとして持った、日本における「基督者ホーム」の建設を有為な若者たちにおいて実現しようとするものであった。

それは自営館の寮生をすべて通わせていた数寄屋橋教会においても確認できるところで、北村透谷、岸田劉生をはじめとして、青年たちに深く関わり、『鐘の音』の証言にみるように、青年期を中心とした共励会活動によって、これから、社会においてそれぞれの人生を踏み出そうとする人々、結婚し新家庭を築いていこうとする若者たちの理想と迷いの交錯する日々に、キリスト教信仰を以て関わろうとするものであった。「基督者ホーム」の建設を掲げて、留学後すぐに女性たちの解放へ関心を向けたものの、それを婦人矯風会や、キリスト教界から拒絶された田村にとって、煩悶する青年期の人々と新しい価値観であるキリスト教との出会いの場を作ることは、より経験値の高い、当事者性のある課題であったということができるだろう。

しかし、これら青年期にある人々へのキリスト教信仰による働きかけは、透谷の自死（それに続く日清戦争の勃発）、理想を追い求めて建設した巣鴨自営館の現実が経済的にも、そこに集う学生たちの成長という点でも困難を抱え、大幅修正を求められる現実（そして、日本が日露戦争へと突き進む）と直面する。また、この頃、思想的には、一八九七年のハムモンド著『子供を基督に導くの秘訣』を出版したことで、ブッシュネルの養育論との向き合い直しがあったと思われ、教育論の見直しと、大人への悔い改めを迫る伝道方法であるリバイバル方式に対する方法論的批判が湧いていている。

こうして田村は、二十世紀大挙伝道で大リバイバルを経験し、さらには、社会運動としての足尾銅山鉱毒事件に関わったことを最後の契機として、それぞれから自覚的に決別し、また女性や青年といったその他の関心から、優先して「子供本位」へと向かう。この「子供本位」「児童中心」思想の教育的展開は、伝道的教育から宗教教育へ、それも幼い子どもの養育へとその働きの焦点を進めていくことになる。

本章では、田村の「子供本位」への転換が、ひとつには、「子供の権利」論の問題として、田村において認識され、日本で初となる『子供の権利』の出版へと結びついたことを明らかにし、それが子どもの権利思想の流れのなかで、どのような意味をもつのかを考察した。この著作は、田村が、男女同権または「婦人の権利」を『米国の婦人』や『日本の花嫁』に表明したように、「子供の権利」について田村の主張を公にしたものであるが、「婦人の権利」同様、簡単に受け入れられるものではなかった。

しかし、田村は、「子供の」権利については、『子供の権利』の公刊で、それを終えるのではなく、生涯これを粘り強く日本社会に訴えた。「基督者ホーム」の建設を具体化するために「児童文学」「子ども向け読み物」を用い、さらに母親向け、家庭向け、子ども向けの定期刊行物を通して文書によって社会へ広く流布させ続け、また日曜学校カリキュラムや宗教教育教科書を通して、教会へと展開していったのである。

田村の「子供の権利」思想は、ひとつには「子供本位」への大転換としての性格があり、この取捨選択と変化に大きな特徴を見ることができる。と同時に、それは、田村がキリスト教信仰を持ち続けてきた最初から変わらずにあったものであり、著作においてそこに「神の子」としての権利を付加することによって、神による「子供の権利」という論拠を得るものとなっている。こうして、キリスト教信仰をもつ者として、神によってオーソライズされた「子供の権利」の擁護者として、田村は、「子供の権利」を家庭と社会において実現するための働きへと邁進することになる。

（1）　森下憲郷「田村直臣と自営館」（『築地バンド研究』一九八六）、同「巣鴨・自営館と山田耕筰作曲『からたちの花』」

（一九九〇年）参照。この他に、巣鴨百選編集委員会「特集田村直臣と自営館・大正幼稚園」（『巣鴨百選一一月号』二〇〇五年一一月一日）。

（2）松尾重樹「自営館時代の石原純」『科学史研究』第Ⅱ期巻二六（一六二）、一九八七年。

（3）田村がオーバン神学校時代に担当したカルバリ教会日曜学校の組にいた「ギル君」が、後にパトルソン市に転居し、そこで彼が中心となって青年たちが外国伝道を支える活動を行ない、献金してくれたという。田村『五十年史』二四二頁。

（4）米国でなされた学生の「自助」寄宿制度は、この頃日本のミッションスクールで行なわれていたようである。一八九一―九二年ごろ、関西学院に「自助会」が作られ、経済的に貧しい学生が郵便物の配達や、乳牛の飼育、牛乳販売等を行なっていたという記録と写真が残されている（『関西学院の一〇〇年』一九八九年、三六―三七頁）。「自助」「自営」という名称から、同じ英語名 Self Help に由来するものと考えられる。

（5）田村『五十年史』一六八頁。

（6）森下「田村直臣と自営館」一三二頁参照。

（7）田村『五十年史』二五二頁。

（8）森下「田村直臣と自営館」一三四頁。

（9）田村『五十年史』二四九頁。

（10）弘文堂（古書店）のウェブサイトに「『自営館（Jeikwan）』（明治三一年（一八九八）一八・五×一三・五センチメートル、一〇頁）これは新しく発見されたキリスト教関係のちりめん本で世界でただ一冊しかない極め付きの稀覯本です」と画像と共にあげられていたことから、この存在を確かめることができた（現物は販売済み）。サイトではちりめん紙を用紙とした色鮮やかな印刷で、表紙や本文、自営館生が印刷所で働く様子などの挿絵の画像を見ることができ、以下のように本の内容が紹介されている。「著者の田村直臣は明治から大正・昭和にかけて植村正久、内村鑑三らと並んで大いに活動した牧師ですが独自に自営館という学生の勉学施設を創立して運営しました。この本はその施設の内容を詳しく紹介し欧米人に自分たちの布教と育英活動の実情を知らせることによって寄宿舎付きの大型施設を運営する資金の調達に役立てようとしたものです。巻末には必要なものとして、奨学金一人分五〇ドル、施設運営に七〇〇〇から一〇〇〇〇ドルの寄付、といった具体的な数字が記されており自営館の実態と共に当時の特別な布教活動を知る上の貴重な資料になっています」。http://www.healing39.com/product/2178（アクセス日付 2018/2/9）

（11）森下「田村直臣と自営館」一三五頁。

（12）田村『五十年史』二五三頁。

（13）同、二五二―二五三頁。

（14）森下「田村直臣と自営館」一三六―一三九頁。

(15) 松尾重樹は先述の「自営館時代の石原純」の中で、石原謙、純兄弟の日記（和紙を紐で閉じた冊子）から一部を紹介している。石原の日記はこの「松尾、一九八七」からの引用。
(16) 竹中正夫『美と真実』（新教出版社、二〇〇六年）には、知られてこなかった、近代日本キリスト教に関わる美術者たちが掘り起こされているが、その中に、「和田栄作」（二一一—三三頁）、後述する「岸田劉生」（一一八—一三五頁）が所収されている。共に、田村がその若い日に、画家となる道を歩む際に関わったことになる。
(17) 山田耕筰『はるかなり青春のしらべ——自伝　若き日の狂詩曲』エムディシー、二〇〇三年。
(18) 山田、二〇〇三、三〇頁。
(19) 松尾、一九八七より引用。
(20) 山田耕筰は第二章で言及したガントレット恒子の実弟でもあり、山田家について、また、音楽家としての戦争責任の検証についてなど、研究すべき点が多いが、今後の課題としたい。ここでは田村の自営館との関係のみ取り上げる。資料には先述の自伝の他、渕眞吉（元山田耕筰マネージャー）「山田耕筰と築地居留地」（『築地居留地2』）、森下憲郷「巣鴨・自営館と山田耕筰作曲『からたちの花』」（先述冊子資料）、社団法人日本楽劇協会編『この道——山田耕筰伝記』（恵雅堂出版、一九八二年）参照。
(21) 山田、二〇〇三、三三頁。
(22) 巣鴨教会報『鐘の音』イースター号、一九三四年四月一日発行。
(23) 田村『五十年史』二五六頁。
(24) 『劉生日記』第一巻（岩波書店、一九八四）、富山秀男『岸田劉生』（岩波書店、一九八六）、浅野徹「評伝　岸田劉生——独創的な美の開拓者」（『20世紀日本の美術——岸田劉生／佐伯祐三』集英社、一九八七）参照。
(25) 梅本、二〇一〇、一〇六—一〇九頁。
(26) 酒井忠康『岸田劉生』新潮社、一九九八年。
(27) 透谷は一八九二年、評論「厭世詩家と女性」を『女学雑誌』に発表し、その冒頭の一文に「恋愛は人世の秘鑰《ひやく》なり」と述べ、世に衝撃を与えている。田村との関わりと、数寄屋橋教会に於ける信仰が、透谷の恋愛観や女性論にどう関係したのか、ミナと透谷の結婚と家庭に田村はどのように関わったのか、また、透谷が島崎藤村や木下尚江に影響を及ぼしたとされる思想、特に「人間性の自由」や「内面的生命」、「平和主義」といった思想形成において、田村による青年教育は何らかの影響を及ぼしたのかなど、興味は尽きない。
(28) 隅谷三喜男「キリスト教と平和思想」『日本プロテスタント史論』新教出版社、一九八三年参照。
(29) 『鐘の音』創刊号（一九三二年六月二六日）、イースター号（一九三四年四月）、巣鴨教会六十周年記念号（一九三六年四月一二日）。

(30)聖和大学の源流である神戸女子神学校卒業生で、一八八九八—一九〇〇年数寄屋橋教会伝道師。竹中正夫『ゆくてはるかに——神戸女子神学校物語』教文館、二〇〇〇年、九九頁。田村が数寄屋橋教会で、組合派の神学校である神戸女子神学校卒業の女性伝道者と共働していた記録として貴重なもの。
(31)田村直臣『五十二の礎』洛陽堂、一九一七年。
(32)同、八八—九三頁。田村にとって、尊敬する新島の名前から付けたと思われる次男、襄の死は非常に大きな出来事であり、翌年生まれた三男を襄次と名付けている。染井霊園にある田村の墓には、本人の大きな「田村直臣之墓」の周りを囲むように、「田村家」、生家である「浅羽家之墓」、ゑいの実家「佐々・峰尾之墓」の三つの墓石が並んでいる。その一角に三〇—四〇センチメートル四方の小さな墓が別に造られ、その上面には「明治三十八年　田村襄之墓　三月五日永眠」と刻まれていることからも、田村が、僅か一〇〇日にも満たないでこの世を去った小さな命をいかに大切に思っていたかをうかがい知ることができる。
(33)田村『五十年史』二七八頁。
(34)田村直臣『牧会漫談』(大正幼稚園出版部、一九二八年)には「銀座の大道でアーメン」と題された章がある。一八七六年頃、まだ会堂も語るべき講堂もないときに、銀座三丁目の角に立って、石を投げられながら、大声でキリストの証をしたことが述べられ、「明治初代の路傍説教は生命がけの仕事」だったとされている。
(35)村田幸代「田村直臣の子どもの権利思想——その形成過程と子ども観を中心に」『国際文化研究論集』第8巻、二〇一〇年、二四—二五頁。
(36)田村直臣訳『子供を基督に導くの秘訣　一名　子供の悔改』基督教書類会社、一八九七年。これは、イー・ペイソン・ハムモンド著 *The Conversion of Children* の抄訳出版であるため、以下、「田村訳『子供を基督に導く』」と表記。
(37)田村訳『子供を基督に導く』三四—四三頁。
(38)工藤英一「鉱毒問題とキリスト者——田村直臣を中心として」『明治期のキリスト教』教文館、一九七九年。梅本順子「足尾鉱毒問題との関わり」『闘う牧師田村直臣』二〇一〇年。
(39)土肥昭夫「Ⅵ資本制確立期のキリスト者の行動と思想2足尾鉱毒問題とキリスト教」『日本プロテスタントキリスト教史』新教出版社、一九八〇年。
(40)山田知子「足尾銅山鉱毒事件と女性運動——鉱毒地救済婦人会を中心に」『大正大学研究紀要』第九七輯、二〇一二年。
(41)土肥、一九八〇、二〇二頁。
(42)山田知子、二〇一二、一七八頁。
(43)梅本、二〇一〇、一二二頁。
(44)田村直臣『子供の権利』警醒社、一九一一年、五頁。
(45)上笙一郎『〈子どもの権利〉思想のあゆみ』「日本〈子ど

もの権利〉叢書」別巻、久山社、一九九五年、一〇―一一頁。

(46) 河上肇「日本独特の国家主義」『中央公論』中央公論社、一九一一年三月号。

(47) 初版本は一一×一五センチメートルの文庫本サイズで、濃紺の表紙には、ジョシュア・レイノルド画「無邪気の時代」の少女の装画がある。まさに、小さく愛らしい本である。

(48) 上、一九九五、一八―一九頁。

(49) 同、一八―一九頁。

(50) ルソーは一七六二年の『社会契約論』第一篇第四章において「子供たちは、人間として、また自由なものとして、生まれる。彼らの自由は、彼らのものであって、彼ら以外の何びともそれを勝手に処分する権利はもたない」(桑原武夫訳)と述べている。

(51) 桜井智恵子「第一章　子どもの人権とは」『子ども・権利・これから』社団法人子ども情報研究センター／堀正嗣編著、明石書店、二〇〇一年、一八頁。

(52)『共産党宣言』の精神は、この後二〇世紀を迎えてロシア革命へとつながり、「ロシア社会主義連邦ソヴィエト共和国憲法」(一九一八年)へ引き継がれて、一つの典型に達することとなる。上、一九九五、二一―二二頁参照。

(53) エレン・ケイについては、金子筑水が一九一一年九月発行の『太陽』で日本に初めて紹介したことにより、平塚らいてうが、ケイに関心を持ったとされている。同年同月、らいてうは『青鞜』を創刊しているが、奇しくも同年同月に、田村の『子供の権利』も出版されている。田村は、『子供の権利』の第一章を「廿世紀の大問題」と表題し、ケイの著作を踏まえてこの書を書き起こし、「エレン・ケイ女の云わるる様に『廿世紀は児童の世界』であります。子供の権利と無にして神の世界がこの世に来る事はないのであります」(一二一頁)と述べて、子どもの権利擁護が、神の国の実現と関わっていると主張している。上、一九九五、二四頁。

(54) 田村『二十世紀の日曜学校』三頁。

(55) 上、一九九五、二八頁。

(56) 奈良時代(七一〇―七八四年)の山上憶良の歌に「白銀《しろがね》も　黄金《くがね》も玉も　何せむに　まされる宝　子《こ》に及《し》かめやも」(『万葉集』巻第五)がある。

(57) 上、一九九五、二九頁。

(58) 山上憶良「貧窮問答歌」(巻五)は、農民の家が「飯炊《いいかし》ぐことも」難しい状況を詠んでいる。

(59) 上、一九九五、二九頁。

(60) 上は、このような封建時代にも子どもの生命と人格を擁護しようとした思想家として、一七一〇年に子どもの発達や性格に注目して『和俗童子訓』を著した貝原益軒《えきけん》と、一七五五年に『自然真営道』を著し直耕《じきこう》を勧めた安藤昌益《しょうえき》を挙げている。

(61) 植木枝盛は、ルソーの『社会契約論』を『民約訳解』として一八八二年に訳出し「東洋のルソー」と呼ばれた中江兆民と同郷の土佐出身で、兆民の影響を強く受け、「兄弟論」（一八八六年）、「育幼論」「養子論」（一八八七年）なども著している。

(62) ボアソナードの第一次草案には、以下のように明確な子どもの権理論が含まれていた。「親権ハ父母ノ利益ノ為メ之ヲ与フルモノニ非ズシテ、子ノ教育ノ為メ之ヲ与フルモノナリ。……一切ノ権利ハ子ニ属シ、父母ハ只義務ヲ有スルニ過ギズ」。

(63) 上、一九九五、三六頁。

(64) 西山哲治『教育問題――子供の権利』南光社、一九一八年、一四頁。

(65) 生江孝之『増訂　社会事業綱要』厳松堂書店、増訂版一九二七年（初版一九二三年）二七〇頁参照。

(66) 『賀川豊彦氏大講演集』大日本雄弁会、一九二六年、二八二―二九一頁。

(67) 『児童保護』第二巻第七号、一九二七年。なお賀川の子どもの権利思想とその取り組みについては、賀川豊彦記念・松沢資料館編集発行『賀川豊彦　子どもの権利論のてびき』一九九三年参照。

(68) 一九四七年に制定された「日本国憲法」は、主権在民をうたい、基本的人権を「現在及び将来の国民に与えられる」とした画期的な憲法だった。この新憲法に基づいて「児童福祉法」（一九四七）、「母子福祉法」（一九六四）、「教育基本法」（一九四七）、「学校教育法」（一九四七）などが制定され、一九五一年には「児童憲章」がつくられたが、「子どもの自己決定権」まで保障した一九八九年の「子どもの権利条約」は批准に一九九四年までかかるなど、日本における児童の権利擁護は困難な道を続けている。

(69) 上、一九九五、四七頁。

(70) 同、三七―三八頁。

(71) 同、三八頁。

(72) 梅本、二〇一〇、六〇―六一頁。

(73) 桜井、二〇〇一、二二―二四頁。

(74) 関口安義「解説」『子供の権利、婦権と児童権運動』「日本〈子どもの権利〉叢書」1、上笙一郎編、久山社、一九九六年、四―五頁。

(75) 田村直臣『児童中心のキリスト教』大正幼稚園出版部、一九二五年、一頁（以下「田村『児童中心』」と表記）。

(76) 土肥、一九八〇、四〇―四一頁。

(77) 田村は一九〇七年の著作『二十世紀の日曜学校』の中で、「思うに今の教育家たる人々は、曩《さき》に陛下の下し賜わりたる教育の勅語を以て、宗教に代用することの出来るものの様に心得て居るのであろう」（二〇頁）と批判的にこれを述べており、他の著作をみれば、田村が教育勅語に「一言も触れることがなかった」とする上の論述は妥当ではない。

(78)　上、一九九五、三九頁。
(79)　同、三八―三九頁。
(80)　田村直臣『児童の権利』(『子供の権利』の再版)への加登田恵子「解題」『現代日本児童問題文献選集』6、日本図書センター、一九八六)九―一〇頁。この『児童の権利』序文において、田村は「大正十二年の大震災のために烏有に帰せしこの書も再び新衣を着し諸君に接する光栄を得たるを非常に悦びといたします」と述べている。一九一一年に、警醒社より初版が出され、半年を経ずして再版された『子供の権利』は、関東大震災によって焼失しながらも、一五年後に『児童の権利』と題されて大正幼稚園出版部より刊行されたことになる。この書の意義を語るエピソードと思われる。
(81)　田村『子供の権利』一四頁。
(82)　田村の記述は現実とユーモアに満ちている。たとえば、この項目の子どもの活動を制限する親の描写では、「家庭に於て『いけない〳〵』とか『よせ〳〵』とか『およしと云うたらよさないか』とか云うのは、毎日親の口から何度となく出る言葉ではありませんか」と述べ、幼稚園の子に保母が名前を尋ねると、『お梅』と答え、もう一つの名(姓)を尋ねると「してはいけん」と答えた。いつも「してはいけん、してはいけん、してはいけん、お梅」と言われていたから、「してはいけんお梅」という名前だと思っていたというエピソードを紹介している。田村『子供の権利』二二三―二二四頁。
(83)　田村『五十年史』九三頁。
(84)　勝尾金弥「小波に先行する〈童話〉の試み――田村直臣の「童蒙」訳業」『児童教育学科論集』愛知県立大学文学部児童教育学科編、一九八八年(三月号)。童蒙《どうもう》は物の道理がわからない幼い者、子どもを指す言葉であるが、書名では『童蒙道《わらべみち》の栞《しおり》』『童蒙道《こどもみち》しるべ』のように適宜意読している。
(85)　鳥越信編著『はじめて学ぶ日本児童文学史』ミネルヴァ書房、二〇〇一年。
(86)　同、一四頁。
(87)　田村直臣「我が知れる日本の日曜学校」参照。
(88)　『新聞史資料集成』第1巻(明治期編〈新聞論Ⅰ〉)ゆまに書房、一九九五年所収。
(89)　田村直臣『牧会漫談』五五頁。
(90)　田村直臣『幼年教育百話』警醒社、一九一三年、自序一―二頁。
(91)　田村『五十年史』二八七―二八九頁。

第4章
田村の日曜学校教育論

巣鴨教会日曜学校の子どもと教師たち（1931年4月イースター、巣鴨教会蔵）

私は生来子供が好きで、日曜学校を教うるは、一つの楽しみであった。日本の教師中、私の如く、初めから、子供に熱心であった者は、稀であったろうと思う。私は日曜日に子供を教うるか、又は子供に話をするかして、子供の顔を見ない日曜日は一日もなかった。(1)

一八七四年にキリスト教と出会い、キリスト者として、また教師（牧師）として歩みだした田村の傍らには、常に、日曜学校とそこで出会う子どもたちの存在があり、それは終生変わらなかった。

本章では、児童への大転換を経た田村が、全身全霊を傾けて、本格的に取り組んでいった、日曜学校教育についてとりあげる。1節において、日本の日曜学校教案（カリキュラム）史における田村のカリキュラムの独自性と意義を、2節では、田村が最も日曜学校教育に力を注いだ一九〇〇―一九一〇年代に著した田村の日曜学校理論とはどのようなものだったのかを考察する。また、3節では、日本の戦前の日曜学校史において、大きな役割をはたした一九〇七年設立の日本日曜学校協会と田村との関係を軸に、東の田村に並ぶ西の雄、メソヂスト教会の三戸吉太郎の日曜学校教育とその業績を紹介することで、田村との比較を加え、戦前の日曜学校史がたどってきた道のりと、田村の日曜学校教育論の独自性を明らかにする。

1　田村の日曜学校カリキュラム

田村の時代の日曜学校

日本における近代日曜学校の歴史は、田村の信仰の歴史と重なり、田村の歩みを振り返ることは、日本の日曜学校運動の草創期から戦前一九三〇年代までを検証することにもなる。そこで、まず、田村の日曜学校との関わりをみながら、日曜学校運動について検証する。

日本キリスト教史で顧みられることの少ない日曜学校の歴史については、一九七七年に日本キリスト教協議会（NCC）教育部が設立七〇周年事業として出版した『日本における教会学校の歩み』[2]に基づき、NCC教育部一〇〇周年に刊行された『教会教育の歩み——日曜学校から始まるキリスト教教育史』[3]に依拠する。この歴史編纂委員会には筆者も加わり、特に本論が取り扱う日曜学校の草創期から戦前に至る時期（編書では第一部年表のI、II期にあたる）について、海老沢亮『教会学校　宗教々育史』（一九二二）、小出正吾『日曜学校の歴史』（一九三二）、山本忠興『日本日曜学校史』（一九四一）の記述との詳細な突き合わせを行なった上、年表を作成した。[4]これに加えて、田村自身の『五十年史』と、田村の回想録である「我が知れる日本の日曜学校」のほか、留学以前の田村の日曜学校との関わりについては、『七一雑報』の関連記事をまとめた、佐野安仁「『七一雑報』にみる安息日学校」[5]からその様子を知ることとする。

東京でのいわゆる「日曜学校」[6]の始まりは、一八七三年頃とみられ、田村も、受洗当初から誕生間もない日曜学校に関わっていた。田村の受洗二か月後の一八七四年一二月二五日に、築地、東京第一長老教会で開かれたクリスマス祝会にも、ミッションスクールの生徒や日曜学校に出入りし始めた子どもたちが来ていた。その祝会は、カロザースの指導のもと、原胤昭、鈴木舎定、戸田欽堂、都築馨六ら築地バンドの面々と共に、田村も企画や準

備に取り組み、日本初と言われる、戸田忠厚の扮する裃姿《かみしも》のサンタクロースが登場している。(7)

一八七七年、銀座の十字屋から「田村有成画、美術絵画、教えの札」が発売され（日曜学校カードの始まりは前年五月）、大流行りとなって、子どもたちはカード欲しさに日曜学校に集まった。『七一雑報』（一〇月一九日号）には、「東京十字屋にて安息日学校訓誡紙《カード》を銅板にて製作《つくり》たるに至極《しごく》奇麗なれば安息日や説教所のおくばり物に願いたい」とカードの発売記事と宣伝が掲載されている。第1章、第2章で度々登場した銀座三丁目の大通りに大看板を掲げた原胤昭経営「耶蘇教書肆十字屋」は、日曜学校の歴史においても始めの重要な役割を担い、田村はこの翌年に、十字屋の支配人として、この二階に住み込むこととなるのである。

この頃の日曜学校について、田村は、カードをはじめとしてあらゆる方式は、宣教師が日本に導入したものだったとし、その中でも特に「日曜学校のために熱心に働いて呉れた」宣教師は、ケイト・ヤングマンとマリア・トゥルーだったと述べている。クリストファとジュリアがいなくなった銀座で、田村は主にトゥルーを最も身近なお手本にしながら、日曜学校と関わっていったものと思われる。そして、先述の「ヤソ婆さん」と呼ばれた森田みとが、「ヤソ、ミソ、テッカミソ」とはやし立てられ、時には石を投げられながら、子どもたちを集めて、田村の日曜学校を支えたという。田村は、このように、二十歳に満たないころから女性宣教師と多くの日本人バイブルウーマン、「女丈夫」と呼んだ「偉い」女性信徒たちに囲まれながら、日曜学校と子どもたちに関わっていたのである。

こうして困難な中にも、東京市内に日曜学校が徐々にできていき、一八七八年には、女学校七校と日曜学校生徒による日曜学校大集会が築地新栄会堂《しんさかえ》で開催される。ここで田村は、津田仙、奥野昌綱、島亘、フルベッキといったそうそうたるメンバーに交じって若くして弁士としてあげられ、「日曜学校の歴史と該校を盛大にすべき事」の題目で演説している。この大集会は、『七一雑報』（五月三一日号）に、五月一五日「午後東京築地新栄橋際の会堂に催されし日曜学校の大集会は中々盛会にて銀座原女学校（日本長老会）築地ヤングメン女学校（米国長老会）同じく海岸女学校（メソヂスト）同ガンブル女学校（英長老会）駿河台キダー女学校（浸礼会）同ハッドスン学校（メソヂストの一派）本郷ブランシー女学校（米エピスコパル会）総て七校の生徒並に日曜のみの生徒凡《およそ》二百名斗《ばか》り外に傍聴人二百名都合四百名なれば流石《さすが》の大堂も立錐の余地もなく」と詳しく報告されている。初めの日曜学校は、「築地の花」と言われた三校をはじめとするミッションスクールの女子生徒たちの熱心な奉仕によってなされていたこと、また日曜日に一般家庭から通ってくる、いわゆる「日曜学校」の生徒が、開始五年ほどで、東京市内に数百名居た様子をみることができる。

また、一八八〇年六月二六日には、ロバート・レイクスの英国グロスター市での日曜学校開始から一〇〇年を記念する、日曜学校百年祭が新栄教会で開かれ、『七一雑報』には、弁士としてフルベッキ、バラ、小川義綏が挙げられているが、田村は、「我が知れる日曜学校」において、この時宣教師ではフルベッキ、日本人の代表として自分が弁士として演説したと述べている。(8) 二年前の日曜学校大集会との混同とも考えられるが、紙幅を割いてこの日曜学校百年祭の感動を語り、「この集まった多くの子供等の顔を眺め、私は云うに云われぬ悦に接し、この時私は日曜学校事業のため、これより熱心をもって其れに当る心を燃やした」と、特記していることから、何らかの形で前に立って、子どもたちに話をしたのは、間違いないのではないかと思われる。

こうして田村は、留学前から日曜学校に深く関わり（『日曜学校のお話』と関連する『童蒙道の栞』の刊行については前章参照）、一八八二年から四年間の米国留学を経験する。この間、田村は全米そして英国の大きな日曜学校をいくつも視察し、様々な教会で講演活動をしながらすごしていく。「米国在学中は自ら外国の日曜学校に於て教鞭をとり、米国及び英国の日曜学校の事業を研究するに大に努めた。この点に於ては、他の留学生とは大に趣きを異にして居った。私は欧米の地に足を入れるは、外国の子供等に接するが私の大いなる目的の一つであった」(9)と、自身が述べているとおり、田村にとっては、留学自体が、日曜学校に対する深い動機と目的によってなされたものだったのである。

また、田村は、オーバン神学校のあったオーバンのカルバリー教会について、「此の教会は、私の学校にあった時は、オボルン神学校総長スチワルド博士が牧師をして居られ、私は初めの一年、日曜学校を担当して居った[10]」と述べている。米国留学中の日曜学校の経験のなかでも、これは特筆すべきことといえるだろう。明治期から今にいたるまで、多くのキリスト教を学ぶものが海外へ留学し、当地の教会を見、またその礼拝で著名な説教家の説教を聴いてきただろうが、コンスタントに一年間、日曜学校の教師をした者は、まずいないだろうと思われる。こうして、留学中の田村は、日曜学校と益々密接に関わり、その理解を深めていった。

森下憲郷は、キリスト教の立場から、教会資料を駆使して田村を追い続けた田村研究の第一人者であるが、『築地バンドの研究』の「序にかえて」において、田村を理解するために重要な問いと答えを述べている。[11] それは、「田村が宗教教育に関心をもち、その理論を確立し日曜学校で実践した契機はなんであったのか」という問いであり、森下は、その答えとして二つの点を指摘する。そのひとつはアメリカ留学によって、「この国の教会と家庭の事情を熟知し」、「幼児期からなされている宗教教育の大切さ」を体得したことであり、もうひとつはプリンストン大学においてジェームズ・マコッシュ教授（スコットランド学派）から教えを受けることで傾倒していった「心理学の研究」であったというのである。その中にある「教会の事情」のうちで特に、当時最先端の米国の日曜学校（Sunday School）を、教師として実体験したことは、従来の田村の日曜学校教育理解を一変させるものとなっただろう。

帰国後二〇年を経て田村が著した『二十世紀の日曜学校』（後述）は、日曜学校への情熱と研究の集大成と言える作品であり、田村の留学時代の学びが色濃く反映されている。特にその附録にある「宗教的児童教育参考書」の一覧（本章〈資料2〉参照）には、一〇〇冊の英書参考書が一一の項目別に挙げられ、その五〇冊については要約、寸評が付されている。それらのリストは、田村が学んだ当時、最先端の宗教教育学及び児童心理学、発達心理学の状況を表わすと共に、田村のプリンストンでの心理学の学びがどのようなものであったか、また留学後の田村の研鑽がどれ程のものであったのかを指し示す貴重な資料となっている。

米国での日曜学校をめぐる体験と教育を支える理論の徹底的研究は、森下が契機として特別視するように、その後の田村の子どもへの向かい方を規定し、目指す宗教教育の原理と実際の方向性を摑ませるものだった。こうして田村は、キリスト者として子どもに携わるということを、理論と実践の両輪を絶えず回しながら行なうものとして捉え、真摯な研究者でありながら、熱心な教育者たることを、日本の日曜学校教育・宗教教育において実現していくのである。

さて、このように深く田村が関わった近代日曜学校の始まりは、一七八〇年、英国の実業家ロバート・レイクスが、グロスター市の工場地域で、不衛生で悲惨極まりない生活をしていた貧しい子どもたちに、読み書きと聖書を教え、生活を改善させるために開いた日曜学校だったとされる。これは、当初、信徒であったレイクスが、子どもの福祉と権利擁護のために、私財を投じて創った「慈善学校」であったが、時代の要請を受けて、英国中の教会に広まり、日曜学校運動——日曜日に地域の子どもたちのためになされるキリスト教会の社会教育プログラム——となっていく。そして、その運動と熱意は、特に米国に渡って劇的に発展すると同時に、他のヨーロッパ諸国でも、多少の反発はあったものの、約一〇〇年の時をかけ浸透していったのである。

このようにレイクスを契機としてうまれた日曜学校は、地域にある各個教会の教育事業として、それぞれに毎日曜のプログラムを行ないながら、日曜学校間相互の連携協力を模索するようになる。こうしてレイクスから五年後には「英国日曜学校奨励会」がつくられ、一八〇三年、初めての合同組織である「日曜学校同盟」が英国ロンドンに生まれる。一方、米国では、一七九一年に「フィラデルフィア第一日曜学校協会」が発足したのを皮切りに、全米各地に同様の連携団体が生まれていき、一八二四年、米国全体の日曜学校のユニオンとして「アメリカ日曜学校同盟」が成立し、日曜学校国民大会を開催する。日本に日曜学校が生まれようとしていた一八七二年には、南北戦争後再開されていた、アメリカ日曜学校同盟によるこの大会は第五回を数え、インディアナポリスで日曜学校国民大会が開催されている。

その後、英国、米国をはじめとする様々な地で日曜学校の連携が進み、一八七五年には、米国とカナダの同盟が共同で「国際大会」を開くようになる。田村が留学を終えた一八八六年、ニューヨークで開かれたショウトカ国際日曜学校大会実行委員会において、世界日曜学校大会が提議され、一八八九年七月一日—六日、ついに、「第一回世界日曜学校大会ロンドン大会」が開催された。これが、一九二〇年「第八回世界日曜学校大会東京大会」、一九五四年「第一四回世界基督教教育大会　東京」となっていく、日曜学校世界大会の始まりである。

こうして、一人の平信徒の、子どもの幸福を願う働きとしてグロスターの街で始まった日曜学校は、一〇〇年余の時を経て世界規模の運動となり、これらを結び、推進する機関として一九〇五年に「国際日曜学校協会」（ＩＳＳＡ／International Sunday School Association）が発足、一九〇七年には「世界日曜学校協会」（ＷＳＳＡ／World Sunday School Association）となって、世界各国の日曜学校協会を束ねる国際機関となる。日本にも、後述するが、田村も創立に尽力した日本日曜学校協会（ＮＳＳＡ／National Sunday School Association）が、同年設立されている。

この、世界的な日曜学校運動と、連携協力機関としての世界日曜学校協会の最大の特徴は、教職者ではなく信徒たちの善意と行動の結集であったこと、ならびに、それ故キリスト教の超教派の連帯機関であったということだろう。教派の違いを超えて（主義主張を超えて）、キリスト教信仰にある者たちが信徒・教職の別なく、国境さえも越えて、子どもの教育をめぐって連帯する。このようにボランタリーに、篤志信徒の献金と奉仕によって運営された近代日曜学校運動が、一〇〇年かけて進歩を続け、戦争の世紀と言われ、覇権をかけた二度の世界大戦が繰り返されたその同時代に、世界規模の隆盛を極めることとなったのは、不思議な符合といえる。しかし、第一次世界大戦後に、戦場となったヨーロッパの子どもたちの惨状から、一九二四年の国際連盟第五回総会が「子どもの権利に関するジュネーヴ宣言」（ジュネーヴ児童憲章）を採択したように、日曜学校運動とその連帯は、戦争の時代のキリスト者たち、世界の大人たちの免罪符にも似た行動だったのかもしれない。

日本でも、天皇を頂点とした国家主義体制が造られ、東アジアへの侵略・覇権の戦いが着々と準備されていくさなかで、日曜学校は空前の発展へと向かっていく。先述のとおり、一九〇七年に日本日曜学校協会（以下ＮＳＳＡとも表記）が設立され、一九二〇年には、日本初の国際会議開催となる、第八回世界日曜学校大会東京大会を誘致してこれを成功させ、戦前の日曜学校運動は最盛期・黄金期を迎えていくのである。田村は、この流れの中で、一九一〇年代半ばまではＮＳＳＡの設立のために尽力し、その先頭を切って日曜学校の隆盛のために働き、教師養成や日曜学校理論の普及に邁進すると同時に、その教育内容となる日曜学校教案（カリキュラム）の充実を目指して、画期的な発達段階別の教案作成に取り組んでいった。

戦前の日曜学校カリキュラム史における田村

田村が心血を注いだ草創期から戦前に至る日本の日曜学校教育について、まず、そのカリキュラム（教案）の歴史と、田村作成のカリキュラムから見ていく。しかし、日本の日曜学校カリキュラム史研究は未開の分野で、先行研究としては、奥田和弘編『日曜学校教案誌にみる日曜学校教育』が、その初めのもので他には見当たらない。一九九九年から三年間なされたこの研究に携わり、初めて明治期からの日曜学校教案に触れることとなった筆者はその「あとがき」に「これらの教案誌は、時代が、大人が、当時の教会が、また教会の指導者たちが、どのように子どもを理解していたのか、どのように教育を利用・活用しようとしていたのか、日曜学校教育の目標や内容をどこにおいていたのかなどを知るための貴重な資料なのだ[12]」と記したのだが、このカリキュラム研究の分野は、原資料が残されていないものが多いこともあって、田村をとりあげる研究者たちにもほとんど顧みられることがないままとなっている。

そこで、田村の活躍した戦前五〇年間のカリキュラム史については、拙論「戦前の日曜学校カリキュラム[13]」を元にこれを辿りながら、特に、日本の日曜学校カリキュラム史における田村の役割と田村作成のカリキュラムの意義について検討していく。(14)

日曜学校で、カリキュラムが使われていく流れは、まず、一八二四年に設立されたアメリカ日曜学校同盟(America Sunday School Union)によってつけられていく。この同盟は、先述のように、米国各地の地方日曜学校同盟を統一したものだったが、教派的弊害を避けるため、「平信徒」を幹部として組織され、同盟が行なう事業の中に、「聖書的教課の選定および教材の準備提供」を謳っていた。そこで、同盟は、一八二六年に、統一学課制を定めるようになる。各個教会で、日曜日になされる信徒たちによる、子どもへの聖書教育のために、題材を提示してほしいという要望が強かったのだろう。こうして当初、日曜学校間の連携を主な目的として始められた集まりは、加盟する日曜学校へ一括して学課内容を提供する働きを担う組織となっていく。

アメリカ日曜学校同盟のカリキュラムは、加盟全校用に日曜日に学ぶ聖句箇所(以下「テキスト」とも呼ぶ聖書の短い一部分)を選択編纂するところから始まり、次に聖書物語を系統的に配置し、各課に聖句を印刷した四七課(祝祭を除いた一年間の毎日曜に相当する)のカードを付けるようになっていった。そして、南北戦争による中断を挟み、活動再開後、日曜学校カリキュラムに大きな進展が起こる。

一八七二年インディアナポリスで開かれたアメリカ日曜学校同盟の第五回日曜学校国民大会は、一方で進められていたカナダとの国際大会開催や世界大会実施への流れの中で、国際統一教案(IUL/International Uniform Lesson,「萬国日曜学課」とも呼ばれた)の作成を採択したのである。こうして、すべての年齢層が、世界のどこでも、同じ日曜日に、同じ聖書の箇所を日曜学校で学ぶという壮大な計画に向け、IULの一大時代が始まる。その後、IULは、欧米を中心に一八七〇年代後半から三〇年にわたって使われ、世界で実に四〇数か国語に訳され、米国内だけでもいくつもの雑誌、教案誌がIULの教育課程に注釈をつけてそれを掲載発行していった。このカリキュラムには、また、聖書を順に学ぶ間に「禁酒学科」と題された週が置かれ、女性たちのテンペランスユニオンの働きとも呼応して、禁酒廃煙運動が当時の教会の世界的関心事だったことがうかがえるものとなっている。

この国際統一教案（ＩＵＬ）が、日本にやって来て、日本におけるＩＵＬ時代を開くのだが、それは、大きく前後半に分けられ、その前半期は、一八八〇年頃から一九〇七年頃となる。日本ではじめてＩＵＬが紹介されたのは一八八〇年、組合教会の宣教師Ｊ・Ｃ・ベリー訳「万国日曜学課」とされているが、日曜学校自体が、まだわずかであったこの時には大きな広がりは見られなかった。しかし、米国でＩＵＬが使われ始めて五年余りで、日本の日曜学校に導入されていることをみても、先にあげたリチャード・ニュートンの子供説教集がすぐに翻訳を試みられたことをみても、日曜学校界の国際化、世界との繋がりは、この時代の通信網、交通事情を考えれば驚異的なものだったことがわかるといえよう。

その後、日本の日曜学校の進展に伴い、ＩＵＬが一般に普及し始めるのは、一八八八年『基督教新聞』の日曜学校欄に「万国共通日曜学校課程表」が掲載されたころからだと思われ、同じころ、メソヂスト教会からも、『萬国日曜学課』（*Berean International Lesson*）としてＩＵＬの翻訳が冊子として出版されている。[15] これは米国メソヂスト教会の宣教師スワルツ（H.W. Swartz）による日本語訳教案で、ＩＵＬの季刊注解として、三か月に一度発行されている。

このように、各教派でＩＵＬの翻訳教案の導入が始まったころ、田村は非常に不思議な仕方でこれに関わっている。それは、一八九〇年、それまでＩＵＬの課程表を掲載していた週刊『基督教新聞』に、これに替わるＩＵＬカリキュラムの連載を始めるというものだった。『基督教新聞』（三四六号三月一四日）に、ＩＵＬの田村直臣訳「萬国安息日学課」が掲載される。ところが同日創刊の『福音週報』一号にも、同じＩＵＬが植村正久訳「日曜学校課程」として載せられたのである。[16] いずれも、毎週金曜発行の新聞に、次々週の日曜学校のカリキュラム、すなわち聖書箇所、題、金言、註解・解釈、教訓などの項目からなるものが連載されていく。

同じ日曜日に世界中で、同じ聖書箇所を全年齢の人たちが学ぶという国際統一教案（ＩＵＬ）であるため、二人が訳した一八九〇年春は、世界中でルカによる福音書が学ばれていた。田村、植村の教案を見ると、今週は「つり降ろされた病人」（ルカ五章一七―二六節）、翌週は、「愛の教え」（ルカ六章二七―三八節）、その翌週は「ナインのやもめ」（ルカ七章一一―一七節）、その後はルカ八章より二か所という具合に続いている。ここから、ＩＵＬは、聖書から学ぶべきひとつのまとまりをテキストとして選択して、聖書に出てくる順に並べて示したものだったことがわかる。

そこで当然、『基督教新聞』『福音週報』とも、同じ日には、同じ聖書箇所、同じ題なのだが、体裁が異なっている。田村の方は「日付・聖書箇所・題」の後に「金言」（その日取り上げる中心聖句のこと。暗唱されることもあった）、テキストの「時、場」の項がおかれ、節ごとに語句を取り上げた「註解」、最後に「教訓」と続く。現代の日曜学校・教会学校教案にも見られる形となっている。一方、植村の方は、「日付・聖書箇所・題」の後に、「解釈」と「教訓」が置かれ、全体の分量も田村より少ない。しかし、問題は、項目や量の違いだけではなく、肝心の中身、内容そのものに違いがあることであった。

「国際統一教案」を翻訳したといっても、「題」以降は翻訳者の創作なのだろうかと思うと、ところどころに同じような記述があり、同じ種本が存在していた痕跡が見られる。田村の方が詳しく訳し、植村はダイジェスト的に訳したかとみると一概にそうでもなく、植村がこだわって長く註釈を加えている節、語について、田村は節自体省いているところもある。漢文調の植村の文体と、言文一致体へ近づいている田村の日本語表現には、もちろん相当な違いがあるが、それだけでは説明がつかず、二人の英語読解能力の差を疑うにも、元の英文が判明していないため、何ともいえない。

これらの観察から導きだせる推論は、米国の異なるＩＵＬ注釈雑誌を選んで訳出したものか、同じ雑誌を元にしていても、当時の翻訳は、訳者の自由な取捨選択と、省略、加筆が認められる意訳であったためということになる。しかし、二人の文章を比較して読んでいると、ここで重要なのは、元の英語版が何であるかという詮索や、どちらが原書に忠実かという日本語訳の問題ではなく、この二つの「翻訳」を、「日曜学校教案」として読んだとき、そこには、田村、植村双方の異なった日曜学校教育理解が示されているということである。オリジナルのＩＵＬの取捨選択の仕方、表現の違いによって、二人は、「田村の教案」と「植村の教案」をそこに書き表わしていると言えるのである。

植村のカリキュラムは、テキストから彼の編み出す格調高い説教が聞こえてくるような文章で、特に神の権威、罪の赦し、キリストに従う信仰などが強調された成人科説教案（大人向けの説教の草稿）とも呼べるものとなっている。一方の田村は、聖書箇所への説明が豊富で、その語句がどんな意味を持ち、何がテキストのポイントなのかを、田村独自の視点、つまり、日曜学校にいる子どもたちを視野にいれて丁寧に解説する、教える人のための（教師用）手引き書ということができる。

花嫁事件が起こる四年前にあたる一八九〇年に、数年後には大きく決裂していく植村と田村が、世界共通、「同じ」であることを最大の特徴としたＩＵＬを、違うものとして、異なった新聞に掲載したことは、非常に興味深い。この時の田村は留学から戻り、数寄屋橋教会と日曜学校教育の発展ならびに、自営館運営に邁進しつつ、既に米国で使用されていたＩＵＬを翻訳し、植村は一八八八年の米国・英国への外遊から帰国しての翻訳であった。この二人が「同じ」ＩＵＬを違う教案としたことは、誰が、つまりどのような教育理解を持った人が、誰のために、どの立場に身をおいて書いたのかによって、まるで違うカリキュラムとなることを表わしている。書かれたカリキュラムの中には、書いた人の教育観、人間観、信仰理解が色濃く表われる。その意味で、田村と植村は、この時点で、「同じ」教案を書くことはもはや出来なかったと、言うこともできるだろう。

また、二人が関わった当初の国際統一教案は、いずれにしても「聖書を教えるための資料」という性格が強い。日曜学校とは、このＩＵＬ前半期においては、何よりもまず「聖書を教えるところ」であった。そこでカリキュラムに求められたのは、聖書を教える教師のための聖書研究や、聖書を語るモデルとなる説教案であり、あわせて、聖書教育技術を助けてくれるものが期待されていた。IULには、補助教材として掛け図（聖画）[17]がつけられ、広く用いられていたが、毎週のこの聖画の付録は、IULの目的が、子どもたちに聖書内容を教えることであったことを、如実に物語っているのである。

さて、IULは一九〇七年の日本日曜学校協会（NSSA）創立の頃を境に、後述する発達段階別（科別・級別）カリキュラムが計画されていく中で、その独占状態に、徐々に変化が現れる。こうして、統一ではない級別教案へのニーズが高まる中で、なお統一を維持して、後半期を迎えた日本でのIUL翻訳教案の中心となったのは、一九〇八年からNSSAが発行した『萬国日曜学課』（IUL注釈雑誌）であった。

この『萬国日曜学課』カリキュラムには、当時の組織化された日曜学校の様式がよく現れている。一九一〇年発行のカリキュラムには、日付・聖書箇所の後に、①学課の本文の抜き書き、②金言、③家庭の日課（月―金の聖書箇所）、④「この課の―」からはじまる説明、⑤解釈、⑥復習問題で一課が構成されている。週日の家庭での学びや復習まで含まれた、総合的な学習カリキュラムだったことがわかる。

これが途中で、⑤論題、⑥問答などに変わり、『萬国日曜学課』の再終期である、一九二二年のカリキュラムでは、日付・テキストの後に、①金言、②参考資料、③教授上の注意、④学課の背景、⑤研究討論の題目、⑥注釈となっている。週日の日課が姿を消しているのは、家庭学習が事実上なされなかったためだろうか。また、問答、討論のための論題の提示などの項目が出てくることで、学習者の参加が視野に入れられ、教授上の方法にも目が向けられるようになってきたことが判読できる。これらは、社会的には大正期の民主的で自由な教育観の影響を映し、日曜学校教案を巡る世界的な流れとして、学習者の発達に合わせた級別教案の台頭に影響を受けたものと思われる。

こうして、国際統一教案（IUL）は、一九二五年前後まで実に五〇年にわたって読まれ、「順に並べられたその日の聖書箇所を世界一斉にどの年齢も勉強する」場所として日曜学校運動の連帯に寄与し、日曜学校の草創期に大きな影響を与えたのである。そして半世紀もの歩みを終え、世界の、また日本の日曜学校教案は、発達段階別、級別教案へと替わっていくことになるが、この級別教案時代の前半は、右にのべたＩＵＬの後期と時期的には重なっていて、この移行が準備を含めて、徐々になされていったことを物語っている。

一九〇八年、世界日曜学校協会（ＷＳＳＡ）は、米国ルイビル大会で一一か年進級制国際級別教案の編集を決議する。これに伴い、日本では一九〇九年日本日曜学校協会（ＮＳＳＡ）が、幼稚科二年、初等科三年、中等科三年（小四―六年）、高等科三年（高等小学校又は中学校下級）から成る一一年制級別教科書編纂を決定し、その級別教案作成を、ＮＳＳＡの文学委員長であった田村直臣に委嘱。田村は殆ど独力でこれを作成し、順次発表していき、一九一二年に完成する。この田村の級別教案は、日本日曜学校協会編纂「日曜学校学課」（Sunday School Lessons Graded Series）として生徒用教科書『小日曜学校之友』と教師用指導手引き『〇〇科教師の友』が教文館より発行されたもので、これには幼稚科用の五二枚（一年分）のカード、幼、初等科用の掛け図が付いていた――とＮＳＳＡの公式見解として言われている。

しかし、日曜学校誌や、発行された教案の原資料、ならびに田村の記述等によると、上記とは異なる、田村の級別教案の成立過程が見えてくる。一九〇八年一〇月教文館発行の『日曜学校教科書』は、一九〇七年九月から毎週発行した「小日曜学校之友」の一年分を合本として、小学校一年生用の教科書とし

日本日曜学校協会編纂日曜学校学課『小日曜学校之友』（教文館、1908）

ている、つまり一九〇八年の段階で級別教案を出版しているのである。

また田村自身は、級別教科書に「明治三十九〔一九〇六〕年より、大正二〔一九一三〕年迄、満六ヶ年」[18]を費やしたとしている他、後述する『二十世紀の日曜学校』（一九〇七年発行）の中で、ＩＵＬではない、発達に即したカリキュラムが必要で、現在執筆中であると述べている。[19] 以上から、田村は一九〇七年のＮＳＳＡ創立前後、つまり、ルイビル大会の決議（一九〇八年）以前から級別カリキュラムの発想をもち、教案に着手し、決議と並行してこれを作成していたことになる。日本日曜学校協会が肝いりでＩＵＬの『萬国日曜学課』を刊行し始めた一九〇八年には、ＩＵＬ一本槍の日本の日曜学校世界に魁けて、田村は、級別教案の先鞭となる教案づくりを着々と進めていたのである。

こうしてつくられた田村の級別カリキュラムの小一用教科書（一九〇八年発行）の前書きで、田村は、「教育とは発達の順序であります。どうしても、教育は、発達の順序に従わなくてはいけません」と述べ、「この学課は、毎年変わる事なく、この本一冊で、いつも小学一年生に用うる事ができます」と説明している。[20] 田村が目指したのは、幼児期から中学生までの発達段階に即した（Graded Lesson）、毎年恒久的に使用できる教科書となるカリキュラムであった。それは、「主意」とされた単元の順序だて、その下に配置された一課ごとの展開の仕方、選ばれているテキスト、言葉遣いにもその工夫と配慮が見えるものとなっている。

また、一九一一年発行の『中等科教師の友』には、「十一ヵ年の学年制度を定め学課を編纂したのは、日本が初めてであって他国に類のない事であります。何卒この偉大なる事業のためにお祈りを願います」と田村は記述している。このカリキュラムの「緒言」には、この学課が子どもの「心霊の発育の程度に応じて編纂されたもの」で、「子供等自身の経験せる日常の事物に依りて、神と人とを愛し、祈祷をなし、またイエスを愛することを知らしむる目的」で編まれたとしている。翻訳とは一線を画する、初の日本人による日曜学校教育課程（カリキュラム）の作成を、田村は自らの発達心理学、教育学の学びを通して得た信念に基づいて、一一年それぞれの学課課程として著したといえるだろう。

この田村の一一年制教案は、従来のIULが強く保持した、聖書解釈や用語説明といったテキスト研究よりも、特に幼児・児童に対して、毎回の教授を聖書の「教話」中心、つまり聖書を聞く側の発達段階にあわせて「お話」によって伝えていくものだった。キリスト教児童文学や教話を、カリキュラムと結びつけていく田村のこの手法は、その後の日本の教案作成に大きな影響を与えていくことになる。聖書のお話（聖話）・教話という要素は、日曜学校の礼拝というジャンルと結びつき、「礼拝のお話」という概念や、現在にいたる「教案には児童説教案が載せられている」ことの原点になったのである。

一方、この田村の級別教案に対して、発行者である日本日曜学校協会は、このシリーズが完成する一九一〇年代半ばから反対の立場をとるようになる（日曜学校協会と田村の確執については3節で後述する）。

一九一六年第一〇回日本日曜学校大会は、田村が作成した一一年制級別カリキュラムを真っ向から批判し、新たにNSSAの一一か年教授細目を委員会が定めて、各科の執筆を分担して開始するが、この執筆作業は、遅々として進まなかったとされている。この「田村でない級別」へのNSSAの動きの背景には、田村自身によれば、主にメソヂスト教会の宣教師（スペンサー派）との対立があり、田村の級別カリキュラムが、「田村一人の編集にして、外国人が一人も其れに加わ」っていないことを理由に「不適当な教科書」であると決議されたとしている。

その後の、日曜学校カリキュラム史は、一九一〇年代から三〇年代にかけて、国際統一教案の翻訳ものと、発達段階別教案を併用しながら、徐々に後者を中心としていく。NSSAは、一九二〇年の東京での第八回世界日曜学校大会の開催を経て、頓挫していた一九一六年決議の「田村に替わる級別教案」を出版する必要に迫られることになり、ついに一九二五、二六、二七年の三回に分けて、日本日曜学校協会文学委員会編纂『日本日曜学校協会教案』が刊行される。こうして、日曜学校のカリキュラムは、一九二〇年代後半に級別、発達段階別教案であることが定着し、一九三〇年代には、「各派共通教授要目」から、教派別教案が乱立するまでに発展していく。[21]

田村の一一年制・一四年制発達段階別カリキュラム

さて、田村は、カリキュラムにおいて、日曜学校協会と一九一〇年代半ばから袂を分かつようになるが、自身の日曜学校への取り組みは終始変わらず、独自の発達段階別教案を進化させながら歩んでいく。しかし、田村が日曜学校のために作成、発行した級別カリキュラムには、田村の「一一年制」と呼ばれるものと、「一四年制」と書かれたものがあり、さらに『五十年史』においては、初めの「一一年制級別」カリキュラムを田村自身は「一三カ年継続の教科書」と呼んでいる。また、これらのカリキュラムは、毎日曜に信徒の教師たちが使用するため、各自に配布されていたと思われる。そのため、日曜学校協会発行を外れた田村の教案も散逸し、この全貌がどのようであるかの把握はなされてこなかった。

しかし、収集できた断片的な教案誌と、そこに付された総目録等の資料をつなぎ合わせることにより、〈資料1〉（本書二九二―三頁）のように田村の日曜学校級別カリキュラムの全体を見渡すことが可能となる。田村は、先ず一九〇八年―一九一二年にかけて、NSSAが区分した一一年の段階に分けて、一一年制の『日曜学校教科書』[22]を発行している。これが「田村の一一年制級別」と呼ばれる最初の級別教案で、便宜上「一一年制」としておく。そして、田村はこの「一一年制」に、「高等科教案としても読める」形で、一九一四年発行の『基督教大意』と一九一五年発行の『基督教倫理』を加え、一三か年継続の教科書（「一三年制」と表記）としたのである。

こうして、一九一〇年代半ばで田村は一度級別教案を完成するが、一九二〇年代になって、これを構成しなおし、一四か年継続『宗教教育教科書』（「一四年制」と表記）として一九二一―二五年頃にかけて出版する。この「一四年制」の一―一四の級別カリキュラムは、資料の実線でむすばれているとおり、2―8が「一一年制」カリキュラムからそのまま移されたものと考えられ、10―11は、「一三年制」からとられている。「一四年制」の1、9、13、14の四つが、新しく書き下ろされたものということになる。

「一一年制」と「一四年制」という、田村の発達段階別教案二つを比較してみると、七歳の「よき規則」以下はほぼ同一で、六歳までの教案にだけ変更があることがわかる。つまり、その最も大きな違いは、幼稚科教案がなくなり、カリキュラムによる日曜学校教育の始まりは、六歳からとなっている点ということになる。おそらく、発達段階カリキュラムを、敢えて一〇年後に改訂した大きな理由はここにあると想像される。

実は、田村の級別カリキュラムを否定して、一九二五、二六、二七年の三回で刊行された日本日曜学校協会文学委員会編纂『日本日曜学校協会教案』には、幼稚科教案がある。しかもそれは、田村の一一年制の幼稚科が想定した「四、五歳位」という初年次をさらに早めて、「二―三歳」、「四歳」、「五歳」の三クラスに分けることが理想とされ、日曜毎の幼稚科で、一時間のプログラムを想定するという念の入れようだった。

一方、田村の場合、宗教教育は小中学生（六歳―一四歳）で行なうカリキュラムへと変化し、その上級に大学科五年を乗せている。子どもの知識、概念、思考などの発達に合わせて、言葉を用いた教案教育はなされるべきという田村の認識が強く反映された構成ということができるだろう。次章で見ていくように、田村は一九一〇年代の日曜学校教育から、一九二〇年代にブッシュネルの養育論と宗教教育へとその教育論の中心を移動させていく。「一一年制」の日曜学校教科書が「一四年制」では宗教教育教科書とされている点にも、それが裏付けられている。「一四年制」はこのような意味で、田村が一九二〇年代になって、ブッシュネルの「印象の時期」と「教育による影響の時期」に倣って、明らかに、子どもを誕生から乳幼児期の養育段階にあるものと、言葉を獲得してからの教育段階にあるものに分けて、その宗教教育の在り方を考えたことを示しているのである。

最後に、資料が欠けている中で比較できるものとして、特に「一四年制」で書き下ろされている六歳のカリキュラムを例示する。いずれも、教案といっても教師用ではなく、六歳の子どもの読み物の形となっている『小日曜学校之友』（一九〇八）と『虫、鳥、獣の話』（一九二二）の比較である。

『小日曜学校之友』（一九〇八年、全五二学課）――一一年制の3「聖書物語大意」に該当

〈目次〉

主意1　お家の中のこと　　主意2　何でもお創りになった神さま

主意3　神さまのお守りくださること　　主意4　神さまにお礼を申すこと

主意5　神さまの最もよい賜物　　主意6　子どものイエスにつきて学ぶこと

主意7　大人のイエスにつきて学ぶこと　　主意8　イエスのよみがえりになったこと

主意9　神さまはご自分の子どものそばに近くおって常に助けてくださいます

目次構成は「単元」として捉えられる九つの主意からなり、各主意が何週かにわたって展開されている。たとえば最終単元の「主意9　神さまはご自分の子どものそばに近くおって常に助けてくださいます」は、「神さまの目には子どもは尊いものです」「愛する事、従う事」「私どもを愛してくださる助け手」という三つの小単元に分かれ、週ごとに展開されている。[23] 例として、主意1の第一話、原文はすべてカタカナで書かれたものを、漢字・平仮名表記に直して収録する。

主意1　お家の中のこと　第一　おとっさんはおひとりです

五つぐらいの「おうめ」という可愛い娘の子どもに、先生が「おうめさん、あなたにおとっさんは何人おいでなさいます」と聞きましたら、おうめは黙ってなぜ先生はそんなことをお聞きになるんであろうかというような変な顔をしておりますから、先生はまた、「おうめさん、あなたにはおとっさんが何人ありますか」と聞きますと、おうめは「あら、先生。わたくしにはおとっさんはたったお一人よりほかありませんよ。」と、可愛い声

を出して答えました。先生は、「そうですか。おうめさんにはたった一人よりほか、おとっさんはありませんね。どなたか、ここに何人もおとっさんのあるお方がありますか。あれば手をあげてごらんなさい。」と申しましたが、二十人もおる子どもが、だれひとり手をあげる者がありませんでした。先生は、「それでは、どなたにもおとっさんは一人よりほかありませんね。そのとおり、神さまもお一人よりほかおいでなさいません。おわかりでしょう。おとっさんが二人も三人もお家にあったら、あなた方は誰が本当のおとっさんだかわかりませんでしょう。あなた方はただお一人のおとっさんのいうことをよく聞くように、神さまのおっしゃることを聞かなくてはいけません。」と言いますと、二十人の子どもはみんな可愛い声を合わせて「よくききます」と答えました。

金言　エホバよ、汝は我らの父なり（以賽《イザヤ》六十四〇八）〔「しかし、主よ、あなたは我らの父」（イザヤ六四・七ａ）〕

先生と子どもの対話形式で、親しみやすい子どもたちの日常生活、身近な家族の関わりから、やさしい言葉を使って聖書の語る内容を伝えているが、右記のように、最後に教訓が付されている場合が多い。毎回の話の後に「金言」が置かれ、カリキュラムの体裁を残しているが、基本的には、子ども向け読みものであることが大きな特徴である。子どもたちには、日曜学校の教科書が必要で、子どもの読めるお話をそこに掲載し、それを読ませることで教えるという方式がとられている。

一年を通じて、取り上げられている聖書は「アダム（エデンの園）、マナが降る、エリヤとカラス、赤ちゃんモーセ、ハンナとサムエル、赤ちゃんイエス、イエスの誕生物語、子どものイエス、一二歳のイエス、ヤイロの娘、子どもを愛するイエス、五つのパンと二匹の魚、イエスと大嵐、エルサレム入場、イエスの復活、昇天、親切なサマリア人」で、赤ちゃんや子どもが登場するテキストが多く選ばれている。また、最後に「十戒」がとりあげられているが、その提示の仕方は、十戒の内容を子どもたちの例話の中で語るものである。五二課のうち、二〇回強が聖書を直接物語るものとなっていることから、聖書そのものが主に使用されているが、「おさだちゃん」や「じろーさん」といった子どもの生活に即した例話によって聖書の内容を伝えるものも多数みられる。

『虫、鳥、獣の話』（一九二二年、全四六課）――一四年制の1に該当

「第一課　ハチ」から「第四四課　馬」まですべて生き物で構成され、一課（一つの動物）が数回の話に分けられている。これにイースターとクリスマス一課ずつが付された計四六課から成る教科書。左記にシカの話の要約と、クマの一話（全文）を、カタカナ表記から、漢字・平仮名表記に直して紹介する。

第二三―二五課　シカの話（一―三）

①シカは臆病に見えるが、やさしく足が速い。危険をすぐに察知して行動する。わたしたちも危ういことにであったら神さまに助けてもらい、すぐに逃げなくてはならない。

②シカは、どんなものに出会ってもかならず逃げることができると、自らを重んずる力をもっている。わたしたちも自分が弱虫だと思ってひょろひょろしているとすぐ敵につかまってしまう。神さまに頼っておれば、強くあるのだから、いつ敵が来てもよいという自らを重んずる力が必要。

③獣のうちでシカ（母ジカ）ほど、子どもを優しく愛し、注意深く守るものはない。子ジカがよい母ジカをもっているように、神さまはよいおかあさまを与えてくださっている。

第三三課　クマの話　（一）

獅子という獣は暑い国におりますが、クマは寒い国の他には居りません。クマという獣は何を教えてもよく出来る獣であります。踊りを教えてもよく踊ります。相撲を取らしてもよくとります。芝居の真似をさしてもよくいたします。教えられたことはどんなことでも出来ます。

クマを捕るには落とし穴を作ってクマを虜にいたします。けれどクマが一匹のときは虜に出来ますが、三、四匹も一緒に穴におとしいれますと、みんな出てしまいます。その穴から出る仕方はなかなか利口です。一匹のクマが台になって、みんな上がってしまいます。上に上がったクマは木の枝をもってきて、残っている一匹の、台になったクマにその枝をつかまらせて、上につり上げます。何と利口ではありませんか。

一四年制では金言が廃止され、「クマの話（一）」のように、一話の中に、「神さま」が登場しないものが見受けられる。また、「一四年制」の学びのスタートは六歳に引き上げられ、その一年目で、教義や聖書内容を無理に教え込むことは避けられている。それまでの田村の教案、教話、子ども向け童話によくみられる、「大きく強いもの」をとりあげて、儒教的倫理、道徳、忠孝などの教訓を説く話は、もちろん少しはあるものの、減少している。替わって、ハチ、アリ、ハトなど「小さく弱いもの」が取り上げられ、愛されていること、素晴らしいこと、優しいこと、賢いことなどの主題が、虫や動物たちの姿から強調され、子どもたちが、うるわしいもの、良いものを、楽しんで読めるようなお話を、宗教教育教科書としている。また、シカの話に出てくる「自らを重んずる力」という語は、それまでに見られなかった、子どもの「自尊感情」「自重心」といった個の尊厳をとりあげたものとして、特徴的といえる。

本節の終わりに、戦前の日曜学校教案の歴史と田村のカリキュラムの展開を改めて振り返り、その分岐点から明らかになったことがらについて、まとめておく。時代の主流となり、選択された教案は、その教案を用いる日曜学校教育の目指すもの、強調点を明らかに表わしている。ＩＵＬにおいてそれは、①聖書教授、②キリスト教伝道、③道徳教育の三点を強く推し進めることであり、それがＩＵＬを特徴づける三つの原則となっている。①ＩＵＬがめざしたのは、何よりもまず聖書の教授であった。そこでカリキュラムは、ひたすら聖書の内容を

〈資料1〉田村直臣の発達段階別教案（一一年制と一四年制の対応比較）

※ 上段には一一年制（『基督教大意』と『基督教倫理』を加えて一三年制とすることもある）、下段には一四年制のカリキュラムの構成を記載している。——は対応しているもの、↔は変更されたことを示す。傍線は現物または複写を収集したもの。

〈田村の一一年制級別『日曜学校教科書』〉

幼稚科　二か年（四、五歳位）
初等科　三か年（六、七、八歳位）
中学科　三か年（九、一〇、一一歳位）
高等科　三か年（一二、一三、一四歳位）

四～五歳

1　幼稚科第一年　私どもになんでも備えて下さる物を御つくりになった神さま

2　幼稚科第二年　すべてのものは造主なる神さまと一所《ママ》に働いて居ります

六～八歳

3　初等科第一年　聖書物語大意

4　初等科第二年　聖書物語大意

↔

〈田村の一四か年継続『宗教教育教科書』〉

小学　五か年（六～一〇歳）
中学　四か年（一一～一四歳）
大学　五か年

六歳

1　小学科第一年　虫、鳥、獣の話

5　初等科第三年　神さまはよき規則を　あたえて下さいました。	2　小学科第二年　神の良き規則の話	七歳
九〜一一歳		
6　中学科第一年　イエスは我々のよき友です『子供の友なるイエス』	3　小学科第三年　子供の友イエスの話	八歳
7　中学科第二年『神の選民イスラエル人の物語』	4　小学科第四年　イスラエル人の物語	九歳
8　中学科第三年『神の子なるイエス　キリストの物語』	5　小学科第五年　イエス、キリストの物語	一〇歳
一二〜一四歳		
9　高等科第一年『旧約書人物論』	6　中学科第一年　旧約人物論	一一歳
10　高等科第二年『理想的人物イエスの伝』	7　中学科第二年　基督人物論	一二歳
11　高等科第三年『新約書人物論』	8　中学科第三年　新約人物論	一三歳
	9　中学科第四年　教界人物論	一四歳
一九一四年（T3）『基督教大意』（高等科教案としても）	10　大学科第一年　基督教歴史	
	11　大学科第二年　基督教教理	
一九一五年（T4）『基督教倫理』（高等科教案としても）	12　大学科第三年　基督教倫理	
	13　大学科第四年　基督教心理	
	14　大学科第五年　基督教哲学	

順に教えるもので、七年間で聖書全体を扱う七年サイクルで構成され、暗誦も含め、聖句を覚えることも大切にされた。この国際統一教案を使用することによって、日曜学校は、教師が生徒を教えるという教授中心の学校型教育を方法論としてもち、聖書のすべての箇所をまんべんなく教えていく聖書教育の場所となったのである。

②IULが目指した次なるものは、この教案誌を広く世界に普及させることで、各個教会の日曜学校教育を、日曜学校運動というムーブメントに巻き込み、伝道することだった。このためカリキュラムは、運動体の統一教案（Uniform Lesson）であることを必須とし、数や力を持つことを重大とした。つまり、この教案には、連帯感を高揚させ、日曜学校を盛んにすることを強く奨励する役目が持たされていたのである。こうしてIULは、日曜学校という一つの統一体に世界の日曜学校を組み込むことで、子どもたちを「数の力」に変え、さらなる発展と右肩上がりの成長を追求させることとなった。そこで、日曜学校は、この時代、宣教のための伝道戦線の先鋒として、キリスト教界に認められ、指導者たちはこぞってこの運動に参加したのである。

③また、IULは、必ず定期的に禁酒学課を盛り込んでいたことからわかるように、キリスト教による道徳観を社会に提示する性格をもっていた。日曜学校は、キリスト教がもたらす勤勉で良き習慣を、IULによる教育を通して、社会にアピールした。子どもたちは、日曜学校に皆勤、精勤して出席することを強く奨励され、日曜学校の生徒となることで、「神さまに従って悪の道を行かない」、禁欲的で勤勉、従順な「良い子」に育つことが求められたのである。

このIULの三つの原則は、日本でも日曜学校の重要な働きとされ、誕生間もない日本の日曜学校の性格を規定することになった。そして、そのことが結果的に、この教案が長く用いられた要因となっていったと考えられる。

特に③の要素は、日本においては儒教的価値観、儒教的家族主義、国家主義と深く結びついて、日曜学校における「忠孝」の徳育として、力強く進められた。このことは、田村が一九一〇年代までに書いた子ども向けの話と、翻訳、創作された日曜学校の話に、忠義や節制、努力、勤勉、自己犠牲、従順などの要素が多くみられることからも裏付けられる。

また、異教社会のただ中にあった草創期の日曜学校にとって、②の要素、日曜学校の拡大成長が、極めて重要な目的であったことは言うまでもない。日本各地で、日曜学校を用いた伝道、宣教が推し進められ、日曜学校は、教育の場であることよりも、伝道の手段、宣教を推し進める運動体として重視されるようになった。全国各地の日曜学校は、ＮＳＳＡの地方支部の下に組織化されて、毎年のように、一〇〇〇人規模の日曜学校生徒大会が開催され、「爆発する日曜学校」とも称される空前の活況に沸いた。そして、子どもたちの数と伝道力が、大人の大挙運動のためにも用いられたのである。

こうしたムーブメントを地道に支えたのは、①毎週行なわれる日曜学校での聖書教育であった。日曜学校は、毎週たゆまず、日曜学校という教場で熱心に聖書を教えることで、キリスト教的生活の規範を「聖書の教え」におくことを徹底した。こうして日曜学校でなされた聖書教授は従順で勤勉な生徒、つまり伝道戦線で働く少年、幼年兵と、酒の弊害に泣く家庭をも道徳的に糺す小さな義勇兵を創りだしていったのである。

無論、このような日本のＩＵＬ時代にも、社会に、大正自由主義教育の流れが出てくる中、個々の子どもの発達段階に沿った教育という考え方や、発達心理学、教育学などにみあった教育課程、プロジェクト法への言及などは徐々になされていた。しかし、現実の日曜学校は、「校長先生」のいる「学校」で、教授中心の教育法に基づいて、毎日曜日に日曜学校教師が生徒を教えることに終始していた。日曜学校の教師たちには、聖書を教えて、「神さまのよい子」をたくさんつくること以外の目的意識や選択肢はなかったと思われる。

このニーズと、ＩＵＬが指し示す神話に支えられるかのように、日本日曜学校協会は、発達段階別のカリキュラムによる教育の導入を決めた後も、級別教案の準備と並行して、一九〇八年から『萬国日曜学課』（ＩＵＬ注釈雑誌）を教文館より発刊し、ＩＵＬ教授細目と注釈のスタンダードを日曜学校の教場に示し続けた。ＩＵＬは、

『週刊萬国日曜学課記録』から月刊となり、さらに一九一四年に『期刊萬国日曜学課注釈』となっても発行され続け、関東大震災時にこれが東京で刊行できなくなると、一九二三年一〇月からは、NSSA月刊誌『日曜学校』の中に、「万国日曜学課」(執筆・亀徳一男)として置かれ、実に一九二五年まで掲載され続けたのである。

世界的な級別教案の波に乗り遅れたNSSAは、一九二五年、ついに、田村の一一年制に代わる級別教案、『日本日曜学校協会教案』を発刊するに至る。しかしこのNSSA教案は、級別の体裁をとりつつ、内容的には、IULの目指した①教授による聖書教育、②伝道の手段、場としての日曜学校、③道徳教育の強調という要素を、年齢別に展開したものであった。

これに対し、田村は「一一年制」の折から、すでにIULの原則を離れ、独自の日曜学校教育カリキュラムを展開、「一四年制」ではその考え方をさらに明確にしていった。田村のカリキュラムは、教室での教師による教授案から、子ども自らの「読みもの」となることを選び、「教科書」の形をとっていったのである。田村の「一一年制」「一四年制」とも、六歳のための二冊は、全てカタカナで書かれていることからわかるように、カリキュラムは、子どもが言葉を獲得してから開始され、自分で文字を読めることが前提となっている。また、特に「一四年制」においては、聖書教育一辺倒から、子どもの関心や興味へとトピックの選択基準が変化し、忠孝、勤勉などの徳育から、受容や愛、子どもの自由や自重心(自分を尊ぶ心)に視点が向けられていくのである。

また、田村が日曜学校カリキュラムにおいて、幼稚科教案からの撤退を決め(NSSA教案の幼稚科は、さらに低年齢化、細分化されていることはすでに述べた)、教育年齢を引き上げたことは、一九一一年の『子供の権利』を経て、心理学、教育学などの児童に関する学問への田村の研鑽が深まり、子ども理解、教育理解が変化したことの表われとして、注目すべき事項である。また日曜学校教育は万能でなく、特に六歳未満の幼児については、日曜学校教育一辺倒でなしうるものではないこと、幼稚園と家庭での保育や養育が重要であることが、田村の大きな関心となっていったと思われる。このような教育観の変化は、日曜学校での教授中心の「教育」と参与の体験である「礼拝」を分けて考える田村の思想にもつながっていったと思われる。

2　田村の日曜学校教育理論

本節では、田村が著した日曜学校理論について考察する。はじめに取り上げるのは、田村の日曜学校教育論の主著と目される一九〇七年出版の『二十世紀の日曜学校』である。この著作は、日本の日曜学校が、近代日曜学校運動として組織化され、日本日曜学校協会の創立がなった同じ年に刊行され、一九二〇年の世界日曜学校大会東京大会でピークを迎えていく戦前の日本の日曜学校隆盛期の理論的基礎となったものである。

これはまた同時に、当時の日曜学校の組織、運営の様子を、数寄屋橋教会日曜学校の実例によって語っていて、一九〇〇年代に田村が目指した日曜学校の実際の姿を理解する上で重要な一冊となっている。

次に、田村の日曜学校理論をその他の著作から補完する形で述べるため、一九〇九年、田村直臣・編集発行の『日曜学校教師養成通信講義』をとりあげる。通信講義は、日本日曜学校協会の教師養成講座として通信教育の教科書として編まれた非売品で、田村は一章日曜学校の目的、二章日曜学校教師及び教授法、四章日曜学校の組織及び管理法、七章の日曜学校と共励会（部分）を執筆している。

これら二作が書かれた時期は、日曜学校のカリキュラム史から言うならば、あらゆる年齢層にたいして統一教案（Uniform Lesson）であった国際統一教案から、発達心理学と児童学の影響を受けて、綜合制教案（Unified Lesson）や級別教案（Graded Lesson）への移行がなされていく時、つまり、日曜学校教育が主にアメリカにおいて、当時の教育学、心理学、児童学などとの学際的な関係の中で、その教育理論と教育課程を構築し始めた時であった。田村は、当時の世界の最先端の教育理論を、いち早く日本に適応させるべく、これらの日曜学校理論を著したものと思われる。

『二十世紀の日曜学校[24]』

『二十世紀の日曜学校』は、田村の日曜学校に関する研鑽と、自身の日曜学校での実践に裏付けられた日曜学校理論を、総論・管理法・教授法の三篇構成で展開した、全二八〇頁からなる著作である。背表紙には、『廿世紀日曜学校』と表記され、一九〇七年三月に、警醒社より出版され、献呈の辞には、「三十年間、我が管理と経営の下に、漸次《ぜんじ》其の発達をなし、幾多《いくた》の経験と修学を与え、以《もっ》て此の著述をなすに至らしめたる、我が愛する数寄屋橋教会の日曜学校に此書《このしょ》を献ず」と記されている。田村が毎日曜日に関わった数寄屋橋教会日曜学校の実際の歩みと現実から生まれ出た一冊ということができ、日本の日曜学校史を繙く際の重要な資料となっている。

この本の「自序」において田村は、ここ二五年の児童学のめざましい進歩についてまず述べ、日曜学校を「学理的、心理的に管理、教授する必要」があると説いている。また、日曜学校は、「伝道する場所ではなく、発達の順序に基づいて宗教的教育を施す学校」であると明確に規定していて、IUL華やかなりし時代に、田村がすでに独自の先駆的発想をもっていたことを示している。

ここでまず、この書の「付録の第一　宗教的児童教育参考書」に記載された一〇〇冊の英書について触れておく[25]。この参考書一覧は、「田村の研鑽」と表現したい内容をよく表わしている。田村は、この一〇〇冊のうち特に参考となる五〇冊に短評をつけて紹介していて、非常に興味深い。その中から三五冊を抜き書きしたリストを本節の〈資料2〉（三二四―三二七頁）とする。

田村の挙げた一〇〇冊は、一八四七年のブッシュネルを最古典として、W・ジェームズやデューイから、当時最新のG・A・コー[26]まで五〇年以上にわたる出版物を網羅し、著者の肩書には、シカゴ大、イエール、ハーバード、コロンビア、ペンシルベニア大などの教授がならんでいる。取り上げた文献の出版社や教派的背景をみても、

「南メソヂスト派監督の著作」から、「組合教会」、「フィラデルフィア日曜学校局」の出版など多岐にわたっている。このリストは、『二十世紀の日曜学校』が、当時の最先端の児童学、発達心理学、教育学に支えられた日曜学校教育論であることを裏付ける資料であり、留学後も、途切れることなく続けられた田村の英書購読の豊富さを示すものとなっている。

さて、三篇からなる本文の「第一篇　総論」は、第一章「日曜学校の進化」、「欧米諸国に於ける宗教的児童教育の景況を述べて我邦《わがくに》の児童教育家に警告す」、「児童に対するキリストの教訓」、「日曜学校と家庭との連絡」、「日曜学校に対する牧師の義務」、「日曜学校と共励会との関係を論じて児童教育の大原理に及ぶ」までの七章からなる。総論には、田村の日曜学校理解（第一章）と日曜学校教育を支える最も重要な思想（第四章）、日曜学校の歴史をどうとらえていたか（第二章）など重要な考え方が披露されているため、それらを中心に、「教育勅語」についての言及箇所を加えて、取り上げる。

第一章において、田村は、「日曜学校の使命」のありかを次のように説明する。「宗教的教育は、人生にとってゆるがせにできない大切なもの」であるが、日本の学校制度は米英にならったもので「国民の租税を以て建って居る諸学校に於て、宗教教育を施すことを禁じてある」（三頁）ため、私立学校にしか、その場はない。そこで、宗教的教育を行なう場所として、「最も適当にして又最も大切なる場所」は日曜学校ということになる、というのである。ここに日曜学校の存在意義があるわけだが、これは、裏を返せば、宗教教育が出来ない、これをしない日曜学校は、使命を果たしていないということになり、冒頭から田村は、「伝道する場所ではなく、発達の順序に基づいて宗教的教育を施す」日曜学校であるかを、問うことから始めている。

また、「キリストのみ国建設には二種類の方法」があるとして、①征服型（conquest）、つまり力によって敵を征服する戦争的な宣教よりも、②子どもの時から神の臣民《けらい》を育てる平和的な教育型（education）の重要性を語る。

それはすでに大木となった樹木を植え換えるのと種から育てあげるのとの違いのように大きく異なる。そして、キリスト、使徒たち、ルター派やカトリックの人々がそうであったように、日曜学校においてこの二番目の型を推し進めることが、今日の「リバイバル」ばかりを求めている状況よりも「世界を救う有効な途《みち》」となるとしている。

第二章「日曜学校の進化」は、日曜学校の歴史についての田村の理解を示したものである。それによると、日曜学校は最近のものであるが、古代ユダヤ教の会堂横で行なわれた児童への教育が遠因であり、一七八〇年に英国グロチェスター市でロバート・レイクスが開始し、これをジョン・ウェスレーが大成してメソヂスト教会の中に位置づけたものであるとしている。

こうしてメソヂスト教会において成功発展した日曜学校は、今日、児童学と児童心理学を応用しながらさらに発展して、二〇〇万の教師と二五〇〇万の生徒を有する一大学校となっていると述べている。先の二種類の宣教方法の内、教育型に、カトリックとルター派の名前を出しているのと対照的に、いわゆる征服型の「日曜学校」は、メソヂスト派が大成したものだという理解が示されていて、興味深い。

第三章において、田村は、独、仏、英、米の宗教的教育の実情から、世界の文明国は皆、宗教的児童教育を重要視していることを述べて、日本の教育家へ注意を喚起する。ここで明記しておきたいのは、田村が「思うに今の教育家たる人々は、曩《さき》に陛下の下し賜わりたる教育の勅語を以て、宗教に代用することの出来るものの様に心得て居るのであろう」（二一〇頁）と述べて、「教育勅語」に言及している点である。田村は、「教育勅語」は宗教とは区別すべきもので、これを宗教としてはならないという認識をもち、それを表明している。また、教場で知力のみの発達のために教える弊害と危険性を指摘し、宗教的児童教育がいかに大切なものかを説いた上で、それは、あくまで宗教的なものであって、宗教以外のもの、「陛下の教育勅語」にも、変わり得ないことを明確にしているのである。

さらに、教師は、「其の生徒に神を敬い国を愛し、独立の精神を養い、自治の気象を熾《さかん》ならしめて、之を実際に行わせる様にしなければ」（二一一頁）その本分をはたしたと言えないと述べているが、ここに表現されている、神を敬い国を愛し、独立と自治の精神を持った生徒を育成するという教育目標は、きわめて独創的で、当時の日曜学校では稀有なものだったと考えられる。聖書を教えることで宗教的教育は事足りるとするあり方も、国を愛して「滅私奉公」できる従順な生徒の育成こそ第一とする考え方も、田村にはなかったと思われる。

第四章の、「児童に対するキリストの教訓」では、教育勅語やその他のものによってではないとすれば、何によって日曜学校教育はなされるかという、中心的テーマが取り上げられる。田村において、それは、キリストの児童観・イエスの子ども理解に依って成り立つものである。

田村によれば、世界の、そして特に東洋流の豪傑が、「おんなこども」を一括りにして軽蔑するなかで、「キリストは之に反して児童《こども》の友人《ともだち》であり、また児童《こども》の『チャンピョン』（勇士）」であった。イエスは、子どもが「後に至りて豪《えら》い者になることが出来るから」ではなく、「只児童《ただこども》その者の本性」によって子どもを受け容れた。だからこそ、「基督教は児童《こども》の宗教である」（二一三頁）と述べているが、これらの部分は、田村が後に取り出して主張する「児童中心の基督教」の命題を既に有していたことを証ししている。

また、田村が拠り所とする、キリストの教えは、マタイによる福音書（一八章一―一〇節、一九章一三―一五節）に記されているとして、これらのテキストから九つの要点を取り出して解説する（二一四―二三〇頁）。それは、①児童は天国に入る者の型、②児童は天国にて大なる者の型、③キリストの全権大使（一人の幼子を受け容れるのは我を受け容れるとされることから）、④児童に価値あること（この小さき者の一人）、⑤児童教育を忽《ゆるが》せにする者の罪（小さき一人を躓かせる者）、⑥キリストは児童を受け容れ給う（幼子が我《われ》に来《きた》るを容《ゆる》せ）、⑦児童教育に関するキリストの命令（禁《いまし》むるなかれ）、⑧児童は天国に居る者の型（子供は即ち天国）、⑨母親は児童の守護天使（児童には天の使いがつく）となる。これらの九か条を繰り返し読むと、「児童の光が段々顕われて来て、児童を愛する心が段々深くなり」牧師、伝道師、両親たちも、ここから大いに悟るところがあるはずだと語っている。
　この他、一篇は、第五章で、家庭こそが人格形成をつくる場であることについて、第六章には、日本の牧師が日曜学校に熱心でない四つの理由と、日曜学校に対する牧師の心得一九か条を、そして第七章では児童の教育を行なう日曜学校と、青年教育の場である共励会との関係が述べられて、「総論」を終わっている。
　続く「第二編　管理法」は、日曜学校の組織と運営について述べた部分で、当時の日曜学校の様相を色濃く伝えるものであり、資料としての性格上、章立て、用語を出来るだけそのまま用いて、以下に要約する。

第二編　管理法（五九―一四九頁）

第一章　管理の主義　新教育学の原理に基づく。普通学校の管理法に準じる。

第二章　規則　学校設立に必要な規則がある。数寄屋橋教会日曜学校規則（憲法）の提示。

第三章　教場　四つか五つに分ける。会堂しかない場合幕で仕切ったり、曜日を変えて行なうなど工夫する。

第四章　器具　生徒用腰掛、楽器、黒板、地図、讃美歌及び掛図、組の旗、献金箱、出席表について。

第五章　経費　教会または伝道局が負担するべきもの。教会の前途を考え、教会予算に毎年計上する。

第六章　生徒　生徒の資格が必要。生徒募集についての方法。（奨励法については三戸吉太郎が専門）

第七章　組の分け方　①「幼年組」三―七、八歳（できれば二つに分ける）、②「少年組」九―一二歳、③「青年組」一三―一五歳と一六―一八歳までの二つに分ける、④「丁年組《ていねん・わかもの》」一八歳以上の男女とし、少年組から上は男女に分けて教師をつける。⑤「研究課」丁年組以上の年齢で聖書を研究する組。

第八章　学課　聖書を如何に教えるか。欧米では三〇年来万国日曜学課（七年で聖書一通り）で、日本でも数年前から教文館でこの学課を翻訳していて多数はこれを使っているが、発達に即したものが必要であり、現在新しい学課を執筆中。

第九章　日曜学校執行順序　午前中の一時間。学課を教えるのは二五—三〇分として残りを開会式、閉会式にあてる。数寄屋橋教会日曜学校執行順序の例示。

第十章　献金　「不信者」の家庭からの生徒がなくなるという議論もあるが、児童の宗教的発達のため克己《こっき》の精神を養い、良習慣をつけるため重要。ただし、日曜学校の費用に使わない、献金先（目的）を教えて集金する、目的は毎年役員会で決め、生徒の承諾を得てからこれを行なうこと。

第十一章　賞罰　罰則はない、褒美をやることは慎重に考えなくてはならない。カード八枚で『幼年教育』に替えるなど数寄屋橋教会の具体例。

第十二章　唱歌　音楽と唱歌は児童教育の中心。日曜学校にふさわしい歌を変化に富ませ、種々の歌い方で歌う。

第十三章　校長　意志が強く、敬虔《けいけん》の心篤き熱心な信者で、事務の才幹《さいかん》ある人物を教会の総会で選出する。校長の職務一六項目。

第十四章　役員　接待係、音楽係、会計、書記、図書《ずしょ》係の五人の日曜学校役員が必要。兼任可。

第十五章　教師　教師は日曜学校の中心、蝶番《ちょうつがい》。善い教師を得ることは難しいので、これを作るほかない。教師の資格五項目、教授の用意五項目、教師の心得四〇項目。通信教育による養成の必要。

第十六章　役員会　日曜学校の石炭給油所。教会でできれば毎週一度、最低でも月一回ひらく。役員会のすること。①教師の信仰のため聖別の集まりを開く、②学課の研究と経験を話し合う、③日曜学校を行なうためのあらゆる義務（諸事務）に関することを議する。

第十七章　書籍　教師の学課用意のための教師用の参考本と、宗教心を養う生徒用読み物の二種を用意する（数寄屋橋教会で文庫貸し出しを度々試みたが、本を借りて読書する習慣がないため、失敗）。

第十八章　他の集会　児童の社交的性質のため、音楽会、野外親睦会、クリスマス祝会、花の日（メソヂストの例）、イースター等を行う。誕生日祝いについて。

第十九章　結論　管理法の章は、欧米日曜学校の例から日本的にしたもので、数寄屋橋教会で実践したものを基礎としている。まだ幼稚であるが、段々発達して、完全なる日曜学校としたいものである。

以上のように「第二篇　管理法」には、その後、戦後まで続く日本の日曜学校の「原風景」とも呼べるような状況が映し出されている。ここに描かれた、分級（組分け）があって、担任教師がいて、校長がいる「昔ながらの」日曜学校の姿を見ると、その後長く習慣化されていく、日本独特の日曜学校文化は、この時期、つまり二〇世紀の初め頃から始まったと見ることができる。

出版が一九〇七年という早い段階であるため、田村の記述も、一面では、前節で述べたIULの特徴を色濃く反映した教育論となっている。たとえば、二章の数寄屋橋教会日曜学校憲法には、第二条目的に、「本校は完全なる基督信徒の信仰を養い其の生活をなさしめんが為めに聖書を研究し及び教授するを以て目的とす」とあり、日曜学校が聖書教育の場として規定されている。また、第六章には、生徒を鼓舞し、戦略的に奨励する方法が述べられるなど、日曜学校を盛んにするというテーマが強く表れている。

一方で、田村の『二十世紀の日曜学校』には、当時の子どもに対する社会通念からは、考えられないような記述がみられる。数寄屋橋教会日曜学校の憲法三条には、二回以上出席の上、継続する意志を示したものに「本校生徒たることを得」させ、「本校生徒は総て投票権を有するものとす」とある。日曜学校校長は、教会総会で選挙されていたが、生徒は、協議会の議決権をもっていたようで、この日曜学校憲法の改正は、有権者の四分の三以上の得票があれば、「随時改正追加する」ことが出来るとされている。日曜学校に憲法があること自体が驚きだが、その上にその改正に関わるのは、日曜学校の生徒たち自身だというのである。「第十章　献金」の記載も斬新である。田村は、日曜学校における献金について、様々な議論があることを記したうえで、児童の宗教的発達のため、これを行なうことは重要だとするが、そこに、但し書きをつけている。ただし、①神に献げるのであるから日曜学校の費用に使わないこと、②献金先（目的）を生徒に教えてから集金すること、③目的（送り先）は毎年役員会で決め、生徒の承諾を得てからこれを行なうこと、としているのである。これらの記述には、子どもの権利を認め、子どもたちを民主的に扱う日曜学校でなければならないという、田村の思想が現れている。

総じて第二篇に描かれた日曜学校は、今も日本の教会の中で「習慣」化され残っているものを表わしており、田村の『二十世紀の日曜学校』が創りだした、日曜学校モデルが強固なものであったことを物語っているといえよう。しかし、その残り方は、田村本来の意図と異なっていないかを、この著作に照らして、慎重に検討する必要があるだろう。

たとえば、子どもの献金、教会学校礼拝での献金は、今も、「献金は大事」なのだから、「意味がわからなくても体験させるべきである」とか、「礼拝のクライマックスである献金に子どもが参加することに意義がある」などといわれるが、そこには、田村が献金を重要視したからこそ、但し書きをつけて担保しようとした本来の意義が、もはや消え失せ、形だけが残っているとは、言えないだろうか。神にお金を献げることが、本当に「善い行い」となるのは、子どもが、「この献金は善いことのために使われているのだと」納得、理解して喜んで献げることを通してのみなのだと、田村は本来主張している。

このように、第二篇で田村は、日曜学校の管理の実際を述べながら、それらの具体的な組織運営の根底にある理念を、その記述の中に組み込み、明らかに示している。そのことは同時に、これを読む者たちに、日曜学校はその具体的在りようから、教育の質、組織の質を問われているのだと警告しているようにも感じられるのである。

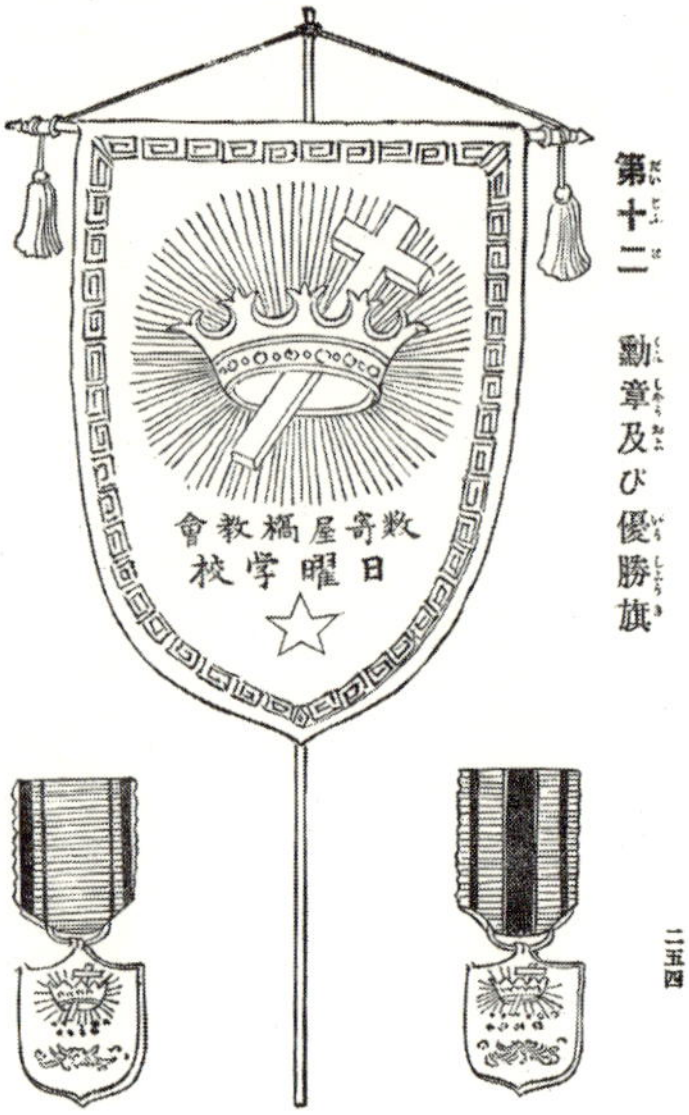

（上）巣鴨教会日曜学校の子供聖歌隊と田村（壇上右）（巣鴨教会蔵）。
田村の追悼が組まれた『日曜学校』（1934年2月号）誌上にこの写真が掲載され「先生御自慢の子供聖歌隊」と説明されている。
（下）数寄屋橋教会日曜学校の旗と勲章（『二十世紀の日曜学校』254頁挿絵）

「第三篇　教授法」において、田村は、日曜学校教育が「児童学と児童心理学と教授法とこの三つ」を心得て行なう必要があるとして、日曜学校に集う生徒を年齢ごとに五期に大別し、それぞれに合う教授法を述べている。それぞれの時代（段階）について、非常に興味深い発達の特徴が解説されているが、日曜学校教授上の一〇の注意点を中心に、その要点を記述する。

①　幼稚の時代（三―五歳）

子どもは、生まれたばかりの状態（意志とは関係なく、反応している状況）から、脳の中枢の発達がなされるが、それはまず心臓と肺、次いで脊髄、第三に五官となされ、最後に理性と意志を支配する中枢というようになされる。幼稚の時代は、心霊や智力よりも、まず、身体に最も重きが置かれ、栄養、清潔、呼吸、睡眠などに注意が払われる。

「此の時代は、天来の性が外界に触れて反応する時代であるから、宗教的教育も、亦《また》その方法《しかた》に従って施さなければならぬ」。「生れて来ると共に、既に宗教的本能を具《そな》えて居る」ので、教師は、子どもの持っている「宗教的な種子《たね》に、水を灌《か》けたり、太陽《ひ》の光を与えたりなどして、之を成長発育させるに過ぎない」。この時期に宗教を教え込む、知的に暗唱させるなどは誤りである。

①この時代は成形的時代（plastic age〔ブッシュネルの用語〕）であるので、教師次第でどのようにも教育できる。②感覚に訴えて教授すべき時代なので、主に目と耳によって「実物教授」すること。③何でも真似をする時代なので、「之を教育する一番良い方法は、教師が笑顔を以て児童を愛することである。愛は世界最大のものである。愛は幼き者を教うる基礎《どだい》」である。④非常に活動的な時代。「活動は児童の生命なり」。やたらに、するな、するなと叱るのは子どもの大罪人であると言わなければならない。⑤「音楽と唱歌によらなければ、到底《とても》此の時

代の児童《こども》を教授して行くことが出来ない」が、悲しい歌、意味のわからない歌を、怖い顔つきで歌うようであってはならない。⑥「此の時代の児童に教うる宗教的真理は、神の力あり、智慧あり、又愛ある御方であるということ」で、それ以外は教えてもわからない。また、自然界に現れている神の工《はたらき》を見せて、神を愛し従うようにさせ、教えたところを行なうようにする。⑦この時代の子どもを教える部屋は、明るく、温かく、日当たりのよい室で、植物、小鳥など神の創造を目の前に見られるようにする。具体的で近いものからしかわからないので、家庭のお父さんのこと、お母さんの持ち物、といったものから教えていく。⑧話をするには、この時代の子どもが普段使っている言葉を用いなければならない。⑨一時に一つの真理を教える。⑩長い話は大禁物。また、短い話であっても、単調にならない話し方で、「面白く可笑しくして話さなくてはならぬ」。

② 幼年の時代（六―八歳）

この時代は、身体、特に脳の成長、変化の著しい時で、理性も発達し、「私」という言葉も使えるようになり、記憶力も増す。

①想像力の盛んな時代。実物と想像を混同するので、掛図や黒板の絵を用いて教える。②教えるべき宗教的真理は、神が我らの父であって、子どもに無くてはならぬものをすべて備え給う保護者、案内者であること。理性が出て来るとはいうものの、霊なる神、などはまだわからず、自分の父親のように体をもったものと考えている。③この時代に限らないが、児童の好奇心は旺盛なので、好奇心、注意を惹く方法、常にめずらしいことを考える必要がある。④前の時代と同じように、何でも真似をして理解する。教師の話した内容よりも、教師自身を真似るので、「教師は活ける学課」であり、その人格が生徒に感化する。⑤活動させて教授する。じっと静かに話を聞くのが何より無理なので、叱ったり睨んだりしてはいけない。「手で物を言わせる」こと、「働かせる！」が標語で、動かすことが肝要。⑥「何？」と聞きたがる時代。子どもの問いに忍耐と知恵を以て応じ、聞きたがる時

代の子どもにわかるように宗教的真理を吹き込む。⑦迷信が強く万事につけ怖がるので、幽霊や化け物の話などはしてはいけない。迷信を取り去る唯一の方法は、「天地が一つの法則によりて支配され、而《そう》して其の法則は神の聖旨《みこころ》を顕して居る者（ママ）であるということを能《よ》く教える」ことである。⑧人をいじめたり、喧嘩をしたがる時代であるが、教師はうわべの喧嘩や悪戯にではなく、「其の内部《うち》に潜んで居る欝勃《うっぽつ》たる気力《ちから》の源泉《いずみ》に目を注《と》め」その力を善いほうに導くようにする。⑨この時代の子どもは「非常に情が厚い」。教師は、「私は先《ま》づ初めに先生を愛し、次に先生の聖書を愛し、終《しま》いに先生の救い主を愛する様になりました」と、子どもが言えるよう、愛によってキリストを愛するように導く。⑩教師の資格。この時代の子どもを教えるには、実際の経験が必要不可欠であり、少なくとも数年の実際経験があって、よく教えられるようになる。

③　少年の時代（九―一二歳）

この時代は前までのような目だった身体の急成長はないが、活動力と病気への抵抗力は増し、筋肉がしっかりしてくるので活発。幼年でもなければ青年でもない「過渡の時代」で、どちらの扱いもできず難しい。

①暗記の時代。記憶力がどんどん増すので、説明はできなくても、聖書、讃美歌、教理問答などを憶えさせる。②善い習慣をつける時なので、「鍛へ上げよ！」が標語となる。③読書の欲望が出てきて何でも読むが、一二、一三歳になると実話を好むようになるので、歴史、伝記がふさわしい。聖書を読む習慣をつける時。④割合に教師の言うことを聴く、従順になる時代。⑤前と同じく、教師の真似をする時代。⑥日曜学校に続けてこさせるのが困難な「漏れる時代」（leak period）であるので、教師は「（一）真に児童を愛し、（二）又児童に同情を表わし、（三）活動的であって、（四）実に模範的の人格を具《そな》えて居る者」でなければならない。⑦利己的から他愛的に移っていく時代で、社交的になってくる。互いに善い友と交わらせて、高い理想を持つように配慮する。⑧教えるべき宗教的真理は、「神が人間の中に在りて働き、之を守り之を導き給うということ」で、神が、預言者、

使徒たち、宣教師たちによって全世界で常に働いていることを意識させる。キリスト伝は有効な題目。⑨「鋭気勃々《ぼつぼつ》たる時代」で思った以上はどんな妨げがあっても勇猛邁進するので、義務や本分に忠実であるように教育する。⑩兄弟であっても性質は様々で、一様でないことを覚え、各々に適当な教育をする。

④　青年の時代（一三―一六、一七歳）

児童期を過ぎて、成人の時代になっていく弱年《わかもの》（adolescence）のときで、スタンレー・ホールによれば、「新たに生れ更《かわ》る」時代。罪人にも善人にもなる、生涯で一番危険な時であり、身体上、心霊上、宗教上の「革命の時代」である。春を思う情や、「恐怖、憤怒、愛憐、嫉妬、同情、功名心」など種々の情緒が力を持つが、男女の違いがあり、女子の方が三年ほど発育が早い。既に大人であるから、宗教的教育もそれまでとは全く違ったものとなる。

①宗教的にも高尚な思想が起こるが、目に見えることだけでは満足できず「何でも其の理性に訴えて之を説明し又は弁証しなくてはならない」時代となる。教授の中心は理性。②男女別々に教授し、男の生徒には男の教師、女の生徒には女の教師をつける。③それまでには見られなかった遺伝的性質の顕われる時代なので、注意する。④この時代の青年の陥りやすい二つの極端があり、非常に恥ずかしがり人前で口もきけない、と思えば、非常に粗放になって「天下已《お》れ一人」という顔をする。教師が匙を投げやすいときだが、これが青年の持ち前と、愉快に取り組むぐらいがよい。⑤読書の趣味が非常に増し、活歴史《かつれきし》を好むので、旧約歴史、聖書の人物論、キリストの一代記などの題目が適当で、特にキリストの人格をこの時代に吹き込むことが肝要。⑥独立心が旺盛で、教師や親、すべての権力に抵抗したがる。独立心を挫くことは、意志まで損なうことにつながるのでよくない。⑦理性的には、何も問わないで信じる時代が過ぎ去り、教師の説明ぐらいでは容易に満足しないので、教師の堪忍袋の緒が切れやすいが、よく辛抱して教え導くようにする。⑧他人を誤解する時代。教師や親を敵と思うこと

もある。親は「友にして敵」（スペンサー）とみなされる時代であることをよく理解するように。⑨「日中尚夢を見る時代」。大希望、大理想を描き、なお夢見る血気盛んなとき。⑩この時代になって初めて、神との個人的な関係を明らかに知るようになる。善悪の観念、責任の観念も自分のものとして出てくる。一六、一七歳の時代が、「心理上から観察して基督信者になる最も好い時機《おり》である」。この時代に教師は、祈りと信仰をもって、しっかりと生徒をキリストに導くようにする。「教師は実に生徒の運命の指南車〔羅針盤〕である」。

⑤　丁年《わかもの》の時代（一八―二二、二三歳）

前の段階とあまり変わらないが、成長は止まり、発達した身体が理性や強い意志の制御を受けて、世に打って出る「人生の首途《かどいで》」のとき。

①教師の感化よりも自分の理性に従う、哲学的思想の盛んな時代。宗教的教育も理性に訴えて誤解を解き、信仰の基礎を作ってやるようにする。②最も活動的な時代。活動的児童が活動的丁年《ていねん》となるときなので、キリストのため、教会のために働くようになる。③疑惑《うたがい》の起こる時代。熱心かつ忠実に疑いを解くようにする。④教師は子どものときから知っていても、大人として扱い、固有の性質を尊重して、どんな生徒も一個の人格（individuality）があることを覚える（無神論者フロイトが出たのは、この時期の個人の蹂躙が原因）。⑤実行の時代。教師ではなく生徒が実行するようにする。近世心理学の教えは、「如何《どん》な高尚な理想であっても、之を行わなければ、其人《そのひと》の所有《もの》にならない」ということ。⑥この時代の丁年《わかもの》は、集団よりも個人的に教える方がはるかによい。⑦教育に近道はない。教育上も心霊上も幼子から順序を経て、丁年となっている。⑧日曜学校は、児童の遊び場でも伝道する場所でもない。三、四歳―二二、二三歳までの長い時間、規則立って宗教的教育を施す場所である。そのように教育されて二二、二三歳まで来ると、一通りの宗教的教育をうけたことになる。

以上のように田村が第三篇で書き表わした、五つの発達段階それぞれの時期に関する理解と、その時期に対応した日曜学校教授法についての著述は、現代の発達心理学、教育心理学の立場から、これを検討するならば、批判すべき点が多々あるが、この著作が、今を遡ること一一〇年の昔に書かれたことは、それだけで感嘆に値するものと言えるのではないだろうか。発達段階ごとの教授法を書き終えた、第三篇の結論に、田村は以下のような言葉を記している。

皇国の気運の盛んなる我が日本の基督教会は、何事につけても、世界の進歩に後《おく》れてはならぬ。一切の真理を伝うるのに、先覚者の地位に立たなくてはならぬこと、思う。二十世紀の最後の賜《たまもの》である児童学を応用して学術的に又心理的に宗教的児童教育を施す様にならなくては可《い》けぬ。児童《こども》をキリストに導かなければ、健全な教会を作ることが出来ない。又児童を救わなければ、世界を救うことが出来ない。（二〇八頁）

ここには、学究の徒であり、教育者であった田村の並々ならない決意が表わされている。年齢ごとに五つの発達段階に分け、その詳細な特徴を学術的に述べ、日本の日曜学校教育に資するように教授法を提示する。それは決して容易い作業ではなかったはずである。一〇〇冊の英文参考書からも想像できるように、その背後にある努力と研鑽は計り知れないものがある。しかし、愛国の情に燃える基督者であった田村にとって、自らの知力と時間をささげてなすべき仕事、また真理とすることは、学術的に宗教的児童教育をなして、児童《こども》をキリストに導くという一事だった。

そして、その使命を形に表わすもの、その気迫の結晶が、一九〇七年の田村にとっては、日曜学校教育理論の集大成である『二十世紀の日曜学校』の執筆、出版だったと言えるだろう。

『日曜学校教師養成通信講義』(27)

田村の日曜学校教育理論を最も明確に表わすのは、『二十世紀の日曜学校』であるが、田村ひとりに留まらない、当時の日曜学校教育を取り巻く人々と状況を語る、他にはあまり見られない資料として『日曜学校教師養成通信講義』を取り上げる。ここには、一九〇七年から、僅か二年ながら、その後の田村の思想につながる変化もしくは理論の闡明化が見られる他、一九一三年に完全に決裂していく、日本日曜学校協会（ＮＳＳＡ）と協力したプログラムの資料として貴重である。

『日曜学校教師養成通信講義』は、『二十世紀の日曜学校』の第二篇管理法の「教師」の章で田村が触れていた、日曜学校協会にオーソライズされた通信講義による、日曜学校教師養成プログラムの教科書である。当然のことながら、日曜学校は平信徒によるボランタリーな事業であったので、その教師となるのに必要な資格などない。しかし田村は、『二十世紀の日曜学校』において、繰り返し日曜学校教師の質を問い、その向上を急務と考え、良い教師を得られないことを歎き、養成する（つくる）しかないと述べて、通信によるプログラムをＮＳＳＡがつくる予定であると書いている。この計画が有言実行されていたことが、この通信講義録によって裏付けられたわけであるが、日曜学校教育の質の向上のために割かれた田村のエネルギーの膨大さと、当時の日曜学校協会、ならびに日本の日曜学校運動の底力をみるようである。

この本に付されている「日曜学校通信講義規則」によると、志望者は、聴講料を払い込んで生徒となり、二か月に一回各一〇〇頁、年六回の計六〇〇頁の講義によって、一年で養成課程を完了する。生徒は通信によって自由に質問することができ、「解答は、講義録に付録として送付」とあることから、先の一〇〇頁は、講義録として二か月に一度受講者に郵送されたとみてよいだろう。講義の終わりには試験問題があり、受講者は答案を手数料と共に送付し、合格すれば、日本日曜学校協会から卒業証書が発行された。日曜学校教師となるために、設けられた盤石の通信教育システムであった。

講座担当者を見ると、田村は、第一講義の「日曜学校の目的」から、「日曜学校教師及教授法」「日曜学校の組織及管理法」など四つの主要講義を書いている。他の講師陣は、「日曜学校と教会」を小崎弘道が、「聖書と児童」を鵜飼猛、「日曜学校と牧師」を平岩愃保、「児童心理学」を倉橋惣三が執筆するなどそうそうたるメンバーがつとめている。

ここでは、この教師のための通信講義から、他の田村の著述に見られないやり方で日曜学校について記述されている部分を考察する。それは、第一講義の「日曜学校の目的」の冒頭に、「日曜学校の目的にあらざるもの」を列記した箇所で、反証によって、田村の日曜学校理解がわかりやすく強調されている。

「日曜学校の目的にあらざるもの」

① 日曜学校の目的を知っている人は少ない——教師も目的を知らないで教師になっている。

② 日曜学校は児童のみを教うる場所ではない——遊んでいる子供を集めキリストの教えを説く所と思われている。

③ 日曜学校は遊び場所ではない——親に「ヤソに行って遊んで来い」と言われ、走り回ったり騒いだり。遊び場にしてしまうと教育できない。

④ 日曜学校は菓子をやる場所ではない——カードをやる本をやる、物やり主義の日曜学校は乞食根性を養成する。

⑤ 日曜学校はただ児童を面白がらせる場所ではない——伽噺《おとぎばなし》をして芝居や見世物のように、単に面白がらせることに終始してはいけない。

⑥ 日曜学校は普通の学課を教える場所ではない——レイクスの創始した頃と違い、今は普通学校がある。

⑦ 日曜学校は単に人倫を教える場所ではない——宗教と人倫とは切れない関係であるが、必ずしも人倫

のうちに宗教が含まれているとは限らない。日本では、宗教を普通学校で教えることは禁じられ、ただ、宗教によらない人倫が教えられている。「君に忠なれ、親には孝を尽せ、約束は守るべし、正直なれ、虚言《うそ》をつく勿《なか》れなど、云う事は、確かに教えて居る。（略）普通学校で人倫を教えて居る以上は、殊更に日曜学校に於いて人倫のみを教うる必要はない」。

⑧　日曜学校は単に教える場所ではない――「多くの人々が、日曜学校はただ聖書を教える場所と思って居るから、日曜学校の生徒のうちから本箱的人物や、足のはえた百科全書的人物は出るが、活きたキリスト化した人物の出ないのは、そのわけである」。日曜学校を、単なる聖書の教授や、暗記、暗唱の場にするのは「大なる間違いである」。

⑨　日曜学校は単に伝道する場所ではない――伝道は大切だが、救いの門まで導くことだけがすべてではない。

⑩　然《しか》らば日曜学校の目的は何であるか――「日曜学校の目的は、聖書を教課書として霊的教育を施しキリスト化したる人物を養成し、健全なる国民をつくるにある」。この偉大な使命と目的に向かって我が国の日曜学校を改善していけば、日本全国の革命をきたすことも困難なことではない。

どの「あらざるもの」も、興味深いが、ここに、国際統一教案（ＩＵＬ）の特徴として述べた①教授による聖書教育、②伝道の手段、場としての日曜学校、③道徳教育の強調が、ことごとく打ち消されていることがよく表わされている。

ＩＵＬが目指す「①聖書教育」に対しては、「⑧日曜学校は単に教える場所ではない」の項目が対応しているが、その説明として、田村は、知識として聖書を教え込む教育は、本箱的、百科全書的な、つまり頭でっかちな「よく知っている」人を輩出するかもしれないが、本当に活き活きと、「キリスト化した人」を生み出すことにはならないという。ここには、聖書が教授されるべきものとなってしまい、「聖書教育」が目的化した日曜学校がはっきり否定されている。そこで、田村は、最後に日曜学校を「聖書を教課書として霊的教育を施」すところ、と、あえて目的を言い換えているのだろう。この文言には、「聖書を教育する」ことと、「聖書を教材（テキスト）として霊的教育をする」ことは明らかに違うものであるという田村の認識が表わされているのである。

またＩＵＬの「②伝道の手段」に対しては、「⑨日曜学校は単に伝道する場所ではない」と言い切るが、すぐ「これは怪しからぬと云う人があるかもしれない。然《しか》し乍《なが》ら、心を静かにして、よく考えてみれば、日曜学校は単に伝道を以て目的とする場所ではないことは、明白である」として、以下のように説明する。

「伝道」とは、青年や大人に対して使う言葉で、罪の中で、救いを知らない人たちにキリストの道を伝え、罪から救うのが「伝道」。もちろん、「日曜学校でも伝道はするし」、人を罪から救うことに力を尽くす。けれども、救いは「門」に過ぎない。「救いの門」まではたくさん人が来るが、「救いの奥座敷まで入る」人は、一体何人いるのだろう。「救いの終りを全うする」ところまで人々を育てるために、日曜学校はそもそもあるのだ、というのである。そして田村は、大胆にも、もし伝道だけが目的ならば、日曜学校は要らない、会堂で伝道集会だけしていればいいのだ、とも述べている。

この「伝道のための日曜学校」の否定は、「③日曜学校は遊び場所ではない」、「④日曜学校は菓子をやる場所ではない」「⑤日曜学校はただ児童を面白がらせる場所ではない」にも通じる田村の強い主張だと思われる。田村は、伝道のために、あの手この手を使って、ただ、子どもたちの数を多く集め、教会に来させようとするあり方に危惧を覚えていたのだろう。田村にとって日曜学校は、集客を目的とする場所ではなく、生徒たちがキリストにおいて育っていくために真に必要な教育の場所だったのである。

ＩＵＬの「③道徳教育の強調」に対しては、「⑦日曜学校は単に人倫を教える場所ではない」と述べる。田村はこの⑦の最後に、「花計り愛して、根に水そそぐ事を忘れる者は、実に愚かなる者と云わねばならぬ」と書いている。子どもの、目に見える行儀や態度ばかりを大事にして、その行ないの動機となっている根、土に隠されている見えない心、魂を、養い育てること（霊的教育）を怠るのは、愚かだというのである。

こうして田村は、一九〇九年、この著作をあらわした段階で、すでにIULが目指していた日曜学校をはっきりと否定する。そして、否定した路線に替えて「聖書を教課書として霊的教育を施しキリスト化したる人物を養成し、健全なる国民をつくる」日曜学校を掲げたのである。このように、『日曜学校教師養成通信講義』に表明された田村の教育観は、次章で述べる田村の最終期の思想と、ほぼ変わらないものとなってきている。そして、それが、この通信講義が出されて五年を経ずして一九一三年に表面化する、日本日曜学校協会と田村との決裂の、最大の、そして思想的な原因となっていったと思われる。

一九一〇年代の日曜学校教育論の展開

田村は、一九〇〇年代において、自覚的な児童本位への転換の後、その働きをまず日曜学校教育へと集中させ、これを強力な運動として推し進めるために、日曜学校の組織化のために働く。こうして一九〇七年の日本日曜学校協会発足のために奔走し、これが成ると、日曜学校カリキュラムの開発、ならびに日曜学校理論構築のために懸命に自らのなせるところを実行していった。具体的には、数寄屋橋教会日曜学校を充実させながら運営・実践し、日本日曜学校協会（NSSA）の文学委員長として、IULとは別路線をいく、日本人による日本の日曜学校のための級別教案を作成し、併せて『二十世紀の日曜学校』などを著して、日曜学校の理論的基礎作りと教師養成に努めていったのである。

しかしながら、田村の児童本位の思想や、子どもと教育に賭けるエネルギーは、当時の「日曜学校教育」の枠組みに収まりきるものでは全くなかった。田村の関心と追求は、そこから派生して、①一九一一年の『子供の権利』、②一九一二年からの『子供之友』と『ホーム』の定期刊行、③一九一四、一五年の『基督教大意』『基督教倫理』、そして④一九一九年『子供の心理』の刊行へと広がっていったのである。これらの出版物からみて、一九一〇年代は、日曜学校教育論をいったん構築した田村が、日曜学校級別カリキュラムを作成する過程で、その思想をさらに深化させ、日曜学校教育論を隣接する諸学と分野へ展開していった時代ということができるだろう。

ここには、上記①から④のように、少なくとも四つの方向への展開が認められるが、①『子供の権利』は三章に先述のため、詳細に触れない。しかし、子どもの権利論を打ち立てるという一事をとっても、これが大事業であったことはいうまでもなく、『子供の権利』は、思想的にも、一九一〇年代以降のあらゆる著作と田村の子ども理解の基調となっている。そして、この「子どもの権利」擁護の、各家庭での実現に向けて、一般社会への普及を目的に、日曜学校教育との連携において刊行された性質をもつのが、②『ホーム』[28]である。

一九一二年に創刊された『ホーム』は、日曜学校教育の理想を、日曜学校に子どもを通わせる家庭、殊に母親たち女性が共有できるようにと編まれた月刊誌で、田村は「発刊の辞」において、これを「日曜学校協会同人が発行する」ものとしている。そのため、内容は、NSSA主催の集会や協会のニュースがふんだんに報告され、日曜学校教育を家庭で支えるために「婦人」たちの学びとなる種々の読み物があり、また、子どもたちが読めるように「子供之友」の抜粋も掲載されている。まさに、田村の日曜学校教育の実践を支える、一大日曜学校総合雑誌であった。

収録されている「論説」には、第一号の「子供本位」倉橋惣三を筆頭に、無論、田村の執筆も多数あるが、江原素六、今井寿道、山田寅之助らが名を連ね、「演説筆記」(講演録)として、久留島武彦の「米国に於ける教育上の設備と婦人問題と」も掲載され、新刊紹介のコーナーもあって、当時の最新の学びを提供しようとの意図がみられる。「文苑」、「小説」のジャンルも豊富だが、「史伝」には尾島真治による「ブラウニング夫人」や山室軍平の「ブース夫人の話」が登場し、いわゆる偉人伝も、女性たちに向けて書かれたものとなっている。

しかし、『ホーム』全一七号を通じて、最も目を引かれるのは、「訪問録」と分類されたインタビュー記事である。創刊号では、女子英学塾教授の河井道子、青山女学院教授の塚本はま子を訪問して、それぞれに女性や子どもの教育などのトピックについて、ホーム社記者が話を聞いている。また「小崎弘道氏の家庭を訪う」「和田剣之助の家庭を訪う」などの家庭訪問記が写真入りで掲載されている他、女子学院、京都同志社女学校、共立女学校などのミッションスクールも訪問している。ここに取り上げられ、インタビューによって掘り起こされた女性たちの働きを、丹念にみるだけでも、一大研究となる内容をもった、合計二二の「訪問録」となっている。

充実した内容だけでなく、その表題にあえて英語の「ホーム」を用いたことにも、田村の非凡な先見性が発揮されている。田村は創刊号で、「ホーム」は「ランプ」と同じように、すでに「日本化して日本人一般に用いられて居る」として、カタカナ英語の使用に先鞭をつけ、また、「家庭」としてしまうと、英米人が「ホーム」という言葉を聞いて、目に涙し、「なんとも云われぬ心地」するもの、つまり「ホーム」という響きの持つ一種独特の「神聖」さを伝えることができなくなると説明している。そして、日本に今必要なのは、この「ホーム」、たとえ貧しくても「神に根ざし」「神聖なる愛に依って」つくられたホームなのだというのである。

ここには、一八八〇年代の米国留学から持ち続けた、田村三〇年越しの、「家《イエ》」に替わる「クリスチャンホーム」実現への思いがあることは言うまでもない。加えて、「ホーム」は、田村の「親友」であったマリア・トゥルーが、日本の女性たち、子どもたちのために、生涯をかけて建設しようとした、彼女のヴィジョンを込めた概念であり、トゥルーの強い願いが、この一語に反映されているということができる。

このように、田村は『ホーム』を、日本日曜学校協会と、各個教会の日曜学校（教師たち）、そして家庭（特に母親）の三者を結ぶ情報誌、学習誌として刊行し、日曜学校教育を「ホーム」の思想の上で完成させようとしたのである。日曜学校教育を、日本の家庭に届け、遠大な「ホーム」建設に向かわせようとする動きは、田村にとっては日曜学校教育が必然的に向かうべきところであり、それゆえ、何ら日曜学校協会の働きと矛盾するものではなかった。田村は、『ホーム』によってＮＳＳＡの働きを強力にサポートしようと思っていたに違いないし、これが、協会にも日曜学校教育にも役立つものだと自負していたはずである。

しかし、一方の日曜学校協会にとって、日曜学校教育が「ホーム」（家庭）へ波及し、協力関係を組むことは、特に望んだ方向でも、田村のように、緊急に着手すべき課題でもなかった。NSSAと田村とは、一九〇七年の日曜学校協会創立当初から宣教師や外国人の関与をめぐってずれがあり（田村は日本の日曜学校事業の主体、また指導者は、日本人であるべきだとし、「外国団」の政治的協力を排除すべきだと主張していた）、NSSAにとって田村は最初から目の上の瘤であった。それでも、日本の日曜学校教育の第一人者で、これを牽引してきた田村の力は必要不可欠であり、一九〇九年には、NSSAが構想した一一年制級別カリキュラムを、協会として田村に正式委嘱したのである。しかし、田村はこれを、自らの教育観と信念から一三年制に変更すべきだと考え始め、内容的にも教師のための教授案から「子供之友」、その名の示すとおり、子どもが読める友だちとなる読み物を、教案の中心に置くようになって、それを『ホーム』にも掲載した。

一九一二―一三年の『ホーム』と『子供之友』の刊行は、協会の意図するところからの、田村の逸脱と捉えられた。一九一三年五月、田村は、発刊から一年半を迎えた『ホーム』（第二巻、第五号）に「余が日曜学校協会を去りし理由」を掲載し、『ホーム』の今号での廃刊を発表。日本日曜学校協会での働きを辞し、協会と決裂することになったのである。その「去りし理由」には、その年のハインツ一行の来日が、問題を表面化させる引き金となったことをはじめとする、諸般の事情が述べられているが、その最も核心となる理由は以下の記述の中にある。

或一派の宣教師諸君の内には、万国日曜学課を以て唯一の学課と信じ、児童の心理学も知らず、又教育学も知らず、大人の為に、編集したる学課をば、非教育的に児童に教授して居るのである。今日の日本の教育者が、日曜学校に反対するのは、主に此《この》理由に因るのである。(29)

田村はここで、ＮＳＳＡを操っている宣教師一派（メソヂスト教会、スペンサー派）の問題を、それが、今や時代遅れとなっているＩＵＬ（万国日曜学課）の目指すところにいつまでもしがみついていることにあると端的に述べている。だからこそ、日曜学校協会は、ＩＵＬに代表される――そして、大正新教育時代の日本の教育者から反対を受ける――旧いカリキュラムと方法論を明確に離れ、新教育の上に日曜学校の原理を打ち立てて、新しいカリキュラムと方法論を導入しようとする自分（田村）を非難し、その成果の見える形である『ホーム』を否定するのだと、いうのである。

こうして、自説を曲げない田村は、一九一三年を機に、ＮＳＳＡと袂を分かち、自ら使命とする道を歩んでいく。それから七年を経た一九二〇年の世界日曜学校大会東京大会の折、ＮＳＳＡは、田村への招待状を出さなかったというから、田村との確執によって協会側に付いた傷やしこりは相当なものだったのだろう。

田村のこのような点が、「協調性がない」とか、「他と相いれない」と評される理由になっていると思われるが、田村自身は、あくまで日曜学校教育をその時々に究めた結果が、旧い考え方をする一部の協会の人々に拒否され、決裂につながったということになる。これは、田村の理解力や学問の吸収力、そして信念を体系化し、原理を具体化する展開力のスピードに、ＮＳＳＡがついていけなかったということもできるだろう。

一方の田村の方は、その後も、もちろん信念を追求するのに、留まることをしらない。その日曜学校教育論を級別の一三年制構想へと派生させ、一一年制に二年加えて、③一九一四年に『基督教大意』(30)を、翌年にはその姉妹書である『基督教倫理』(31)を出版する。

『基督教大意』は、その自序の冒頭に、「神学者に非《あら》ざる余が、大胆にも、斯《か》くの如き神学書を著述したる事は、自分自身も、驚く位であるから」他人が驚くのも無理はないと述べるとおり、三位一体論を含む神観、キリスト教宇宙観、人間観や救済論などのキリスト教教理を扱った、田村の神学書である。その内容にはこれ以上立ち入らないが、序に記されたこの著作の成立経緯と性格をあげる。

田村は、これを、「数年間、十七八歳の青年に、基督教々義の大意を極く平易に知らせたいと思うて、此の方面の問題を研究するに、大いに努力した結果、此の著述が実現した」とする。そこで、田村は、『基督教大意』を、毎日曜の日曜学校での学習のために、五二章に分け、「宗教教育の教課書」に移行させるようにしたというから、まさに、これは、田村の日曜学校教育の一つの展開であり、それは神学に及んだということになる。それは、留学後二〇年以上青年教育に心血を注いで、その限界にも直面した田村が、幼いころから、宗教的な教育によって育てられてきた子どもたちが、青年期を迎えたとき、その段階で、どのような青年への宗教的教育をなすことができるかを考えた結果でもあった。

田村はまた、この著述のために、「欧米の神学者諸氏に学んだ」が、「自分の博学を、広告する様な嫌《いやみ》があるから」いちいち人名書名を列挙しないと述べている。ここから察するに、相当な猛勉強の末の著述であり、しかも、青年に解る言葉で書かれた教育的神学書（神学入門書）ということになるだろう。

対となる『基督教倫理』は、日曜学校の青年科カリキュラムとしての性格は、『大意』と同様であるが、扱っている内容が倫理であるだけに、日曜学校教育における道徳について考える上で興味深い一冊である。著書全体で、キリスト教倫理を、キリスト者の品性をつくりあげ、訓練、修養していく具体的な課題としてとらえ、表現や言葉の使い方にも、田村の独自性が感じられる。たとえば「戦争」に関する部分では「（二十世紀の今日になっても）各国各々平和の名義の下に、軍備拡張に汲々として居る」と世界の状況を述べ、そんな今日の平和は、「弱者は強者に勝つ事は出来ないと云う厭制的平和にして、仕方がない程度の平和である」（二二八頁）と批評している。

さらに、一九一〇年代の田村の学術的関心は、④一九一九年『子供の心理』[32]へと及んでいく。日曜学校教育論を打ち立てていく中で、この頃の田村は、森下の指摘どおり、特に「心理学」へ傾倒を深めていったと思われる。そして、「本書は、著者が、児童の心理に関し、数年に亘りて、研究したる所をば、何人にも解りやすいように、と念じて、物した小冊子である」として『子供の心理』を世に送り出している。本文内には、脳の図解画までであり（二一二頁）本格的な心理学書であるが、田村は、たとえば「神経細胞」を「電話線のようなもの」と説明し、電話交換局と電線、その動力となる電気等々の仕組みを駆使して、脳や、神経、細胞といった身体の機能を解りやすく解説しようと試みている。

この著作については、出版から数か月後に、青山学院神学部教授の山田寅之助による研究がなされ、『神学評論』に掲載されている。[33] 山田はそこで、「宗教的本能」や「潜在意識論」など、著作の内容に詳細な考察と批評を加えているが、総論として「本書は応用児童心理学書とも云うべきもの」と位置付け、田村が「宗教家の立場より児童を研究したる点」にこの書物の価値があると評価する。つまり、山田によれば、児童教育の任にあたる者、ことに日曜学校教師にとって、心理学は学ばなければならない必要な学問であるが、専門性が高く難解なため、その素養を身につけることができない者が多い。しかし田村は、心理学者ではなく、実地の児童教育者であるために、難解な心理学書ではなく、心理学をどう用いて（応用して）教育するのかに焦点をあてた著作を出版し得たというのである。

山田はまた、「氏〔田村〕をして心理学を研究せしめたのは、日曜学校教育事業である」と述べている。この山田の言葉は、田村の『子供の心理』が、日曜学校教育を推し進めようとする目的の延長線上に著されたものであること、また、田村の日曜学校教育への宗教者、教育者としての献身的関わりが、心理学をここまで探究させた動機であることを示すものとなっている。と同時に、山田のこのような田村理解、つまり、「宗教家の立場で児童教育を実践する者」として、田村の著作を研究する立場は、田村研究を行なう上で肝要といえるだろう。

以上、見てきたように、田村は、一九一〇年代に、その日曜学校教育論を多様な方向へと展開していった。それはまるで、田村の関心が「日曜学校教育」から、子どもの権利論へ、「ホーム」の建設と家庭教育へ、神学やキリスト教倫理へ、青年教育へ、児童心理学へと放射線状に触手を伸ばしていくかのような発展、あるいは深化と言えるものである。そして、それはまた、一九二〇年以降、最終期の田村の教育論へと向かう過渡期の現象として、その後の田村の思想の方向性を映し出し始めているが、なお、その軸に「日曜学校教育」を保持しているため、本章に位置づけておく。

〈資料2〉「宗教的児童教育参考書」（抜粋）

第一　一般日曜学校に就いて　（1）～（21）

（2）Candler, *The History of Sunday School*, 1880（遠祖から現今に至る日曜学校の歴史／NYヒリップ・ホント会社）

（4）Boynton, *The Model Sunday School*, 1897（米国組合教会日曜学校幹事を長く務める。日曜学校全体の事を知るには最も善い本／ボストン組合教会日曜学校文学出版会社）

（6）Burton & Matthews, *Principle and Ideals for the Sunday School*, 1903（シカゴ大学教授の著。教師と学校の二部。日曜学校の主義と理想を知る屈強の書。心理学、教育学に基づき高尚かつ実際的／シカゴ大学出版会社）

（9）Trumbull, *Yale Lecture on Sunday School*, 1888（日曜学校の専門家ツランボル博士のエール大学神学部におけるライマン・ビーチャー講座の講演。日曜学校の起源から家庭、牧師などについての大著述／NYスクリブナー会社）

（12）Lawrance, *How to Conduct a Sunday School*, 1905（日曜学校社会で活躍の人。この書に挙げられた一〇〇冊の参考書をこの附録〔田村の挙げた一〇〇冊〕と比較してみるのも一興）

（17）Haslet, *The Pedagogical Bible School*, 1903（スタンレー・ホールの弟子。健全な国民を作るには日曜学校を全備しなくてはならないと論述。附録に二〇〇冊以上の書籍、雑誌の目録／NYリーベル会社）

第二　幼稚《おさなご》に就いて　（22）～（27）

（25）Harrison, *A Study of Child Nature*, 1890（著者はシカゴ幼稚園大学の校長。身体と心意と霊性の三部に分けて幼稚時代の子どもの性質、本能の訓練法を著述。面白い話多数。二八版を重ねる。シカゴ幼稚園大学出版部）

（26）Wiggin, *Children Rights*, 1892（著者は、子供の権利をまもるのは保護者とし、親や教師の子どもに対する義務について極論している。「如何に児童を支配すべきや」の章は最も趣味深い／ボストン、ホートン・ミフリン会社）

（27）Foster, *The Kindergarten of the Church*, 1894（教会における幼稚課について学理と実際の二部、非常に有益）

第三　少年に就いて　（28）～（31）

（31）Kinney, *After the Primary What?*（日曜学校少年に関して、他にも多く著述。少年時代の子供の取り扱いの実際）

第四　青年に就いて　（32）～（33）

（33）G. Stanly Hall, *Adolescence*, 1903（著者は米国の児童学の元祖ともいうべき人で、クラーク大学の校長として、児童学の専門を設けた。青年の心理に関する二冊から成る大著述。児童学研究の必読の書／NYアブレトン会社）

第五　児童学に就いて　（34）～（43）

（34）Rowe, *Physical Nature of Child*, 1906（児童の身体上の性質や違いを善く知り、その対処と心得を丁寧に記載）

（35）Taylor, *The Study of Child*, 1889（教師や親が子供を研究するに良い書／NYアブレトン会社）

（36）Oppenheim, *The Development of the Child*, 1898（児童の発達を細論。「児童と犯罪」は必読の章）

（42）Trumbull, *Hints on Child Training*, 1892（ツランボル博士の本はみな学者的。「意志の教育」の章は特に有益）

（43）Dewey, *The School and Society*, 1899（シカゴ大学心理学教授、子どもの社交性を最も面白く明瞭に記す）

第六　児童心理学に就いて　（44）～（49）

（46）Baldwin, *Mental Development of the Child & the Race*, 1902（児童の心理的発達と人類の発達の同一を叙述）

(47) King, *The Psychology of Child Development*, 1903（児童心理学に一異彩を放った良書／シカゴ大学出版部）
(48) Baldwin, *The Story of the Mind*, 1905（わずか七〇銭の小本であるが、心理学全体を誰にでも解る言葉で解説）

第七　児童の宗教に就いて　(50)～(61)

(50) Bushnell, *Christian Nature*, 1847（宗教的児童教育の基というべきクラッシックだが、その理想は実に最近の物）
(52) Coe, *Education in Religion and Morals*, 1904（ノースウエルタルン大学の心理学者。心理上、教育上の双方から宗教的教育の大切なことを詳論し、教会が児童の宗教的教育に重きを置かないことを攻撃している）
(58) Coe, *The Spiritual Life*, 1900（青年の心理を説き、信者となる最良の時期を明らかにした名著／リーベル会社）
(59) Coe, *The Religion of Mature Mind*, 1902（特に「教育における救い」の章は、反復熟読すべき値打ちあるもの）
(60) Starback, *The Psychology of Religion*, 1899（宗教的児童教育に関して、一新紀元を画したる名著）
(61) Atkins, *The Kingdom in the Cradle*, 1905（南メソヂスト派監督の新刊。「児童学と聖書の上から」宗教的児童教育の重要性を論じたもので、「斯る著書が南メソヂスト派の監督の手に成ったかと思うと、何だか奇異な感じがする」）

第八　遺伝に就いて　(62)～(64)

(63) Bradford, *Heredity and Christian Problem*, 1896（著者は米国組合教会派の第一流の説教者。マクミラン会社）

第九　教師に就いて　(65)～(83)

(66) Du Bois, *The Point of Contact in Teaching*, 1901（単純から複雑へ、既知から未知へと子どもを教える例を示す）
(68) Trumbull, *Teaching and Teachers*, 1884（著者の書はいずれも学理的かつ実際的）
(70) Brumbough, *The Making of a Teacher*, 1905（ペンシルバニヤ大学教育学教授、「キリストは理想的教師」の章など極めて有益。近世教育学者は先ずキリストに来りて学ぶ必要を示す／ヒラデルヒヤ日曜学校事務所出版）

(74) James, *Talks to Teachers on Psychology,* 1899（ハーバルド大学心理学教授、教師の心得るべき心理）

(77) Du Bois, *The Natural Way in Moral Training,* 1903（著者の書はいずれも有益。教授の四つの方法）

第十　教育学に就いて　(84)～(96)

(84) Butler, *The Meaning of Education,* 1898（著者はコロンビヤ大学総長、教育学者。宗教教育会ＲＥＡ大会講演）

(88) Davidson, *A History of Education,* 1900（最も有益な教育史。教育は進化の最後の最も高尚なる型式と論明）

(95) King, *Personal and Ideal Element in Education,* 1904（著者はオベリン大学総長／マクミラン会社）

第十一　黒板に就いて　(97)～(100)

(100) *Wood, Calk: What we can do with it?* など四冊。

3　日曜学校教育における三戸吉太郎

田村の教育論の最終期を論じる次章に向かう前に、本節では、日本の日曜学校教育の戦前の発展期、黄金期を創生した、東の田村の双璧、西の雄である、三《み》戸《と》吉《きち》太《た》郎《ろう》（一八六七―一九二五）について取り上げる。三戸は、田村から一〇年ほど遅れて出生し、受洗も一〇年後で、田村より約一〇年前に他界するが、同じ日曜学校運動を自らの使命として生きた同世代人の牧師であった。

田村と三戸は、所属する教派が長老派とメソヂスト教会と異なり、神学的背景から性格、教育観、教育手法に至るまで大きな違いがあったと思われる。また、活躍した場所も東京と神戸と、東西に分かれているため、一緒に仕事をする機会は、そう多くなかったと考えてよい。もともと田村は、友人や交友関係は別として、基本的に仕事上は、孤高の人であり、誰かと共同で仕事することは、殆どなかった。

しかし、田村は日曜学校運動に関する、三戸の働きを高く認め、自らの著作において何度も名前を挙げて紹介し、その尊敬と評価は生涯変わらなかった。日本日曜学校協会（ＮＳＳＡ）との訣別以降も、その幹部であった三戸への批判は一切見られない。同様に、三戸もまた田村を評価し、三戸の死の前年、一九二四年一一月には、関西学院を会場に、田村の講演会を三戸が設定するなど、違いを越えた理解と尊敬を終生持ち続けた間柄であった。

田村の日曜学校回顧録である「我が知れる日曜学校」には、「日曜学校の先覚者三戸吉太郎君と教文館[34]」という項目が設けられ、そこで田村は三戸について次のように語っている。

日本における教派で一番に日曜学校に力瘤を入れたのは、日本メソヂスト教会である。メソヂスト教会では、三戸吉太郎君の如き日曜学校事業に熱心なる人傑を産出した。いかに今日大教派を以て、誇としている教会でも、三戸君に向って頭を下げざるを得ないと思う。三戸君は先輩から又同級生の輩から随分馬鹿にされた。併《しか》し君が日曜学校事業に対する熱心を、少しだに砕くことは出来なかった。今日日本メソヂスト教会が基督教会に於て優勢の地位を占めて居るは、三戸君に負う処多大なるは、言うまでもない。啻《ただ》にメソヂスト教会のみならず、我日本に於ける日曜学校事業は君の偉大なる感化を受けし事は一日も忘れる事はできない。君の功績は今日我が日本の日曜学校事業の上に、歴然と顕れて居る。

そして、「三戸君の子供の心に蒔きし種が生長し、数年の後は」メソヂスト教会が日本のキリスト教界で一位になるだろうとも語っている。田村はなぜ、このように、例外中の例外といえる賛辞を、三戸吉太郎の日曜学校教育に対して送ったのだろうか。田村の日曜学校教育論を別の視点から比較、理解するために、本章の最後に、三戸吉太郎をとりあげる。

三戸吉太郎とメソヂスト教会の日曜学校

三戸吉太郎は、一八六七年広島市に生まれる。[35] 幼くして父を亡くし、貧しい生活の中で母に育てられ苦学していた時にキリスト教と出会い、一八八七年クリスマス、広島で、後に関西学院を創立するW・R・ランバスから受洗。翌年入学した長崎鎮西学院（加伯利《カブリー》英和学校）を経て、関西学院神学部へ転学し、一八九六年に卒業する。神学部在学中に結婚し、牧師としてのスタートは三〇歳頃であるので、田村の牧師スタート（二〇歳）とは一〇年の開きがある。

三戸は、神学生時代から派遣された各地の教会の日曜学校と毎週深く関わり、この時期からすでに、子ども讃美歌の編集や、児童説教といわれる子ども向けのお話を試みて、神学部卒業直前に『訓蒙神の話』を著している。この著作については次項で詳しく述べるが、そこには子どもたちを理解し、愛し、創意工夫された視聴覚教材を用いて、神を語っていた「日曜学校の先生」としての、三戸の姿がみてとれる。

神学部を卒業した三戸は、一八九六年、四国の多度津教会に牧師として赴任することになるが、着任一年目のこの年「ハミル博士（H.M. Hamill, 米国南メソヂスト監督教会）と日曜学校に熱心な実業家ペッパー氏の招請により」数か月の米国での日曜学校の視察後、英、仏と欧州の日曜学校事情をも見聞して帰国したというのだから、[36] すでに相当日曜学校教育に造詣があり、この方面での働きを期待されていたのだろう。また、この頃、日曜学校に出席した子どもたちに配る聖書カードを、各自が貼っていくカード帖を考案。それは、一八九九年南美以年会記録の中で、三戸考案の讃美歌附きカード帖「天使《てんのつかい》之聲《のこえ》」として報告されている。手先が器用で、音楽の才能も、絵心もあるアイデアマンだった三戸は、青年牧師の頃から、日曜学校の教材づくりに、その賜物を発揮していた。

三戸の死後、一一年を経て書かれた“SUNDAY SCHOOL” MITO[37]と題された回顧録は、「三戸吉太郎は、洗礼を受ける前から日曜学校教師だった」という印象的な書き出しから始まっている。自分がキリスト教と出会って間もなくから、三戸は「小さな子どもたちを教えることに本気で取り組」み始めた。この点は、田村に共通するところである。三戸を知る誰もが、日曜学校で熱心に教える三戸しか知らなかった。信仰生涯のごく初期から終わりまで、まさに「日曜学校・三戸」と呼ばれるにふさわしい、メソヂスト教会の「ミスター・サンデースクール」だったのである。

多度津教会での働きの後、三戸は、宇和島（現・宇和島中町）、岩国、御影の諸教会を歴任する。一つの教会を終生牧会した田村とは大きく異なる点であるが、監督制が敷かれるメソヂスト教会では、牧師は、通常二年－四年の任期で、監督からの任命により異動する。こうして、神戸の御影教会に赴任していた三戸は、一九〇九年から、関西学院神学部の講師として、日曜学校管理法や児童教育学などを母校で講じるようになった。

この間、一九〇七年には、日本メソヂスト教会に日曜学校局が設置され、その幹事に就任。その年五月に設立された日本日曜学校協会の幹事にもなる。一教会にとどまらないで、メソヂスト教派全体の日曜学校運動と、NSSAに関わっていくのである。こうして、牧師として働きながら、組織化されつつあった日曜学校運動に参与し始めていた三戸は、一九一二年三月に御影教会牧師を退任し、その後は教会の任地に就くことなく、日曜学校運動の専従の牧師となっていく。

これは、田村が繰り返し述べているように、J・ウェスレーによって創始されたメソヂスト教会が、その神学的背景から日曜学校運動に非常に熱心で、日本のメソヂスト教会もその伝統に立ち、教派内に日曜学校局を組織して、日曜学校教育を進めていたことによる人事配置といえるだろう。もちろん、NSSAが創立する頃、前後して、メソヂスト派以外にも、組合教会（会衆派）、救世軍、そして日本基督教会（長老派）や聖公会などのプロテスタント各派は、それぞれ教派内の日曜学校運動を進める部署や委員会を組織するようになり、教派の日曜学校機関誌の発行、一九二〇年代からは教派教案の発行などもなされている。しかし、その中でも、メソヂスト教会の動きはとても早く、熱心で、メソヂスト教会日曜学校局の機関紙『局報』は、一九〇八年五月の創刊である。[38]

一方の田村は、「日本の花嫁」事件により、牧会した数寄屋橋教会、巣鴨教会が、一八九四年から一九二五年までの長きにわたり、教派から独立した単立教会であったので、田村の日曜学校運動との関わりには、教派と関連する部分がない。田村の場合、まさに独立独歩で日曜学校教育を推進していたことになる。このことは、特に、教育論の構築とカリキュラムの策定に大きな影響を与えていたと考えられる。三戸においては、メソヂストの神学と教派的伝統がその日曜学校教育論に色濃く表れているが、田村には長老派のそれは、日曜学校教育に関して特に認められず、教育学、心理学などの世界的流れと、世界の日曜学校の動向を自ら学び、摑んだ上に立ち上げた、独自な教育論となっているのである。三戸の活動を見る時、田村には、教派の日曜学校機関紙も、教派から発行するカリキュラムもなかったことがあらためて、浮き彫りとなる。しかし、その教派的支えの欠如が、田村の、あらゆる拘束から解放された、オリジナリティあふれる日曜学校教育論とカリキュラム作成、そして活発な執筆活動による私家版での刊行物や著作を生み出したといえるのかもしれない。

こうしてメソヂスト教会の日曜学校の専従者となった三戸は、メソヂストの「日曜学校の人」として、NSSAとの関与も深め、全国の諸教会を巡るようになる。先に多方面へと活動が広がっていた田村の一九一〇年代を見たが、その時代の三戸は、一九一二年の五、六月に、NSSAからの派遣講師として、朝鮮各地の日曜学校へ赴き、帰途福岡で、福岡日曜学校同盟の成立にも携わっている。九月には、福島を経て仙台での東北日曜学校講習会を講師として周り、その帰途秋田や米沢でも集会を開いた。この東北での講習会など、この年のNSSAにおける三戸の活動については、田村が、『ホーム』誌上の「日本日曜学校協会会報」欄で紹介している。

ところで、前出の三戸考案のカード帖「天使之聲」は、初めは、讃美歌の歌詞を印刷した簡単なカード収集帖だったと思われるが、年代をおって色々な改良が加えられたようである。一九一二年一二月発行の「天使之聲」はカード貼付部分が除かれ、讃美歌や聖句、「すなどりカード」〔イエスが弟子たちに、「人を漁《すなど》る」漁師となるように言った言葉から、「すなどる」には「人に伝道する」の意がある〕「泣笑カード」などが収められた日曜学校手帳のような冊子となっている。その奥付に、「兵庫県御影町字郡家　日曜学校教材供給所　春光社」と発行場所が記されていることから、三戸は、御影教会退任後、関西学院構内にハミル館ができるまでは、御影の自宅を日曜学校の教材供給所として活動していたと思われる。

一九一三年、三戸は、日本メソヂスト日曜学校局『局報』を『春光』と改題して発行を始め、編集発行人となったほか、ハミルから日本メソヂスト教会に対して、日曜学校教師養成学校設立の為の特別献金がなされたことにより、関西学院内に「ハミル日曜学校教師養成所」を設立するという大事業を開始する。この計画は、メソヂスト派の関西学院神学部と共働できる場所に、メソヂストの日曜学校局を設置し、メソヂスト日曜学校教育を専門的に推進して、日曜学校教師養成を含めた日曜学校事業推進の基地づくりをするものであった。三戸は、専従者としてこの事業を任され、ハミル館完成後は、その中に春光社を移して日曜学校教材の開発、教案誌、機関誌等の発行に取り組んだ。

一九一九年、三戸は日本メソヂスト教会日曜学校局の局長となる。併せて、NSSAの理事に就任し、翌年の世界日曜学校大会東京大会のために尽力し、大会後も各地を巡って、日曜学校運動のために働いている。三戸はまた、日曜学校と共に、青年同盟（エプオース同盟、メソヂスト派の青年団体）を組織して、子どもたちと青年への伝道、育成に力を注ぎ、関西学院神学部だけでなく、神戸のランバス記念伝道女学校、大阪のランバス女学院においても講義を担当するなど、神学教育の中に日曜学校教育を位置づけることを試みている。

三戸の日曜学校事業における業績に、先述の、「ハミル日曜学校教師養成所」がある。三戸は、一九一三年、これに着手し、一九一八年原田の森、関西学院構内にハミル館を完成し、ハミル館事業として、日曜学校教師養成所を開校する。[39] この養成所は、他教派にはなし得ない、東京でも類のない、メソヂスト教会ならではの画期的試みであった。この養成所の概要は、左記のNSSA日曜学校雑誌の記事に詳しい。メソヂスト教派の日曜学校局と関西学院神学部の協同という位置づけは、組織形態の違う教会（教派）と学校の協同という点で、非常に難しいものであったことが想像される。しかし、この記事からは、三戸がどのような教師養成機関を目指して努力したのか、さらには、メソヂスト派の日曜学校教育の理念と水準の高さを見ることができる。

「神戸に新設せらる、日曜学校教師養成所」

日曜学校教師養成所は大正七年十月一日を以て開始す　本事業は日本メソヂスト教会日曜学校局と協同し関西学院神学部専ら其教育の任に当たる　是れハミル館事業の一節にして又関西学院神学部の一科たり。

ハミル館は関西学院構内に在りて日曜学校局の所有に属し前記教師養成所の外、日曜学校局事務室、日曜学校参考品室、日曜学校図書室、春光社、模範日曜学校を有す　基督教会員は教派の如何に拘らず男女とも等しく入学するを得。

学科は一年を以て全科を成すと雖も一ヶ年を三学期に分ち各学期の課程は其学期毎に完結するの組織なるが故に学修の順序は何れの学期より始むるも三学期を以て全科を修了するの便を有す。

教授及講師姓名左の如し、松本益吉氏、吉崎彦一氏、田中義弘氏、曾木銀次郎氏、岡島政尾氏、三戸吉太郎氏、横川四十八氏、久留島武彦氏、村上鋭夫氏、エス・エス・スチュワート氏、松本春枝氏、亀徳一男氏、其他数名。

当局者は本事業をして実際に適し且つ裨益あらしむる為に其労を惜まざるべし。牧師、宣教師、教会、日曜学校は所属の教師及役員を改善せんため教派の如何に拘らず大に此機会を利用せられんことを切望す。

尚詳細なる事は関西学院神学部長ヘーデン氏宛或はハミル館内日曜学校局幹事三戸吉太郎氏宛て照会せられたし。(40)

日曜学校教師の養成は、田村も、通信講義をもってあたろうとした、日曜学校教育推進のためになくてはならない働きであった。そこで、三戸は、メソヂスト教会の養成所をハミル氏からの献金により、関西学院神学部の協力を得て、メソヂストの学校である関西学院の構内に建設した。これにより、継続的に質のよい日曜学校教師を輩出できるよう努力したのだと思われる。

しかし、この事業は一九二〇年代以降、三戸の健康状態の悪化に伴い、短命に終わる。「ハミル館の企画、運営は実質的には日本における宗教教育の開拓者である三戸吉太郎が専らこれに当たったもので、彼の熱心がこの建物と事業を成立させたといっても過言でない。ハミル館はかくてスタートしたのであるが、その推進の中心の三戸吉太郎は過労で健康を害し活動できなくなり、そして教師養成所の事業も進展できなくなり、挫折に至った」[41]と記録されるとおりである。

三戸が病に倒れると、彼がなしてきたそれまでの日曜学校教育事業は、すぐに立ち行かなくなる。一九二二年には、ハミル館で続けられてきた日曜学校は、関西学院教会の所属に移され、一九二三年には、編集発行人を務めていたメソヂストの教案誌である、日本メソヂスト教会日曜学校局『教師之友』が終刊をむかえ、翌年『教師之友』は、NSSAの『日曜学校』と合併する。一九二五年二月、三戸は、病気のため日曜学校局長を辞任。同年五月二日、五七歳の若さで逝去したのである。

世界日曜学校協会のフランク・L・ブラウンは、三戸についてこう語っている。「三戸兄弟は、日曜学校の働きに情熱と非凡な才能を傾け、また、周囲から愛される性格だった。（略）グループを組織し、人々をひきつけ参加させるために、彼が考えたプランと彼が用いた題材は、わたしの知る限り、東洋一のものだった」[42]。

このように三戸は、日曜学校運動の活動家、実践家であり、田村とは異なり、生涯最後まで日曜学校協会の働きに留まって、メソヂスト教会、NSSAならびに、世界日曜学校協会の人々からも愛された日曜学校人であった。しかし、五〇代で早世したこともあり、著作もほとんど残されていない。そのために、先行研究がなされていない人物であるといえる。

そこで、次に、三戸吉太郎が遺した数少ない著作の中で、子どもにいかに神を伝えるかを一〇話にわたって展開した『訓蒙神の話』（教文館、一八九七年）を取り上げ、併せてわずかに残された三戸の論述から、三戸吉太郎の日曜学校教育とはどのようなものであったのかを考察する。

三戸吉太郎『訓蒙神の話』に見られるもの

三戸吉太郎は、関西学院神学部を卒業する直前、童友著『訓蒙神の話』（以下『神の話』）を著し、一八九七年一二月にこれを東京教文館より発行した。英語タイトル *Talks to Children About God* が示すように、「キリスト教の神」や一話ごとの題に見られる神学的命題を子どもに伝えることを企図した本である。もともと一話毎の分冊を、一〇話まとめて出版した合本（全一五二頁余となる）であるため、話毎に独立した頁数がうたれ、目次や通し頁がないが、本文は以下の構成となっている。

J・C・C・ニュートンによる「序」、「日曜学校の事」（三戸による合本への序論）の後、『神の話』が第一回から一〇回までに分けて収録されている。その内容は、「神の存在、神の全知全能、神の遍在、神の霊性、神の全知、神の唯一、真の神てふ話、神の無始無終、神の公義、神の仁愛」である。

著者は「童友」とのみ記されているが、これは三戸が好んで用いたペンネームで、彼自身の立ち位置をよく表わしたものといえる。「天使之聲」禁酒号[43]では「水蛇の嘶」の著者として「美登《みと》の童友《どうゆう》」と振り仮名が付され、当て字で「三戸」が暗示されている。

『神の話』序において、J・C・C・ニュートン（当時関西学院神学部長、後に関西学院第三代院長）が、「我友タリ学生タリ兄弟タル三戸吉太郎君ハ性来小児ニ対シ多趣有益ナル談話ヲナシ且之ガ著述ヲナスニ長ズ、頃日一書ヲ著シ名ケテ『訓蒙神の話』ト云フ」として、著者が三戸吉太郎であることを明記している。

また、著者本人は、この著作の目的を記した、「日曜学校のこと」の最後に、「摩耶山の麓関西学院北寮に於て童友述」と記名している。合本の出版は神学部卒業（五月）の年の一二月であるため、神学生時代から子どもたちへの日曜学校教育を施していた三戸が、書き溜めて一回ごとに作っていたリーフレットを、卒業を前にまとめた物と推察される。この「日曜学校のこと」は、子どもたちの友である、三戸の出版の動機と、愛情、意気を感じる序論で、子どもたちに話しかける形で以下のように始まる。「愛童諸君《みなさん》今日は善くお来校《いで》になりました此様《このよう》に諸君《みなさん》が来校《おい》で下さいますと童友《わたくし》も嬉くてたまりません」。

その後、お饅頭を子どもたちに配るおじいさんがいるのに、「食わず嫌いの子どもたち」はその美味しさを知らずに捨ててしまうという例話が語られる。こうして三戸は、日曜学校の有意義なことを知らない子どもたちを招く一方で、当時のキリスト教会や日曜学校が、社会や大人たちに、ひいては子どもたちにどのように理解されていたかを踏まえて、日曜学校の真の意味を代弁していく。それによると、一八九二年一一月一七日の文部省小学校令第一二条に基づき、省令第一一号をもって、尋常小学校においては「孝悌、友愛、仁慈、信愛、敬礼、義勇、恭倹、実践の方法」を授けること、また、特に「尊王愛国の志気」を養うことが求められているが、これは日曜学校の教えそのものなのだというのである。三戸は、日曜学校を、主に「敬神他愛《かみをうやまいひとをあいす》の教えをする所」と定義づけ、「憲法第二八条　日本臣民は安寧秩序を妨げず及臣民たるの義務に背かざる限りに於いて信教の自由を有す」をひいて、尊王や愛国を聖書によって語っている日曜学校は、「大日本帝国が千代に八千代に続くように」との思いに沿った場所であり、文部省が求めるよき徳を、真に教える所だとしている。

このように、序論において三戸は、当時の日本社会においていかに日曜学校教育の価値と意義が多大であるかを述べ、子どもたちがこの教えに触れ、この神を知ることへと導かれるようにと、熱意を込めて語っている。そのためには、大日本帝国憲法と文部省の意にそった日曜学校であることの喧伝が必要不可欠であったことが推し量られるが、田村のアプローチとは全く異なっている。そうして三戸は、日曜学校教育を推進させる為に、キリスト教理解に必要な神学的命題を各回のテーマとして掲げ、参照聖書を引用し、お話を用いて、最後に讃美歌を載せるという形式をもって、子ども向け読み物『神の話』を著したのである。

本論となる一〇回の「神の話」は、三戸独特の技法、手法を凝らした教授方法がとられている。それらの特徴を三つの点からみていく。

①問答形式・対話的方法

まず目を引くのが、お話の中で繰り返される「〇〇ちゃん」「〇〇さん」と子どもの名前を呼んでの質問と、それに対する「ソー」「ソーです」からなる、先生と生徒の問答である。「正さん此旗は誰が拵《こしら》えましたか？ ソー先生であります。みさをさんあなたのお衣服《きもの》は誰が拵えましたか？ ソーお母さんであります」[44]（第一回）といったやり取りが著作全体に一貫して見られ、質問と答えから話が展開されている。

第九回の冒頭に「何時も先生は、みなさんと問答ばかりいたしますから、今日は九つになられる悟さんという坊ちゃんと布袋さんとのお話をいたしましょう」とあることから、三戸自身もこの問答という形が、三戸のお話の基本的様式になっていると自覚していたと推察される。元来、「問答」形式は、キリスト教教育において、古くから用いられてきたカテキズム[45]（信仰問答、教理問答）を踏襲した教授法であり、日本の日曜学校教育においても、その教材の当初に『さいはひのおとづれ、わらべ手びきのとひこたへ』[46]が発行されている。

ただし、三戸の場合、問答は、教理問答等で確立された「神とは何ぞや」といった神学的な命題を問いとして持ち出し、その答えを記すことで解説するという様式ではなく、子どもが直ぐに答えられる簡単な質問を投げかけて、その答えを聞きながら話（神についての真理や神学的命題）をわかりやすく展開するための対話・会話型の問答であった。これは、子どもたちの名前を呼びながら、一人一人の関心、興味を引き起こすために、三戸が自分のスタイルとして確立し、多用した方法であると思われる。

たとえば「神の遍在」（第三回）という命題は、三戸によれば、次のように対話的に展開されていく。「和平さんお憚《はばか》りですが其処の障子を少し開けて下さい。和平さん大きに有難う」から始まり、和平さんが障子を開けると予め三戸が用意して天井から吊っていた折鶴が踊りだすようにしておく。「なぜでしょうか、ソー風が入って来ますからです」。そして風が部屋いっぱいになっていることを子どもたちと確認した上で、その風を、「清さんハンカチでしっかり包んでください。みさおさんは、この綱で風を逃げないように縛り、譲《ゆずる》さんはこの鞭で風を打ってどんな音がするか聞かせ、お愛さんは風の色がどんなか見せてください」と子どもたちにやってみるように促す。そして、部屋中にある風は、形がないため見えないが、現に部屋いっぱいになっているのは確かであること、「アノ見えない風は何処に在りますか？　左様《そう》です、汝等《あなたがた》の居られます所には何処でも在ります。其の様に見ることの出来ない神様も何処にでも居られます」と、遍在する神を語っていくのである。

子どもたちに丁寧に話しかけ、それぞれの名前を呼び、子どもたちとの会話、対話を楽しみながら、神への思いと興味を自然に起こしていく。全編にわたって用いられている三戸のこの方法は、単に方法論であることを超え、三戸の学習者への教育的配慮や、幼いものへの限りない敬意と愛に裏付けられた子ども理解を示し、『神の話』の教育の基調となっていると思われる。

②視聴覚教材、絵画・製作

次に、三戸独特の教育法として、視聴覚教材や絵画、製作を交えながらの話の展開が挙げられる。

子どもたちの製作としては、粘土で自由に物を作らせ（第二回）、人間の作ったものと神の創られたものの違いを語る。お坊さんの顔の画を黒板に書き、次に六人の子どもに、目、鼻、耳などのパーツだけを各々描かせて合わせると、奇妙な顔が出来てしまう（第六回）。ここから、たくさんの大工がいても棟梁が一人だから、頑丈な家が建つように、天地の創り主である神は唯一であることへと展開する等の例がみられる。

また、八百万の神を信じる愚かさを、「いきもの、はえ（はう）もの、かね・いしるい」と書かれた重石の下で人間が押しつぶされている絵（第七回）を見せて教示するといった図解や、「ナンデモモノハコシラヘラレタ」と黒板に書く（第一回）ことで、そこまでの話をまとめて提示する板書などの方法も取り入れられている。

さらに、男女に分かれて知恵比べをするための「物知り旗」（第一回）や、先に挙げた天井から吊るされた折りヅル（第三回）、提灯（第五回）、茶碗と箸（第八回）など、目に見える物を用いて話を展開して行く様式が随所にみられる。

三戸は大変器用な人で絵の才能もあり[47]、彼の日曜学校での活動については、「玉手箱」のように中から様々な材料が出てくる大きなスーツケースを持って旅行に出かけ、「それを自由に巧みに使って、ニコニコとものしづかに、細かいところまで行き届いた講演をするのが特長」であったと記載されている。[48]『神の話』には、その実際を感じられる場面がいくつもあるが、そのうちで三戸の教材教育の妙技を伝える、第五回の提灯を用いた「神の全知」の教えを以下に要約する。

「みさをさん此れは何でありますか？（風呂敷より提燈を出して示す）ソー提燈であります。誠一さん此れは何に使用物《つかうもの》でありますか？ ソー」と提燈の便利なことを話す。「皆さん此提燈の中へ何が立ててありますか？ 美《みい》チャン何卒《どうぞ》仰って下さい、只今皆さんのお聞きの通り美チャンは蠟燭《ローソク》が立ててあると申されましたが皆さんは如何《どう》お考えなさいますか？」みんなもそう思うと聞いて、しのぶに中身を取らせる。「此れは何でありますか？ ソー大根であります。……なぜ間違ったのでしょう？ ソー提燈の中が見えないものですから、大間違いをなさったのです。皆さん本当に私共は、無知者《つまらぬ》ではありませんか。この一つの間で、ただ、紙一枚を隔てていると、三十四十の目で見ましても知れません。障子や襖や壁を隔てますと、いよいよ何もわかりません」。

そこから、わたしたちは、お母さんが家で何をしているかわからないし、今赤ちゃんが生まれて大喜びの家があれば、親が無くなり子どもが泣いている家もある、晴れているところ、地震に襲われているところもある等を語り、「真実《ほんと》に人間は歯痒様に愚知《つまら》ぬ者です」とする。こうして、わずか障子紙一枚の先も見えなくなり、わからないわたしたちの小ささと、全世界のすべてのところに居られ、すべてをご存じの神の存在との圧倒的な差異を語っていくのである。

また、毎回の最後にはまとめの形で「讃美歌」が記され、子どもたちが共に歌うことで、『神の話』の学びを深めることが企図されている。

③子どもの生活経験に基づく例話

三戸はもちろん聖書そのもののお話をしたと思われ、一九一四年八月に神戸の関西学院神学館で開催された日本メソヂスト教会日曜学校局の、第一回西部少年夏期学校（日本初の夏期聖書学校とされている）の報告に、「三戸講師の英雄ヨセフ伝……あり」とある。(49) しかし、『神の話』においては、引用聖書箇所を必ず記しているものの、聖書物語はなく、代わりに子どもたちの生活経験に即した例話がふんだんに用いられている。

特に、「悟さんと布袋《ほてい》さん」（第九回）や「順坊《じゅんぼう》と磐坊《いわぼう》」（第一〇回）では、神とわたしたちとの関係、神の前での人間の在り方などについて、悟さんや順坊といった子どもたちを登場させる。こうして子どもが、日常の世界で体験している失敗や恐れに共感的に気づくこと、自分の生活に引き寄せて「神」を想うことが意図されている。ここには、五男五女の子を持った父であり、神学生時代から常に教会で子どもたちと関わってきた三戸ならではの、「子ども世界」と「子どもの見る世界」の描写がなされている。例話というジャンルからは少し外れるが、当時の社会と風景を感じられる、三戸が子どもたちに語った四季を要約して挙げる。

神さまが地球をお回しなさるので、みなさんのお好きな時候が参ります。春・野辺にも山にも美麗《うつく》しい花が咲き……みなさんはおすしや、玉子や、蒲鉾の入っているお弁当を持ってお花見においでなさって、野辺のつぼみや蓮華を摘みなさいます。夏・ホタル狩り、蟬がやかましくゲヤーゲヤーゲヤーと啼きだし、外を氷やー氷やーアイスクリームと……。秋・冷たい風がソーと吹き出しますと、紅葉が赤く、庭の菊が咲き、山ではきのこが丸い頭をのっそり。冬・その木も葉を落とし、はだかになってさみしくなってきますと、お手や足の指が冷たくなりまして、「山はひがあたる　ここはさむいよさむいよ」と歌って日向で遊びたくなりますが、寒い日にアノ白い、ソー雪が降りまして、雪玉を拵えたり、ダルマを拵えたり、ウサギを拵えたり……オー冷たい！　神様が地球を回されるので、おもしろいではあませんか。（第二回）

次に、『神の話』に強調されていること、繰り返し語られ、用いられている言葉に注目すると、内容的な特色として以下の四点を挙げることが出来る。

①神の超越性、絶対性

全編にわたり、神についての話の中で特に述べられているのは、「真の神」「万物の創造主」「全知全能の神」「唯一で真の神」など、神の超越性、絶対性である。そこにはまた、わたしたち被造物との絶対的な違いと共に、日本における他宗教やその神々との違いも主張されている。

神の超越性、絶対性は、三戸においてはよく、創造の業を例にとって述べられている。人間の手によるものとは全く異なり、世界中でいちばん偉い人でも創り出すことができない「天地万物を作られた神の知恵能力《えらい》ことは如何ばかりか」（第二回）といった言葉がある。また、下記のように万物の創造主は、永遠性を持った方であることと結びついて語られている。

この世界を造られたのは、ソー真の神様です。其の神様は誰が造ったのでしょう。真の神様ばかりは誰も造った者はありません。真の神様は、木の様に生えたり、皆さんや先生のようにオヤーオヤーと言って生まれたり、人形のように造作物《こしらえもの》ではありません。ソースルト皆さん、真の神様は初めがありますか？　其の通り、真の神様は初めがありません。初めの無い真の神様は終わりがありましょう？　皆さんよく出来ました。初めの無い真の神様は如何《どう》しても終わりはありません。（第八回）

他宗教、他の神々に対する卓越性については、主に第七回「真の神てふ話」に集中して述べられていて、興味深い。「先立て先生が汽船に乗り、神戸から讃岐の多度津へ行った朝のこと」、神学生の三戸は、毎週末に四国の多度津教会へと礼拝と日曜学校の応援に出かけていたが、ある時同船したおじいさんが日の出に手を合わせ「日輪様」を拝んでいるところと出くわす。そこで問答となり、「日輪様のおかげで生きられるので」拝むのだというおじいさんに対して、「お陰」のあるものを拝むというならあらゆるもの、風の神様、水神土神、八百万の神、つまり「万物はみな神様」になってしまう。それでは、拝むものと拝まれるものはどちらが上かとの三戸神学生の問いに、もちろん拝まれる方が上とおじいさんは答える。それなら、万物が上で、拝む人が下とすると、人間はいちばん下となる。

そのことを図解で示してから、三戸は宣言する。「私共人間は日も月も草木も鳥も毛物《(ママ)》も世界に有る目で見える物は万物《なんで》も拝んではなりません」と。何故なら、「着物は私たちをぬくぬくして風邪をひかずに達者でいさせてくれますが、着物にお礼を言いますか？ ソー着物ではなく、こしらえて着せて下さるお母さんにお礼を言います。造った者と造られた物のどちらにお礼を言いますか？ 造った者にお礼を言わなくては。万物は一切人間の為に神様がつくってくださったのですから、人間はあのおじいさんのように万物を拝まず、万物を造られた神様を拝まねばなりません」と、いうのである。

当時の日本社会がもち、子どもたちを取り巻いていた神観や宗教心、信仰の持ち方に対して、この回ほど明確に否といい、八百万の神々に勝る「真の神」への敬神こそが、正しい道なのだと信念を明示している箇所はない。加えてこの回は、多宗教の習慣の中で「キリスト教の神礼拝をささげるあり方」にまで言及し、具体的事例を挙げて詳述している。

神様は何処にでもいらっしゃって実に見えないお方なので、其の真の神様を拝みますには、嘘の神様のように神社や仏閣を建て、しめ縄をして、お神酒や灯明をあげたり、線香、鐘や太鼓、数珠をつかったり、手を打ったりして拝みません。偶像や、絵、字を神様仏様といって拝むようなおかしなことはしません。ただ、私共が、正直な潔浄《きれい》な、素直な心で拝みたいところでいつでも拝みさえすればよいです。（第七回）

こうして、「嘘の神様を拝む事をおやめなさいませ」との勧めに至っている。

他の箇所の論調とはかなり異なった、強い調子の言葉づかいが、この第七回には見られ、日曜学校と子どもを取り巻く当時の宗教的環境に、三戸は並大抵でない力を傾けて抗していたことが推し量られる。

②死ぬべき人間存在

子ども向けの話の内容として、少なからず驚かされるのは、人間は必ず死ぬ者、無知でわからないことがあり、恐れる存在であることなど、人間の弱さや限界に関する言及である。死以外の他の概念についての説明の中でも、「魚が水から出されたら死ぬように、わたしたちは風（空気）がなくて呼吸できなければすぐに死んでしまう」といった表現（第三回）も随所で用いられている。

第四回「神の霊性」では、「霊魂」の説明のために、「死んだお嬢さん」の話がなされているが、これも現代の感覚からは、奇妙とさえ感じられるやり取り、言い回しが用いられている。美しいお嬢さんがいて、目も鼻も、口も、耳もあるのに、しゃべらない、聞けない、食べもしない。「手足は少しも動きません。身体に手を触れてみましたら冷たくありまして、呼吸《いき》もなさいませず顔色は青白でありました。皆さんそのお嬢さんはどうされたのでしょうか？　ソー可哀相に死んでいましたのであります。皆さんは今死んでおいでるのですか？　ソー生きておいでです」。可哀相なお嬢さんの死、そしてわたしたちの死と生が、小学生と思われる聞き手を相手に、あまりにも率直に語られ、死をめぐって問答がなされているのである。

死をここまで、子どもにタブー視せずに語っている背景には、「神について」語ることは、人間存在について語ることであり、それらを真摯に語ろうとするとき、人間の死の問題は避けては通れない主題であるという三戸の自覚があると思われる。誠実に死と向き合うという三戸の姿勢は、キリスト教の神の使信こそが、人間の死と限界に対しても福音であるのだと子どもたちに伝えるところへと、第八回において向かう。

> サテ万物は始めがありますから必然《どうしても》終わりがあります。人間も始めがある者でありますからどうしても死なねばなりません。如何程《どれほど》にお金がたくさんありましても、世界中で一番賢い人になりましても、死なねばなりません。ナント不好事《いやなこと》ではありませんか。ソー思うと泣きたくなります。しかし、人間は他の物とちがいまして、この目で見える肉体《からだ》は死にますが、霊魂《たましい》は永遠《いつまで》も生き通しに成れる事があります。それは神様の教えを善く守り、其の教えの通りを致しますと、神様が死なないように助けてくださいまして、皆さんのお正月やお祭りやお花見の時に、嬉しいやら面白いやら何ともかとも言われぬ楽しい心が致しましょう、そのようにいつもにこにこして神様と一緒に永遠《いつまで》も天国で遊ぶことが出来るのであります。アア嬉しいことではありませんか。

ここにいたって三戸は、まず、どうしても避けられない死をなんとも「いやなこと（不好事）」として語り、死ぬべきことを思うと「泣きたくなります」と述べている。死への不安や恐怖、どうすることも出来ない哀しみというものは、子どもたちにとっても当然感じられる、人間共通の体験であり、大人であり、「先生」である三戸と子どもたちに何ら変わりなく共有されるものとして、三戸はこれを提示する。

その感情と経験の共有に立って、けれども、その本当に嫌な死であっても、肉体が死んでも霊魂が永遠に生き通せることが、神によってあることが続けて語られる。そのような神によって与えられる、可能性としての永遠の命は、「何ともかとも言われぬ楽しい心」や「にこにこして神さまと一緒にいつまでも天国で遊ぶこと」として表現され、この知らせを子どもの想いに引き寄せて「嬉しい」ものとして伝えているのである。

③愛の神による救いの業

④日曜学校教育の勧め

内容的な特徴として挙げられる後の二点は、『神の話』の中ではほとんどの場合対のように表わされているため、併せて取り上げる。そのうちの一つは、神の愛と神の救いが、「可愛がってくださる」こととして繰り返し語られているということであり、その神の「可愛がり」を受けることは、人間（子ども）の側からすると「ニコニコ」「安心して」いられる幸せな状態であるとされている。

最後の特徴として、このような愛の神の救いに与るには、「日曜学校で稽古し続けること」、つまり、日曜学校教育を勤勉、誠実に受け、その教えにそって努力、勉強することが何よりも重要であるという考えが非常に強く表わされている。『神の話』の前に「訓蒙」が付されていることからもわかるように、子どもたちへの訓育、道徳的な教えや諭しによって、「神（の話）」は受け渡され、「神」とその救いは、たゆまぬ日曜学校教育を受け、その道に励むことによって、子どもたちのものとなるという考え方が色濃く強調されている。

先生は此の様な真神様《かみさま》の子になりまして可愛《かあいがっ》て貰いますから、天変地異《どんなこと》がありましても一寸《ちっと》も恐怖《おそろし》い事はありません。安心して気楽に思うて居ります。諸君《みなさん》も早く日曜学校で真神様《かみさま》の事を稽古なさいまして、真神様《かみさま》を知って全知全能《このうえもないえらい》、真神様《かみさま》から可愛がられる子達となりなさいまして、天変地異《どんなこと》がありましても、少しも恐い事は無という強剛子達《つよきこたち》となって下さいませ。（第二回）

日曜学校へきてほんとの神様の教えを聞き、神様に可愛がられる子達となると、怖い事はすこしもありません。……神様が何時も、何処でも皆さんと一所においでですから大丈夫であります。（第三回）

このように、「先生（三戸）」自身の例をも出して、子どもたちの持つ恐れ（恐怖《おそろし》いこと、恐いこと）が、日曜学校によって、神に可愛がられる子になることで無くなり、「安心」「気楽」「強剛《つよ》さ」や「大丈夫」へと進んで行くと表現されている。

三戸において興味深いのは、子どもたちの持つ恐れの内容が、単に天変地異といった物理的なものにとどまらず、精神的な恐れにも及んでいることである。第四回においてそれは端的に現れ、「真の神様は私共の致すことや心の中で思うことも直ぐお知りです。（略）どのように隠しましても隠すことはできません。アア恐いことではありませんか」と述べられ、「それで私共は、何時も日曜学校へ来て、神さまの教えを聞き善い心を以って賢い行いを致しまして、その神様から善い事をするのを知られて可愛がられるようにいたしたいです」と結んでいる。物理的にも精神的にも、恐れと不安に駆られる子どもたちにとって、日曜学校につながって善行に励むことで、わたしたちを可愛がってくださる神様に守っていただけるという救いは、三戸において特に重要で価値の高い、子どもたちへの使信、福音だったと思われる。

こうして、『神の話』の最終第一〇回は、神についての話の真骨頂を告げる。全巻のメッセージが「順坊のおばあさま」が語った、二人の坊への言葉に集約されている部分である。

そこへ順さんのおばあさまがやってきて、「可愛い子らよ」と二人を両方の手でしっかりと抱きしめて「神様の御愛が分かったか、坊らは善いことを知りました。神様は坊らの親様が坊らを可愛がりなさるように、人間を可愛がってくださいまして、人間を神様の子とおっしゃって、万物を造ってくださったのであります。ちょうど坊らの親様が坊らが可愛いから、必要《いりよう》の物はこっちから云わないうちに拵えてくださるようなものであります。神様はいつも心配して、善いものになるように教えてくださいます。坊らは日曜学校の先生からよく習ってくださいよ。また、このお父様の神様は、全知全能でいついかなる時もおいでになり、どんな事も知っておられるので、神さまの可愛い子がこれをしてくださいとお願い申す事は何時でもお気にいるとしてくださいます。何と有難い幸せの事ではありませんか。日曜学校で神様の教えをよく聞く稽古をして、何時でもそのようにしますと、お父様なる神様のいちばん可愛い子どもとなれます」。

（第一〇回）

神について子どもたちに語ってきた一〇篇は、イエス・キリストによる十字架の贖罪について、直接的に全くふれないまま、(50)親なる神の愛について語り切る。そして、最後に、その神の可愛い子どもたちにあなた方こそがなるのだと宣言し、「神の子」としての人生――日曜学校とつながった人生でもある――へと子どもたちを招いて書を閉じているのである。

三戸吉太郎の日曜学校教育論

ここまでの三戸の著作『神の話』に、わずかに残された他の論考を加えて、三戸の日曜学校教育とはどのようなものであったのかについて、以下三つの点から考察する。

第一は、三戸の日曜学校教育論を支える、子ども観、子ども理解と結びついた「継承者教育としての日曜学校教育」である。

三戸は何よりもまず、子どもたちを心から可愛がっていた。子どもたち、それは彼にとって何よりも可愛いらしい存在であったことは明らかで、『神の話』の一節でも声に出して読むならば、子どもたちに向けられた慈愛に満ちた三戸の笑顔が浮かぶようである。しかし、可愛い子どもたちへの愛にあふれたまなざしを持ちながらも、三戸は子どもたちの現実を深くとらえている。彼の観察と理解の深さは、『神の話』に展開される子ども世界の描写の素晴らしさや、子どもに語りかける言葉づかいがそれを証明している。

その『神の話』から見られる子どもは、人間としての恐れを持ち、死へと向きあわされ、神の前では非力で無力な弱い存在である。そこには三戸の、ロマンティシズムを排除した現実的で実存的な子ども理解が見受けられる。

しかしながら、教育論的に考察するとき、子どもを見る三戸の立場は常に「先生」（教師）としてのものであることも、『神の話』が全篇を通して語っていることとなる。教えるべき教師である彼にとって、子どもは、教えられるべき存在、つまり、学ぶべき、生徒としての存在である。子どもたちへの愛は、教師としてのそれであり、救いをもたらされるべき弱い実存は、真の教えを教師によって説かれて救われるべき実存として理解することができる。

『神の話』から二三年後に、三戸は「日本メソヂスト日曜学校局々長」の肩書で、メソヂスト教会の大挙伝道であった「大成運動」について述べた論説において、「今日の児童が将来の父母となり、市民となり、此世界の後継者となるのである。故に児童は世界の起点と言っても過言ではあるまい」と述べている。[51] ここには「今、現在」の子どもではなく、「将来、来るべき」大人となる子どもを見据えた理解が明確に示され、この将来的理由によって子どもたちを教育する責任があるとの展開がある。また、わずかに残された伝聞、研究に「『今日の日曜学校は明日の教会』というのが三戸吉太郎の繰り返し言った言葉と伝えられている」[52] とあり、それが三戸の教育観の中心にあったことが裏付けられる。

子どもは、日曜学校において、正統的な教義と神理解を正しく学ぶことによって、「神の子」とされて行く将来性をもつ存在である。そして、将来、また、それらを次の世代に継承していく担い手でもある。こうして日曜学校は、真の神の子を訓育するところの後継者教育（継承者教育）の場として、重大な使命を負わされている、これが、三戸の理解であったと思われる。

第二に、三戸が提唱したのは、「教育的伝道としての日曜学校教育」であった。『神の話』において三戸は、異教社会である日本で、他宗教や多神論の渦巻く中で、真の神を知らせることの大切さを強調している。そのような社会に生きる子どもたちに、それらを離れて、「日曜学校へお出でなさい」と一貫して説くのである。日曜学校はこうして、日本社会での「救い」と伝道を担う業として位置付けられる。

前出の「大成運動と日曜学校事業」において三戸は、メソヂスト教会の祖であるJ・ウェスレーが、「宣教的伝道の他に更に教育的伝道を採り此二大伝道に等しく奮闘努力」した結果、今日の大メソヂスト教会が組織されたとの理解を示して、教育的伝道の正統性をウェスレーに求めている。また、その（ウェスレーの）教育的伝道法とは、「児童及青年に対して徹底的宗教々育を施し、健実なる基督教者を養成する今日の所謂日曜学校運動である」と定義する。日曜学校は、熱心に聖書教話を講じることで子どもたちを教化し、キリスト者、キリスト教信仰の後継者を育てるという教育的機能を持って、伝道するということになる。

三戸は教育的伝道法である日曜学校運動を、当時メソヂスト教会が行なっていた「大成運動」のひとつの方法論として、「我が国教化改善」を目指していくことを強く勧める。そして掲げられた目標は、回心者信者獲得の具体的数値となっていくのである。前掲の「大成運動と日曜学校事業」には、「日本メソヂスト教会日曜学校発展の標榜（来る総会迄）」として今後四年で達成すべき数字が「日曜学校数　壹千校以上、教職員数　参千人以上、生徒総数　拾萬人以上」として挙げられている。

最後に、三戸の日曜学校教育は、「メソヂストの道徳的、教育的特徴」を備えたものとして理解される。メソヂスト教会の特徴は今述べたように、ひとつには「伝道」熱心であることが挙げられるが、教派名の由来ともなった方式（Method）重視の傾向も、非常に強い特色である。つまり、礼拝や祈り、教会の集会や教えに対する勤勉や精勤が強く求められ、監督制のヒエラルキーと権威をもつ教会によって指導された生き方、道徳的で敬虔な態度が要求されると言えるだろう。

『神の話』においても、子どもたちは、知的学習と鍛練（稽古）し続けることを再三にわたって要請されている。子どもたちは、教授―学習（先生―生徒）関係の中で、先生から「たゆまず」知的に勉強することが求められている。その結果として、頭で理解する学校教育型（教室型）教育から、学び、わかることが、賢いこととして称賛されているのである。第九回の例話に出てきた「悟さん」は、賢い、わかる子どもたれ！という願いが込められた名前であり、第一〇回の「順坊」は、日曜学校に精勤して、その教えに順奉し、神についての教義を頑固者の「磐坊」に語り聞かせるほどの従順で模範的優等生として登場している。

このことは、三戸の日曜学校実践に見られる、精勤を奨めるカード帖「天使之聲」や、自身が創作した「日曜学校生徒の歌[53]」の歌詞、「日曜学校の約束は／朝夕神に祈をし／父と母とを敬いて／煙草を吸わず酒飲まず」、「又折々の集まりに出てキリストの／み教えをきき行うが／何より大事の勤めなり／自ら励み又神の助を受けて怠らず」に明らかに見られるものである。さらに、三戸が晩年を費やした「ハミル日曜学校教師養成所」の構想も、知的理解と訓練を伴い、相当な課程を課して日曜学校教師の養成が成るという認識を裏付けるものとなっている。

三戸に見られるこのメソヂストの道徳的、教育的特徴は、一言で言うならば discipline として言い表わされるのではないかと思われる。三戸は、日曜学校教育に discipline 訓練、しつけ、規律などの要素を色濃く持ちこんだ。そこで日曜学校は discipline 鍛錬、練習、稽古、修養などの場として理解されることとなったのである。discipline 自体は、もちろんイエスの弟子たち（disciple）につながる言葉として、教育を考える上で重要な概念であるが、権威や正統性への従順が、その徳として浮かび上がる言葉でもある。それらの要素は、三戸の日曜学校教育論の際だった特長となり、その後の日本の日曜学校教育に強い影響を与えるものとなっていく。

三戸が展開する日曜学校教育は、「神の子」として正しく善く生きようとする道や模範を、日曜学校へと通って稽古するという具体的な在り方を提示していて、子どもたちにとって非常にわかりやすく、勤勉性をくすぐられて惹きつけられる内容を持っている。また、努力する目標が明確であることもあって、教える側にも理解しやすく、シンプルで教えやすいため、その後の信仰継承教育や児童・青年伝道の推進という「教育的伝道」の一大勢力となった。加えて、三戸が、日曜学校教育のなかで、子どもとの対話において、人間の有限性と超越的存在を吟味し、「霊魂《スピリチュアリティ》」や「死」について正面から言及している点は、特に田村に見られないものとして、特筆すべきところだろう。

しかし三戸が推し進めようとしたメソヂスト日曜学校教育は、先に述べた国際統一教案（ＩＵＬ）に代表される日曜学校教育の①教授中心、教師主導の聖書教育、②教育伝道の手段としての日曜学校教育、③道徳教育の強調の三点の特徴そのものを体現している。そして、これが、そもそもメソヂスト教会に牽引されて成長発展してきた日本の日曜学校の、極めて特徴的な性格として、決定づけられ、強く後世へと伝えられた。こうして、今日日本で行なわれているキリスト教教育・保育は、幼児教育・保育、キリスト教主義の学校教育、教会教育のすべての現場において、この性格を多くの点で踏襲し、この方法論によってなされていると言えるだろう。

メソヂスト教会の日曜学校教育論を体系づけた三戸の日曜学校教育論は、田村の日曜学校教育論とは、真っ向から対立するものであった。それは、田村の子どもたち自身が自ら学ぶこと、ありのままで尊い「神の子」として養育されることを目指した自由主義的な神学と子ども本位の思想に基づく教育論とは異なるものであり、宗教「養育論的」な発想とは対極にある、明らかに「訓育的」で「救済的」な教育観だった。にもかかわらず、それを十分承知しながら、田村は三戸に対して、おそらくある一点において、共通性を感じていたと思われる。

三戸の死の翌年、日本メソヂスト教会の西部年会記録に書かれた三戸の略歴には、「児童宗教々育事業を自己の天職と自覚」し、三〇年以上を一心に「我が国日曜学校の指導者として東奔西走、寝食を忘れて斯業《そのわざ》の充実発展に尽瘁《じんすい》せらる」三戸、とある。特に御影教会牧師を辞してからの一三年間は、全国各地、中国、朝鮮へも日曜学校事業のために訪れ、メソヂスト教会の教案誌（カリキュラム）の発行と教師養成によって日曜学校教師を支えながら、神学教育の中で宗教教育の重要性を講じた三戸の働きに対して、メソヂスト教会はそれを、上記のような言葉で表わしたと言える。しかし、それが三戸の生前、どれだけ評価され、また死後、どのように重大視されて継承されていったかは、不明である。

宇和島教会での弟子尾崎和夫は「先生が日曜学校運動を唱導せられた当時に於ては、日曜学校といえば問題にされず、ある場合には軽蔑的な態度さえも投げかけられていた」とし、三戸がしばしば、「『三戸は婦人科、小児科専門だ』なんての冷笑を浴せられた」と語っていたと回想している。[54] また、先述のとおり、「三戸君は先輩から又同級生の輩から随分馬鹿にされた。併し君が日曜学校事業に対する熱心を、少しだに砕くことは出来なかった」と田村も述べていることから、日曜学校教育に全身全霊を注ぐということが、当時どのように、キリスト教界においてとらえられていたかは想像に難くない。

田村は、日本の日曜学校を巡るこの環境を無論よく知っていたし、自分もそのような蔑みを受けていたと思われる。しかし、おそらく、自分自身については、性格的に、また教派を離れていたこともあって、意に介することはなかったのではないだろうか。ただ、一〇歳年の若い三戸が、そのように揶揄され、彼の日曜学校教育への尽力が正当に評価されないことは看過できなかったのだと思われる。田村の日曜学校理論と三戸のそれとは、核心的な部分で大きく異なることを、田村は十分知りながら、「日曜学校の先覚者三戸吉太郎君と教文館」を残した（本書三二八頁参照）。それは、「メソヂスト教会における三戸の日曜学校教育」に対して最大級の敬意を払い、「メソヂスト日曜学校教育」への、その教派人としての三戸の献身を賞賛するものだったと言えるだろう。

「日曜学校の人」と呼ばれるこの二人は、信仰理解や、教派的背景、神学の違いを越えて、自らを「童友」と称した三戸と、「子供の友」の著者田村として、繋がり合う同志だったと思われる。一九四一年、日本日曜学校協会は、解散にあたってその歴史を振り返り、「日曜学校協会を育ててきた人々」を、『日曜学校』（一九四一年一二月号）に掲載する。八頁にわたって、日曜学校協会の歴代主事と共に一六名の日曜学校功労者が写真と功績を挙げられている中に、田村は勿論のこと、終生協会に尽くした三戸の姿もない。仲よく二人揃って、「違う日曜学校」に通っていたのかもしれない。

第四章　まとめ

本章では、田村が自身の教育論を、日曜学校教育理論として、「日曜学校」と関連付けて表明した、日曜学校協会設立前後の一九〇六年頃から一九一〇年代までを扱った。

田村は「子供本位」への転換後、その「児童中心主義」教育を、まず、米国で見聞、体験した日曜学校運動の中で、日本において実現しようと試みた。そこで、田村は、一つには、国際統一教案（ＩＵＬ）の翻訳を出発点として、次に、日本初の級別日曜学校カリキュラムの作成によって、これを実践しようとし、もう一方で『二十世紀の日曜学校』を著して、近代の教育学、心理学、発達心理学などの最新の成果を取り入れた日曜学校教育理論を体系化して広く示した。しかも田村において、これらの論理研究やカリキュラム編纂は、数寄屋橋教会日曜学校での実践[55]に裏づけられたものであり、あわせて、実際に子どもたちを教育する日曜学校教師の養成にも尽力したことから、極めて具体的、実証的な理論であったということができる。

しかし、田村の日曜学校理論は、主に日曜学校で用いられたＩＵＬが目指したものや、メソヂスト教会が主流となって敷いた当時の日曜学校教育のレールとは、一九一〇年代に徐々に分離し、独自の路線を歩んでいくことになる。ＩＵＬに代表される、いわゆる日曜学校が、①教授中心の聖書教育の場として、②教育伝道の数量的成果を求めて、③徳育を重んじる教育を重視したのに対して、田村は、聖書を用いて、宗教的な教育をほどこすことで、キリスト化した人物を育てることを目指し、発達段階に応じて、民主的に、子ども自らが読む（学ぶ）ことの出来るカリキュラムの作成に力を注ぐようになっていったのである。また、家庭教育を重視し、月刊誌『ホーム』を創刊して、家庭と日曜学校が協力し合って子どもの宗教的教育を推進しようと努めた。

しかし、このような田村の熱心な働きは、当時の日本日曜学校協会（ＮＳＳＡ）には、受け入れられないものだった。一九一〇年代は、田村の目指す日曜学校とＮＳＳＡが行なおうとした日曜学校の間に、大きな差異が生まれ、その溝が開いていった時期ととらえることができる。このことはまた、同時代を生きた日曜学校運動の東西の双璧の、西の雄である三戸吉太郎の日曜学校教育論を検証し、田村と比較することによって、「メソヂスト教会が牽引した日曜学校教育」と「田村の日曜学校教育」の違いを明らかにするものである。前者があくまで、教師の力によって子どもたちを神の国に導き、その勢力下におく、征服・支配型の教育方法をとり、後者は、幼い日から、神の愛の国をあらわす教会に託された小さな種を大切に育てていくという養育・教育型の日曜学校を造ろうとした。

両者の対比から浮彫りになる田村の日曜学校教育論は、極めてユニークで先見性に富む教育理解、子ども理解に立つものと言えよう。しかしそれゆえに、従来の日曜学校観をもつ人々にとっては受け容れがたい理論でもあったのである。

(1) 田村『五十年史』九三頁。

(2) 片子沢千代松・水野誠・水谷光子・岡村正二・吉岡春江・松川成夫編著『日本における教会学校の歩み』NCC教育部、一九七七年。

(3) NCC教育部歴史編纂委員会編『教会教育の歩み――日曜学校から始まるキリスト教教育史』教文館、二〇〇七年。

(4) 海老澤亮『教会学校　宗教々育史』(日本日曜学校協会、一九二二年)、小出正吾『日曜学校の歴史』(日本日曜学校協会編纂「基督教宗教々育講座」基督教出版社、一九三二年)、山本忠興『日本日曜学校史』(日本日曜学校協会編、日曜世界社、一九四一年)。

(5) 佐野安仁「『七一雑報』にみる安息日学校」『「七一雑報」の研究』同志社大学人文科学研究所編、同朋舎、一九八六年。

(6) いわゆる「日曜学校」とは、宣教師家庭の子どもの集まりやミッションスクールの生徒のバイブルクラスとは異なる、日本の一般家庭からくる子どもたちを対象にしたプログラムを指す。田村はこれを「純然たる」日曜学校と呼び、他と区別している。

(7) 純日本風で滑稽なこのクリスマス祝会の様子は『植村直久と其の時代Ⅱ』五〇五頁参照。

(8) 田村「我が知れる」『植村Ⅲ』三七四頁。

(9) 同、三七五頁。

(10)　田村『五十年史』一三七頁。
(11)　森下「序にかえて」一九八六、二―三頁。
(12)　『日曜学校教案誌にみる日曜学校教育』奥田和弘編、聖和大学キリスト教と教育研究所、二〇〇三年、一七六頁。
(13)　小見のぞみ「戦前の日曜学校カリキュラム」『教会教育の歩み――日曜学校から始まるキリスト教教育史』ＮＣＣ教育部歴史編纂委員会編、教文館、二〇〇七年参照。
(14)　以下は、第四回聖和保育教育研究会（二〇一四年二月二八日）での筆者の発表「田村直臣の発達段階別カリュキラム――キリスト教教育・保育ははじめに何を教えようとしたのか」を再構成したものである。
(15)　『萬国日曜学課』については小見「戦前の日曜学校カリキュラム」二〇〇七年参照。
(16)　植村と田村のＩＵＬ同時翻訳については、小見のぞみ「いま、読み直す日曜学校教案」『教師の友』誌上の連載のうち、二〇〇五年七―九月号の「『国際統一教案』ミステリアスなはじまり…」を参照。
(17)　聖和短期大学キリスト教教育・保育研究センターには、ＩＵＬの毎週の聖書教授に使われた一八九〇年代からの聖画が掛け軸の形で一〇〇〇本以上保管されている。
(18)　田村『五十年史』二九四頁。
(19)　田村直臣『二十世紀の日曜学校』警醒社、一九〇七年、九二―九三頁。
(20)　田村直臣『日曜学校教科書・小日曜学校之友』（尋常小学一、二年程度、教文館、一九〇八年）に、田村は「八月上旬」としてこの前書きをつけている。
(21)　日曜学校カリキュラムのその後の歴史については『教会教育の歩み』２部の論考を参照。
(22)　一一年制教科書は、「教課書」と表記するものもあるが、本論では「教科書」で統一する。
(23)　田村の主意の展開については、先述の小見のぞみ「いま、読み直す日曜学校教案」連載の第八回「一一年制級別教科書――最終回は田村で」『教師の友』二〇〇七年、一―三月号参照。
(24)　『二十世紀の日曜学校』の発行は警醒社書店であるが、印刷所は横浜市の福音印刷合資会社で、印刷者に聖書印刷で有名な村岡平吉の名が記されている。
(25)　付録には、この「宗教的児童教育参考書」の後に「日曜学校生徒心得、揺籃組、家庭教課、色と花、誕生日の書簡（文例）、教師養成法、生徒の腰掛、卒業証書、生徒姓名簿、出席献金報告簿、勲章及び優勝旗（絵・カットで表示）、日曜学校の建築法（三図）、索引」がある。
(26)　北米の当時の新教育学、特にコーが田村に与えた影響、ならびにコーの下で学んだ亀徳一男との比較などは、Thomas John Hastings, *Practical Theology and the One Body of Christ: Toward a Missional-Ecumenical Model,*

Wm. B. Eerdmans Publishing Co., 2007 (Grand Rapids, Michigan/ Cambridge, U. K.) の八九―九五頁と第五章参照。

(27) 田村直臣『日曜学校教師養成通信講義』日本日曜学校協会、一九〇九年（非売品）。「神戸女子神学校図書之印」が押された一冊を、聖和短期大学キリスト教教育・保育研究センターが所蔵している。

(28) 編集兼発行人・田村直臣『ホーム』（ホーム社、一九一二―一九一三年）に関する記載は、一九三一年六月一〇日に基督教会館落成と日本日曜学校協会創立二五年を記念として「此書を日本日曜学校図書室に寄贈す」と田村からの献呈が付された合本による。奥付には、大売捌所として、「東京堂、教文館、警醒社、神戸福音社、仙台福音社、横浜福音社」があげられ、全国で販売されていたことがわかる他、広告料（特等一頁六円、普通一頁三円）の記載が見られ、広告収入による刊行を目指していたと思われる。

(29) 『ホーム』一九一三年五月一五日号、一三頁。

(30) 田村直臣『基督教大意』警醒社書店、一九一四年三月五日発行。印刷者は『二十世紀の日曜学校』と同じ、村岡平吉である。

(31) 田村直臣『基督教倫理』ホーム社、一九一五年。奥付がなく、序文にこれが前年出版の『基督教大意』の姉妹書であることと、尾島真治への謝辞が記されている。序文の日付は「一二月下旬」。

(32) 田村直臣『子供の心理』警醒社、一九一九年三月二三日出版。

(33) 山田寅之助「田村直臣　子供の心理」『神学評論』（第六巻第三号七月三〇日発行）一九一九年。

(34) 田村「我が知れる」『植村Ⅲ』三七八―三八一頁。

(35) 三戸吉太郎の人物については、小見のぞみ「学院の人々二〇　三戸吉太郎」『関西学院史紀要』第一八号、関西学院学院史編纂室、二〇一二年、一四九―一五七頁参照。

(36) 尾崎和夫「人としての三戸吉太郎先生」『神学評論』記念号（一九三四年一〇月）参照。

(37) Katherine M. Shannon, "SUNDAY SCHOOL" MITO, 50th Anniversary Year Book of the Japan Mission (MECS), 1936.

(38) 小見「戦前の日曜学校カリキュラム」の各教派の教案誌の流れを記したチャート（一七二―一七三頁）参照。

(39) 『関西学院百年史通史編Ⅰ』四〇四―四〇六頁。

(40) 『日曜学校』第五〇号、一九一八年九月一五日、日本日曜学校協会発行、三五頁。

(41) 『関西学院教会八〇年史』日本基督教団関西学院教会、二〇〇〇年、三〇頁。

(42) 前出 "SUNDAY SCHOOL" MITO より引用。

(43) 『天使之聲』（天の使かい之聲《のこえ》）は国立国会図書館に一部、青山学院資料センターに「禁酒号」一部が現存する。

(44)　以下『神の話』からの引用は、「升《ます》」等の当て字を、読みやすさを考慮して現代文に変換する。
(45)　カテキズムの「原型はユダヤ教の過越の祭りの中で儀式の意味を子どもが親に問い、親がこれに答える問答にあると言えよう」(『キリスト教教育事典』今橋朗／奥田和弘監修、日本基督教団出版局、二〇一〇年、七三頁)とあるように、親子の問い答えを含んだ会話によって教えることを基にした教授法。
(46)　ヘボン／奥野昌綱『さいはひのおとづれ、わらべ手びきのとひこたへ』は、一八七二年または一八七三年に日曜学校用のプロテスタント初の児童書、問答書として発行された。
(47)　青山学院史料センターには三戸吉太郎案『天地創造図解』と題された水彩の屏風絵があり、"The Creation" Illustrated by Rev. K. Mito と書き込まれている。
(48)　山本忠興『日本日曜学校史』一九四一年、四一－四二頁。
(49)　『日曜学校』第一号、日本日曜学校協会発行、一九一四年、「各派」の報告に記載。
(50)　『神の話』では、「イエス」が明記されているのは全編を通じて二回のみで、三戸による序の冒頭のマルコ一〇・一三－一六の引用中だけとなっている。あえて、自らの文章中にはイエスの名前を書かず、『神の話』と題して「神の」話に終始しているが、その冒頭にイエスと子どもたちの記事を配したことで「イエス・キリストの父なる神」についての話であることを暗示している。
(51)　三戸吉太郎「大成運動と日曜学校事業」『教界時報』一五〇三号、一九二〇年六月一八日発行、六頁。
(52)　松川成夫「『日曜学校教育史上の人物』を学ぶ――三戸吉太郎をめぐって」(「教育センターだより」第一七号、一九八三年一二月一日発行)
(53)　百年史編集委員会編『日本基督教団宇和島中町教会百年史』一九九七年、一〇一頁。
(54)　尾崎、一九三四。
(55)　『二十世紀の日曜学校』には、随所に数寄屋橋教会日曜学校での実践例や資料が、牧師である田村によって紹介されているが、実際に日曜学校で働いていた人々については書かれていない。その中で、巣鴨教会、元牧師の森下憲郷が記したトラクト「ランバス記念伝道女学校第一回卒業生　中原ナヲ――その人と働きについて」(発行年月日なし)は、当時の教会側の働き人を知る資料となっている。森下は、この冊子の中で「田村直臣の理念を支えて実際に生かしたのが中原ナヲを中心とする日曜学校の教師たちであった」と述べている。それによると、中原ナヲ(一八七〇－一九四七)は、一九〇五年に三戸吉太郎も教えていた神戸のランバス記念伝道女学校(聖和大学の源流の一つ。メソヂスト派)を卒業した、使命に燃える才能豊かな女性で、諸般の事情から一九〇七年に「当時東京銀座にあった実家岡田家の招きによって」上京した。岡田家の家族は数寄屋橋教会の有力な信徒で、「及川［勇五郎］夫妻が丁度辞任する時だったので、ナヲは、その後任の婦人伝道者として迎えられ」、婦人会を担当すると共に、「特に日曜学校の責任を担った」という。

『二十世紀日曜学校』（八六、八七頁）には推奨する組み分けの仕方が書いてあるが、この森下の資料によると、実際の数寄屋橋日曜学校では、日曜学校は「揺籃ノ組（嬰児）、望ノ組（幼稚科）、誠ノ組（小学一・二年）、平和ノ組（小学三・四年）、喜ノ組（小学五・六年）、第一恵ノ組（女学校一・二年）、第二恵ノ組（中学一・二年）、第一忍ノ組（女学校三・四年）、第二忍ノ組（中学三・四年）、楽ノ組（中学五年以上、女学校五年以上）」の十組に分けられいた。ナヲは、この中の揺籃ノ組と第一忍ノ組を担当し、オルガニストとしても日曜学校活動に関わっていたとされる。

その後、ナヲは、一九一八年に数寄屋橋教会が移転して巣鴨教会となってからも、教会の伝道に尽力し、森下は、「わが国の日曜学校教育が進展した陰には、このような婦人伝道者がいたことを忘れてはならない。女性として、その使命に強く生き抜いた生涯である」と述べている。正式な就任、退任時は不明だが、三七歳で数寄屋橋教会の伝道者となってから、その後四〇年にわたって、田村の日曜学校を支えたということになる。

二〇〇九年に関西学院に合併され、法人を解散した聖和大学（兵庫県西宮市）の源流を卒業した二人の女性、神戸女子神学校（組合派）の鹿子木艶子（第3章注30）と、ランバス記念伝道女学校（メソヂスト派）の中原ナヲが、田村の日曜学校の実際を担い、巣鴨で親交のあった留岡幸助の妻、留岡夏子もまた神戸女子神学校卒業生であるなど、関西にあった聖和大学に連なる人々と田村との関わりは、聖和の歴史にとって、また女性たちのキリスト教教育に携わる働きを知る上で貴重な資料である。聖和史刊行委員会編『Thy Will Be Done——聖和の128年』関西学院、二〇一五年参照。

第5章

田村の宗教教育・キリスト教養育論

絵葉書「巣鴨教会鐘塔」
（巣鴨教会蔵）

田村は、児童本位への転換後、自らの教育論とその実践を、まず、日曜学校において展開してきた。それは、前章で述べたとおり、国際統一教案（ＩＵＬ）が代表する、当時のいわゆる日曜学校の価値観、教育観とは異質の、独自なあり方であったものの、一九一〇年代までは、その軸足を日曜学校教育においたものだと考えられる。ところが、一九二〇年代以降の田村の関心は、明らかに「日曜学校教育」から「宗教教育」へと変化している。著作等で使われる用語は、それまでの「日曜学校」が減少し、代わって「宗教教育」が頻繁に使われ、田村の級別カリキュラムも、一一年制「日曜学校教科書」だったものが、一四年制では「宗教教育教科書」と題されて、編纂しなおされるのである。

このターニングポイントとなっているのは、一九一八―一九年頃と思われるが、この時期以降、亡くなるまでの一五年間に、田村の最後の教育論が示されていく。その論理の特色は、まず、一九二九年の「日曜学校全廃論」を発表するにいたる、「脱日曜学校」の宗教教育論であったということができるだろう。

転機となった一九一八年、田村は中国旅行から帰国すると、数寄屋橋教会を、巣鴨にかねてより建築してあった「瘤会堂《こぶかいどう》」(1)へ移転し、巣鴨教会と改称する。愛着深い、東京の中心地、銀座、数寄屋橋の地を引き払って、大都会から郡部の巣鴨へ移る計画は、一部の教会員たちの意に反するものだったが、田村はこれを断行し、その年の一〇月第二日曜日から、巣鴨の地で礼拝を開始した。それは、田村塾を閉鎖して、翌一九一九年一月に、次の新事業、巣鴨教会と連携、併設する大正幼稚園の開園を可能にするものだった。時代の変遷に伴ったとはいえ、若い日から苦労を重ねて維持してきた、三〇年におよぶ奨学生育英事業に終止符をうって、田村が選び取ったのは、幼児期からの保育事業とそこに繋がる宗教教育を教会の働きとして行なうことだったのである。

そして、この、巣鴨に一大宗教教育機関を展開し、信仰の「養育」を中心とした宗教教育を推し進めるという大計画の背景には、一九一四年から四年の長きにわたる、世界を巻き込んだ大戦争があった。田村は、一九一九年、戦後の米国と、戦場となった欧州の地に足を踏み入れ、自分の目で戦争の跡を見て回っている。そして、その経験は田村に、非常な衝撃と猛省を与えるものとなったのである。

そこで本章では、田村が、自ら心血を注ぎ、二〇世紀の中心的事業とさえ目した日曜学校教育を離れて、人生最後の時に行なおうとした宗教教育について、明らかにしていく。1節では、一九二〇年に著された田村の宗教教育についての主著『宗教教育の原理及び実際』をとりあげ、第一次世界大戦後の世界、日本では大正自由主義教育のさなかにおいて、田村の目指した教育とは何だったのかについて考察する。この著作の先行研究にあたるものは、序論で述べたヘイスティングズ（二〇〇七）の他に殆ど存在しないため、島薗進・高橋原・星野靖二編『日本の宗教教育論』第五巻の「解題」[2]をあげ、併せて、この著作で問題となってくる大正自由主義教育については、主に中野光の『大正自由教育の研究』[3]を参照し、田村も著作において紹介している谷本富《とめり》、伊藤堅逸《けんいつ》、関《せき》寛之《かんし》ら、同時代の宗教教育論をとりあげて、時代背景を考察していく。

2節では、田村が生涯の集大成として一九二五年九月に刊行した『児童中心のキリスト教』をとりあげる。この著作の執筆には、いくつかの出来事が関連していると思われるが、一つは、一九二三年の関東大震災であろう。震災後、日本は、国家主義体制へと大きく舵を切っていくわけだが、田村は、沸き起こる社会不安の中で、数寄屋橋から移転していたため被災を免れた巣鴨教会の大正幼稚園で、被災した子どもを預かっていた。「大震災後は、一〇〇人近い児童を、自分の子供の如く愛し、充分の教育をほどこし」[4]た、とあるとおりである。ただ、子どもへと、集中していった姿を見る。

翌一九二四年、田村は『信仰五十年史』を刊行する。おそらく田村は、その執筆に際して、築地バンドの昔から、走って来た信仰の行程をふりかえり、自らのキリスト者としての教育論を改めて見直したであろう。それが

日本獨立長老巣鴨教會略歴史

日本の傳道は日本人自ら當らざる可からずとの主義に基き、明治九年四月四日貳拾八名の信徒結束して第一長老教會を去り、ミッションの手を離れ、獨立教會を創設す、爾來五十年此主義を固持し幾多の變遷を經たりと雖も、牧師は田村直臣氏一人にて教職の勞を執られ今日に至る、創立以來會堂の異動を左に畧記す。

明治九年銀座三丁目原女學校講堂内に假會堂を設け銀座教會と稱し、明治十一年京橋新肴町に新築移轉し京橋教會と改む、明治十七年數寄屋橋見附内に新會堂を建築し數寄屋橋教會と改め居る事三十四年、大正七年十月巣鴨宮下に移り巣鴨教會と名稱を改め現今に至る。

現今教會員數二百二十名にて教會敷地二百五十坪同建物百五十坪、外に九千圓の基本財產を有す、教會事業は附屬として大正幼稚園、巣鴨宗教學校、兒童遊園地、及ひツルー夫人紀念圖書室を經營す、現會堂はパブコック夫妻の紀念として建築せられたる珍らしき木瘤の建物なり。

絵葉書「日本独立長老教会略歴史」（巣鴨教会蔵）
晩年の田村の姿（講壇上）とともに、文中では「日曜学校」に変わり「宗教学校」の名称が見られることから、1920年代の発行と思われる。

『児童中心のキリスト教』を著したひとつの動機ともなっていると思われる。

そして、この著作が刊行される一九二五年は、一月に植村正久が、五月に三戸吉太郎が、そして、六月には矢嶋楫子が相次いで亡くなっている。三人は、それぞれ、キリスト教界の、日曜学校運動の、そして婦人矯風会運動の偉大な指導者たちだった。これらの人々の死も、自らの思想や到達し得た理解と信念を、書物として遺していく必要を感じさせたのかもしれない。

最後に、３節では、晩年の田村の執筆から、田村のキリスト教教育論の最終形がどのようなものであったのかについて検証する。それらは、一九二八年の『宗教教育の手引』、一九二九年の「日曜学校全廃論」から、一九三三年遺稿となった「対バルト神学」に関する記述ということになる。

1　『宗教教育の原理及び実際』[5]における主張

一九一九年四月、第一次世界大戦後の米国と欧州を視察した田村は、至る所で、今日の社会状況と構造に対する「不平と不安の声」が満ちていることを痛感し、「改造を叫ぶ」人々の声をあらゆるところで聞いたという。そして、次のように述べる。

時に、私の注意を払った点は宗教教育の一事であった。世界に於て、基督教国と称して居る各々が、斯《かく》の如《ごと》き世界の大騒乱を引起こし、悲惨極まる有様に陥ったと云う事は、何処か、基督教の教育に欠陥のあった事は明々白々である。その病源は、何処に在るかと研究せしに、児童の宗教教育に欠陥ありし事を発見した。[6]

そこで田村は、帰国して早速、巣鴨教会の宗教教育改革に着手し、幼児と小児の礼拝に力を注いでいき、最終的に、幼児・小児・青年・大人と四つの礼拝式を執行していく。それは、礼拝といえば「大人」の「主日」礼拝のことであって、子どもは日曜学校で教えられるというそれまでの、日曜日に教会では「大人の礼拝と子どもの日曜学校」の二つがあるという形を根本的に覆すものであった。それぞれの発達段階が重視され、礼拝によって宗教心を育むことができるように、幼児と子どもたち、そして若者のための礼拝式が整えられ、「教授」の時間とははっきり区別された。従来のいわゆる教えるだけの「日曜学校」をなくしたのである。

さて、こうして、翌一九二〇年、タイトルのとおり、宗教教育の理論と実践をまとめた『宗教教育の原理及び実際』が著されたが、序において田村は、「余は数年研究の結果（略）世界日曜学校大会が我が東京に開かる、年に、比の書を公にしたのである」とわざわざ述べている。

実は、田村のところには、この第八回世界日曜学校大会東京大会への日本日曜学校協会（ＮＳＳＡ）からの招待状が届かなかったが、(7) 開催当日、開始三時間前にその大会のために建設された会館が焼失するという火災事故が起こった。会館焼失を知った田村は、急遽「青年会館」で開会式を行なえるように、手はずを整え、陣頭指揮をとり、二時間で準備と告知を完了させ、働いてくれた会館の職員たちに「自腹を切って僅な心付けをし」、疲れ切ったなか、定刻に始まった「開会式には列席せずに」電車で帰宅。「噫《ああ》思い起こす、大正九年十月五日の夜！」と書いている。(8)

田村は、この大会の運営を「始めから間違い」だったとし、「日曜学校の真意を知らざる大多数の人々の後援を受け、後援会が主か、日曜学校が主か、訳の解らぬ曖昧なる有様の許《もと》に」これを開いたことを疑問視している。これらの記述には、日曜学校協会を外された田村の相当な皮肉が込められているが、渋沢栄一や大隈重信を担ぎ出して、大会を成功させた状況をみると、その主張内容には一理あると思われる。

いずれにせよ、この世界日曜学校大会開催の顚末は、当時の日本日曜学校協会と田村が席を同じくすることは、原理及び実際』は世に出される。

もはやあり得ないことを明らかにし、田村と「日曜学校」との別離を決定づける出来事となる。田村の関心とエネルギーは、今やはっきりと、別の道である「宗教教育」と命名されたものへ向けられ、その年、『宗教教育の原理及び実際』は世に出される。

大正自由教育と宗教教育

『宗教教育の原理及び実際』の序において、田村は以下のように語る。「宗教々育に関する科学的研究」の必要性は、「学界に於ける最近の問題」であるが、日本では、仏者は単に経論を、キリスト者は聖書を教えることが宗教教育であるとし、教育家は教育から宗教を排除して、歴史や倫理を教えていればよいと考えている状態である。そのようなことで「善良な国民の養成」ができるはずはない。また、「改造」改革を求める声が、世界を揺り動かしている今、先ず何よりも改造しなければならないのは人間であり、その「人間を善良な国民に養成するには、宗教々育の外に決して道はない」として本書を著すことを述べている。

ここで田村は、ただ教えればいいとする、画一的知識注入型の教育方法を批判し、人間改造や善良な国民養成という社会的課題が、「大戦争の結果」、教育の問題として認識され、教育が人々の関心事となっているとする。だから、キリスト教とその教育に携わる自らは、この機会に、この「世間の問題に対して力を尽くす義務」がある、とアピールするのである。

『宗教教育の原理及び実際』の序文は、田村の他書に見られない言葉、当時の一般社会と教育界で議論されていた人間の「改造」、「国民教育」といった用語が随所に使われ、他の著作との論調や表現の違いは顕著である。そして、このような用語使用や、本書執筆の動機に関わる「世間の問題」には、一九〇七―一八年頃とされる、いわゆる大正デモクラシーと、その「潮流の中であらわれてきた民間の力による教育改造への試み[9]」である大正自由教育、新教育運動が強く意識されているのである。

そこで、短くそれまでの日本の教育の歩みを振り返っておくと、近代教育事業は、プロテスタント宣教と教育の始動とほぼ時代を同じにして、一八七二年の学制によって知識・技能の伝達として開始され、一八七九年の教学大旨以降、徳性の涵養に関わり、特に一八九〇年の教育勅語と新小学校令（第二次小学校令）の発布によって、天皇制に基づく臣民的な人間像を形成するものとして整えられてきた。一方で、一八九〇―一九一〇年代は、日本資本主義が、急速に帝国主義的性格を帯びて発展していく時であり、中野によれば、「大正自由教育とは、日本資本主義の帝国主義的発展がもたらす諸要求の教育への反映」と定義づけられるものとなる。それは、具体的には、臣民教育の特徴である「画一主義的な注入教授、権力的なとりしまり主義を特徴とする訓練に対して、子どもの自発性・個性を尊重しようとした自由主義的な教育改造」運動であり、田村が序文において記していることがらは、これらと符合している。

また、一九〇七年の『二十世紀の日曜学校』において田村がその教育の理想として掲げたこと、一九一一年の『子供の権利』、一九一〇年代に『ホーム』が創りだそうとした子どもをめぐる環境は、まさに、画一的な注入型教育を否定し、子どもの個性を重視した自由主義的教育により、キリスト教を教育することであった。言い換えると、田村はここまで、新教育の理想が、日本の日曜学校において実現するために、その研究と議論を欧米の諸学に求めて実施してきた。しかし、今や、日本における新教育運動と教育学界の議論は成熟し、大正自由教育の潮流は、大きなうねりとなって、特に大戦後、それはただ学校教育に留まらず、宗教教育の分野に及んでいると田村は理解したのである。

それを裏付けるように、『原理及び実際』の最終章（第九章）において田村は、「宗教、育の参考書」として、大正自由教育をリードする日本人学者による宗教教育の研究書三冊を紹介している。この和書三冊の後には、英書二五冊の参考文献表がついているのだが、章の本文中に日本人の著作を参考書として、破格の扱いをしたところに、田村の意図――当時の日本の新教育運動との対話の中に、キリスト教の宗教教育を位置づけたいという意図——が感じられる。

そうして田村がまず取り上げたのが、谷本富の著作『宗教教育原論』[10]であった。著者の谷本は、もともと、ヘルバルト教育学の日本での普及に尽力していたところから、欧州留学を経て、京都帝国大学教授であった一九〇六年に著した『新教育学講義』で新教育を説いた、新教育運動の提唱者である。谷本の新教育と宗教との関係については、ここで深く立ち入れないが、谷本が、欧米の近代教育制度と技術にのみ関心を持っていたところから、その教育思想の背景にあるキリスト教的精神文化に触れ、後年「今日の仏教」から、宗教教育の中核となりうる「新仏教」を提唱したことは、非常に興味深い[11]。

田村は、谷本の、子どもの自発性、創造性を強調する自学主義による新教育によって、「新人物」「活人物」を養成することが、国家のためになり、社会のためになるという国民形成論や、活きた新教育に、宗教を欠くことは出来ないと考えていた点を著書から読み取り、これを評価していた。そして、自分の宗教教育論を書くにあたってもその考え方を受けいれている。

また、田村は、谷本が一九一二年に、乃木大将の殉死に対して、新聞紙上で違和感を唱えたことから非難を浴びた一件や、一九一三年の京都帝国大学総長沢柳政太郎により、谷本を含む七教授が辞表提出を強要された事件（沢柳事件の発端）にも身を置いていたことなどを、当時六、七年前の出来事として知っており、同じ、宗教と教育に身を置く者としての立場から、注目していたと思われるのである。

二冊目に田村が挙げた参考書は、伊藤堅逸著『児童宗教教育の基礎』[12]である。伊藤堅逸は聖公会の司祭で、同教派教育局嘱託でもあり、司牧する聖公会八王子教会の幼稚園で園長を勤めた人物である。児童心理学者で、一九二〇—二五年には立教大学で宗教心理学を講じた。

田村にとっては、心理学者として大学で教鞭をとる専門家であるという点を除いて、同じキリスト教界の、似通った境遇、立場にある人物であり、その後、一九二二年に伊藤は『理想的宗教教育論』を著わすなど、それ以降も関心や目標が非常に近かったと思われる。伊藤はその著作の序において、自分の教育学の恩師たちに並び、「所蔵の図書を自由に参考する便宜を与えられし牧師田村直臣先生」をあげ、謝意を表わしていることから、研究資料も、文字どおり共有していたことになる。

このように伊藤と田村は、キリスト教の立場から、新教育における宗教教育という視点においてだけでなく、『日本の宗教教育論』第五巻「解題」によれば、身体的実践を重視し、宗教的習慣によって宗教教育をなしていくという方法論においても、また、当然ながら制度的にも、共通点が多かった。両者の相関性と、相違点については、今後の課題としたいが、田村の方は、あくまでも実践者として、机上の理論にとどまらない、巣鴨日曜学校（宗教学校）の実験知から、宗教教育を実践していくための具体的提案を盛り込んだものであったと言うことは出来るだろう。

最後の一冊は、田村が『原理及び実践』を著した年に出版された関寛之の『児童学に基づける宗教々育及日曜学校』[13]となっている。関は、「児童固有の宗教心」の自然的発育による「宗教的陶冶」を説き、児童の宗教心理学、宗教教育を東洋大学で講じていた。そして、この著書の中で、どの宗教の立場からも読むことができる宗教教育の原理を展開するとしているが、実際面を例示するにあたって、当時もっとも盛んであったキリスト教の日曜学校を取り上げている。

こうして、キリスト教の外側にいた関は、宗教教育推進の牽引者、実践者として、キリスト教の日曜学校をとらえ、一方、田村はキリスト教の側から、日曜学校では宗教教育がなされていないと考えていたことになる。いずれにしてもこの三冊は、仏教、キリスト教など宗派を問わず、新教育運動の立場から、宗教教育が重要視され、日本で当時盛んに研究されていたことを裏付けている。そして、田村はそのような日本の教育的風潮をよくとらえ、この三冊を挙げることにより、『原理及び実践』が大正自由教育を踏襲し、当時の新進の研究に沿って、キリスト教の側から書かれたものであることを示そうとしたのだと思われる。[14]そして、おそらく、このような時代背景と執筆の意図が、この著作を「田村にしては難解」なものとしたと思われる。

この著作には、これから最終期に向かう田村が、国家主義的国民教育のうねりをどう捉え、どの位置に自らの宗教教育論を据えようとしたのかが表わされている。田村がこれ以降、どのようにその思想的進路をとっていくのかを知る鍵となる著作であることから、『原理及び実践』の内容を一章から八章の流れに沿って、三つのまとまりから考察していく。

科学的研究としての宗教教育

「第一章心理的宗教の基礎」において、田村は、先ず、宗教は、科学的に探求されるべきものであると主張する。つまり、進化論をはじめとする科学の発達は、宗教を非科学的で迷信にすぎないものにおとしめるものではなく、かえって、「宗教学」といった科学的宗教研究を助け、宗教の基礎は何かを、科学的に究めるものとして評価されるのである。その上で、田村は、人間がこの世に存在している以上、宗教は跡を断つようなことは決してないという事実に立ち、宗教は外部から与えられるものでなく、内部から発するもの、「宗教の基礎は心に在る」とする。そこでその心を、最先端の心理学に基づいて研究することは、今日極めて重要な課題となるとし、宗教の心理的本性を科学的に研究することを勧めるのである。

ただし、ここで言われる「宗教における心理的本性（心霊）」は、田村によれば、智（マックス、ミラー）、情（シュライエルマッハー）、意（ジェームズ、ヒューム、カント）を区別して考えるべきものではなく、またそれら三つの働きの単なる一致をも超えた心霊全部の働きである。このような、人間の全心霊が宗教と関わっているので、我々は、心霊全部、全意識を問題としなくてはならない。そして、このような心霊をもつ「人間は生まれながらに宗教的本性を有し」ているので、「此の宗教性を遺憾なく養成して行くのが教育家の大責任である」ということになる。

宗教の科学的研究に際して、心理学と共に用いられているのは、発達理論である。そこで第二章において田村は、宗教意識を、固定化されず進歩発達するものとし、これを、発達理論によって「社会上」と「人間上」という二つの言い方で、三段階に分けて説明する。「社会上」の三つの段階は、民族的宗教・国民的宗教・世界的宗教である。手を叩いて太陽を拝むといった非常に単純で幼稚なもの、つまり赤ん坊や子どもの宗教から、大学の宗教ともいえる世界的宗教まで様々な段階の宗教が、社会には存在すると考えるのである。

それは「人間上」という言い方では、「子供の宗教・青年の宗教・大人の宗教」の三段階の発達と対応する。まず、①子供の宗教とは、四、五歳の子供の状態であり、具体的なもの、形あるものは理解するが、無形、抽象的なものを悟らない。そこで「神を教えるには、眼に見える具体的の物を以て、教えなくてはならない」とされ、このような「子供には眼に見ゆる宗教が入用」だとする。その点から考えるとは神道の鏡、仏教の仏像などは、子どもの宗教心を養成するものだと述べている。

また子どもは貪欲で、願うことは自分のことばかりであることから、同じように「利己一点張り」の、自分のために願《がん》をかけるような宗教を、田村は子どもの宗教と規定する。このような点から見ると、「未だ日本国民は、宗教上から云えば幼稚な子供の状態に居る」のであり、それは宗教意識が初歩で止まったまま、中学、大学の宗教教育を受けていないためだと考察している。

これに対して、②青年期の宗教は、「無形の神を信ずるに非《あらざ》れば、宗教心を満足さする事は出来ない」状態になる。スタンレー・ホールの優れた思春期・青年研究が示唆するように、青年期の心理、青年の理想というものは、英雄豪傑を夢見るもので、人格的分子のない子どもの宗教から、「人格的神明《しんめい》に近寄る」段階と考えられる。この段階を経ないで、子どもの宗教から一足飛びに大学の宗教に行くことは出来ないため、この時代に適した方法が必要となる。「聖書に『神は愛なり』とあるが、青年にとっては『愛は神である』。愛は青年の生命である」という特性を用いて、「青年の春情を圧迫する事なく、其の春情を以て神を愛する」ことへと健全に導くことこそ肝要であり、そこへ至るには子どもの時からの宗教教育が不可欠となるのである。

さて、キリスト教は、最終的な世界的宗教として、③「大人の宗教にして、大学の宗教である」とされる。この段階の宗教は、田村によれば「一日にして世界の事が知られる時代」の世界レベルの宗教であり、高尚な宗教意識を持っている。それは、「人間が基督の如く、『父よ若《も》し御旨《みむね》に叶わば此の杯《さかずき》を我より離し給え、然《しか》れども我が意に非ず、聖旨《みむね》の儘《まま》をなし給え』と祈る時、始めて世界的宗教の真義を悟ったのである」とされ、キリストに倣って、神の意志に生きる、成熟した宗教的人格形成がなされる段階だと田村は理解する。そして、これは「大学」の宗教教育を受けて初めて到達する域なのである。

このような田村の宗教意識の発達段階的な理解は、当時の発達理論の流行を取り入れているものの、無論かなり大括りと言えるが、そこに語られている宗教ないしは信仰の発達過程とその最終段階の内容には、見るべきものがある。特にイエスの言葉（『原理及び実際』全編を通じて、数少ない聖書からの引用）をもって、その最終段階としている信仰成熟の内容は、信仰の発達の到達点を探る上で、先見性に富む指摘だといえる。また田村がここで、「一日にして世界の事が知られる世界」という表現を用いて、科学技術と文明の発展する近代以降の、まさに今日のような社会を表わし、そのような社会になっても、宗教の最終であるキリスト教において、もっとも発達成熟した宗教意識とは、イエスのように「神のみ旨を生きる」こと以外にないと考えている点は、田村の宗教的発達思想の中核といえるだろう。

宗教教育の目的としての「国民教育」

以上述べたように、田村は、宗教的本性は宗教教育によって発達・進化するとの理解に立ち、宗教教育の重要性を主張しながら、日本においてはあらゆる分野で、その重要な宗教教育がなされていないことを問題にする。たとえば、「教育」分野でも下記のような誤解、誤認が横行しているという。本来教育は「生命」であり「統一的」なものであるのに、教育は学問をすること、または学校を卒業することだと思っている人がいる。また、教育を、智的、情的、意的教育、身体教育などに細分化して、対象化する傾向があるというのである[15]。

田村は、そこから、宗教の素養のない教育者、宗教を単に利用する政治家、宗教を抜きにした日本の国民教育への批判を展開し、宗教教育を施さないことは、「文部省の大失敗」であるとする。「仏教でもよい、神道でもよい。なぜ宗教を国民教育の一部分として教育しないのであるか。風俗と云うものは、実に驚くべき勢力を有して居る。日本には、宗教に非ずして風俗として儒教なり、神道なり、仏教なりが皆深き根を下《おろ》して居る。併《しか》し其の根はいくら深くあっても、其の風俗は遂に年を経れば消滅して仕舞《しま》うものである。（略）日本の道徳の退歩して行く有様は否《いな》む事能《ことあた》わざる悲しむべき事実ではないか[16]」と、宗教教育の必然を説くのである。

このように宗派を問わない真の宗教による教育の必要性を説きつつも、自己の立つ、真の宗教たるキリスト教の立場から、田村は宗教教育の目的を以下のように定義する。「宗教々育の目的は、基督化したる善良な国民を作るに在るのである」（四九頁）。そして、「人格と云うものは、決して一夜作りで出来るものではない」と続けることによって、田村の考える宗教教育が、人格教育、人格形成に関わる国民教育であり、しかもそれは長い時間を要する生涯教育であることを明らかにする。

この宗教教育の目的は、4章（三一五頁）で挙げた『日曜学校教師養成通信講座』の「日曜学校の目的」と比較するとその違いがわかりやすい。「日曜学校の目的は聖書を教課書として霊的教育を施しキリスト化したる人物を養成し、健全なる国民をばつくる[17]」。キリスト化した「善良な国民を作る」ことと、霊的教育によってキリスト化したる「人物を養成する」ことでは、明らかにトーンが違っている。

『日本の宗教教育論』第五巻「解題」も、同じキリスト者である田村と伊藤堅逸との共通点を指摘したうえで、「しかし教育の目的については相違がある。即ち伊藤が『人格の養成』を強調していたのに対して、ここで田村は『善良な国民の養成』という目的を打ち出している」と述べ、田村の方は、この著書において「国民の養成」、すなわち国民教育を特に重視していることを指摘している。加えて、先述の関の著作と比較してみると、関は、日曜学校を「自教の教育主義に依って児童に宗教的陶治を施し、以て一般に人として必要なる高き品性と堅き信念とを涵養せんとする、宗教的教育機関の一である」[18]と定義している。つまり関は、それぞれの宗教が自教の信者を造るために宗教教育を用いるという側面を認めながら、宗教教育のもう一つの側面を、個人としての宗教的陶治、高い人格、信念、品性の涵養として位置づけ、それを行なう機関として日曜学校を見ているのである。

しかし、田村は、それら二つの側面よりもまず、「国民教育」を優先し、その機能の点から日曜学校を評価して、こう述べている。キリスト教会は、「日曜学校の名称の下に宗教々育を施して居るが、未だまだ幼稚の域を脱しない」。また、日本のキリスト教界における教育の論議は、「善良な国民を作ると云う事に熱中して居らず、単に霊魂の救と云う事にのみ考を及ぼし、国民の人格と云う事には余り重きを置いては居らない」。「基督を信ずれば瞬く間に来るに違いない」罪の救いという課題と、「一朝一夕に出来るものではない」人格養成の課題は明らかに別物であって、宗教教育は「子供より青年、青年より大人と進歩して建設せられる」人格の教育に他ならない。そこで宗教家は、「善良なる国民教育は具体的に幼稚時代から始めなくてはならぬ」ことを知らなければならないというのである。

このように、本著作における宗教教育の目的をめぐる特徴的な田村の考えは、自派の信仰教育（伝道）や救い、個人の宗教心や人格の育成に優先して、宗教を社会との結びつきの中でとらえ、社会的要請としての国民教育を強調している点にある。「宗教々育の目的は（略）基督化したる善良な人物を作り、社会に立って其の職分を遺憾なく果たさするにあるのである。此の点から見れば宗教と社会とは切っても切れない縁があるのである。社会がなければ宗教があっても何の役にも立たないが如く、社会があっても宗教がなければ其の社会はよく治まっていかない。宗教々育は飽迄も国民教育の一原素である」（五七頁）と述べられているとおりである。

ここで重要なのが、著作全体を通して、ここまで強調されている「国民教育」の、時代背景に照らした意味を把握することであろう。田村がこの著作を書いた一九二〇年は、ポスト世界大戦の社会であった。一九一七年一一月のソビエトでの社会主義革命以降、世界資本主義側の反革命の台頭と干渉戦争が起こり、一九一八年のドイツ革命を経て、第一次世界大戦が終結する。しかし、そこにいたっても、「民衆の革命的エネルギーは、国境を越えて伸張していくにちがいない、という認識がそこには成り立っていた。これに対する予防の重要な方策は、もちろん、教育に求められた[19]」と中野が述べるように、大正自由教育は、「国民教育の強化」という方向性とイデオロギーを強くもたされていたものだったのである。

その国民教育を担う方法論であった当時の児童中心主義を謳った新教育運動と、その原動力となった大正デモクラシーは、しかしながら、そもそも社会変革を伴う真に自由で民主主義的な思想ではなく、ブルジョアリベラリズムから起こったもので、「もともと反国体、反体制的性格は希薄[20]」であったとされる。そこで、それらは必然的に巨大な軍国主義、覇権主義へと呑み込まれていくことになる。田村が『原理及び実際』を著した一九二〇年、大正デモクラシーは依然高揚期にはあったが（一九二四年から衰退の一途をたどるとされている）、前年一九一九年には、反植民地支配を叫ぶ朝鮮の三・一独立運動、中国での五・四排日運動が起こり、国内では、新教育を抑え込もうとする動き、白樺派への嫌がらせともいえる戸倉事件、一九二〇年には東京帝大の森戸事件が起こっている。

つまり、田村はこのような異常ともいえる「国民教育」高揚の頂点で、具体的には「労働者のストライキ」を防ぐことまで盛り込んだ、善良な国民教育を目的とする宗教教育をこの本において説いたとして、『日本の宗教教育論』第五巻は、田村の言説を、当時の宗教界の状況から以下のように分析する。「一九一二年の三教会合同から一九二八年に大日本宗教家大会へと連なる潮流において、宗教に社会主義やマルクス主義への対抗として機能が要請されることになるが、その過程にあるこの田村の議論は宗教者の自己理解においてそうした潮流が内面化されている一つの例として見ることができるだろう[21]」。この見解は、一九二〇年のこの著作を読み解く鍵となるものだと思われるが、果たして田村は、そのような時代の潮流を本当に、内面化していたのだろうか。それはその後、一九二四年の『児童中心のキリスト教』において、「国民教育」が著作の中で影を潜め、僅か一項四頁を割くにとどまり[22]、田村は、大正自由教育の自由主義的な理念である「児童中心主義」の方だけを取り出すかのようにして、神学的に展開していることと、どのようにつながり、理解できるのだろうか。

いずれにしても、一九二〇年という時代は、田村を一時極端なまでに「国民教育」に駆り立てた。それは新しい教育学、心理学を駆使して目指される新教育が、また田村の主張する宗教教育が、道具として国民の教育、国家の教育に容易く組み込まれる危うさを露呈していると言えよう。

宗教教育の方法と実際

田村の『宗教教育の原理及び実際』の後半（四―八章）は、以上述べてきたような原理に基づいてなされる宗教教育の具体的な方法、実際に関わる事柄を取り扱っている。非常に現実的で、核心をついた記述が多い。

まず、宗教教育の方法（第四章）として田村が強調する点は、「教育と云うものは、決して人間の本性に逆らっていくことは出来ない」、つまり、教育はそこに生得的に宗教性を備えられた人間存在があって、始めて興る営みであり、それゆえに「教育の本位は大人にあらずして、子供である」となるのだろう。子ども本位の教育方法は、時期を逸することなく、子どものうちから、宗教的本性である種に外部からの刺激や成長に必要なものを与える作業を促す。

大正自由教育は、中野が述べるように、必ずしも内容と意識において社会改革を生み出す、民主主義的な教育ではなかったが、教授一辺倒で集団に画一的に教えるといった教育方法への批判と改革という意味では、ある程度の成果があったということができる。田村の方法論に関わる言説も、この児童中心主義に基づくもので、活動主義（樋口勘次郎）、自学主義（谷本富）などの経験主義的な影響が広く見受けられる。『日本の宗教教育論』第五巻も、具体的な方策について、田村が「学校以外の局面をも含めた日常生活における身体的実践の重要性に触れて『宗教的習慣』について」取り扱っていると、その特徴を述べているとおりである。

つまり、田村は宗教教育の方法について、新教育の提示する方法論に賛同しながら、この著作において「キリスト教の場合」を考察、提示しているといえよう。たとえば、教師については、キリスト教の教師である牧師は、聖書を知っているかもしれないが、「其の聖書を応用する人々の心理」について知らない。子どもの心理、老人の心理など、発達段階を生きる「人」を知り、「人を見て宗教を説かなくてはならない」はずだというのである。

そして、田村は、四―六歳の子どもでも、すでに家庭によって一つの型に入れられているが、まだ子ども時代なので、新しい型にはめて造り変えることが可能であるとして、教会のなす幼児教育の可能性について、希望を指し示している。また同時に、教育とは、子ども時代、青年時代から、敬神の念を養い、社会的教育を与えるという「根気のいる事業」で、「習慣の法則」に則って、社会において、幼児期から繰り返し経験を重ねるという方法によるしかないものだとする。この論拠に立って、本書の後半で、田村は、キリスト教界が幼稚園または小学校の経営に力を入れるべきであるとして、「東京に千の幼稚園を」との提案を記している（一四五頁）。

また、第五章では、宗教教育を行なうにあたって不可欠な教科書について、「子供の拝する神と、青年、大人の拝する神」にはなんの区別もなく、それは「同一の神」なのだが、それぞれが「考え得る神」には違いが生じるため、日曜学校で級別、年齢別（発達段階別）教案を用いることが重要なのだと主張している。

ここで興味深いのは、発達段階論者の田村が「聖書は子供の宗教、青年の、大人の宗教の教科書」（八三頁）であると、どの段階に在っても唯一の教科書としている点である。田村は更に、スタンレー・ホールの「聖書は教育的傑作なり」の言葉や、ホルンが『宗教々育の心理的主義』に記した、「聖書が宗教々育の教科書たる理由の四つ」を紹介し、宗教教育の教科書は聖書以外にないことを力説する。聖書は単なる霊的書物でも、文学的書物でもなく、「社会より一日も離す事の出来ない貴き書」だというのである。

蛇が話してもそのまま受け取る子ども（六歳前後まで）には、創世記の物語のようなお話が適していて、実は、「大人の進歩したる頭を以て説明すれば分らない」ことが、子どもは「自分の理性でよく創世記の意味を大人より更によく理解することができる」（九〇頁）。このような幼稚科時代が去り、小学校の時代となると（一二歳前後まで）、切れ切れの短編ではなく、ヨセフ物語など一つのまとまったお話や、旺盛な好奇心から冒険ものを好み、競争が好きなので、士師記などが適しているとする。これに対して「愛が生命」で、理性的にも進歩し、神や罪の観念を持ち、英雄豪傑を夢見る青年時代には、歴代誌、箴言、雅歌等が薦められ、大人の教科書には、詩編、預言書が挙げられている。

第六章は、宗教教育を教える教師について述べている。日本の日曜学校教師をとりあげ、宗教教育のなんたるかをしらず、「伝道と教育の区別を知らない」者が多いとしている。こうして、田村は、伝道のお祭り騒ぎと違い、百年の計を要する宗教教育の担い手が育っていない現状を嘆いているが、これには、伝道一辺倒の日本のキリスト者にとって「人の目に付かない、急に花が咲かない宗教々育事業に従事する者は少ない」という現実が背景にあると分析するのである。それどころか教会に宗教教育を奨励すると、激しく非難するリバイバリストまでいる現状だという。この状態を打破するためにも、伝道一点張りの教師養成でなく、「宗教教育に多能なる人物を神学校より出す事に努め」、教師養成や講習を更に進めるべきだと提言する。

さて、実際に宗教教育を行なう場所（第七章）は、「第一は、家庭、第二は、学校、第三は教会である」[23]が、三か所とも、宗教教育は皆無と言っていいほどなされていないと田村は述べている。まさに、宗教教育は「無視され」た状況にあり、日本は、「恰《あたか》も宗教の博覧会の如く、種々の宗教がある」のに、どの宗教も「宗教々育と云うことには重きをおかない」のだと分析している。

ここで田村は、宗教教育無き日本で、日曜日に小学校の建物を開放し、宗教教育を施せるようにすべきとの持論を展開する。自分の知る、東京の京橋小学校では生徒に対して、文部省が、「敬神週」に八百万《やおよろず》の神を拝することをさせているが、国税をもって建てられた小学校の建物を「神道にのみ使用させる事は、宗教の自由を認める憲法を無視するものである」（一一〇頁）から、仏者、キリスト者にも小学校を開放すべきと書かれている。これは、その時代の状況と田村の宗教に関する憲法理解を映していて興味深いと同時に、この著作は、基本的に外向き、つまり、広く一般社会と日本の教育界、宗教界に対して、語られたものでなかったかと思わせるものでもある。

また田村は、宗派宗教による宗教教育だけでなく、週日の学校教育においても、子どもたちには宗教教育を学ばせるべきだという立場に立って、「普通学校で倫理さえ教えていればよかったのは過去の事」で、倫理運動の廃れの現状を文部省は反省し、宗教教育を学校教育の中に位置づけるべきとの考えを披瀝している（今日の道徳の教科化問題と比して、これをどう聞くかは課題である）。

最後に田村は、自分の牧会する数寄屋橋教会が、昨年巣鴨に移転し、「日曜学校」から「宗教学校」の名称を付して宗教教育を行なっていることを報告し、日本における宗教教育の実際について述べる（第八章）。米国の日曜学校の批判すべき点を省みて、宗教教育の実現の為に生み出された「田村の宗教学校」の最も特徴的なことは、「国民の敬神の念を養うこと」に主眼をおき、子どものために設備、会堂を整えている点にあるという。子どもが敬神の念をもてるように、礼拝三〇分、教授三〇分をまったく区別し、礼拝の精神を生かし秩序と神聖さを保ち、礼拝順序、年齢別の制度、聖歌隊組織、教会の鐘の設置などの工夫をしているとする。「我が巣鴨教会の宗教学校は、子供の敬神の念を養成するに、全心を傾けて居る」とあるように、それは、神礼拝による子ども本位の宗教学校なのである。

このあたりの表現をみると、田村は実際には、キリスト教会でなされる日曜学校ではない宗教教育をなす宗教学校――田村と巣鴨教会の場合、キリスト教学校――事業を何よりも重要視していることがわかる。ただ、それを説明するのに、「国民」あるいは「国民教育」という言葉を上手く取り入れているようなのだ。

たとえば、田村は、宗教教育を「国民の敬神の念を養うこと」に主眼をおいて行なっているが、その宗教教育の実際である巣鴨教会の礼拝式順序は、「聖歌隊の歌に伴われて」入堂するところから始まって、「生徒一同で祈祷の歌を歌う」「詩編九十二編を歌う」など、説教以外は殆ど、聖歌や祈り、詩編が歌われて、聖歌隊の歌で退場と、音楽を中心としたキリスト教の礼拝要素だけで構成されているのである。

ここから、どんな用語を用いようと、田村の関心が、キリスト教による宗教教育に終始していたことは明らかだといえる。この著作の終わりにいたって、田村は、大人たちは、「宗教は大人の専有物の如くに考えている。子供が大人となって罪を犯して、始めて救主《すくいぬし》が入用であると云う態度を示している」と、当時の日本の教会の病理と「行詰りの有様」を批判的に検証し、リバイバルに頼る教会の働きは「消極的」であるとする。そして、田村は、H・ブッシュネルが『キリスト教養育』において提示した批判と「積極的」な主張を、「善良な国民の養成」という言葉と絡めながら、以下のように語る。

教会は神の子供を鍛え上げ、基督化したる善良な国民を養成する場所にして、神を天の父と呼ぶ神の子供の家庭である。(24)

『信者は作るべき者に非ずして、生るべき者なり。』と叫んだのはブシネル博士である。氏の言は、長い間葬られて居ったが、廿世紀《にじっせいき》の今日復活したのである。作ったものは直ぐ壊される恐があるが、成長した物は容易に死する事はない。子供は、成長して始めて基督の如くなるのである。（略）宗教的なる神の子たる権利を有する子供を教育して善良な国民を養成するは、宗教々育の大使命である。(25)

こうして田村は、明確にそれまでの日曜学校教育を批判し、訣別するものとして自らの宗教教育論をこの著作の中に提示する。それは、内容としては4章で述べた田村の日曜学校教育論の主張と何ら変わらないものであった。すなわちキリスト教のなすべき宗教教育とは、キリストの救いに与ることを目的として、教育を伝道のために用いること（教育的伝道）ではなく、人間が生まれながらに持つ宗教的本性の養成、宗教的人格の形成もしくは建設事業と言うべきものである。そこで、本書において宗教教育の目的は、「基督化したる善良な国民を作る」ことと言い表わされているが、その実は、キリストの如く神の御旨にそって生きることを求めて、「社会に立って其の職分を遺憾なく果た」すところの善良な人物を、幼い時期から適切に養成することにあったのである。

この書物に表わされた宗教教育論は、大正自由教育運動をキリスト教界においてどのように解釈、展開するかについて述べたものであり、当時の社会を席捲した、国家主義的資本主義が求める国民教育への要請を、言葉の上で色濃く反映しながら、田村が信念とするキリスト教の宗教教育論、養育論を語ったものだと言えるだろう。

2 『児童中心のキリスト教』[26]に込められたもの

さて、『原理及び実際』から五年後に田村は、『児童中心のキリスト教』を著すことになる。この二作の関係を一言で言うなら、『児童中心』は、『原理及び実際』のなかで、只一箇所で取り上げられた「基督の児童観」を、著作全体で展開した書物ということが出来るだろう。すなわち、田村が、マタイ福音書一八章一－一一節に記された「子供に対する基督の意見は児童学の骨髄と云うてよい」（『原理及び実際』八四－八六頁）と語っていることの骨髄の部分、つまり、キリストの子ども観をとりだし、『児童中心』においてさらに明確に詳細にわたって示したのである。

『原理及び実際』が示すように、田村は常に、最新の科学的研究とキリスト教の教育の基礎となる神学や教育観を結びつけようとしてきた。帆苅猛は『児童中心のキリスト教』に関する先行研究[27]において、田村が既に『二十世紀の日曜学校』（一九〇七）の段階で、「学理的な原理に則る」研究と、あくまで教育は「キリスト」が中心であることを矛盾しないものとしていると指摘し、田村にとっては、「キリストこそが児童の真の理解者であり、キリストの教授法こそが心理学をわきまえた学理的なものであった」と述べている。

確かに、田村の教育論において「学理的」原理と「キリストの」原理は両立しているが、『原理及び実際』では、主に前者が取り扱われ、キリスト教の宗教教育を担う「日曜学校」教育が、学理的科学的研究の原理に則ってなされるべきことが強調されていた。そして、『児童中心』において、田村は後者、「キリストの児童理解」を教育の原則とする、キリスト教の宗教教育について、広く明示するために、本書を執筆したことが、その題名からも読み取れるのである。

田村の語る「児童中心」・「子供本位」

その題名に用いられた「児童中心」そして、しばしばそれと併用して使われる「児童本位」または「子供本位」は、言うまでもなく、この時代に全盛を極めていた、新教育運動、大正自由教育運動から強く影響をうけた言葉である。特に「子供本位」は、一九一二年『ホーム』創刊号に掲載した、倉橋惣三の「子供本位」と題された論考に、田村が非常に共感して、その後頻繁に用いた用語であったと思われる。

というのも、『ホーム』の創刊号は、巻頭言から訪問記まで、編集発行責任者である田村が、相当周到に練り選りすぐった秀逸の論考を掲載して、世に問うた力作といえるからである（本書三一八―九頁参照）。田村は、当時、東京帝国大学院で児童心理学を修めて、東京女子高等師範学校講師を務めるかたわら、付属幼稚園に通いつめ、幼児教育、保育に強い関心を寄せていた倉橋惣三に論説を依頼している。

その後、倉橋は、一九一七年には東京女子師範学校の教授、同附属幼稚園主事となり、フレーベル主義の保育、

「幼児の心の中にある本質を神的なものとして捉え、教育者は、子供の本質を受動的、追従的に見守る」という保育を展開していく。この、子どもの自発性と心情を重視する自然主義的な児童観に立って、教師は子どもの自発的な活動を誘い、促し、助けるという倉橋の保育は、「誘導保育」と呼ばれている。『ホーム』に倉橋が寄稿した「子供本位」と題された文章には、その保育観がよく表われ、母親たちに届く言葉で述べられている。その後の田村の教育論、特に幼児教育と保育に、大きな影響を与えたと思われる内容を概観する。

倉橋はこの論説において、子どものためのあらゆる企てへの「最も根本的な希望」として「子供本位」をあげるが、実は、この社会には「最も不都合な子供不本位主義」が多いという。そして四つの子供不本位主義を紹介する。第一が、事業本位のための子供不本位である。事業熱心なあまり、設備、数や大きさ、立派さばかりを追求すると、たとえば日曜学校でも、「日曜学校が先か子供が先か」というところまで出てくる始末。事業を重んじすぎないで、「一人一人の子供の為にもっと活きた接触をもって」、子供本位を実現してほしいものだと語る。

第二は、「自分の思う通りにしようとする」、教師の自分本位のための子供不本位である。熱心な教師は、理想が多すぎて、子どもをことごとく自分の型に押し込めようとする。「教師の人格的感化力」を受けて子どもが育つのはよいが、「教師の型にいれられて居るのを教育的統一などという誤謬《ごびゅう》」は困りもので、「真に子供の為を謀《はか》る教師ならば、一人々々の子供をして、各《おのおの》その自然の発達を遂げしめようと努むべきである。少しでも自分の型に入れようとする如きは、恐れ戦《おのの》いて避くる処である。こういう人は堅く信じて居る、自分も人の師たるには足るに相違ないが、子供の有する潜勢力《せんせいりょく》は、それ以上であるに相違ないと」と述べていて、味わいがある。そして、こう勧める。「我意《がい》を捨てて、真に周到に其の自然の発達を導き育ててゆくのである。即ち我意よりも子供を本位にするのである」と。

第三に、「教育成果を急いではならない」と言う。教育の成果を収めるのは、言うまでもなく子ども自らである。しかもそれは遠い将来のことであり、教育の成果は、「連続的《ひきつづき》」「漸次的《だんだん》」なので、短い期間に、計画、計算して証明しようとするのは「人工的」なことなのだ。そのような人工的な成果主義が「過度になれば子供不本位の至りになる」といい、「子供自らその収穫を得る」ことを忘れてはいけないと注意している。

　第四に、子供不本位に陥らないように「あまりに多くを与えてはならない」と述べている。実際、子どもより、教える教師の方が欲が深くて、あれもこれもと子どものために考える。「成長した学生で欲がないのは怠惰」だが、幼い子どもは「無欲が自然」なことである。小さい器がすぐいっぱいになるのと同じだと心得て、「大人の方の心から」強いてはいけない。個性の違いを無視して、「標準で強いてはいけない」と語る。そして、この弊害をさけるために、「子供の精神の容量」を知ることが必要で、「子供の本性の研究ということが肝要になる」と、子どもに関する学びを勧めている。

　最後に、子供本位の理屈を言えば、このように簡単明瞭だが、実際には「多くの手加減が容易でない。ただ吾々が子供に対する一切の場合に、子供本位の四字を片時忘れぬ標語として、常に子供に真の幸福を与え度《た》いと希《ねが》うのである」と論を結んでいる。

　翻って、田村について言うならば、田村は、自らの一九〇〇年代の一大転換を、繰り返し、「児童本位へ転換した」とか、「子供本位をとるようになった」と説明している。つまり、この言葉は、田村自身の在り方を問うものであり、倉橋が『ホーム』で述べたように、親や教師が幼い子どもにどう向き合うのかを問題にした、保育・教育を行なう上での最大の心得と言えるだろう。もしかすると、田村は、誰よりも忠実に、「子供本位の四字を片時忘れぬ標語として」、倉橋の、またフレーベルの児童観を共有していたと言えるのかもしれない。

　一方、「子供本位」や「子供中心」ではなく、田村がタイトルに用いた「児童中心」の方は、主に学校教育において新教育を展開する場合に使われた用語である。

　「児童中心主義」は、「為さしむる主義」として児童の動的教育を説いた及川平治や、成城小学校において個性尊重の教育を実践し、児童そのものの研究を重視した沢柳政太郎らに見られる大正自由教育の特徴的な思想であった。及川は一九〇七年に明石女子師範付属小学校の主事となり、「為さしむる主義による分団教授法」によって同校の改革に着手し、沢柳は一九一七年に成城小学校を創設している。時代的にみても、田村はこれらの教育実践を知り、その根本原則となっている「児童中心」という思想から大きな影響や示唆を受けたと考えることが妥当であろう。

新教育が目指した、子どもを中心として一人一人の個性を活かす教育、それは、子どもの本性が、自発的な経験と実践によって、自然に成長していくものだという非常に明るく肯定的な児童観に支えられていた。しかし、この「児童中心主義」は、後世の検証によれば、方法論においてのみ辛うじて担保されたが、目的、内容は伴わなかったとされる大正自由主義教育の中心的スローガンに終わる。『児童中心のキリスト教』に述べられた田村の思想について、帆苅は、最終的に「彼〔田村〕の児童観はあまりにも楽観的であろう[28]」と指摘している。この批評は、「児童中心」という語の出典ともなった、大正自由教育を支える希望的児童観と、田村のそれを同質のものと捉えるならば、極めて妥当と言わなければならない。

しかし筆者は、大正自由主義教育における「児童中心」の用語は、一九二五年の『児童中心のキリスト教』で、それとは、まったく異なる趣旨で、田村によって用いられているのではないかと考える。田村は、児童中心の「教育」ではなく、児童中心の「キリスト教」と、児童中心をキリスト教の性質を説明するために使っている。『児童中心のキリスト教』が語った「児童中心」「子供本位」は、大正自由教育の用語を用いながら、それを超えて、新教育運動の言葉としてではなく、神学的に、キリスト論を語るために用いられている。これによって、田村は、宗教教育論の基盤となる田村独自のキリスト論と児童観を語りだそうとしているのである。

このことは、この書物における、「国民教育」に関する田村の取り扱い方からも推察されるものである。大正自由教育のもたらした人間教育の明るい未来は、大正末期（一九二〇年代後半）から変容をきたし、関東大震災（一九二三年九月一日）と、その後の混乱に乗じてなされた朝鮮人虐殺と共産思想者への取り締まりを契機に、日本は、一気に国家主義へと傾いていく。東アジアへの軍事的覇権、侵略を進めようとする思惑のなかで、自由主義や社会主義思想は弾圧され、大正デモクラシーと呼ばれた、民主的で自由な文化や人権思想、労働運動、農民運動、部落解放運動などは急速に影を潜めていったのである。

その時代の変遷の中、新教育運動を進めていた日本の教育界、そして、キリスト教界と日曜学校運動を推進していたキリスト教の教育界は、国家主義的戦略の中に組み込まれ、自由な人格の養成による「国民教育」から、絶対主義的天皇制国家を支える「国民教育」を、積極的に担うようになっていく。ところが、田村は、先に見たように『原理及び実際』（一九二〇）において、当時の一般教育界の潮流にキリスト教側から参戦するかのように、「国民教育」を盛んに吹聴していたが、一九二五年の『児童中心のキリスト教』においては、全三一章からなる本文の中で、一章のみを「宗教教育は国民教育にあらざるか」として国民教育にあて、他では一切それに触れず、この語をそぎ落としているのである。

しかも「国民教育」を扱ったその章は、全体として、「国民の精神を改造するには宗教の外途はない」と主張するためのもので、その結論は、最終的にキリストへと向かわせるものとなっている。「キリストは子供の教育に非常に重きを置き給うたお方」なので、子供の存在、小さき者をつまずかせないようにと教えていると、聖書の言葉をひき、だから、キリストの教えに倣って、子供の宗教教育を進めなくてはならないと結んでいるのである[29]。

その文脈の中で、しかし、田村は、非常に注意深く、「忠君愛国」と「教育勅語」に触れている。これは、田村が一九二〇年代後半以降の宗教教育論において、当時の国家主義的国民教育に対して、どう考えていたのかを僅かに示している箇所と言える。それによると、田村は、当然ながら、「忠君愛国」を教えることと、「日本の教育の方針」としての教育勅語を否定することなく、是認している。しかし、それらをただ唱えることで国民教育がなされるはずはなく、そのような（忠君愛国心をもった）国民の形成には、人格教育、とりわけ教師の人格の感化による子どもの人格の形成が必要なのだと、論点を人格教育に移しているのである。

しかし、その「勅語を子供の面前で読みきかす校長や又は教師は果たして忠君愛国に燃えて居る人格者なるか」（七一頁）と、田村は厳しく問う。日本の教師たちは、自分の人格の養成についても、そればかりか、教育されるべき子どもの人格や本性についても無関心で、無知なのだというのである。教師の、そして子どもの人格や本性は、根源的に宗教と結びついており、だからこそ、本当の国民教育には、宗教教育が必要不可欠なのである。それだから、この本で自分は、宗教教育の最大の教師であるキリストについて述べるのだ、と言わんばかりである。

ところで、この『児童中心のキリスト教』には、*The Child the Center of Christianity* と題された英訳本(30)があり、田村によって出版されている。日本語による出版の一年後に、英語で書き下していることになる。このことは、晩年を迎えた田村が、自身の思想の集大成として並々ならぬ意志をもって発表したため、日英各語で読めるようにしたのだ、ととることも出来るが、実は、その内容は日本語の完全英訳ではなく、編集されて英語で書き直して発行されている。

日本語の『児童中心』の「国民教育」に関する章は、その英書では Chap. 18 Religion a necessity in National Education として収録されている。日本語では、章の冒頭で、国民教育とは、「国民となるべき資格の人間を教育する」ことで、それは宗教抜きにはできないと、自説を述べているが、この部分が、英語では、National Education とは何かの問いに対して、以下のように答えるものとなっている。It is first of all a training for better citizenship. Then how can we secure good citizens without religious education? ——と続くのである。その後英文の議論は、すべて a good citizen や、a well-rounded citizen を養成することを巡ってなされていく。日本語の方に書かれていた、「忠君愛国」も「教育勅語」も、当然のように出てこない。

つまり田村は、良き市民を育てる、シチズンシップ教育こそ、国家が取り組むべき教育（国民教育）であって、それには宗教教育が不可欠なのだと、この章で力説しているのである。田村は、英書においてこう呼びかけている。教育者（学校教育者）も、説教者（教会の教育者）も共に働こう、同じひとつの目標「成熟した市民」を育てるために！――と。

こうして、国民教育をめぐる日本語と英語の章の存在は、わたしたちにひとつの仮説を描かせることになる。一九二五年、田村は『児童中心のキリスト教』によって、自身の宗教教育論を展開する上で最も重要な前提とも、基礎ともなる児童観を示そうとした。序文において田村が、「この〔児童本位〕主義のため奮闘努力し、祈を以てキリストの児童観を研究し、年を重ねるに従って、私は私の信念の誤らざるを深く悟った。『児童中心のキリスト教』と題するこの書は、私の児童に対する信念を露骨に発表したるものである」と述べているとおりである。その内容については後述するが、田村にとって、それは、人生を賭けて見出した真理であり、それを著作に込めたのであった。

しかし、田村は、その出版だけでは、これを終われなかった。その論を、一〇〇頁余の英文でしたため直したのである。それは、*The Japanese Bride* のように、米国の出版社から、英米人を読者として想定して書かれたものではなかった。「大正幼稚園出版部」から、日本で定価を付けて、日本人――後世の？――のために出版しているのである。この行為にはいくつかの理由が考えられるが、当時の日本社会で、どうしても日本語では「露骨に発表」できない部分があったからだと考えるのが、もっとも自然ではないだろうか。

特に「国民教育」に関する章における日英文の違いは、その仮説を裏付けるものとなっている。そして、内容に違いがある場合は、日本語出版の後で、敢えて刊行された英文の改訂版の方に、田村の真意が込められていると考えて間違いないだろう。だとするならば、田村は、「国民教育」を、成熟した市民を育てるという国家がなすべき尊い働きであると理解し、その教育に宗教は不可欠であると考えていたということになる。

こうして田村は、大正自由教育の言葉であった「児童中心主義」を掲げて、そこに別の意味、田村独特のキリスト論とそれに基づく宗教教育論を構築しようと試みたのである。ここには、明らかに田村が、国家主義的国民教育に傾斜していく大正自由教育から一線を画して行く姿が、透けて見えてくるのである。

キリストの児童観

田村は、『児童中心のキリスト教』の中で福音書とイエス伝（パピニー、ボルジャー、ルナンなど）[31]を引用しながら、キリストが子どもをいかに尊敬したかを繰り返し述べ、何にもましてまず、福音書に語られた「キリストの児童観」を明らかにし、そこから聞くことを重要視する。と同時に、福音書に表わされたもうひとつの重大な事実に注目していく。それは、キリスト自身が自らを徹頭徹尾「神の子」として生きたこと、自らを「神の子」として提示し続けたことである。

『児童中心のキリスト教』における田村のキリスト論――それが「史的イエス」研究においてどのような時期になされ、特徴づけられているかについては後述する――から、ここでは、まず、田村が「キリストの児童観」について述べた点をとりあげる。田村は、これに非常な注意をはらい、福音書と当時流行していた種々の「イエス伝」の記述から、キリストは子どもをどう見ていたのかを描き出そうとしている。以下、田村が本書において記述した「キリストの児童観」について列挙する。

まず、田村は、キリストを「大救主」とのみとらえ、「救主」と「罪」の二つしか研究しない神学者を批判した上で、英国の画伯ワット[32]の考えは違っていたとする。ワットは、「天真爛漫たる無邪気な子供を保護し教育し、生まれながら神の子たる天国のかたなる《ママ》大資格を有する子供の権利を尊重し、一人たりとも其子供を罪人にせざるがキリスト教の精神である。キリストは子供の大牧者であり又大教育家である」（一―四頁）と、考えていたというのである。

つまり、キリストは、子どもにとって「罪からの救い主」であるよりも、子どもたちを教える教育者、養い世話をする牧者として存在されたとするのである。そうであるならば、キリストには、もとより、子どもを救われるべき罪人として見る理解はなかったことになる。ここから、キリストは、子どもたちを守り、育て、生まれながらに尊い神の子として生きていく権利あるものとして重んじている、と田村は想定する。

次に、パピニーの「キリスト伝」をひき、これが「児童中心のキリスト教の深遠なる理」を語るものだとする。パピニーによれば、キリストは右の手で子どもを、左の手で罪人を抱いている。つまり、罪人と子どもを招き、この両者を抱く（関わる）者ということになる。一方の罪人の方は、キリストが同情し、近寄って救う対象だった。「併しキリストは、児童に対して、一言たりとも同情とか、情けとかいう言葉を出し給うた事はなかった」のである。子どもは、自ずと、キリストを本能的に愛する存在なのだ。そこで、キリストが「子供を膝に乗せ」また、その「子供を抱きしめ給うときは、恰も親しき友に出合う心地し、非常な悦に満ち給うたのである」（九―一一三頁）。

このことから田村は、キリストにとって、子どもは憐れんで助けてあげるべき対象、救われるべき罪人ではなかったと結論する。子どもは、かえって、自分からキリストに近づく存在であり、抱く人に全幅の信頼を預けて、自ずと他者から愛を引き出す存在なのである。そこで、キリストが子どもたちを抱いたのは、ただ、そうすることを、自らの喜びとしたからにほかならなかったとして、子どもという存在のもつ特異性を主張するのである。

また、クラーク博士[33]によれば、ルカはキリスト伝を書くにあたり、キリストの遺した事跡を詳しくたどった。その中でルカが発見したのは――キリストは著述家として一冊の本も、教育家としてひとつの学校も、牧師としてひとつの教会も遺しはしなかったが――キリストが「偉大なる感化を婦人と子供の上に遺した」ことだった。

ここから、田村は、「キリスト在世の当時、婦人及び子供の地位は、実に低級なものであった。婦人に対して、子供に対して、何の法律もなかった。然るにキリストはいかに婦人を尊敬し給うたか。いかに子供を尊重し給うたか」と述べ、キリストの女性理解、子供理解の卓越性を以下のように語っている。「婦人も、子供もキリストによって甦った。エレン・カイ《ママ》は『二十世紀は子供の世界』と叫んだが、実はキリストの紀元が『子供の紀元』であった」（三〇―三五頁）と。

ここに、「子供の発見者」、「子供の解放者」つまり、女性と子どもの権利擁護者として、初めて世界に登場したキリストが表明され、それが、田村が繰り返し用いる、「キリストは子供のチャンピオンである」との表現として現れる。こうして、子どもは、キリストによってその存在を見出され、尊敬（尊重）され、愛される、尊厳あるものと位置付けられたのである。

また、「御国の第一の基礎は誰れ乎《か》」（三四頁）の章において、田村は、キリストの示す「御国」の第一の者（The first）として子どもが位置づけられていることを以下のように説明する。福音書に書かれた、キリストの説教から「神の国」、「天国」をとったら残るものは何もない。その、キリストが宣教した「神の国」の要素は一体誰なのか。ルナンが『イエス伝』において、天国の第一の要素は子ども、第二は世から捨てられた者であると言っているとおりである。

しかし、ある米国の教会で、リバイバルの時、伝道者が子どもに改心を促すと、その子どもは、「私は盗賊も姦淫もしたことがないから教会の門に入れない」と言ったという。つまり、教会の門戸は、ルナンの語る第二の、罪人には開かれているが、第一である子どもに閉じられているのである。それは、日本の教会においても同様で、大人本位で建設した、長続きしない教会ばかりがあり、宣教開始から五〇年を経ても、キリストの児童観に照らして、健全な教会は一つもない状態ではないか、という。こうして、田村は、「神の国」の第一要素を子どもとするキリストの児童観は、現実の教会で全く理解されていないことを厳しく糾弾するのであるが、それはリバイバル中心の当時の米国の教会のあり方を激しく非難、攻撃したブッシュネルの言説と、非常に似通った主張と表現をとっている。

そして、このようなキリストの児童観、キリストの示した「子供の価値」を知り得たことを、田村は、次のように高らかに語る。「我々は今日まで子供の価値がわからなかったが、キリストによって其の価値を知った。大人の手本は子供である。子供は、偉大なる模範、神を愛するの模範、神を信任する模範である」と。こうして田村は、キリストが、子どもの姿を通して、わたしたちに、神を愛すること、神を信じることの本質を提示しているのだと語り、信仰者の模範としての子どもを、キリストによって示されたとするのである。

こうして述べてきたキリストの児童観の、いわばまとめのように、田村は最後に、福音書の二つの記事、「怒り給いしキリスト」と「子供を中心に置き給いしキリスト」のイメージを用いて、これを悟らない教会に対して、キリストの想いを強調する。ひとつめの「怒ったキリスト」は、「子供」[34]がキリストの近くに来たのを追い返した弟子たちに対して、「顔を赤くして非常に怒り給うた」ことである。この記事は、わたしたちが深く心にとめなくてはいけないものだと田村は言い、それなのに「我等はキリストが何故に斯くまでに、子供を愛し、敬し、貴び給うた御心を読む事は出来ないか」と嘆いている。

もう一つの「子供を中心に置き給いしキリスト」（一〇五頁）という象徴を用いても、田村はキリストの児童観について、それを全く理解しない人々を念頭に置き、このように訴える。児童に興味を有し、研究していない人は、同じ聖書を読んでも、全く子どものことに注意をしない。キリストの心中において、子どもほど大切なものはないにもかかわらず、聖書をそのようには読めないのだ。キリストは「父よ、賢者に隠し赤子に顕し給うを謝す」と祈り、子どもを抱きしめて「天国に入るものは斯くの如きものなり」と言われ、「子どもの如くなるに非らざれば、大なるものになれない」と語られた。誰がいちばん偉いかを論争する弟子たちの真ん中に、子どもを置いて真理を教えられた。つまり「キリストは大人よりは子供を、高座に座らし給うた」のである。

それなのに、「何故に今日のキリスト者がキリストの子供に対する、御心を読む事が出来ないのであるか。何故にキリストと正反対に、子供を端に置くのであるか」。社会も教会も子どもより大人に重きを置いているではないか。「子供のために全心全力を捧げる人は何人あるか。私が児童中心のキリスト教を叫ぶは、大に故ある事である。若《も》し私が叫ばなければ、必ず巷《ちまた》の石が叫ぶと信じて居る」。田村は、このように福音書に、「キリストの児童観」を認め、それは斬新で、神の国、キリスト教の真髄を表わすものであると理解していた。しかし、それは不幸にも教会の歴史の中で無視され、今も看過されているのである。その最大の理由と田村が考えていたのは、パウロの影響であった。

「キリストのキリスト教とポウロのキリスト教の違い」（一三―一八頁）において、田村はパウロの「救済の神学」に一定の評価を加えながらも、「子供」という点においてパウロとキリストの考えは大きく違うとする。パウロの語るキリスト教は、大人本位であり、そこでは「婦人と子供」は軽視されている。パウロは、「ヲーガスチンも、ルーテルも、カルビンでも、みな」に重きをおかれ、崇拝されて、その系譜が今日のキリスト教会にいたっている大使徒であるが、今日「本家本元なる、キリストのキリスト教に帰る」ことこそ重要なのだというのである。

田村は、わたしたちがそこに帰るとき、「キリストに依って始めて児童中心のキリスト教を充分に理解する」ことができると考えていた。だからこそ、キリストの、児童中心のキリスト教を何とかして提示したいと思ったという。そうして、キリストの子ども理解の卓越性にふれ、そのキリストが見たように子どもを見ることに終始していくとき、キリスト教は、パウロのそれとは違ったものとして姿を現し、そこから、教会とキリスト者が何をなすべきかが明らかになるのだと、田村は確信していたのである。

「神の子」キリストの表象

では、わたしたちが帰るべき「キリスト」とは、一体どのような方なのであろうか。こうして田村は、キリスト教を「児童中心」「子供中心」と定義づける上で、重要となるキリスト論を展開していく。その中心は、キリストが、「子」として自らの生涯を生きたということであった。田村はこの概念を、キリスト論においてすべてに優先するものとして表明し、本書の後半をこの証明にあてている。帆苅が、この後半について「『児童中心のキリスト教』のキリスト論的な根拠づけを試み」たものだと述べているとおりである。[35]

田村はこの論証を、「子供の心を持つキリスト」から始める。「キリストは何時も子供の心をもっておいでになった」という表現を繰り返し使って、「子供の心」をもっていた証しとして「子供の大詩人キリスト」について語る。田村によれば、ボルジャーはキリストを詩人としてとらえ、[36]「詩人とは己の生涯を此の宇宙の内に置き、日々の出来事に於て、人間の目にて見て悟る事能《あた》わざる深遠なる真理の反響を観ずる人である」（九九頁）としている。このような詩人キリストと足を揃え、キリストの心をもって心とし、キリストと散歩したら実に愉快だろうと田村は言い、「静かなる山地」「青々とした緑」「湖水」「鳥の歌」「百姓等の働く姿」「街でパン争いをしている子供」「一匹を探す羊飼い」など、福音書にあふれるキリストの詩――日々の出来事風景の中に、目には見えない真理を写す――の素晴らしさを語る。

そして、そのような詩人である「キリストは何時も子供の心を以て歩いておいでになった」とし、「キリストにして子供の心なくして、如何にして斯の如き詩を作る事が出来るか」と述べている（一〇一頁）。つまり、キリストは子どもの視点、子どもの感じ方をいつも有していたためにそのような詩がつくれたとするのである。このことは、逆から言えば、人間の目で悟ることができない深遠なる真理と呼応できるのは、真理（あるいは神）に通じる「子ども性」をもって生きているからということになる。自分の中の子ども、自らの子ども性をキリストは持ちつづけた、と田村は、キリストを理解した。それは、その「子ども」の部分によってキリストが「深遠なる真理」である神を詩っている事実の故に、明らかだったのである。

またキリストの生涯は――特に苦難のクライマックスにおいて明確に――キリストが誰だったかを表わしていると田村は考える。そしてそれは、「子」、「神の子」に他ならないのだと。田村は、キリストの生涯において、大舞台となったのは、「ゲッセマネの花園、ピラトの法庭、カルバリーの死刑処の三ヶ処」だったとする（一〇九頁)。その大舞台のひとつ、ゲッセマネの危機的な状況下で、「其時《そのとき》キリストが抱き給える思想の中心は、何であったか、子と云う思想がキリストの全心を満たして居った」といい、罪人を救うという思想は第二位で、子たるものとして「天父《てんぷ》の御意《みこころ》に従うと云う思想が第一位を占めて居った」としている。そのような極限の場であるゲッセマネの祈りから、田村は、「キリストの御心は一日、否一分時間《(ママ)》と雖《いえど》も、彼の御心から子と云う観念を取り去ることは出来なかった。田村は、「キリストの御生涯は、我は神の子であると云う観念が一貫して居った」と述べている。

この、「子」としての観念、子を生きる様は、「キリストの十字架とキリストの最後の大命令」にも、明らかだと田村は言い、十字架上でキリストが発したのは「我が父よ」という言葉であり、キリストは天を仰ぎ、天の父の顔を見、地をながめて母マリアの顔を見た、「十字架はキリストが『子供』と云う観念を自覚する最も善い場所であった」と述べている。そして、復活後の大命令も、すべての国民を、「弟子とし(ルナンによれば弟子はアラメク語にて子供と同一の言葉と言う)、教えよ」であったとしている(一一六頁)。

こうして、田村は、キリスト教をこのように結論付ける。「父と子と云う問題がキリスト教の中心である。(略)天父の御心に従うと云う事がキリストの御生涯の骨髄であった。親子の関係の真髄を理解し、又味ったものに非らざればキリスト教の真意が解るものではない。キリスト教は哲学でもなく、又倫理学でもない。血のある涙のある親子の関係を教うる宗教である」(一一八—一一九頁)。

こうして、「神の子」として徹頭徹尾生きたキリストというキリスト理解に立ち、キリスト教を「親子の関係」を真髄とする宗教だと規定した田村は、「子供は皆神の子に非らざる乎」(五〇—五四頁)において、現実の世界にある児童を、「神の子」として、また、子ども性を生きる「キリストの代理公使」として位置付けるのである。

キリストは何時も、児童を自分と同一の地位に置き給うた。子供はキリストの代理公使である。キリストは明白に『児童を受くるものは我を受くるものなり』との給うた。（中略）キリスト教はキリストの化身なるが如く、又児童の化身である。キリストの御生涯は己れは神の子なりと云う強き信念を以て、一貫して居る。若し其信念をキリストより取り去れば残る処は何があるか、神の子と云う信念がキリストの中心であった。私が児童中心のキリスト教を叫ぶは、此の理由によるのである。児童に関しては、私はキリストの外に聞くべき耳を有しては居らない。

田村において、「神の子」であるキリストは、「子」という表象を用い、「父（親）」に対する「子」であるという点で、実際の子どもと結びつく。否、それ以上にキリストと子どもは同一の位置に置かれることになるのである。現実の子どもは、キリストの精神、キリストの「子供性」を最もよく映す鏡として、父の御心を問い、徹頭徹尾子として生きる模範であるゆえに、キリストの代理公使であると言われる。と同時に、キリストは、現実の子どもを、この者たちこそ神の国の第一の存在、中心として位置付け、子どものチャンピオン、子どもの代理公使、擁護者となったのである。この小さき者（子ども）を受け入れるのは、わたし（キリスト）を受け入れるという言葉は、子どもを「神の子」であるキリストと置換できることからも、両方が「神の子」であったことになるという。

『児童中心』の主張はこのように、キリストの児童観とキリストの神の子性に則って、キリスト教を児童中心（子供本位）と考える。その上で、田村が提唱する宗教教育は、無論この「児童中心のキリスト教」に基づいてなされるものであるが、それは、田村によれば「異端よばわり[37]」されるほど、他のキリスト者、当時のキリスト教界からは革新的なものだった。

しかしこのことは、別段当時のキリスト教界に限らず、その後の聖書学の歴史を辿ってきた今日の見地からも、同様な評を受けるのではないだろうか。少なくとも、このキリスト論が、ある時代に特有な、「極端」なキリスト論の手法や表現を用いたものであることは、否めないだろう。田村はこの著作に至るまでは、教育学、発達心理学、日曜学校論など「教育」に関わる書物を執筆してきたが、この『児童中心のキリスト教』では、田村の宗教教育の基礎となる、キリストの考え方、キリスト教の考え方を表わすために、十九世紀後半から大流行していた種々の「イエス伝」によるキリスト理解を用いているのである。

特に、『児童中心のキリスト教』に展開されるキリスト論は大貫隆・佐藤研編『イエス研究史 古代から現代まで』[38]において「聖書学の黎明期」とされ、「イエス伝を史的に把捉しようと試みた」H・S・ライマールスから始まる「イエス伝研究」の流れの中でも、ルナンの『イエス伝』に非常に強い影響をうけたものだとみてよい。『イエス研究史』所収の加藤隆の論考によれば、ルナンは、「入手できる資料を出来る限り批判的に厳密に検討することによって得られる情報で足りないところは、想像力によって大胆に補うことが正当だと考えて」[39]いた。そして、歴史的には何の根拠も資料もない若い日のイエスについて、「ナザレの山の頂に、イエスは何度も、一つの疑惑もなしに座った」などと、ルナン個人の主観的想像によって、そうあってほしいイエス像を事実のように描写し、その著作を綴っているというのである。

翻って、先に引用した「子供の大詩人キリスト」などに見られる田村の記述や表現は、明らかにその影響を受けており、『児童中心のキリスト教』が語るキリスト像の描写には、この傾向が非常に強くみられると言えるだろう。しかし、そうであるからといって、ここで田村が明らかにした「キリストの児童観」と、その思想を根拠づける神の子としての、子どものチャンピオンである「キリスト論」には、その聖書理解の偏りからみて、何の意義もないと断定してしまってよいのだろうか。

加藤は、ルナンの「イエス伝」について、一方で、「『ロマネスク（小説的）』な『イエス伝』や、あるいはそれぞれの作者が思い描く『(近代人と同じような) 人間イエス』のあり方を強調するいわゆる『リベラル』な『イエス伝』」といった批判を免れないものと捉えているが、その一方で、「別個に取り上げて吟味する価値がある」

と述べている[40]。ルナンの「イエス伝」には、人々を魅了し、広範に受け入れられてきたという社会的な意義があり、そこにはルナンの立場が持つ二つの特徴が理由としてあるのではないかと、加藤は分析する。その「一つはルナンが教会から決別したということであり、もう一つは、それにもかかわらず彼が『宗教的魂』をもち続けたということである」という[41]。

聖書学的に見たとき、また歴史的、批判的研究という点からは、ルナンに代表される「リベラル」なイエス伝には看過できない恣意的な記述が溢れており、「結局のところ一つの小説」となっていることは、そこから非常に強い影響を受けた田村の論説にそのまま当てはまる指摘であることは言うまでもない。しかし、ルナンのイエス伝が、「教会の権威を背景とする信仰告白などによって絶対とされていたイエスのイメージを」良くも悪くも、その拘束から解放することで、教会の固定化した解釈と決別し、にもかかわらず、「キリスト教の力や尊厳を守る」宗教的魂を持ち続けた故に、社会的意義を認められるとすれば、田村のキリスト論もまた、田村がこれを神学書や聖書学の書としてではなく、児童本位の教育を推し進めるための教育論として著したという側面から、その意義を吟味されるべきではないだろうか。

『児童中心のキリスト教』において田村は、神学を、教会を、キリスト論をあくまでも宗教教育論を展開する上で持ち出している。そこで、田村によれば、児童中心（子供本位）のキリスト教神学とは、その中心テーマを「罪と救い」（あるいは「神と救い」）におくのではなく、「神の子」としての生（あるいは「父と子」の関係性）におき、パウロ神学とパウロ書簡の偏重から、イエスの神学と福音書へと重心を移したものに他ならない。このため、その教育方式は、パウロ式からテモテ式へ、つまり、伝道・回心志向から養育・育成事業へと転換されるべきだと考えられ、著作においてもそのような教育方法へと展開されている。また、イエスが大人の「救い主」であることを否定しないが、それに先んじて、「神の子」として自らを顕し、「子どものチャンピオン」として「子どもを愛し給うた主」であることを最重要視するのである。

このようなイエスの示した「子供中心のキリスト教」に立つとき、子どもは、「罪人」として、救われなければならない存在として回心へ導かれる伝道の対象である以前に、「子供は飽くまでも神の子供である」(『児童中心』五二頁)ことになる。そしてこの児童観、子ども理解の成立が、どのような教育をするのかという教育論につながる。すなわち、「神の子たる種を持って生まれてきた」(四九頁)子どもに対して、キリスト者と教会のなすべき宗教教育は、救済や回心を目指してなされるものではなく、生まれながらの子どもの受容と尊重、ならびに宗教的本性(神の子たる種)の養育として定義づけることができるのである。

以上みてきたように、田村は、神学やキリスト論を用いて、つまり「キリストの児童観」と「神の子としてのキリスト論」を語ることによって、「キリストのキリスト教」がなすべき宗教教育の目標、前提とする子ども観、よって立つ教育観、とるべき方法論等をこの著作において描き出そうとした。その意味において『児童中心のキリスト教』というこの著作は、田村の主著として、時代を越えて教育を支える「宗教的魂」を感じさせ、現代にいたるまで、「教育的意義」を持つ一冊となっているのである。

3 「バルト神学」(弁証法神学)と田村の宗教教育論

生涯の主著である『児童中心のキリスト教』並びに *The Child the Center of Christianity* を書き終えた後の田村は、人生の最終期を迎えていくが、最後までその執筆活動は衰えることがなかった。本節では、まず、七〇歳を迎えた田村が、日曜学校教育と宗教教育について何を語ったのかを一九二八年の『宗教教育の手引』に見た上で、翌年それが「日曜学校全廃論」へと主張を変化させる過程を明らかにする。

その後、田村は脳溢血で倒れ、しばらく療養生活を余儀なくされてから執筆を再開する。そして、一九三〇年代、最晩年に書き残した「ナザレのイエス」二部作と、遺稿となった「対バルト神学」の記述には、田村の教育論の最終形ともいえるものが描き出される。本節では、これら、晩年の著作を通して、田村の宗教教育論の全容を明らかにする。

『宗教教育の手引』から「日曜学校全廃論」へ

一九二八年の『宗教教育の手引[42]』は、レイクスの日曜学校創立から、二年後に一五〇年の記念を迎えるに際して、宗教教育の実際的な手引として出版されている。その「はしがき」に、我らは「日曜学校百五十年祭祝賀会」を設立し、「日本的の美麗なるカード」を世界の子どもたちに贈呈すると共に、国内に向けては、「文学を以て宗教教育普及の為に努力することと」したので、その魁として、自分がまずこの書を書いたとある。そして、「青年達の筆を以て」これに続いて「立派な出版物」が出されて行くよう希望すると述べられている。「日曜学校」に関して融和的で、それまでの一匹狼的な要素がなくなり、後輩たちへとバトンを渡したいという願いが綴られた「はしがき」となっている。

田村はここまで、『二十世紀の日曜学校』（一九〇七）から二〇年余、一九一三年には日本日曜学校協会と決裂しながら、「田村の一一年制」（後に一三年制）の日曜学校カリキュラムを出し続け、一九二〇年には、『宗教教育の原理及び実際』を著して、キリスト教による宗教教育を学理的に、また日本の一般教育界に位置づけようとし、二〇年代には、宗教教育教科書として、「田村の一四年制」カリキュラムを編み直して出版してきた。このような田村の教育論は、国際統一教案（ＩＵＬ）に代表される教育論とは違った独自のものであり、それ故、あえて「日曜学校教育」ではなく「宗教教育」を標榜し、組織運営方法を異にする日本日曜学校協会（ＮＳＳＡ）には与《くみ》しない道を歩んできたのである。しかし、田村が実際には常に、毎日曜に教会で開かれる「日曜学校」に携わり続けたことに変わりはなかった。

そこで、田村はこの働きを創始したレイクスの事業を祝い、あの築地バンド時代の百年祭をも思い起こして、「日曜学校百五十年祭祝賀会記念出版」としたのであろう。一〇章からなるこの本の内容は、小品であるが至って「田村」的で、前半五章は、主に一九二〇年の『宗教教育の原理及び実際』を踏襲し、後半の発達段階別教育に関しては一九〇七年の『二十世紀の日曜学校』の「第三篇教授法」を改編したものとなっている。そして、これに、一九二五年の『児童中心のキリスト教』の主張をおりまぜたものといってよいだろう。ここでは、『手引』の中でこれまでの著作には見られなかった新たな用語や表現、それまでと変化し、特に先鋭化している部分について述べることによって、当時の田村の宗教教育とは何かを問う。

まず田村は「宗教教育」という用語について、本書で整理をして提示している。「宗教々育」という言葉は、留学時代（一八八二―八六年）には「聞いたことも見たこともなかった」、およそ組み合わせることができないものだったと、田村は初めに述べている。それが、一九〇三年に、米国で「宗教教育学会」（REA）が発足する。田村は四年後の『二十世紀の日曜学校』で、いち早く、REA発足にふれているが[43]、その時はまだ、そのような名称の会が創立したことを述べるにとどまり、それまで犬猿の仲とされた、宗教と教育は、『二十世紀の日曜学校』の中では、「宗教的教育」という慎重な言い回しで語られていた。ところが、一九二〇年代にはいって、田村は、「宗教教育」という言葉を前面に出して、用いていくことになる。

『手引』一章には、「宗教と教育がめでたく結婚、宗教々育という新文字を産出」した経緯と、それが流行し、濫用されている今、「基督教の学校で聖書を読むことを宗教教育という」人までいる誤解があるので、この小冊子で宗教教育の真義をわかりやすく、簡単に説明したいと、本書の動機と目的を述べている。人間の理性、知性を科学的に取り上げる教育学と、人間を超越した神秘や霊性に依拠する宗教が結びついて、「宗教教育」という新語を発生させたことについて、述べた貴重な論述ということができる。

田村において「宗教教育」は、経験主義や進歩主義の教育観に支えられつつ、「宗教々育は飽迄赤坊が基礎であります」[44]に示されるように、Ｈ・ブッシュネルの「キリスト教養育」とほぼ同意的に用いられ、子どもが生まれた時からキリスト者として生長させる働きとして考えられていると思われる。また、この「赤坊が基礎」は、それまでの著作になかった表現となっている。田村はそれまでも様々な著作を通して、幼児期からの教育の重要性について語っているが、従来「子供」や、幼くても「幼児」と記述してきたところに、初めて「赤ん坊」という語を登場させているのである。

『手引』の後半、六章から一〇章は、「宗教教育の実際方面にわたる話」として、発達段階別の宗教教育について述べているが、それも、これまで見られなかった「胎児」の宗教教育に始まって「乳児」の、「幼児」、「少年」、「青年」の宗教教育と分類されている。ここには、「赤ん坊」が基礎と言い切ることで、乳幼児は勿論のこと、新生児や胎児にさかのぼった養育にまで、宗教教育が及んでいること、否、その最初の時期ほど重要であることの強調がみられるのである。

これは、母子の有機的関連を強調した、ブッシュネルの養育論が、晩年を迎えた田村の中で、ますます重要視されている表れといえるだろう。このことはまた、田村が、これまで人間は生まれながらに「宗教性」「宗教的な種」をもっているとしてきたところを、本書で「人間は生まれながらに親を、そして神を愛するように造られている」と述べている点にも見ることができる。ブッシュネルが、人間を何よりも関係性の中でとらえ、その根源的な関係性を母子の結びつきの中に見、また、その関係性を「神聖な愛」と結びつけて語ったことが田村に影響し、人間の初源的な関係を「愛」という言葉と結びつけて表現したものと思われる。

また、田村は、宗教教育を伝道と同一視することの誤りを、これまでも、『原理及び実際』においても、盛んに述べてきたが、ここでは、「赤ん坊が宗教教育の基礎」であるというテーマを用いて、「罪が伝道の基礎」（八頁）であるとしている点は興味深い。そしてたたみかけるように、しかし「キリストの基督教は決して子供を罪人視しません」と、今度は、『児童中心のキリスト教』において展開されたテーマにつなげている。

もう一点、『手引』の中に初めて表われる独特な表現に、「宗教々育は神の子供であるものを一人でも罪悪人として世に出さないようにしてゆく働きであります。Reformするという消極的の働でなく、Formする積極的の働であります」（九一一〇頁）が挙げられる。

改革派を意識させられるreformという語を用いながら、Form, but reformと断言することで宗教教育の特性を、端的に言い表わしている。ここで、田村は、生涯、問題にして来た、大人の回心、悔い改めを迫るリバイバル伝道に対して、それらをreformと命名し、むろん、そのようなreformの作用が、キリスト教信仰にあることを認めながら、教育の働きは、formの方なのだと語っている。

この「Reformではなく Formである」の表現の中にも、やはり、先のブッシュネルの思想の影響が強く反映されている。回心をさせるために、子どもをいったん罪の中に放置して罪人にすることを、ブッシュネルは、産み落とした卵を放置する「だちょう」の習性になぞらえて「だちょうの教育」と呼んで厳しく非難した。(45) そのような無慈悲な、後にreformを必要とするやり方ではなく、最初からキリスト者として愛の中に生長させるformこそが、さらに尊い教育なのだと田村は述べて、ブッシュネルの中心テーマを提示したのである。

この「Reformではなく Formである」という表明は、また、一九二〇年の『原理及び実際』で多用された、新教育運動の言葉である「改造」「人格改造」などを想起させるものである。田村の宗教教育論は、ここに至ってはっきりと、それら「改革」「改造」の教育から離脱し、生成、生長を促す養育へとシフトしたのである。

この『手引』は、また、小著ながら、田村がとらえたそれぞれの発達段階の特徴の記述と、それぞれの段階で主に誰が、どのような想いをもって宗教教育にあたるのかを述べ、教会、幼稚園教師、牧師のなすべき配慮などの記載が詳細になされ、実際的かつ愛情のこもった心得の指南となっている。

特に胎児、乳児期には「環境の力」による教育が重要であること、少年期には、勤勉や競争意識を用いて、よい習慣を身につけることに効用があること、また「宗教の理を教える」には、「宗教をやらすことによって」（四三頁）、つまり経験によってそれを体得すること、等の記載があり、フレーベル主義の保育観に、経験主義的な考え方が加わっていることを示唆している。なお、田村の実践である、大正幼稚園や巣鴨教会の「瘤教会堂」での日曜学校、日曜日に持たれた四つの礼拝のことは、『信仰五十年史』（三三一－三三三頁）と、『原理及び実際』（八章）ならびに『手引』を併せ読むと、その実際の状況がある程度、見えるものとなっている。

無論、一九二〇年代後半の国家主義的傾向へ急速に傾斜する時代の影響は明らかで、新教育や経験主義的な教育論を踏まえながら、宗教教育の目的は「善良なる国民の養成」とされている。しかし、これに増して一貫して流れているのは、これらすべての宗教教育は、キリストに倣って、キリストの如くに、子どもを愛する心から行なわれることだという主張だろう。ここに、一九二〇年の『原理及び実際』には見られなかった、「生徒を愛する心でこれら一切を行うように」という田村の強い奨めをみることができる。無論これは、『児童中心のキリスト教』において田村が表わした、「キリスト」あるいは「キリストの意志・み心」の強調を反映させたものである。

このように、『手引』は、田村が晩年に至って持ち続けた、宗教教育論の最終の形を、コンパクトに、特徴、強調点を際立たせてまとめたものと言うことができる。こうしていよいよ先鋭化された田村の宗教教育論は、特にブッシュネルの養育論の強い影響を受け、form こそが教育であると語るものとなっている。しかし、それは、ただキリストによる reform こそが救いであり、宣教と教育の目的だとされた当時の教会には、受け容れがたい神学的、教育学的見地、自由主義的人間観からの発想とみなされていくのである。

そのような中で、田村は、『手引』刊行の翌年、一九二九年五月に『福音新報』第一面を「日曜学校全廃論」[46]で飾り、翌月には「再び日曜学校全廃論に就いて」[47]を寄稿する。「日曜学校廃止論」と言えば、赤岩栄《あかいわさかえ》が有名であるが、赤岩がこれを『指』誌上に発表して、物議をかもしたのは、一九五六年のことで、田村の「全廃論」の四半世紀あと、バルト主義者であった自身と教会の戦争責任を問う立場からである。田村の全廃論は、以下に述べるように、米国の宗教教育の立場から論を起こして、その意味を述べ、そこに、田村の宗教教育論のよって立つ神学および、方法論をさらに際立たせて提示したものであった。それは、第一次世界大戦後のキリスト教界を席捲していた危機神学（弁証法神学）への宣戦布告といえるものとなり、その後、田村は、「バルト神学」に的を絞り、宗教教育の立場から全面的にこれに対峙していくのである。

五月の「日曜学校全廃論」は、当時米国で盛んに言われ始めた「日曜学校」を廃して、「教会学校」へと向かうべきだという日曜学校廃止論の主張について、これが起こった経緯と米国での議論を紹介したものである。田村は、米国でのそれを、丁寧に説明しながら、そこには、宗教教育に携わる者が「謹聴」すべき主張があるとの立場に立ち、その主張に照らして日本の日曜学校ならびに、教会の教育論を批判的に分析する。

この田村の「全廃論」はその過激なネーミングからも、一大センセーションと批判を巻き起こしたが、その五月号の論説では、自らの真意が十分伝わらなかったと田村は考えたようで、一か月後に再び筆を起こす。この「再び日曜学校全廃論に就いて」の方は、米国事情よりも、田村の宗教教育論の核心と信念を全廃論に乗せて、余すところなく語ったものであるため、主にこれをとりあげ、論旨を考察する。

田村は、まず、日曜学校が教会の事業とならない、二つの理由からその話を始める。そのひとつは、日曜学校が、発生の段階から、青年会や共励会のように教会の活動の中で出来たものではなく、篤志信徒の慈善事業として、いわば教会の「外付け」で発生し、独自の発展、しかも、それなりの成功を遂げてきたことによるという。その経緯からして「無理のあった」事業であったことが、教会において財政的にも、意識的にも、牧師の関わりという点でも、いつまでも「継子《ままこ》」扱いをうける結果を招き、今日まで来てしまったというのである。

二つ目は、日曜学校が、「廿世紀の今日と雖も無視されて居る子供相手の事業」であるためだと、田村は分析する。日曜学校は、そもそも、人権を認められない、あるいは極端に軽んじられている子どもを対象としているため、いつまでたっても「教会に同情がない」。それが子ども相手であるがゆえに、教会の「大事」にはならず、子どもに対する尊重も、共感的に思いやる心情もないというのである。これは、日本社会に蔓延する「子供の権利」の脆弱性、極端に軽んじられる特異性が、教会においても、日曜学校を軽視する要因となっているという指摘である。

そのような関心を払われてこなかった日曜学校に、人々の興味が向けられるようになったのは、米国に一九〇三年に創立された宗教教育協会（ＲＥＡ）の働きによると田村は言う。ＲＥＡの教育者、心理学者、宗教家たちが、宗教教育理論を構築していくのに先導されて、米国の教会では数十年かかって、「日曜学校事業が教会の基礎事業と認められるようになった」のである。こうして、「七十年前、米国のブシネル《ママ》が『信者は造るべきものにあらで生長するものである』と云うた言葉を、教会は蛇の如く嫌った。然るに今日の教会は、其言葉を金言として尊敬するようになったのであります」と田村は述べ、数十年後は、今学者が叫ぶこと、つまり、いわゆる「日曜学校」の弊を離れて、教会が宗教教育を行なう場である「教会学校」へと、きっと日曜学校の制度は改革されていくに違いないと予言している。

さて、日本の教会では、「文字だけは日曜学校が教会の事業の様にみえます」が、実は違うと田村は言い、表面上は、教会の業のようになっているが、子どもに全力を挙げていないことは、財政をみればあきらかにわかると述べている。田村によれば、実際に教会会計が日曜学校へ出しているお金はゼロというところが多く、たとえ支出していてもその額は、「恥ずかしくて発表は出来ない」ような額ではないか。なぜそうなるのかを問えば、子どもは教会財政を潤すために献金してくれないから、というあたりが教会側の「真実の告白と思います」と、教会の本音を突いている。そして、このような教会が有している子ども理解を、以下のように鋭く指摘するのである。

今日の教会は子供を罪人扱《ママ》をして、神の子供とは認めて居りません。甚だしきに至っては、子供は人ではない様な考えを有して居る如くにみえます。教会の礼拝に列席するものは信者であろうが、未信者であろうが、大人でありさえすれば礼拝者の一人とかぞえられます。然し神の子供は礼拝者の一人と思われません。実に言語道断であります。イエスの御言葉に従い、磨臼〔碾臼《ひき》〕を首につけて海に身を投げて死する方がまさっていると思います。まだまだ日本の教会は日曜学校をやっていても、子供の価値が解りません。

荒野で悔い改めを叫ぶ預言者か、あるいは、米国の教会で独り子どもの生長を叫んだブッシュネルを彷彿させるような田村の姿を、この言葉に見る思いがする。それはまさに、「子どもの権利」、子ども一個の存在と尊厳を認めない教会の在り方への告発であり、それは、イエスの言葉と意志に背く行為だという田村の確信からくる糾弾ともいえるだろう。

そして、田村は、言葉を継いで、教会の教育的使命とは何か、また、その使命を果たすべき方法論について、熱く語っていく。それは、「子供に神を愛し神を尊敬する念を養成する」教育である。このためには、従来の日曜学校の「子供の頭相手」の教育、つまり、教師だ、教科書だ、教室だと騒ぐだけの知識偏重・教授中心の制度を破壊し、「子供の時から礼拝に列席する善き習慣をつけ」ていく宗教教育を教会と牧師が行なっていくことだというのである。

田村は、最後に五つの主張を箇条書きする。

一、日曜学校事業を名実ともに「教会の事業」とすること。
二、日曜学校制度を改革し、「頭より心に重きを置く」こと。
三、子どもを罪人扱いせず、「神の子供の取扱」をなすこと。
四、教会において、「牧師が子供の礼拝式を司る」べきこと。
五、あくまで大人よりは「子供を教会の基礎とする」べきこと。

そして、この五点を実行するためには、「今日の日曜学校を全廃して、新たに建設しかえすより外に途なしと思います」と結んでいる。

解説する隙も必要も認められない本論に至って、田村は、教会教育の現状――それは日曜学校と呼ばれた――から、自らの信念とする宗教教育論を実践できる場へと、教会を改革するために、従来の「日曜学校」をいったん壊したうえで、再建する必要があると結論したのである。

「ナザレのイエス」に示された田村の福音理解

田村は、『児童中心のキリスト教』を著した一九二五年に狭心症を患い、一九二九年五月、おそらく「再び日曜学校全廃論に就いて」（六月六日発行）の原稿を執筆した後、脳溢血で倒れて、身体に不自由をおぼえるようになり、その後長期の療養を余儀なくされる。しかし、田村は「此二大病敵（狭心症と脳溢血）と闘いつつ」共観福音書を繰り返して読み、当時著されていた共観福音書研究の大半を読んで研究し、専門家としてではないが、欧米の聖書学者の研究に基づいて、どうしても著さなければならないことと出会ってしまう。そして、病から一年後に『ナザレのイエスの姿――共観福音書研究』[48]を、続いて翌年『ナザレのイエスの背景』[49]を相次いで出版するのである。

『ナザレのイエスの背景』の序によれば、それらは、「病身なるにも懸わらず祈祷と努力の結果」なし得た刊行であり、二書の「はしがき」には、原稿の清書を岡本栄一に、内容の校閲、校正を森田大喜牧師に負っていることが記されている。ここに至るまでの田村の著作、そしてこの二作以降の出版物にも、このような執筆の助力者をあげる「はしがき」は一切見られないことから、一九二九年の脳溢血の発作が田村の身体的自由を奪い、その機能回復には少なくとも二か年が必要であったことがうかがえる。これは、田村にとって、それまですべて独力で行なってきた著作の刊行を非常に難しいものとしたと言える。しかし、それをおしても、研究、執筆、出版しなければならない危急の課題が『ナザレのイエス』二作だったのである。

この二作の「ナザレのイエス」研究の出版目的について、田村は、日本のキリスト教会が「如何なるイエス観に立って」いくかを真剣に求めるための一助として、また、「キリストのドグマを知ると雖も、歴史的イエスを知らない又知ろうともしない」あり方に、警鐘を鳴らし注意を喚起するため、これを著したと述べている。つまり、従来の「教義的キリスト論」を越えて、新たに福音書を通して「歴史的イエス観」を提示するためのものであったと言える。

この二作は、一読して、『児童中心のキリスト教』が描く「キリスト」論とは、まったく異なるものとなっている。『児童中心のキリスト教』では、ルナンに代表される「リベラル」なイエス伝の強い影響を受けた「キリスト論」が展開され、その呼称も「キリストの児童観」、「大詩人たるキリスト」と、全て「キリスト」が用いられていたが、『ナザレのイエス』二作は、題名から示されるとおり、「イエス」の呼称が用いられ、それまでと使い分けられている。

『ナザレのイエスの姿』が取り扱っているのは、イエスの誕生伝承をどう読むかからはじまって、イエスの時代の「ローマの政治、ギリシャの文芸、ユダヤの宗教」に関する状況、実際にイエスが話していた言語であるアラム語や、イエスの受けた「シェマー」を中心とするユダヤの家庭と会堂で行なわれる教育についてなどに及び、最後は、イエスの復活に関する教会の二大伝承としての「ガリラヤ伝説」と「エルサレム伝説」に至るものとなっている。

また、『ナザレのイエスの背景』は、文字どおり、史的イエスが存在した当時のパレスチナ、ユダヤの地理的、政治的、宗教的背景と、風俗や経済、教育環境といったものを扱っている。つまり、これらの著作は、田村が、それまで語って来た「イエス伝」による「キリスト」論を離れて、史的研究によるナザレの「イエス」を顕し直しておかなくてはならないという切迫した思いを映し出して、執筆、出版されたものなのである。

田村の「ナザレのイエス」二作が、聖書学的に、また、イエス研究史においてどのようなレベルのものであるかについては、これを述べる立場にない。また、田村はこの二著作において、おびただしい数の欧米の聖書学者の言説をひいているが、片仮名表記で、姓のみが記されているため識別が困難であり、索引をつけることが時間的にかなわなかったことを自ら断っていて、誰の、何を読んで研究したのかについての言質をとることが難しい。

しかし、『ナザレのイエスの姿』には、「ルナンはしきりに（略）ケチを付けて居るが、それは皮相的見解である」、「ルナンは悟らなかったと思う」（六一頁）や、「パピニーは（略）イエスを貧のどん底に在る者の様に書いた。それはイエスによって己の田に水を引いたものである」（一九四頁）など、いわゆる「イエス伝」記者たちへの批判的見解が述べられ、ここには明らかに、A・シュヴァイツァーの『イエス伝研究史』[50]の影響が見られる。少なくとも田村は、A・シュヴァイツァーが明確に批判した、「リベラル」なイエス伝がもつ、芸術的で自己都合的な脚色に対して、問題を強く感じていたことは確かだと言える。

さて『ナザレのイエスの姿』は、「歴史的イエス研究をするには、是非地理的、政治的、宗教的、教育的、文学的、経済的、風俗的背景を学ばなくてはならぬ」（二〇一頁）との姿勢によって書かれたもので、聖書の取り上げ方は、それまでと全く異なり、読み手に、新鮮な驚きと面白さを感じさせる小品と言ってよい。「ナザレのイエス」二作の中で、田村は、「様式史的研究」という言葉を無論使ってはいないが、非キリスト教的資料を省いて聖書テクストに集中し、歴史的・批判的方法によってそのテクストの解釈を試みようとしていると言うことはできるだろう。[51]

本論では、一九三〇年になって、つまりこの世を去る数年前になって、初めてテクストからたどり着いたと田村が述べている「福音理解」と、その「福音」が明らかにする、田村の読み取った共観福音書の中心的なキリスト論について取り上げる。これは、まさに、田村が「再び日曜学校全廃論に就いて」で闡明《せんめい》した、田村の宗教教育論を支えるキリスト論、神学的思想と言えるものである。

田村は、『ナザレのイエスの姿』の序論において、「共観福音書を研究して私の驚いた事は、福音は極単純のものであることであって、天父―神の子―兄弟―悔改―罪の赦の五ヶ条より外に何もない」と述べている。そして、このシンプルな福音は、実は、「今日まで私が信じてきた福音とは月と鼈《すっぽん》程の差がある」もので、そのことが、心を痛めるのだという。五〇年を超える田村の信仰の生涯、牧師としての働きの中で、これがキリスト教の福音であると教えられ、そう信じ、そう教えてきたものと、今、田村が聖書テクストにのみ従って知り得た福音が全く違っていたという告白は、衝撃的と言える。しかし、この点こそが、二作を決死の思いで世に出させた「心傷む」動機であると思われる。その「初めての福音」について、「第五章　驚くべき一大福音」(七九―八七頁)から要約して記述する。

従来田村が長老派の伝統の中で、ドグマとして聞いてきた福音とは、イエスを「救い主」とする「救い」に他ならなかったが、共観福音書においてイエスは、自らを救い主として提示したことは一度もなく、ただ、「神の子」、天の父に愛される子として提示し、ひたすら「天父」がどのような方かを表わしている。イエスは、決して「神の救いを得るように」と、「救い」を宣教したのではなく、ただ、「悔い改めて福音を信ぜよ」と、「福音」を宣教したのである。

その「福音を信ぜよ」の前に、イエスが語られたのが、全世界の人々、弟子たち、「兄弟」たちに求められた「悔い改め」であった。イエスの「悔い改め」は、洗礼者ヨハネが叫んだ、世の審判、裁きが目前であると警告して、回心を迫るようなものではなく、放蕩息子が、それまでの方向から「向きを変える」(方向転換する)ところに最もよく示された、慈しみの父への立ち返りに他ならない。

そして、親の意に反して、罪深い子どもが、悔い改めて、父の家に帰るとき、無条件に我が家に迎え入れられるのが「赦し」なのである。「親の顔に泥を塗った子が」真心から罪を悔いて、「己の家に帰り来るに、自分の身になり代って代価を払う贖罪者の必要は何処にあるか。愛子が涙を流し己の罪を悔いて親の家の戸口に立って居るに、仲保者がなくては一歩も我家に入れぬと頑張る水くさい無情な親が、何処にあるか」（八二―八三頁）と田村は述べて、この赦しには、代価を払う贖罪者も、赦しをとりなす仲保者もいらないことを明らかにする。それこそが、イエスが信じるようにと語った福音、恵みのよい知らせなのだというのである。

田村はほかにも、福音書に続々と語られている、罪の中にあった人々が、自らの方向違いを悔いて、この天父の赦しを信じる信仰をイエスに認められたとき、「あなたの信仰があなたを救った」とイエスに宣言されていることを紹介しながら、イエスの福音をこのように語っている。「イエスは人間をして己は神の子であると自重せしめ」た。イエスは罪の中にさ迷う人間に、帰る実家のある存在、天父すなわち神の家の子どもたる存在であることを知らせて、自分を神の子として重く受けとめ、認めるように奨め、「兄弟互いに相愛し、己を顧みる事なく、他人のために苦しみ、他人の為に死するほどに、愛と義を重んじ」て生きることができる「新世界に入らしめてくださった。「此れがイエスの福音である。何と驚くべき大福音ではないか」（八六―八七頁）というのである。

こうして、田村は、老いた病床で、自分が史的イエスの研究と、聖書テクストにこだわり続けてたどりついた史的イエスの福音を、二冊の書物のなかに書き残した。そこからは、『児童中心のキリスト教』までの田村のキリスト論において、しばしば中心的に用いられた「子供の代理公使」「子供のチャンピオン」であるキリストという、田村がその像を明らかにするために命名した呼称は一切消え、福音書に顕されたイエス像がそのまま記されている。

しかし、この史的イエス研究は、従来の田村の「キリスト論」に関する主張をすべて否定するものではなかった。かえって、田村はこの研究により、「神の子」としてのイエス像をさらに明確に、共観福音書のテクストから読み取り提示した。また、この研究により、従来の教義から大きな変更を加えることになった福音理解は、天父と子という父子関係、親子関係にその真髄が認められることによって、田村の掲げる人間観と教育論をさらに強力に基礎づけることとなったのである。

こうして『ナザレのイエスの姿――共観福音書研究』に表わされたキリスト論と、福音理解、そしてそこからもたらされた、「イエスは人間の価値を認め、人間は神の子であると云い、人間に非常な自重心を与え給うた」（一八八頁）という極めて「重い」、神の子としての人間理解は、その理解を否定し、イエスを単なる贖罪者、仲保者として、その救いの働きを制限する神学、人間を徹底的に罪人とし、罪人の救いだけを掲げて、「神の子供」を育てることに目を向けない教会と教育への厳しい批判となっていくのである。[52]

「対バルト神学」の遺稿

田村は、一九三四年一月七日、自宅にて七五年の生涯を閉じる。しかし、田村は、そこに至るまで執筆活動を続け、上述の病気療養中に著した『ナザレのイエス』二作の後も、一九三二年に、『我が見たる植村正久と内村鑑三』を出版、翌年には、「我が知れる日本の日曜学校」を『日曜学校の友』誌（一九三三年一月号）によせ、日曜学校の歩みを回想している。その後、『日本人の手により現在の基督教を建直する必要なきか』という小冊子を三月に発行し、いよいよ死の半年前となって、「バルト神学と宗教教育」を『日曜学校』（四月号）に発表、最後に「バルト神学につき一言す」という短い文章を『日曜学校』（八月号）に寄稿したのである。[53]

本節では、田村の遺稿となった二つの「対バルト神学」の論説をとりあげる。まず、「バルト神学と宗教教育」において、田村は、渾身の論説をもって――まさに遺言のようにして――この問題をとりあげ、宗教教育界における弁証法神学に対する議論に先鞭をつける。これに対して、三か月後の『日曜学校』（七月号）に、当代の神学者たち六名による特集が組まれ、田村はその読後論として、翌八月号に「バルト神学につき一言す」を寄せ、確認できる限り、この原稿が生涯最後のものとなっている。

ここで、まず、戦前の日本におけるバルト神学の受容史研究である『日本におけるカール・バルト――敗戦までの受容史の諸断面』[54]を参考に、田村が死の間際に問題としたバルト神学とは、当時どのようなものとして教会に入ってこようとしていたのか、また田村が、名指しで批判を展開した一九三三年が、どのような位置にあるのかについて整理しておく。

『日本におけるカール・バルト』に掲載された雨宮栄一の論考によれば、バルト神学が戦前の日本のプロテスタント教会に与えた衝撃は、明治二〇年代にもたらされた「新神学」の導入とならぶ二大出来事であったという。一八七二年の教会誕生から二〇年間、日本のプロテスタント教会は、いまだ「神学界」とよべるものをもたず、「信仰的にはほぼ正統的な立場を確保していたものの、神学的主張に関しては、おしなべて近代主義的な弁証論的色彩から自由になりえなかった[55]」とされ、当時の社会に湧き起こってくる、進化論や素朴な唯物論、不可知論等からのキリスト教批判に対抗して、その反論を、植村正久ら、教会の指導者たちが個々の「学的営為」として主張するにとどまっていた。

そこに、一八八〇年代後半から、「普及福音信教伝道会」による「新神学」が新たに海外からもたらされ、日本の教会は、聖書の歴史的批判的な研究を知ることになった。これにより教会は、従来の伝統的な聖書理解を批判的に省みることになり、「福音の意味の再検討を迫られ」た――植村と海老名弾正とのいわゆる「福音主義論争」がなされることにもなった――のである。そして、これにより、自由主義的・合理主義的な信仰理解をもつ者、それまでの福音主義信仰と言われるものから離れる者も現れたが、新神学によって、「大いに揺さぶられた日本の教会は、次第に緩やかな福音主義信仰に落ち着こうとしていた」と雨宮は述べている。

この神学的状況に厳しい批判を加えたのが、植村の弟子であり、カルヴァン、フォーサイスらに依拠して恩寵の神学を掲げた高倉徳太郎（一八八五―一九三四）であった。高倉は「神の主権を告白し、予定の信仰に立ち、その恩恵」を強調する信仰を突き詰めていった結果、「恩恵信仰とエゴイズムの相克」に苦しむこととなり、五〇歳を前に「その生を断った」のである[56]。バルト神学が日本に紹介されたのは、この高倉の死の前後からで、その方向性は、高倉が主張したものと同様であったが、その方法は、高倉より徹底的であったと雨宮は述べ、バルトの神学は、「人間に内在する宗教性・倫理性に依拠して神理解の可能性を求める近代神学を批判し尽くした」ものであったと分析している。

このバルトの神学に、田村は、鋭く反応する。一九三三年、田村は、バルト神学を「大敵」と呼ぶ激しい論考を、死を目前として発表するわけだが、それは、田村の死と同年、一九三四年の高倉の自死からも、前年にあたる時期であったことになる。『日本におけるカール・バルト』では、バルト神学が、弁証法神学という名称で本格的に日本に導入され始めた時期を、高倉とその門下、ならびに熊野義孝による紹介を別にすれば、「概ね一九三〇（昭和五）年前後」としている。バルト神学の日本への到来は、こうして、一九三〇年前後とも、高倉の死をはさんで一九三四年前後とも言われるわけであるが、いずれにしても、田村がバルト神学を問題としたのは、日本のキリスト教界への到来のごく早い時期であったことは確かである。

このバルト神学が、教会に受容されていくという観点を時代背景と共につかむために、雨宮は、丸山真男が述べる、日本ファシズム運動の三つの時代区分を用いている。それは、第一段階「準備期」（第一次世界大戦の終わり頃から一九三一年の満州事変まで）、第二段階「成熟期」（満州事変から一九三六年の二・二六事件まで）、第三段階「完成期」（二・二六事件から一九四五年の敗戦まで）であり、バルト神学の本格的導入は、日本ファシズムの「準備期」が終わり「成熟期」に入る頃であったと位置付けるのである。

ドイツに発祥し、危機神学と呼ばれたバルトの神学が、日本のファシズム、国家主義の台頭とどのように関わりながら受容、もしくは否定され、それがその時代に真に受肉されたのかについて、特にこの日本ファシズム「成熟期」以降の受容史が、『日本におけるカール・バルト』の中心的命題であり、非常に興味深いが、本書のとり扱うところではない。しかし、田村の最晩年が、日本ファシズムの「準備期」が満州事変によって終わり、「成熟期」への歩みを踏み出していた時期にあったこと、田村が『ナザレのイエス』二作を刊行し終えた一九三一年からの数年の間に、バルト神学が急速に教会に浸透していき、田村がそのバルト神学に対して、最後に過剰ともいえる反応を示して、警鐘をならしたことには、大きな意味があると思われるのである。

実際に田村の「バルト神学と宗教教育」の論調は、危機感にあふれ、「バルト神学につき一言す」の最後にいたっては、鬼気迫るといっても過言でない。しかし、これにつけられたリード「編者曰《へんじゃいわく》」は、至ってのんびりしたもので、危機意識は微塵も感じられない。「バルト神学は種々に取沙汰されて居るけれども、とに角《かく》時代のトピックであることに異はない」と始まって、「田村先生」がこの点に非常な関心を持たれ寄稿されたが、「本稿は危機神学に就いての検討も必ずしも全般的とは言われないし、宗教教育それ自身の事も尚論じ足りない所もあろう」が、「田村先生のこの文章を導火線として」今後議論が進めばよいと願っているという論調である。

一九三三年時点でのバルト神学に対する田村の危機感と批判が、この時代のキリスト教の教育者たち、神学者たち、教会の教育界に、どのように読まれたかについては後述するとして、このような環境下で田村が執筆したことを前提として、以下「バルト神学と宗教教育」の内容を辿っていく。

田村はまず、バルト神学を、「多方面に羽翼《うよく》を広げて居るから、批判することは一朝一夕では不可能である」し、組織神学となるには日が浅く、またバルトが「飛鳥」の尊号でわかるようにこの十年の言説も変化し続けている、とした上で、この論文は、そのため、最も狭い範囲、つまり「バルト神学は宗教教育をいかに見るか」に絞って論述するものだとする。

次に、田村は本論に入る前に、自身の神学的立場とは相違するが、「バルト教授に対しては満腔の尊敬を払うものである」と述べ、バルト神学がここまでドイツ宗教界を揺るがす背後には、「聖火の燃える」バルトの人格があるという。そして、バルトを、世界大戦の「悲惨なる暗黒世界が輩出した預言者にして、愛国者である。又リホムド〔reformed 改革派〕教会の忠実なる教理説明者」、教理擁護者だと規定する。だからこそバルトは、「火山的」「獅子吼《ししぼえ》的」「革命的」な声で、今日の文明文化を「皆悪魔の業」と叫び、「自由神学者、神秘者、ファンダメンタリスト、科学者、心理学者、教育者、宗教学者」を批判し、罵倒するのだという。そして、彼の「学問、英気、熱情、又愛国心の前に自然と私は頭を垂れざるを得ない」。その意味で、今の日本のキリスト教界に彼のような偉大な人傑が現れ、また我が宗教教育界に彼ほどの愛国心に燃える者が起こされればと願うと述べている。

さて、このように田村が理解するバルトの神学は、一言で言えば「神は神なり、人は人なり」ということになる。つまり、神と人とは絶対に何の関係もなく、「全く交通遮断」であるため、「教える事も駄目、祈る事も駄目」である。人が神と交わる唯一の道は、「救い主なる、ロゴスなる、神なるキリストによって即ち神の言によって救われて始めて神の懐中に入る事ができる」というものである。この救済がなって、「基督者の新生涯」は開始される。歴史的イエスには関心がなく、ただ、キリストにある救済とよみがえりだけが必要とされるのである。

このバルトの神学にたてば、日曜学校で教え、育つことや、祈ることは無用で、ただ「児童の罪責からの救い」だけが目的とされ、すべての善い業は、「回心」なしには始まらない。「回心して信仰を以て神の言、即ちイエスキリストにより始めて神の子となるのである」。無論、これは、田村が『ナザレのイエス』において発見した、驚くべきイエスの福音、神の子として生かされていることに立ち帰るという救いとは、まったく別物となる。

こうして、子どもを含めた総ての人が「先天的絶対に」罪責に定められているという人間理解の上に立ち、キリストによる救済、reform されることなしに義人たりえないと叫ぶバルトの神学は、「宗教教育の大敵にして、根本的に我等の事業の破壊者である」と田村は断定するのである。田村によれば、バルトはその著書で児童に論及していないが、G・A・コーやW・ジェームズら宗教心理学者を名指しで非難し、「カルビンに帰れ、宗教改革者に帰れ、パウロに帰れ」と叫んでいるが、「共観福音書に帰れ、イエスに帰れ」とは言わない。児童に関しては、パウロとイエスは「絶対に反対」であるのに——と語るのである。

ここに至って田村は、宣言する。「マルコ伝を読むと、イエスは明白に、確実に、一点の疑いもなく神は父なり人は子なりと教え給うた」。「我等はイエスの如く思い、語り、又行うてこの世に大福音を」伝える。「これが宗教教育の貴重なる働である」[57]。田村の宗教教育、それは、ただ一人、神の子どもなる幼児を抱き上げて祝福したイエスに示された、子どもを「神の子供」として生長させる教育であった。そして、それは、イエスの偉大な福音を、この世界にある教会において実現していく働きとして、田村が使命として託されたものだったのである。

この田村の論説を、まさに導火線として、三か月後の『日曜学校』（七月号）に、「危機神学と宗教教育の問題特集」が編まれて、海老沢亮「バルト神学の主張と宗教教育の主張と」、熊野義孝「弁証法的神学と宗教教育」、佐藤瑞彦「バルト神学と宗教教育　中心と『仕事』の関係」、高谷道男「社会的基督教とバルト神学とそして宗教教育」、菅原菊蔵「危機神学の長所短所」、鈴木登郷「宗教教育に於て可能なるもの」という、六つの論文が掲載される。これは、二三頁にわたる大特集であった。

それに対して、田村は、翌月の『日曜学校』誌の「一頁自由論壇」に、「バルト神学につき一言す」を寄せる。田村は、その特集についてまず、「バルト神学につき、専門家の権威ある諸説を拝読」できたことを感謝すると述べて、しかし、海老沢氏の論文はバルト神学、宗教教育それぞれの基礎が「はっきり分からない」、「熊野氏に至っては宗教教育の根本に就ては殆ど触れて居ない」、「同氏の論文は私の如き頭のない老人には分からない」と一蹴する。一方、「高谷氏の論文は実に立派である。よくバルト神学と宗教教育のちがいが分かる」と、唯一評価し、他の三者については言及していない。

田村のこの論評へのコメントは控えるが、海老沢、熊野論文は、現今の「人本的文化」としての宗教教育を主題とするならば、当然その主張は弁証法神学からの厳しい攻撃を受けるだろうといったバルト神学の特色を述べることに終始している感は否めない。

一方、高谷論文は「今日の日曜学校」や「ＹＭＣＡの少年部でやっている」内容と方法が、宗教的情操を養うことと、その「メソッドばかり」を取り扱っていることを批判し、「その背後にあるべき理論的内容殊に基督教教育ならば」その「基督教そのもの」について研究を深め、今こそ「基督教の本質」に根ざすべきだと説いている。そうでない限り、今日の人間の「危機を指摘し」、ただ神の啓示による、終末の宗教を説いて「時流に抗して実に力強く歩みかける」バルトの神学の挑戦に対して、教育は価値のないものとなり、社会的基督教として神の国の建設に携わることはできないと論じるのである。

その上で高谷は、今日の日曜学校が現実社会と乖離して「有閑階級の教育方法」に終始するのではなく、失業と貧困に苦しみ、「戦争的気運があまりに濃厚」な世界において、「平等を説き、平和を高潮する基督教」が、いかなる態度と方向を示すのかを問い、宗教教育においてそれらを充分に徹底すべきだと主張する。そして、このような社会的基督教の構築に資する宗教教育の研究が、米国の Religious Education 誌〔宗教教育協会（ＲＥＡ）の論文集〕に見られるとも述べて、その方向性を示している。こうして、高谷は、現在の社会的危機に際して、「現実社会の矛盾に対する連帯責任」をとるという視点において、宗教教育とバルト神学を論じるのである。

この見方からすると、バルト神学は、社会という観点よりも、社会を構成する「人間存在自体」にメスを突き込んで、神に絶対服従をしない人間罪悪を暴き出し、人間社会の矛盾の根源を、我々個々人に突き付けるものであると高谷は述べている。そして、それは、バルト神学の強みであるが、「そこにバルト神学の役目は終わる」のだという。つまりバルト神学は、「宗教生活を終末的に解釈するのであって、どちらかと云えば現実社会と基督教との実証的連関をあまり問題として居ない」。つまり社会的基督教から見て、現実性の不足という短所があるといえるとする。

こうして、高谷は、現在の宗教教育が、社会的見解を発展させなければならないと指摘すると共に、バルト神学のみを押し通していくと、それはこの罪責追及に終始し、突き詰めれば「現実にふれざるのうらみ」が出てくるだろうことを予見し、バルト神学だけでは今日の宗教教育を全うできないと結論するのである。

田村がバルト神学と宗教教育に関して、「実に立派」と表わしたこの高谷の論説には、死期の迫る田村が、これ以上、自身の筆によって指摘し、展開できなくなるであろうと考えていた点が述べられているのだと思われる。そして、この高谷論文が主張する、平和と平等を説くキリスト教の社会的責任を、宗教教育によって徹底するという方向性は、田村が、キリストのドグマではなく、イエスの真正の教えによって悟り得た、「児童を中心にし、宗教教育を以て神国建設に努力し、議論でなく、行為を以て実現に勉め[58]」る生き方と、まさしく共通するものだったのである。

田村の遺稿となる「バルト神学につき一言す」には、「罵倒的鋭い言葉」をもって宗教教育を非難するバルトに対して、「私は死するまでバルト神学に反対の声を叫び、児童の為又国の為に奮戦しようとしている」という強い決意が込められている。しかし、それは、無論、バルトが反ナチの姿勢を貫いて、激しい抵抗運動を行ない、ドイツ告白教会と共に「暗夜のともしび」となったことも、晩年には明らかに「贖罪論」より「和解論」を打立てていた[59]ことも田村が知る由もない、一九三三年の段階での言説であることは言うまでもない。

日本ファシズムの「成熟期」を経て「完成期」に向かった時代の、日本におけるバルト神学の受容について、雨宮は、その特徴の二点を以下のように挙げている[60]。ひとつは、バルトの神学を「狭義の神学的抽象的論議として受けとめ、日本における政治的状況と分離してこれを理解しようとした」ことであり、バルトの神学は彼の文脈から切り離されて日本の教会に受け入れられていたことが指摘されている。第二の点は、この時期の教会が国策に呼応して戦争に協力するために、「日本的基督教」を主張し、「バルト神学を日本の時代の要請に従って歪曲しようと」した、あるいは――最も深刻なことだが、高谷が突き詰めればそこに至ることを指摘したとおり――「バルト神学によってこの時代の問題を回避しようとした」ことだという。

バルト神学の受容史において、日本のキリスト教の教育界がそこでどんな態度をとり、バルト神学をどう評したのかについて検証されることは、ほとんどない。しかし、戦前のこの時代に、バルト神学を受容した人々の大半が、雨宮の指摘するとおりであったとするならば、高谷や田村のような、日本のキリスト教教育、宗教教育の立場からバルト神学と対峙した人々の中に、実は、日本におけるバルト神学の全く異なった受容史、もしくは批判史があるのかもしれない。

田村は、バルト神学を狭義の神学的抽象論として捉えてはいなかった。だからこそ田村は、死ぬまで叫ぶことを表明した。田村は、バルト神学を、日本における神の国の建設という文脈の中で読み、自分自身と日本の教会が、宗教教育をもって児童の為、国の為に奮戦することにおいて、その働きを確実に阻止してくる力と認めた。そこで、宗教教育が依って立つイエスの教える福音に反し、その生命線に攻撃を加えるバルト神学を激しく拒否し、攻撃したのである。

こうして田村の「対バルト神学」の論説は、田村が終生持ち続けた信仰態度を、最後まで全うしたことを物語る遺稿となった。それは、キリスト教信仰を、社会的政治的状況と決して乖離させることなく、現実の課題――田村にとっては、イエスの示した児童中心のキリスト教の福音を宗教教育によって養成し、日本に神の国を実現していくこと――と誠実に向き合い続け、神のみ旨を主張し続ける、キリスト者としての歩みだったのである。

第五章　まとめ

本章では、一九二〇年代から田村の死（一九三四年一月）に至る田村の最後期の教育論をとりあげた。この十数年の田村の著作の中には、田村の教育論の軌跡とその最も特徴的な考え方が集約されて表われている。

一九二〇年、田村はまず、「日曜学校」教育を離れることで、彼が主張する教育が、科学的、理性的、近代教育学の営みであることを明らかに示して、「宗教教育」という新しい原理に基づくものであることを著す。この『宗教教育の原理及び実際』と、それに続く一九二〇年代の田村の著作は、当時華やかになされていた大正自由主義教育と、一方で資本主義、覇権主義からの要請であった反革命的な抑止力としての「国民教育」に対して、キリスト教信仰による宗教教育が、どのような立場をとって生きられるのかを注意深く述べる論考となっている。つまり最後期の田村の論考は、狭く、キリスト教界、日曜学校界に留まるものではなく、日本ファシズムが広く深く浸透し、準備期を経て、成熟、完成へと向かおうとする時代に、その日本社会で「キリスト教による宗教教育」を実践するということが、いかなることなのかを、厳しく自らに問い、そこから編み出されたものだということができる。

そこで、田村は、「キリスト教信仰による教育」や、「基督化したる人物」と述べる際の、「キリスト教」について、それを自明なこととせずに、真摯な探究を行なうことへと向かう。それは、『児童中心のキリスト教』においては、当時の流行であった、イエス伝によるキリスト論から、キリストの児童観と「神の子」として生きたキリストを示すことによって行なわれた。聖書学的見地からは、この方法論には、多くの恣意的要素や限界があったが、田村の宗教教育論を支える、キリストの卓越した児童観（子ども理解）と、福音書を貫くキリストの「神の子」性を提示して、キリスト教が人格的関係——特に親子関係によって言い表わされる——の宗教であることを示すものとなっている点は、評価に値する。

しかし、日本ファシズムの進行とバルト神学からの突き上げに対して、田村は、再び、「児童中心のキリスト教」と言う際の「キリスト教」の真髄、すなわち福音と、それを示す「イエス」探究へと踏み出す。病気による体の不自由をおして、共観福音書の史的イエス研究を志し、伝承史や文化的、地理的、政治的背景を含んだ史実としてのナザレのイエスを福音書から見極めようとした田村は、キリストのドグマを越えた、イエスの示した福音にたどり着き、これこそが、宗教教育の真髄となるべきものであることを見出す。

それは、罪からの救いではなく、神の子である人間が、たとえ方向違いをしていたとしても、向き直るとき、天父は必ず赦して迎え入れてくれるという救い、わたしたちは本来、神に愛されている子であるという救いであった。それは、神の子である恵みに集中し、子であることを中心とした救いであるという意味で、「子供本位」

の福音とも言い換えることができるかもしれない。

そして、そのイエスの示した福音が、教育において、どのように展開され、いかなる方法論をもつことになるのかについても、田村は真剣に探究と発表を続けている。特にその教育論としては、一九二九年の「再び日曜学校全廃論に就いて」と、一九三三年の「対バルト神学」の二論考に、田村の宗教教育論の最終形が端的に表わされている。

その宗教教育は、ひとつには「日曜学校」教育が特徴として有してきた聖書教授、伝道教化、徳育の強調を全面的に否定するもの、従来の大人本位、教師本位の征服型の「日曜学校」ではない「子供本位」の教育であった。加えてこの宗教教育は、バルト神学が強調する絶対的罪人である人間理解を否定し、罪人の reform のみを強調する伝道的教育ではなく、神との親子関係の中で、人間の「神の子」性を form する、福音としての養育的宗教教育であった。

こうして、田村は、キリスト者となってからその信仰の生涯をかけて、知ろうとつとめてきた神のみ旨を、聖書に表わされた福音のうちに「神の子供」を育てる宗教教育として再確認し、それを言葉として遺して、その生涯を閉じたのである。

（1）　田村が節目（瘤《こぶ》）の多い材木を建物に使用した「瘤寺」を模して建てた純日本風の教会堂で、自ら「瘤会堂」「瘤教会堂」と呼んだ。数寄屋橋教会の巣鴨への移転の経緯と、田村の意図は『五十年史』「十七章　教会を郡部に移す」に詳述。

（2）　島薗進・高橋原・星野靖二編／解説／解題『日本の宗教教育論』第五巻、クレス出版、二〇〇九年（以下、『日本の宗教教育論』第五巻と表記）。

（3）　中野光『大正自由教育の研究』黎明書房、一九六八年

（4）　田村『五十年史』三二七頁。

（5）　田村直臣『宗教教育の原理及び実際』警醒社書店、一九二〇年（以下、田村『原理及び実際』と表記）。

（6）　田村『五十年史』三三一頁。

（7）この時の状況については、比屋根安定「田村直臣」『教界三十五人像』日本基督教団出版局、一九五九年参照。比屋根は、招待状がこなかったことを憤慨する田村の様子を述べ、「これは何かの手違いであったろうが、田村を無視するとは失礼千万であって」、主催者側になるときは「念には念を入れねばならぬ」と、NSSA側の不注意からだったとの見方をしている。

（8）田村『五十年史』三一七頁。

（9）中野、一九六八、一一五頁。

（10）谷本富『宗教教育原論』（第三版）大日本図書、一九一六年。

（11）谷本の宗教教育思想については、永井隆正「谷本富の新教育と新仏教――仏教的教育学提唱の意図するもの」知恩院浄土宗学研究所、一九八一年。京都帝国大学における谷本の位置と主張については、稲葉宏雄『近代日本の教育学――谷本富と小西重直の教育思想』世界思想社、二〇〇四年参照。

（12）伊藤堅逸『児童宗教教育の基礎』洛陽堂、一九一九年。

（13）関寛之『児童学に基づける宗教々育及日曜学校』洛陽堂、一九二〇年。

（14）ヘイスティングズ（二〇〇七）は、『原理及び実際』を主に北米の宗教教育思想との関係で分析しているが、田村のこの著作は、当時の日本の教育界、キリスト教界を強く意識して書かれており、大正自由教育との関連や批判に焦点を当てて読み解く必要がある。

（15）田村がここで指摘する分断の問題は、現代の「教育の悲しみの根源は分断にある」とするパーマーの主張を彷彿させ、霊的教育における根源的な問題を言い当てていると思われる。P・J・パーマー『教育のスピリチュアリティ』小見のぞみ・原真和訳、日本キリスト教団出版局、二〇〇八年参照。

（16）田村『原理及び実際』四七―四八頁。

（17）『日曜学校教師養成通信講義』一九〇九、九頁。

（18）関、一九二〇、五二六頁。

（19）中野、一九六八、一〇八頁。

（20）同、一二三八頁。

（21）『日本の宗教教育論』第五巻、二頁。

（22）田村『児童中心』七〇―七四頁に、「宗教々育は国民教育に非ざるか」という一項のみが、前後との文脈なく挿入されている。詳細は後述。

（23）この三か所は、谷本富、前掲書の第四編三―五章に、「学校と宗教々育」「家庭と宗教々育」「教会と宗教々育」があげられているのと全く一致している。

（24）田村『原理及び実際』一三六頁。

（25）同、一三八頁。

（26）田村直臣『児童中心のキリスト教』大正幼稚園出版部、一九二五年九月一日発行、一〇月一日再版（以下、『児童中心』と表記）。

(27) 帆苅猛「田村直臣の『児童中心のキリスト教』」『基督教学研究』第二四号、京都大学基督教学会、二〇〇四年。
(28) 同、四六頁。
(29) 田村『児童中心』七〇—七三頁。
(30) Tamura, Naomi, *The Child the Center of Christianity* 大正幼稚園出版部、一九二六年(奥付は日本語)。
(31) 田村がこれらのイエス伝を翻訳で読んだかどうかは定かでないが、パピニーは、ジョヴァンニ・パピニを指し、『基督の生涯 前後編』(大木篤夫訳、アルス、一九二四年)がある。ボルジャーは、「スウイツラントのジネバ大学の心理学教授ボルジャアーの『キリスト伝の或光景』」とあることから、ジュネーブ大学教授でキリスト伝を書いた人物と思われるが、詳細は不明。ルナンは、『ルナン氏 耶蘇伝』(綱島梁川訳、安倍能成訳補、三星社出版部、一九〇八年)が刊行されている、E・ルナンである。
(32) イギリス、ヴィクトリア朝時代の画家ジョージ・フレデリック・ワッツ(George Frederic Watts, 一八一七—一九〇四)のこと。
(33) W・S・クラークをさしているのか? 不明。
(34) ここで田村は、この聖書箇所の「子供」について、旧い訳では嬰児・嬰孩・孩提の三訳(新訳では幼児)があるが、原文では「パフシャ」という語で、一—一三歳の子供の意と説明しているが、「パフシャ」は意味不明。
(35) 帆苅、二〇〇四、四四頁。
(36) ボルジャーの『キリスト伝の或光景』付録に掲載の「キリストの詩」からの引用としている。
(37) 田村はここで一九二四年、三戸吉太郎が計画して、関西学院で『キリストと子供』と題する講演会を実施した時、実際に田村をそう呼んだ人々があった話を紹介している。田村『児童中心』一二一頁。
(38) 大貫隆・佐藤研編『イエス研究史——古代から現代まで』日本基督教団出版局、一九九八年。この中でも、特に、山田耕太「第三章 聖書学の黎明期のイエス研究」参照。
(39) 加藤隆「E・ルナンからA・シュヴァイツァーまでのイエス研究」『イエス研究史——古代から現代まで』一〇四頁。
(40) 同、一〇七頁。
(41) 同、一〇九頁。
(42) 田村直臣『宗教教育の手引』大正幼稚園出版部、一九二九年(以下、田村『手引』と表記)。
(43) 田村『二十世紀の日曜学校』一九頁。
(44) 田村『手引』六—七頁。
(45) ブッシュネルは、『キリスト教養育』の第Ⅰ部三章を「だちょうの養育」と題して、哀歌四章やヨブ記三九章に見られる「だちょう」の比喩によって、無慈悲で愚かな子育てについて説いている。H・ブッシュネル『キリスト教養育』森田美千代訳、教文館、二〇〇九年参照。

(46) 田村直臣「日曜学校全廃論」『福音新報』一七五八号、一九二九年五月九日。

(47) 田村直臣「再び日曜学校全廃論に就いて」『福音新報』一七六二号、一九二九年六月六日。

(48) 田村直臣『ナザレのイエスの姿――共観福音書研究』警醒社、一九三〇年（同年再版）。

(49) 田村直臣『ナザレのイエスの背景』警醒社、一九三一年。

(50) A・シュヴァイツァー『イエス伝研究史』については、前掲の大貫他『イエス研究史』参照。なお、一九一三年に賀川豊彦は、シュヴァイツァーの著書のW・モンゴメリによる英訳の重抄訳を、『基督伝論争史』第一篇に掲載しているが、田村は、賀川の抄訳には触れていない。「子供の権利」に関しても、「宗教教育」に関しても、田村は、賀川に一切触れていない点は今後の研究の課題としたい。

(51) 小河陽「様式史学派のイエス研究」（大貫他『イエス研究史』一九九八年）一六四頁以下参照。田村は著作の中で、「シュミッド」の名をあげているが、これは様式史の創立者K・L・シュミット（Schmidt）と思われる。

(52) ここで用いられている「自重心」は、田村の一四年制宗教教育教科書の六歳に向けた読み物、「シカ」の中にも見られる言葉で、後期の田村の人間理解、子供理解をよく示すものと言える。「神の子」であるゆえに、その存在は重く、その尊厳は計り知れないという意味での「自重」、「極めて重い自分」は、田村自身が言い換えることが難しいとした「子供の権利」の「権利」の内容を語る言葉ということも出来るかもしれない。

(53) 田村直臣「バルト神学と宗教教育」（日本日曜学校協会『日曜学校』一九三三年四月号）、同「バルト神学につき一言す」（『日曜学校』同年八月号）。

(54) 雨宮栄一「序　戦前期日本におけるバルト神学受容についての問題提起」（バルト神学受容史研究会編著『日本におけるカール・バルト　敗戦までの受容史の諸断面』新教出版社、二〇〇九年）参照。

(55) 同、一八頁。

(56) 土肥昭夫「高倉徳太郎の神学思想」『日本プロテスタントキリスト教史』一九八〇年、二六六―二七三頁。

(57) 田村「バルト神学と宗教教育」『日曜学校』七二頁。

(58) 田村「バルト神学につき一言す」『日曜学校』一九三三年八月号、七七頁。

(59) 『日本におけるカール・バルト』四五八頁参照。

(60) 雨宮、二〇〇九、二七―三一頁。

結　論

「田村先生を追憶す」　いまむら

先生は七十七年を一世として主の御用を終わり、唯忽然として我等を去り、他界に旅出された。残されし我等は懐かしくもありさびしくもあり、唯茫然として自らの信仰と希望に乏しいことを自白せざるをえない。（略）噫先生は偉い方であった。元気な活発な稚気満々たる、而して一生を通じて読書家であった。最近に迫って益々頭脳は明晰であられたのは驚くの外ない。万事が進歩的で、一旦為さんと決心されしことは前後の顧慮なく思うままに邁進せられた。又先生は将に来らんとする世運に一早く着眼せられた、即ち先覚者であった。私は寧ろ預言者と言いたいのである。

「恩師田村先生を悼みて」　小澤〔衛〕

先生が児童の神聖なること、尊きこと、神の国に入る者は、かくの如きにならねばならぬと常時口にせられた如く、子供の問題には実に十年一日、研究に研究を重ねられ、殆ど、夢中になって児童を保護せよ、児童中心のキリスト教を布教せよと叫んでいられたことは、田村先生を知る人、一人として聞かぬ者はなかったであろう。そして愛すべき子供の心、又は慈悲深き母親の情愛などにふれんが、講壇の上にてしばしば眼鏡に雲を生じ、白く光るものの落つるを見たのである。

（巣鴨教会「鐘の音」一九三四年四月一日）

ここまで、戦前の近代日本プロテスタントキリスト教史を、一〇〇年早く駆け抜けたと思われる田村直臣の教育論を追ってきた。結論に至って、五〇年もの歳月を牧師、田村を恩師として過ごし、その死に際して追憶に「いまむら」とだけ記名した今村直藏に対して、甚だおこがましいが、最晩年まで明晰な頭脳をもった先覚者を忽然と失い、茫然とする思いに同感という気持ちがする。

本書は、日曜学校運動に始まり、宗教教育・養育へとその理念を展開させながら、キリスト教の福音が与える教育を一貫して体系づけ、実践し続けた、「田村直臣のキリスト教教育論」を明らかにすることを目的に執筆した。しかし、「十年一日、研究に研究を重ねられ、殆ど、夢中になって」子どもの尊さと児童中心のキリスト教を叫び続けた田村を、そして、田村に託された預言――神のことばとみ旨――を、いったいどれほど詳らかにできたのだろうか。

第1章では、幕末から明治維新という日本社会の大動乱のさなかに幼少期を過ごし、巨大なイエ、徳川将軍家の瓦解を経験した田村が、築地外国人居留地でC・カロザースの下に形成された「築地バンド」でキリスト教と西欧文明と出会い、キリスト者となったことを、田村の教育論の出発点として位置付けた。この「築地バンド」は、首都東京の文明開化と自由民権運動の発信地となる築地居留地、銀座周辺という地域的特性を備えていたため、そこに極めて政治色の強い、「国家的」性格を持つ日本人キリスト者集団を生みだした。田村はその、年若い一員となり、キリスト教と自由民権的思想が分かちがたく結ばれた精神風土を体験する。

また、築地バンドは、「築地大学バンド」とも言われるように、キリスト教と同時に、当時の英米の最高学府で学んだ外国人教師陣によって「科学と宗教」を英書で学ぶ人々の集団でもあった。築地大学バンドの人びとは、当時、日本で受けられる最先端の英学校において、自由で民主的な近代教育をうけ、弁舌・弁論の能力をはじめ、各個人が自らの意見を言葉や文書によって表明することを求められ、それらを育成された。

さらにこの「築地バンド」「築地大学バンド」の主催者が、C・カロザースであったことは、「頑固」と評すべき師の性格の影響をメンバーに与え、自主独立の歩みを、それぞれに決然と進ませることになった。日本における免囚事業、監獄改良、出獄者の厚生事業の先駆者となった原胤昭、自由民権運動家として、「ニセ鈴木」が出るほど、演説が有名であった鈴木舎定、明治政治小説の草分け的存在となった戸田欽堂、牧師で日本のキリスト教教育論を構築し、子どもの権利擁護、子供本位思想を貫いた田村を見るとおり、国家と政治に強い関心を持ち、日本社会において、自由で民主的、批判的な精神をもって、それぞれの分野を開拓していく人物を輩出したのである。

築地バンドに生まれた田村にとってキリスト教信仰は、その初めから、世界、国家、社会に生きる個人の尊重や自由の問題と深く関わり、権利擁護のための社会教育的機能を持つものとして、築地で体験された。それは、田村のキリスト教教育論に、集団に埋没しない個の尊厳への意識や、常に現実の世界と切り離されない信仰理解、民主的で経験を重視する方法論などをもたらすことになる。

こうして、日本のキリスト教教育の先覚者であり、その体系を構築した田村の誕生の地である「築地」は、日本のキリスト教教育の発祥地とも呼べる場所となった。日本のキリスト教教育は、その原点に、個人の自由と人権の課題、ならびに近代的民主的教育方法論を持たされて、その歩みを出発したということができるのである。

第2章では、田村の銀座時代から、留学を経て「日本の花嫁」事件までの二〇年間をとりあげ、田村の「男女同権論」「女性解放論」が意味するところの解明を試みた。『米国の婦人』（一八八九）、『基督教と政治』（一八九〇）、*The Japanese Bride*（一八九三）の三著作と、著作に端を発した「日本の花嫁」事件は、田村が、キリスト者となった故に持つべくして持つことになった、日本における封建的家族主義からの女性の解放と、それに代わるキリスト教による新しいホーム建設というヴィジョンを明らかに主張するものであった。

田村はこれらの著作を刊行することで、つまり、書籍による思想の流布という方法論をとって、広く日本社会と女性たちに、日米を比較し、封建的家族制度と国粋主義的な天皇制国家づくりの実態を知らせ、そこからの解放をもたらす新たなキリスト教的価値観と文化を教育的に提示しようとした。

これらの著作は、現代からみても内容の点で興味深いだけでなく、対象に合わせた表現、提示の仕方にも教育者の趣向が凝らされているが、当時この方法論は功を奏さず、当事者である女性たちからも、拒絶されるという結果を田村は受け取ることになる。これは、男性である田村にとって、共感はできても、当事者性を持たない課題に、著作の公刊によって近づくことの難しさを、実感させることとなったと思われる。

また、「日本の花嫁」事件は、田村が当然キリスト教教育の課題であると考えた、男女同権、女性解放の主題が、日本社会の圧力の中にある日本のキリスト教界に、まったく受け入れられず、問題の本質を議論するどころか、提案者である田村の排除へ向かうという結果を招く。この経験は、その後の田村を見る限り、田村に深い省察と大きな教訓を残したと思われる。

田村は「日本の花嫁」事件以降、キリスト教教育が関わるべき多様な人権の課題の中で、自らが何を使命とするのかを模索する。それは、自由民権や政治活動ではなく、男女同権や女性解放運動でもなく、万民同権や労働運動でもないものとして、「昔子どもだった人」を含め、全ての人に共通する、子ども性の主題へと、田村を向かわせたのである。

第3章では、田村の牧師としての多様な活動、興味関心が、いよいよ、「子供本位」「児童中心」の教育へと集中していく大転換と、その子ども理解を示した著作『子供の権利』（一九一一）、田村の子ども向け読み物の変遷をとりあげ、田村のライフワークとなる「子供本位のキリスト教教育」が、大枠において構築されていく過程について述べた。

一九一〇年代初めまでの田村の教育理論には、まず、対象理解の深化がみられる。田村にとって子どもは、もはや単なる「人間の子ども」ではなく、「神の子ども」であった。しかも、その「生まれながらに神の子としての権利がある」子どもという理解は、キリストの子ども理解に端を発し、これに依拠したものであり、キリスト者として、なんとしても社会に向かって、親に向かって、大人たちに向かって発信しなければならない大事だったのである。

こうして、日本で初めて『子供の権利』と題された著作を田村は発表する。これは、日本の子どもの権利思想史において画期的な出来事であり、田村を「日本のルソー」、つまり「子どもの発見者」や「子どもの解放者」という立場に置くものであった。

また、「子供本位」であることの追求は、当然のように、教育理解の変化を生み、教育論の見直しを迫られることとなった。田村は、あらゆる年齢層に対して一様に、それまでのキリスト教が採ってきた、大挙伝道によって回心へと導く大人向けの伝道的教育に疑問を持つようになる。その変化のきっかけとなり、また目的地ともなったのが、H・ブッシュネルの養育論であり、田村はこれに強く影響されて、乳幼児の養育へ、家庭教育（クリスチャン・ホームにおける宗教的養育）へとその教育論の焦点を移すのである。

その頃の田村は、教育の方法として、大人に向けた書籍の出版から、子どもを養育するのに資する読み物、特に直接子どもが読むことができる定期刊行物の発行へと、それまで以上に力を注いでいる。ここには、子どもの経験を重視する自由主義、児童中心主義の新教育思想の萌芽が見られる。

第4章では、「日曜学校教育論」として展開された田村のキリスト教教育論の検討をおこなった。ここにおいて、田村の「日本宗教教育界のペスタロッチ」としての側面、つまり、体系的日曜学校教育理論の樹立者としての姿を見ることができる。

刊行された『二十世紀の日曜学校』（一九〇七）と『日曜学校教師養成通信講義』（一九〇九）、「田村の一一年制」（後に一三年制）とも呼ばれる級別カリキュラムの開発には、キリスト教教育の原理、方法としての日曜学校教育、教師養成、発達段階別の対象理解などの概念が表わされている。

しかし、この、田村の日曜学校理論は、それまでの、国際統一教案（ＩＵＬ）を主に用いてなされた日曜学校や、同時代の日曜学校運動をリードしたメソヂスト教会の日曜学校を支える理論とは全く異なるものだった。従来の、いわゆる「日曜学校」が、教授中心の聖書教育の場として、教育伝道による数量的成果をひたすら求め、勤勉や従順といった徳育を重んじる教育を重視したのとは対照的な、それらを批判的に検証する新たな教育論だったのである。

最終章では、一九二〇年代以降、田村の思想とキリスト教教育論の集大成が、「田村の宗教教育」として表わされてくるところを考察した。それは、田村の教育論の主著と目される、『宗教教育の理論及び実際』（一九二〇）と『児童中心のキリスト教』（一九二五）に加えて、研究史において取り上げられてこなかった田村の最晩年の著作、「日曜学校全廃論」（一九二九）、『ナザレのイエス』研究シリーズ（一九三〇、一九三一）ならびに「対バルト神学」に関する論考（一九三三）を踏まえた田村教育論の全容ということになる。

後半期の田村のキリスト教教育論は、当時の日本の国民教育、大正自由主義教育に対してキリスト教教育はどのように関わるのかを真摯に問い、キリスト教による宗教教育論として提示されている。しかし、花嫁事件がその当時の国家主義への風潮とキリスト教への反動期に引き起こされ、キリスト教による男女同権と女性解放論の本題を論じられなかった経験から、この宗教教育論は、一九二〇年、二五年の著作のなかで、同じ轍を踏むことを避けて巧妙に展開されている。

また、最後半期の田村は、キリスト教教育と言われる際の「キリスト教」部分に深い関心を払い、聖書学、キリスト論、神学とそれまで以上に強く学際的な関係を結び、円熟した宗教教育論を展開している。こうして完成期を迎えた田村のキリスト教教育論は、5章のまとめで述べたとおり、最晩年で到達した福音理解に基づく人間観、子ども観、教育内容を伴うものとして、「脱日曜学校」の、また、「反バルト神学」の宗教教育論として後世に残されたのである。

「田村直臣のキリスト教教育論」は、今日の社会にどのような意義を持ち、私たちの直面する課題に、何らかの光を与えてくれるものなのだろうか。この問いに対して、いくつかの示唆を述べることができるだろう。

第一に、序論において、今日のキリスト教教育界には、習慣化された実践はあるものの、それを支える理論がないのではないかと問題を提起した。本来、教育において、実践と理論は車の両輪のようなものであるが、その理論の方に欠けがあり、現在のキリスト教教育の混迷があるのではないかと仮定したのである。

これに対して、「田村のキリスト教教育論」を体系的に、また歴史的に確認することは、現代社会にある私たちに、日本のキリスト教教育論を樹立すること、現代の宗教教育論を理論化する作業を励ますものと言えるだろう。田村は常に、教育現場で実践し、経験しながら、それをそのまま放置することなく、理論化、体系化し、社会の変化、教育現場の変化に応じて、それに対応する理論の言語化を試み続けた。また同時に、田村は諸学を研究し、様々な理論を学びながら、教育現場に資する教育論、実践を支え、理想や希望を示す教育論、教育の場にある人々に情熱を吹き込む教育論とは何かを模索し続けた。

この田村に倣い、わたしたちは、今日の教育学、保育学、発達心理学、社会学等の諸学ならびに、キリスト教神学、聖書学等との学際的な対話の上に、キリスト教教育論を構築することが求められているのではないだろうか。キリスト教主義学校の教育、地域社会における教会教育、特に幼い者たちへのキリスト教保育を理論的に支え、それぞれの教育実践の原理的検討を可能にする、現代キリスト教教育論を探究する営みが求められている。それはまた、神学教育や保育者養成を含めた、あらゆる種別のキリスト教学校・団体における教職員養成の課程、あるいは新任者研修等において、キリスト教に基づく教師論をもつことを展望するものであるだろう。

「日本のペスタロッチ」――近代教育学を体系づけた近代教育の父――と呼ばれた田村をロールモデルとし、田村の教育論をヒントとして、それぞれの現場に応じたキリスト教教育論、現場の教師たちを支え、子どもたちを幸せにする理論を創り出すことへと私たちは招かれている。

第二に、田村の生涯と著された理論ならびに思想は、キリスト教教育の取り組むべき中心的な問題に、子どもの権利擁護の課題があることを提示するものと言えるだろう。

現在日本では、少子化が進む一方で、経済的格差が広がり、「子どもの貧困」問題が深刻化している。学校教育をめぐる「いじめ」や、児童虐待の増加なども解決の方向すら見えていない。世界中で、飢餓や戦争、環境汚染や放射能などの犠牲となる子どもは後を絶たない。一九八九年には、子どもの基本的人権を国際的に保障する「児童の権利に関する条約（子どもの権利条約）」が採択された（日本は一九九四年に批准）にもかかわらず、条約が謳う「子どもの生存、発達、保護、参加」という包括的な権利は、実現するどころか踏みにじられ続けているのである。

このような社会において、キリスト教の関心は、イエスの子ども理解を出発点として、キリストによる「子どもの発見」、「子どもの解放」に携わることにほかならないことを、田村の教育論は明らかにしている。愛すべき子どもの保護を叫び続けた田村が語るように、尊い「神の子」である子どもの、あくまでも、子ども本位の権利擁護の働きが求められている。人権（擁護）教育としてのキリスト教教育・保育の樹立は、今日的急務といえる。

第三に、田村のキリスト教教育論は、一八歳未満の児童（子ども）の中でも、特に胎児から乳幼児期にかけての子どもへの関心を惹起し、その幼児教育、保育、ならびに家庭教育を教育学的に整理して、ここに関わる方向性を示したものである。田村が、H・ブッシュネルの『キリスト教養育』に基づいて、乳幼児の保育と「ホーム」、母子関係の重要性を、自らの宗教教育論において主張したことは、今日のキリスト教保育と、家庭教育への多大な示唆を与えるものとなる。

今、日本における、子どもたちを取り巻く家庭と、親の状況は危機的状況にある。誕生した命を受けとめて、無条件に愛し、「存在の世話」をする家庭をもたない子どもたちが増え、青年に成長して漂流している。すべての子どもに、「あたたかくて心地よい」養育とブッシュネルが呼んだ、主の養育が与えられる、キリスト教保育の実践が求められている。加えて、幼い子どもたちを育てる家庭が、愛と優しさに満ちた「ホーム」となるための支えが求められている。田村が、キリスト教の愛によって初めて可能となるクリスチャン・ホームの建設を重要視したことの意味を、今日的に問い直す必要があるだろう。

最後に、生涯一教会の牧師として、教会を宗教教育の実践の場とした「田村のキリスト教教育理論」は、現代の低迷する教会教育に、検討すべき課題、現状認識のための批判的かつ建設的視点を与えるものと言うことができるだろう。

それは、たとえば、教会は子どもをどう理解しているのかといった対象理解に関することから、教授中心の聖書教育やキリスト教の道徳教育、あるいは教育の「伝道教育化」や信仰継承の問題、礼拝共同体である教会における「子どもの礼拝」の検証、教会の地域社会への教育的貢献など、教会教育が抱える具体的な問題と現状の整理、検討を促すものとなる。「田村のキリスト教教育論」研究を用いて、新たな教会教育論が、キリストのみ旨を問い、み心をあらわす教育が、それぞれの場所で討議され、展開されていくことが望まれている。

イエスが語られた福音に基づき、天父の家に立ち帰り、神の子として生きながら、その福音に子どもたちを招き続け、その教育によって神の国を建設することに生涯をかけた田村のキリスト教教育論の豊かさは、語りつくすことができない。しかしそれは、一言で言うなら「子供本位のキリスト教教育」となるだろう。イエスが子どもを真ん中におかれたように、その教育の中心には、いつも「天のお父様に愛される」、「天のお父様の大好きな」子どもがいる――そんな希望の教育である。

そこで、本書の締め括りとして、その教育の姿を、田村の日曜学校の「子ども」早船咲子と、田村の「昔の子ども」宮本けい子のことば(2)の中に留めたい。田村直臣のキリスト教教育論は、子どもたちのなかに、最も生き生きと刻まれ、そして今も息づいて、わたしたちが今日なすキリスト教教育を見守り、時に厳しく問い続けているのだから。

「田村先生を思う」　早船咲子

私どもは今まで田村先生にかわいがられて居りました。私は先生が大好きでしたのに、一月十日にとうとう泣き乍《なが》ら先生のおそう式をしたのです。先生がなくなってからは、日曜学校を休んだことはありません。そして、礼拝堂に入るたびに、先生がいらっしゃらないので、いつもかなしくなります。でも、いつもの先生のお言いつけを守って、天のお父様の大好きな子供になるつもりです。

「思い出」　宮本けい子

田村先生はクリスマスの度毎に長老さまや先生方をつかまえて「以前は鼻汁をたらしいピイピイ云っていたものだけどこんなに大きくなった」とおっしゃった。私等は「なるほど」とほんとうに小沢先生や岡田先生がおはなをたらして田村先生にハンケチでふいて頂いておいでのところを想像していた。

ところが田村先生は、やがて大きくなってしまった私等を「昔はなたれ子」にしておしまいになった。「いくらなんでも、そんなに誰も彼もお鼻汁を垂らすはずはありません」と私等は憤慨した。先生はハハハとお笑いになって「これを云うとおこりますが」と前置きなさるようになったのであった。

みんななつかしい思い出になってしまった。今は、本当にお鼻汁をふいていただいた人がうらやましい。でも、何だか本当に私も優しいやさしい先生におはなをふいて頂いた事が有るような気持がして来た。

田村先生はいつも「みくにをきたらせたまえ」を強くお祈りになった。最後のお話も地上の天国のおはなしでした。私等は先生の御心を受けついで、皆仲よく心を合わせて、この世を天国にしてゆかねばならない。

先生は私等の胸に今までよりももっともっと親しく生きていらっしゃる。私等はそれをよく知っている。先生は私達をいつも静かに見守っていらっしゃる。

（巣鴨教会「鐘の音」一九三四年四月一日）

とともに写る日曜学校の「東西両雄」。ステッキを持つ田村（前列右から６人目）と、三戸吉太郎（前列右から５人目）（聖和短期大学キリスト教教育・保育研究センター蔵）

日比谷公園での第6回全国日曜学校生徒大会（1912年）
1万人以上が参加した田村企画による日本初の野外大会。日曜学校ごとの旗を掲げた参加者

あとがき――「鐘の音」のゆくえ

鐘の音を　聞く度毎に　胸おどる
　遠き友をば　思ひ浮べて
住みなれし　銀座の巷　別れ告げ
　巣鴨の空に　鐘の音をきく

田村直臣「すがも教会の鐘の由来」より（巣鴨教会機関誌『鐘の音』創刊号、一九三二年六月）

田村は、この鐘について、一八八七年数寄屋橋教会に新しい大会堂が建てられたとき、親友であったバブコックが「私の名を鐘に鋳り込み、私に寄送せられたもの」で、「東京市に於けるキリスト教会の有する鐘の中で最高のもの」と述べている。三〇年変わらず日曜の朝、銀座の巷に鳴り響いた鐘は、一九一九年、教会の巣鴨移転に伴って「世界大戦平和紀念塔」と名付けられた鐘塔に設置され、今度は、巣鴨の地にその音を響かせることになる。

巣鴨教会の「『鐘の音』発刊の辞」の冒頭に、共励会会長の原英一は「十有余年の長き間にわたって私達はあの塔から流れる鐘の音を聞いて大きくなりました」と書いている。この鐘の音は、日曜の朝ごとに、教会へ、日曜学校へ、礼拝へと子どもたちを招き、海を越えても結ばれる友愛と「神の国」の平和を告げ知らせ、子どもたちがその福音のなかで成長することを見守ってきた。ちょうどそれは、田村のキリスト教教育の調べが、銀座で、そして巣鴨でと、それぞれの時代、それぞれの空のもとで子どもたちのために奏でられたのと同じように。

ところが、田村の死後九年を経た一九四三年、この友情の鐘は、第二次世界大戦のために塔からおろされ、軍事供出させられていく。田村が営々と鳴らし続けたキリスト教教育の調べは、「戦争」によって分断され、鐘自体も溶かされて、その姿は跡形もなく失われるのである。

本書は、二〇一六年一一月に関西学院大学神学部神学研究科に提出し、二〇一七年二月二三日に、博士（神学）の学位を授与された博士論文「田村直臣のキリスト教教育論——その形成と変遷を巡って」の収録であり、筆者の勤務する学校法人関西学院　聖和短期大学の研究出版助成を得て刊行するものである。

ちなみに、第三章2「田村の『子供の権利』思想」は、「『子どもの権利』思想史における田村直臣」（『聖和論集』四一号、聖和短期大学、二〇一三年）、「田村直臣の見た『子ども・キリスト教・教育』」（『日曜学校教案誌にみる日曜学校教育』聖和大学キリスト教と教育研究所、二〇〇三年）に、第四章3「三戸吉太郎におけるメソヂスト日曜学校教育」は、「三戸吉太郎における日曜学校教育——訓蒙『神の話』をめぐって」（『聖和論集』四〇号、聖和短期大学、二〇一二年）に収録されている論文をもとに加筆・修正したものとなっている。また、研究の基礎資料となった田村の著作ならびに写真は、筆者の所属する聖和短期大学基督教教育・保育研究センター所蔵と、筆者収集（個人蔵）のものである。

初めて田村研究のはしくれとなる論考を書いてから、出版まで一五年の歳月がすぎたことになる。この研究を学位取得へと導いてくださったのは、審査の主査を務めてくださった神田健次先生である。筆者の勤務していた

取り外された「友情の鐘」巣鴨教会正門前にて（1943 年春）（巣鴨教会蔵）

聖和大学が、関西学院に合併される激動期にあり、聖和の歴史編纂と出版も必須の仕事として加わるなか、頓挫しかける遅々とした歩みを、神田先生は忍耐強く見守り、励まし続けて下さった。研究室を訪れるたびに、先生の深い学識に示唆を与えられ、謙虚で優しいお人柄、ユーモアに救われて、なんとか書き続けることができたのだと思う。

また、キリスト教教育を初めて学んだ聖和大学時代からの恩師、奥田和弘先生と、キリスト教教育・保育を巡っていつも刺激的な対話へと導いてくださる中道基夫先生に、お忙しい中、審査の労をお取りいただいた。三人の先生方に、深く、心より感謝申し上げる。

さらに、筆者の田村研究を初めに認めて、想いを引き出してくださった故竹中正夫先生、神田先生に私の指導を半ば強引に依頼してくださった藤原一二三先生、キリスト教教育主事として二一年にわたる教会教育の実践の場、子どもたちとの礼拝の場を与えてくれた日本基督教団大阪城北教会、藤ヶ丘幼稚園で、私を協働者としてくださり、信仰を常に導いてくださった大村清牧師と雅子さんはじめ多くの方々が、この研究を応援し、これが形になることを願ってくださった。感謝に堪えない。

ときおり「お母さん、まだ田村やってるの？」とあきれ顔で言っていた子どもたちもすっかり大人になった。誕生から数十年という歳月、親をさせてもらって、彼女たちと一緒にいられたことで育てられたものが、どれほど大きく恵みであったかと振り返る。また、最近の一〇年は、関西学院との合併により、聖和短期大学保育科に仕事の場を与えられた。保育者養成を通して、キリスト教保育の現場――そこにいる子どもたちと「せんせい」たち――につながらせてもらえたことが、この研究を支えてくれたと実感する。短大に私を受け容れてくださり、研究環境を整えて、いつもサポートしてくださった広渡純子前学長、千葉武夫学長はじめ、聖和短期大学保育科の教職員のみなさんに、心から感謝を申し上げたい。

なお、本書の出版にあたっては、日本基督教団巣鴨教会より、貴重な資料・写真の数々を提供していただいた。何年にもわたり、度々巣鴨教会をお訪ねする筆者を、いつも快く受け入れてくださり、田村の関係者やご遺族への連絡など多大な労をとってくださった巣鴨教会、渡辺善忠牧師、本当にお世話になりました。ありがとうございました。

本書の刊行は、どうしても田村と関わりの深かった銀座・教文館から出版したいという筆者のたっての願いを聞き、富坂キリスト教センターの岡田仁総主事が、教文館出版部の倉澤智子さんとつないでくださったことで実現した。こうして教文館、ならびに倉澤さんという繊細かつ敏腕の編集者と出会うことができ、その手に編まれて、これが一冊の本となったことは、無上の喜びである。お世話になったすべての方々に、この場を借りて心から感謝を申し上げる。

この研究は、一〇〇年前に、キリスト教の中心に、福音の中心に「子ども」を認め、情熱と英知を傾けた田村直臣のキリスト教教育論の跡を辿り、それを掘り起こそうとする作業であった。戦争によって、鐘は目に見えなくなってしまったが、その調べを田村は、着実に書き残してくれていた。音符を拾い集めるようにして、一〇〇年の時を経て、田村の「鐘の音」をきく――それは筆者にとって胸おどる、喜びの訪れをきく作業でもあった。この音の記録が、二〇一八年を生きる子どもたちに、麗しい「鐘の音」を奏でようとする人々にとっても、希望の調べとなることを願って――。

小見のぞみ

二〇一八年一月

参考文献

◎田村直臣著作
『童蒙道の栞』十字屋書舗、一八八〇年
『童蒙道志るべ』十字屋書舗、一八八八年（一八九一年再販版）
『創世記註釈』奥野昌綱校閲、十字屋書舗、一八八九年
『米国の婦人』発行・田村直臣、印刷所・秀英舎、一八八九年
『基督教と政治』警醒社、一八九〇年
『対照聖書辞典』（コンコルダンス）警醒社、一八九〇年
『約翰伝註釈』警醒社・十字屋書舗、一八九〇年
『馬太伝註釈』警醒社・十字屋書舗、一八九一年
『馬可伝・路加伝福音書　新約註解全書』警醒社・十字屋書舗、一八九一年
『基督教を信ずる理由』（三冊合本）十字屋書舗、一八九一年／（五冊合本）基督教書類会社、一九〇三年
　真神を信ずる理由　一八八九年
　聖書を神の言葉と信ずる理由　一八九〇年
　霊魂の不滅を信ずる理由　一八九〇年
　贖罪の必要を信ずる理由　一八九一年
　基督の神たる事を信ずる理由　一八九一年
『童蒙をしゑ草』一二三館、一八九一年
『幼年の針路』一八九一年
『いのち』、『わらべ』編集人・田村直臣、編集発行人・倉田繁太郎、十字屋書舗（一八九二年創刊）
Tamura, Naomi, *The Japanese Bride, Harper and Brothers Publishers,* NY, 1893
田村直臣原著（一二三館編集部訳術）『日本の花嫁』一二三館、一八九三年
『幼年道の栞』（三光隠士の名で）自営館出版部、一八九四年

田村直臣訳『子どもを基督に導くの秘訣――一名子供の悔改』基督教書類会社、一八九七年（イー・ペイソン・ハムモンド著 *The Conversion of Children* の抄訳）
『ツルー夫人之伝』故ツルー夫人記念館設立所、一八九九年
田村直臣訳「萬国安息日学課」『基督教新聞』三四六号、一九〇〇年
『幼年教育』（週刊）警醒社（一九〇一年創刊）
『二十世紀の日曜学校』警醒社、一九〇七年
日本日曜学校協会編纂日曜学校学課『小日曜学校之友』教文館、一九〇八年
『日曜学校教師養成通信講義』日本日曜学校協会、一九〇九年
『子供の権利』警醒社、一九一一年
日本日曜学校協会編纂日曜学校学課『旧約書人物論』教文館、一九一一年
日本日曜学校協会編纂日曜学校学課『理想的人物イエスの伝』教文館、一九一一年
日本日曜学校協会編纂日曜学校学課『神の選民イスラエル人の物語』教文館、一九一一年
日本日曜学校協会編纂日曜学校学課『新約書人物論』教文館、一九一二年
『子供之友』ホーム社、一九一二―一九一五年
『ホーム』ホーム社、一九一二年一月号―一九一三年五月号
『幼年教育百話』警醒社書店、一九一三年
『基督教大意』警醒社、一九一四年
『基督教倫理』警醒社、一九一五年
『日曜学校唱歌集』ホーム社、一九一五年
『五十二の礎』洛陽堂、一九一七年
『子供の心理』警醒社、一九一九年
『宗教教育の原理及び実際』警醒社書店、一九二〇年
宗教教育教科書『イエス・キリストの物語』警醒社書店、一九二一年
宗教教育教科書『虫、鳥、獣の話』警醒社書店、一九二一年
宗教教育教科書『旧約人物論』警醒社書店、一九二二年
日曜学校教科書『子供の友イエスの話』警醒社書店、一九二五年

『信仰五十年史』警醒社書店、一九二四年
『児童中心のキリスト教』発行・大正幼稚園出版部、販売・警醒社書店、一九二五年
Tamura, Naomi, *The Child the Center of Christianity* 大正幼稚園出版部、一九二六年
『児童の権利』大正幼稚園出版部、一九二六年（『子供の権利』覆刻版）
『宗教教育の手引』大正幼稚園出版部、一九二八年
『牧会漫談』大正幼稚園出版部、一九二八年
『女子学院五十年史』浅田みか子共編、女子学院同窓会、一九二八年
「日曜学校全廃論」『福音新報』一七五八号、一九二九年
「再び日曜学校全廃論に就いて」『福音新報』一七六二号、一九二九年
『ナザレのイエスの姿——共観福音書研究』警醒社、一九三〇年
『ナザレのイエスの背景』警醒社、一九三一年
『我が見たる植村正久と内村鑑三』向山堂書房、一九三二年
『日本人の手によりて現在の基督教を建直する必要なきか』一九三三年（非売品）
「我が知れる日本の日曜学校」『日曜学校の友』日本基督教会日曜学校局、一九三三年一月号
「バルト神学と宗教教育」『日曜学校』日本日曜学校協会、一九三三年四月号
「バルト神学につき一言す」『日曜学校』日本日曜学校協会、一九三三年八月号

◆一次資料（英文）
Bushnell, Horace, *Christian Nurture*, New York: Charles Scribner & Co., 1867
Jieikwan, 1898（ちりめん本「自営館」）
Julia D. Carrothers, *Ji Ei Kwan*（発行所等不明、年代は一九〇三年以降）

◆二次資料（英文）
Hastings, Thomas John, *Practical Theology and the One Body Of Christ: Toward a Missional-Ecumenical Model*, Wm. B. Eerdmans Publishing Co., 2007 (Grand Rapids, Michigan/ Cambridge, U. K.)

Shannon, Katherine M., "SUNDAY SCHOOL" MITO, *50th Anniversary Year Book of the Japan Mission* (MECS), 1936

◆一次資料（邦文）

安部磯雄『子供本位の家庭』実業之日本社、一九一七年
伊藤堅逸『児童宗教教育の基礎』洛陽堂、一九一九年
『井深梶之助とその時代』第二巻、明治学院、一九七〇年
内村鑑三『後世への最大遺物』（講演録）、一八九七年
『内村鑑三日記書簡全集』三巻、山本泰次郎編、教文館、一九六五年
梅本順子・藤澤全編『田村直臣　日本の花嫁・米国の婦人　資料集』大空社、二〇〇三年
『江戸から東京へ――明治の東京』人文社、一九九六年
『賀川豊彦氏大講演集』大日本雄弁会、一九二六年
賀川豊彦『児童保護』第二巻第七号、一九二七年
河上肇「日本独特の国家主義」『中央公論』中央公論社、一九一一年三月号
岸田劉生『劉生日記』第一巻、岩波書店、一九八四年
巣鴨教会報「鐘の音」日本基督教団巣鴨教会、一九三二年、一九三四年、一九三六年
『新聞史資料集成』第1巻明治期編〈新聞論I〉、ゆまに書房、一九九五年
『植村正久と其の時代』第一―五巻、佐波亘編、教文館、一九三八年
関寛之『児童学に基づける宗教々育及日曜学校』洛陽堂、一九二〇年
谷本富『宗教教育原論』第三版、大日本図書、一九一六年
田村ゑい『キリストをのぞむこと』一八九〇年（『築地バンドの研究』一九八六年所収）
田村ゑい『昔かたり』一九五五年（『築地バンドの研究』一九八六年所収）
『東京都史紀要第六　東京開市と築地居留地』東京都総務局文書課発行、一九五〇年
『留岡幸助著作集』第一―五巻、同志社大学人文科学研究所編、同朋舎、一九七八―八一年
留岡幸助「一九〇一年」『留岡幸助　自叙／家庭学校』日本図書センター、一九九九年
生江孝之『増訂　社会事業綱要』巌松堂書店、増訂版一九二七年（初版一九二三年）

西山哲治『教育問題　子供の権利』南光社、一九一八年
『日本婦人問題資料集成』第一巻、ドメス出版、一九七八年
『日本女性運動資料集成』第一巻、不二出版、一九九六年
原胤昭「基督教古文献売出し時代の思ひ出」『福音新報』一九三二年
ジェームズ・H・バラ『宣教師バラの初期伝道』井上光訳、キリスト新聞社、二〇一〇年
広岡浅子『人を恐れず天を仰いで』新教出版社、二〇一五年
クララ・ホイットニー『クララの明治日記』（上・下）一又民子訳、講談社、一九七六年
三戸吉太郎（童友著）『訓蒙神の話』東京教文館、一八九七年
――「大成運動と日曜学校事業」『教界時報』一五〇三号、一九二〇年
矢嶋楫子「妾の過去」『新女界』第一巻第七号、一九〇九年
――「わが自覚の時」『新女界』第四巻第十号、一九一二年
――「半生の事業」『新女界』第五巻第二号、一九一三年
山川菊栄『おんな二代の記』平凡社、一九七二年
山田耕筰『はるかなり青春のしらべ――自伝／若き日の狂詩曲』エムディシー、二〇〇三年
『G・W・ノックス書簡集』横浜指路教会教会史編纂委員会編、キリスト新聞社、二〇〇六年

◆二次資料（邦文）
会田倉吉「慶應義塾カロザス雇入れについて」『史学』三〇―三、慶應義塾大学、一九五七年
――「カロザスの経歴と人柄」『史学』三〇―四、慶應義塾大学、一九五八年
――「カロザスの慶應義塾に対する影響」『史学』三一―四、慶應義塾大学、一九五八年
秋山繁雄「解説」『信仰五十年史――伝記・田村直臣』（伝記叢書101）大空社、一九九二年
――「二六　田村直臣」『明治人物拾遺物語――キリスト教の一系譜』新教出版社、一九八二年
秋山憲兄『本のはなし』新教出版社、二〇〇六年
浅野徹「評伝岸田劉生――独創的な美の開拓者」『20世紀日本の美術一五岸田劉生／佐伯雄三』集英社、一九八七年
雨宮栄一「『日本の花嫁』事件――正久のナショナリズム」『戦う植村正久』新教出版社、二〇〇八年
――「序　戦前期日本におけるバルト神学受容についての問題提起」『日本におけるカール・バルト』新教出版社、

二〇〇九年
石井民司『自助的人物之典型――中村正直伝』成功雑誌社、一九〇七年
「日本日曜学校協会年譜」『日曜学校』石川儀一編、日本日曜学校協会、一九四一年一二月号
稲葉宏雄『近代日本の教育学――谷本富と小西重直の教育思想』世界思想社、二〇〇四年
梅本順子『闘う牧師――田村直臣の挑戦』大空社、二〇一〇年
海老澤亮『教会学校　宗教々育史』日本日曜学校教会、一九二二年
『教会教育の歩み――日曜学校から始まるキリスト教教育史』NCC教育部歴史編纂委員会編、教文館、二〇〇七年
『日本児童文学大辞典』第一巻、第三巻、大阪児童文学館編、大日本図書、一九九三年
太田愛人『開化の築地・民権の銀座　築地バンドの人びと』築地書館、一九八九年
大西晴樹『キリスト教学校教育史話』教文館、二〇一五年
大貫隆・佐藤研編『イエス研究史　古代から現代まで』日本基督教団出版局、一九九八年
――加藤隆「E・ルナンからA・シュヴァイツァーまでのイエス研究」
――山田耕太「聖書学の黎明期のイエス研究」
――小河陽「様式史学派のイエス研究」
岡部一興「オーバン神学校に学んだ人々」『紀要』四七号、明治学院大学キリスト教研究所、二〇一五年
『日曜学校教案誌にみる日曜学校教育』奥田和弘編、聖和大学キリスト教と教育研究所、二〇〇三年
尾崎和夫「人としての三戸吉太郎先生」『神学評論』記念号、一九三四年一〇月
小沢三郎『プロテスタント史研究』東海大学出版会、一九六四年
戒能信生「この国で最初に教師籍を剝奪された男」『時の徴』第一二六・一二七合併号、『時の徴』発行委員会、二〇一一年
『賀川豊彦――子どもの権利論のてびき』賀川豊彦記念・松沢資料館編集発行、一九九三年
碓井知鶴子『女子教育の近代と現代――日米の比較教育学的試論』近代文芸社、一九九四年
『日本における教会学校の歩み――一八五九―一九七七』片子沢千代松他編、日本キリスト教協議会教育部、一九七七年
片子沢千代松『日本新教百年の歩み』日本YMCA同盟、一九五七年
片岡優子『原胤昭の研究――生涯と事業』関西学院大学出版会、二〇一一年

勝尾金弥「小波に先行する〈童話〉の試み――田村直臣の「童蒙」訳業」『児童教育学科論集』愛知県立大学文学部児童教育学科編、一九八八年三月号
加登田恵子「解題」『現代日本児童問題文献選集6』児童問題史研究会監修、日本図書センター、一九八六年
金子幸子「明治期における西欧女性解放論の受容家庭――ジョン・スチュアート・ミル *The Subjection of Women*（女性の隷従）を中心に」『国際基督教大学学報』Ⅱ―B、国際基督教大学社会科学研究所、一九八四年
亀山美知子『女たちの約束――M・T・ツルーと日本最初の看護学校』人文書院、一九九〇年
『関西学院教会八〇年史』日本基督教団関西学院教会、二〇〇〇年
『関西学院百年史』（通史編Ⅰ）関西学院百年史編纂事業委員会編、一九九四年
『関西学院の一〇〇年――一八八九―一九八九』創立一〇〇周年記念事業委員会編、関西学院、一九八九年
上笙一郎『〈子どもの権利〉思想のあゆみ』日本子どもの権利叢書別巻、久山社、一九九五年
――『子どもの権利　婦権と婦権運動』日本子ども権利叢書1巻、久山社、一九九五年
『キリスト教教育事典』（今橋朗、奥田和弘監修）日本キリスト教団出版局、二〇一〇年
工藤英一「鉱毒問題とキリスト者――田村直臣を中心として」『明治期のキリスト教』教文館、一九七九年
久布白落実『矢嶋楫子伝』徳富猪一郎監修、不二書房、一九三五年
――『矢嶋楫子伝』伝記叢書31、久布白落実編、大空社、一九八八年
小出正吾『日曜学校の歴史』（日本日曜学校教会編纂　キリスト教宗教々育講座）基督教出版社、一九三二年
『この道――山田耕筰伝記』社団法人日本楽劇協会編、恵雅堂出版、一九八二年
小林恵子『日本の幼児保育につくした宣教師』上巻、キリスト新聞社、二〇〇三年
小林恵子・立浪澄子・宮里暁美『松野クララを偲んで――顕彰碑建設の記録』松野クララ顕彰碑建設基金事務局、二〇一一年
小檜山ルイ『アメリカ婦人宣教師――来日の背景とその影響』東京大学出版会、一九九二年
小見のぞみ「教育のイコン〈像〉としての「子を生きる」キリスト――研究ノート1　マルコ福音書における「子としてのイエス」『聖和大学論集』第二九号B、二〇〇一年
――「田村直臣の見た『子ども・キリスト教・教育』」『日曜学校教案誌にみる日曜学校教育』聖和大学キリスト教と教育研究所、二〇〇二年
――「いま、読み直す日曜学校教案」『教師の友』日本基督教団出版局、二〇〇五年（四―六月号）―二〇〇七年（一

三月号）
――「戦前の日曜学校カリキュラム」『教会教育の歩み――日曜学校から始まるキリスト教教育史』ＮＣＣ教育部歴史編纂委員会編、教文館、二〇〇七年
――「H・ブッシュネル『キリスト教養育』解題からの考察――今日のキリスト教保育理論の形成に」『聖和論集』第三八号、二〇一〇年
――「牧師・田村直臣と「子ども」」『子どもと教会』キリスト新聞社、二〇一一年
――「学院の人々二〇 三戸吉太郎」『関西学院史紀要』一八号、二〇一二年
――「三戸吉太郎にみる日曜学校教育――訓蒙『神の話』をめぐって」『聖和論集』第四〇号、二〇一二年
――「『子どもの権利』思想史における田村直臣」『聖和論集』第四一号、二〇一三年
斎藤正彦「最初のミッションスクール女子学院」『近代文化の原点――築地居留地』１、築地居留地研究会、二〇〇〇年
酒井忠康『岸田劉生』新潮社、一九九八年
桜井智恵子「子どもの人権とは」『子ども・権利・これから』社団法人子ども情報研究センター堀正嗣編著、明石書店、二〇〇一年
佐藤直子「伝道師マリア・T・トゥルー」『近代文化の原点――築地居留地』３、築地居留地研究会、二〇〇四年
佐野安仁「『七一雑報』にみる安息日学校」『「七一雑報」の研究』同志社大学人文科学研究所編、同朋舎、一九八六年
柴田和夫「国立公文書館所蔵元老院資料について」『北の丸』国立公文書館報、第六号、一九七六年
島薗進・高橋原・星野靖二編／解説／解題『日本の宗教教育論』第五巻、クレス出版、二〇〇九年
清水正雄「築地に開設された教会と学校」『近代文化の原点――築地居留地』１、築地居留地研究会、二〇〇〇年
『女子学院八十年史』女子学院、一九四七年
女子学院史編纂委員会『女子学院の歴史』一九八五年
女子学院資料室委員会『目で見る女子学院の歴史』一九九二年
「田村直臣と自営館・大正幼稚園」『巣鴨百選一一月号』巣鴨百選編集委員会、二〇〇五年
隅谷三喜男『近代日本の形成とキリスト教』新教出版社、一九六一年
――『日本プロテスタント史論』新教出版社、一九八三年
聖和史刊行委員会『Thy Will Be Done――聖和の１２８年』関西学院大学出版会、二〇一五年

関口安議「解説」『子どもの権利、婦権と婦権運動』上笙一郎編、日本〈子ども権利〉叢書1、久山社、一九九五年
高橋昌郎『中村敬宇』吉川弘文館、一九六六年
高谷道男、太田愛人『横浜バンド史話』築地書館、一九八一年
武田清子「田村直臣に見る家族主義道徳の批判――『日本の花嫁』事件をめぐって」『人間の相克』弘文堂、一九五九年（改訂版一九六七年）
――『横浜バンドの女性観「日本の花嫁」事件をめぐって』明治学院キリスト教研究所、一九九七年
竹中正夫『ゆくてはるかに　神戸女子神学校物語』教文館、二〇〇〇年
――『美と真実　近代日本の美術とキリスト教』新教出版社、二〇〇六年
津田一路「日本女性解放運動の先駆者M・T・ツルー夫人」『白金通信』一六一―一六二号、明治学院大学、一九八二年
――「マリア・T・ツルー夫人の人物史のための基礎的研究」『明治学院史資料集　第一三集』、一九八六年
土肥昭夫『日本プロテスタントキリスト教史』新教出版社、一九八〇年
鳥越信編著『はじめて学ぶ日本児童文学史』ミネルヴァ書房、二〇〇一年
富山秀男『岸田劉生』岩波書店、一九八六年
永井隆正「谷本富の新教育と新仏教――仏教的教育学提唱の意図するもの」知恩院浄土宗学研究所、一九八一年
中尾祐子・フォレストブックス編集部『浅子と旅する。――波乱の明治を生きた不屈の女性実業家』いのちのことば社・フォレストブックス、二〇一五年
中島耕二「クリストファー・カロザース」『明治学院人物列伝』新教出版社、一九九八年
――「築地居留地と米国長老教会の初期伝道――宣教師C・カロザースの活動」『近代文化の原点――築地居留地』1、築地居留地研究会、二〇〇〇年
――「宣教師ウィリアム・インブリーの築地居留地時代」『近代文化の原点――築地居留地』2、筑地居留地研究会、二〇〇二年
――「築地居留と宣教師デビット・タムソン」『近代文化の原点――築地居留地』3、築地居留地研究会、二〇〇四年
中島耕二・辻直人・大西晴樹『長老・改革教会来日宣教師事典』新教出版社、二〇〇三年
中野光『大正自由教育の研究』黎明書房、一九六八年
永畑道子『華の乱』新評論、一九八七年

参考文献

『日曜学校』日本日曜学校協会、一九三三年七月号
――海老沢亮「バルト神学の主張と宗教教育の主張と」
――熊野義孝「弁証法的神学と宗教教育」
――佐藤瑞彦「バルト神学と宗教教育　中心と『仕事』の関係」
――高谷道男「社会的基督教とバルト神学とそして宗教教育」
――菅原菊蔵「危機神学の長所短所」
――鈴木登鄕「宗教教育に於て可能なるもの」
『日曜学校』日本日曜学校協会、一九三四年二月号
――井深梶之助「葬送の辞」
――鵜飼猛「田村直臣翁を惜む」
――岡本埶「傍若無人」
『日本キリスト教大事典』日本キリスト教大事典編集員会編、教文館、一九八八年
『日本基督教団宇和島中町教会百年史』日本基督教団宇和島中町教会、一九九七年
日本キリスト教婦人矯風会編『日本キリスト教婦人矯風会百年史』ドメス出版、一九八六年
萩原隆『中村敬宇研究――明治啓蒙思想と理想主義』早稲田大学出版部、一九九〇年
P・J・パーマー『教育のスピリチュアリティ』小見のぞみ、原真和訳、日本キリスト教団出版局、二〇〇八年
バルト神学受容史研究会編著『日本におけるカール・バルト――敗戦までの受容史の諸断面』新教出版社、二〇〇九年
比屋根安定「田村直臣――宗教教育の先達、苦学生を助けた」『教界三十五人像』日本基督教団出版部、一九五九年
渕眞吉「山田耕筰と築地居留地」『近代文化の原点築地居留地』2、筑地居留地研究会、二〇〇二年
帆苅猛「田村直臣の『児童中心のキリスト教』」『基督教学研究』第二四号、京都大学基督教学会、二〇〇四年
H・ブッシュネル『キリスト教養育』森田美千代訳、教文館、二〇〇九年
松尾重樹「自営館時代の石原純」『科学史研究』第Ⅱ期巻二六（一六一）、一九八七年
松川成夫「『日曜学校教育史上の人物』を学ぶ――三戸吉太郎をめぐって」『教育センターだより』第一七号、一九八三年
三浦正「イエスと子ども――日本近代宗教教育の父・田村直臣」『築地バンドの研究』日本キリスト教団巣鴨教会、一九八六年

三浦綾子『われ弱ければ――矢嶋楫子伝』小学館、一九八九年
村田幸代「田村直臣の子どもの権利思想――その形成過程と子ども観を中心に」『国際文化研究論集』第八巻、龍谷大学大学院　二〇一〇年
村田幸代「田村直臣の子ども向け読み物における子ども観の変遷――『童蒙道の栞』から『幼年道の栞』まで」『国際文化研究論集』第九巻、龍谷大学大学院、二〇一一年
『明治学院百年史資料集』第1集、第2集、明治学院百年史委員会、一九七五年
本井康博「新島襄と田村直臣――『築地バンド』との秘められた交遊」『同志社時報』第一四〇号、二〇一五年
――『新島襄と明治のキリスト者たち』教文館、二〇一六年
森岡清美「明治前期における士族とキリスト教」『淑徳大学社会学部研究紀要』三八、二〇〇四年
森下憲郷「婦人伝道者ツルー夫人の協力者　出口せい」『白金通信第一六五号』明治学院大学、一九八二年
――「序にかえて」「田村直臣と自営館」「東京第一長老教会の創立者C・カロザース」『築地バンドの研究』日本キリスト教団巣鴨教会、一九八六年
――「巣鴨・自営館と山田耕筰作曲『からたちの花』」一九九〇年（非売品リーフレット）
――「ランバス記念伝道女学校第一回卒業生中原ナヲ――その人と働きについて」（非売品リーフレット）
――「日本独立長老教会銀座教会について」一九八六年（巣鴨教会創立百十周年記念リーフレット）
――「築地居留地における幼児教育の源流」『近代文化の原点――築地居留地』1、築地居留地研究会、二〇〇〇年
山田知子「足尾銅山鉱毒事件と女性運動――鉱毒地救済婦人会を中心に」『大正大學研究紀要』第九七輯、二〇一二年
山田寅之助「田村直臣――子供の心理」『神学評論』第六巻第三号、一九一九年
『日本日曜学校史』山本忠興・日本日曜學校協会編纂、日曜世界社、一九四一年

田村直臣関連年表

西暦	元号	年齢	田村直臣（著作・刊行物は**太字**）	キリスト教関連史（田村に関わる宣教史、日曜学校史など）	日本の教育制度と一般史
				一八四六年、ベッテルハイム夫妻、琉球那覇ミッション開始。	一八五三年、ペリー、浦賀に来航。一八五四年、日米和親条約。
1858	安政五	0	・八月九日、大阪・堂島天満（現在の北区堂島二丁目）の与力浅羽藤二とたか（京都町奉行組与力加納萬五郎の五女）の三男として生まれ、藤三郎と命名される。		・日米修好通商条約（七月二九日）など安政五か国条約締結。 ・福沢諭吉、慶應義塾を開く。 ・安政の大獄。
1859	安政六	1		・リギンズ（米国監督教会）長崎に来日（五月二日）。 ・ウィリアムズ（米国聖公会）来日（六月三〇日）。 ・ヘボン（米国長老教会）来日（一〇月一八日）。 ・ブラウン（米国オランダ改革教会）来日（一一月一日）。 ・フルベッキ（米国オランダ改革教会）来日（一一月七日）。	・通商条約に基づき、神奈川、長崎、函館開港
1860	万延元	2		・ゴーブル（米国自由バプテスト教会）来日（四月一日）。 ・ヘボン、ブラウン、ゴーブルは横浜の成仏寺に住む。 ・ネビウス（米国長老教会）来日。滞在一年で中国宣教に戻る。	・遣米使節出発。 ・桜田門外の変、使節団帰国前に井伊直弼暗殺（三月二四日）。

1861	文久元	3		・バラ（米国オランダ改革教会）来日。二九歳で妻と共に成仏寺に迎えられる（一一月一日）。 ・ヘボン、横浜の自宅で幕府の選んだ九名に英語等を教授（—一九六二）。	
1862	文久二	4		・フルベッキ塾開始（七月）。 ・ヘボン、神奈川の米国総領事館本覚寺で生麦事件の負傷者を治療（九月）。神奈川奉行の依頼で大村益次郎など九名を成仏寺で教え（一一月）、横浜居留地三九番に移転し診療所を開設（一二月）。	・坂下門外の変（一月一三日）尊王攘夷派が老中安藤信正らを襲撃。 ・生麦事件（九月一四日）。
1863	文久三	5		・神奈川港が閉鎖され、外国人は横浜居留地に移される。移転当初英国領事館で礼拝したが英国聖公会の礼拝所を整備。米国人信者は、米国領事館とヘボン診療所で礼拝。 ・J・C・ヘボン、クララ・ヘボン、男女共学の英語塾を開校。 ・タムソン（米国長老教会）、二八歳で横浜に来日（五月一八日）。	・薩英戦争（八月）。 ・七卿落ち（八月一八日の政変で失脚した尊王攘夷派の七人の公家が京都を追放され、長州藩へ）。
1864	元治元	6		・横浜英学所開校。ブラウン、バラ、タムソンが教師となる（七月）。 ・幕府、横浜居留地一六七番の土地（現・横浜海岸教会の所在地）をブラウン、バラに外国人礼拝所として下付。改革教会ミッションの管理となる。	・英米仏蘭四国連合艦隊と長州藩が交戦（九月）→第一次長州征伐（幕長戦争）。 ・七卿（五卿）が福岡藩へ。太宰府で三年間の幽閉生活。
1865	慶応元	7		・バラの日本語教師、矢野元隆（隆山）がヘボン立ち会いの下、バラよりプロテスタント初となる受洗（一一月五日）。一か月後に病死。	・米国、南北戦争終わる（四月九日）。 ・浦上村で「信徒発見」。

田村直臣関連年表

1866	慶応二	8		・長崎にてフルベッキより、村田若狭守他二名がひそかに受洗（五月二〇日）。この他にも聖公会などで、仁村守三、二川一騰ら受洗。 ・横浜大火（一一月二六日）により横浜英学所（閉校へ）、バラ宅も焼け、バラはヘボン診療所に仮住まいし、タムソンと共に日本語と英語による日曜礼拝を開始する。ブラウンは聖書塾を開く。	
1867	慶応三	9	福岡太宰府から、四条家と四条家の家臣、田村家が京都に戻る。	・ヘボン、岸田吟香を伴い、『和英語林集成』（和英辞典）を上海で印刷出版（五月）。	・大政奉還（一一月九日）。前夜に太宰府落ちの五卿、復帰。 ・浦上村の隠れ切支丹捕縛。
1868	明治元	10	・田村豊前守の養子となり、京都に住む。名を直臣と改める。 ・京都伏見の兵学校に入学し、太鼓打ちをする。	・安食敬次郎（粟津高明）、鈴木寛一、バラより受洗（春）。 ・コーンズ夫妻（米国長老教会）、南北戦争後再開された宣教師派遣により横浜に来日（六月二六日）。	・王政復古（一月三日）。 ・戊辰戦争始まる（一月二七日）。 ・五箇条のご誓文、五榜の掲示（四月六日）。 ・神仏分離令（判然令）（四月二〇日）。
1869	明治二	11	・福岡亀井塾へ入学し、生徒として過ごす（年末）。	・メアリー・キダー（米国オランダ改革教会）来日。 ・タムソンの日本語教師小川義綏と、弟子の鈴木鉀次郎、「老婦人」鳥屋だい、横浜でタムソンより受洗（二月）。 ・クリストファ・カロザース、ジュリア・カロザース（米国長老教会）、横浜に来日（七月二七日）。東京拠点責任者となり築地外国人ホテル館に滞在、一〇月半ばに築地南小田原町一丁目の日本家屋を改築して移住。	・明治天皇江戸城に入る（五月一〇日）。 ・戊辰戦争終結（六月二七日）。 ・築地鉄砲洲に居留地を開く。

(1869)				・タムソン、東京に注力のため、小川義綏夫妻を伴い築地入船町の日本家屋へ入居（一二月）。 ・フルベッキ、長崎から東京へ移り大学南校の教頭となる。	
1870	明治三	12		・コーンズ、フルベッキの推薦で一月一九日より大学南校のお雇い教師となり、二月に神田一橋の官舎に家族と転居。 ・カロザース夫妻、タムソンと共に、築地居留地の競り貸し（六月二日）で六番区へ。クリストファが現場監督となり一〇月には二棟を建築。A棟にカロザース、B棟にタムソンが入居。ジュリア、A六番女学校（女子学院の前身）を開設。横浜にキダー女塾（フェリス女学院の前身）開設。 ・コーンズ一家、船の爆発事故で死亡（八月一日）。タムソン、コーンズの大学南校での講義を代行（—一二月末）。	・明治政府、小中学の教則を定め、東京に小学校ができる。
1871	明治四	13	廃藩を機に福岡から大阪へ戻る（秋—冬）。	・タムソン、和歌山藩に招かれ一〇日ほど滞在（三月）。 ・ジュリア、コーンズの遺児ハリーを連れて一時帰国（三月）。 ・タムソン、十三大藩海外視察団の通訳兼案内人として欧米へ（六月二三日）。	・十三大藩海外視察団出発（六月二三日）。 ・廃藩置県の詔書（八月二九日）。 ・岩倉使節団出発（一二月）。
1872	明治五	14	・大阪中之島の結城英語塾に通う。 ・父の上京に隠れて同行し、上京をはたす。築地門跡前、東久世伯邸に寄留（秋—冬）。	・初週祈祷会（一月）を発端として横浜居留地一六七番バラの会堂で、プロテスタント初の日本人の教会である日本基督公会（横浜公会、現・横浜海岸教会）設立（三月一〇日）。非教派主義。 ・ジュリア再来日（三月五日）。築地で女子教育を再開。A六番女学校の始まり。 ・「明治五年の銀座大火」（四月三日）翌日、築地六	・新橋（現汐留）—横浜（桜木町）間の鉄道開業（一〇月一四日）。 ・学制発布。学事奨励に関する被仰出書（八月三日）。 ・義務教育開始。

				番の両棟焼失。カロザース夫妻は、馬喰町付近の日本旅館「新山田屋」に仮住まい。チャペル、台所棟、書庫を含め再建し、五月下旬には戻る。クリストファ、慶應義塾で（六月―）、ジュリア、上田女学校で（八月―）教師として働く。 ・H・ルーミス（米国長老教会）夫妻、ローゼイ・ミラー（インブリーの従兄。米国長老教会）横浜に来日（初夏）。 ・タムソン、視察団訪問から帰国（七月一〇日）。 ・東京ユニオン教会献堂式。アマースト大学J・H・シレー説教（九月三日）。 ・在日プロテスタント合同による第一回宣教師会議、ヘボン宅で開催（九月二〇―二五日）。超教派の公同的な「基督公会」設立を決議。	・マリア・ルーズ号事件→娼妓解放令（一〇月）。
1873	明治六	15	・東久世伯家の書生となる（東久世が岩倉使節団から帰国した九月以降）。 ・午前は東久世家で、午後、居留地内築地六番の長屋の二階で、パークから英語を習う（一八七四年？）。	・カロザース夫妻、築地六番ABを再建し、二月初めまでに台所棟から自宅A棟に移る。ジュリアの学校はチャペルで行なわれ、一〇月までには自宅屋根裏（三階）に寄宿生一〇人。 ・タムソン、築地六番台所棟二階、小川義綏夫妻階下へ移住（二月）。 ・中村敬宇、同人社を設立（二月）。 ・メアリー・C・パーク（米国長老教会）来日、カロザース夫妻宅に同居（五月）。 ・ローゼイ・ミラーはメアリー・キダーと結婚し（七月）改革派に移籍。 ・タムソン、東京での超教派日本人教会設立を目指し、六番台所棟で聖書クラスを開き、小川義綏、粟津高明、北原義一（道？）、安川（高橋）亨ら横浜公会の東京転居組が神学教育を受ける。A六番の	・太陽暦採用。明治五年一二月三日を一八七三年（明治六年）一月一日とする。 ・キリシタン禁制高札廃止（二月二四日）。 ・天皇の「御真影」の下賜が奈良県令の願い出から始まり（六月四日）、他府県に広がる。 ・森有礼が主となり「明六社」が結成される（七月）。中村敬宇も創立社員。

(1873)	1874
	明治 七
	16
	・築地大学校開校を聞き入学、寄宿生となる（初夏）。 ・カロザースより、出口たか、戸田欽堂、原胤昭、土屋梅吉、土屋まし（梅吉実母）、千村きよ（千村五郎の妻）、都築馨六、松浦一郎、鈴木舎定、田村の一〇名で受洗し（一〇月一八日）、千村五郎（先に受洗）と共に一一名で東京第一長老教会を設立（一一月一五日）。受洗者に林清吉の名がある資料あり。 ・東京第一長老教会でクリスマス祝会が開かれる（一二月二五日）。指導は築地大学校のカロザース、田村は原胤昭、鈴
カロザースも自宅で青少年の英語教育と聖書講義。 ・非教派主義のタムソンによって横浜公会の東京支会申請書が提出され（九月六日）、築地一七番の外国人教会（東京ユニオン・チャーチ）で日本基督東京公会の創立式が行なわれる（九月二〇日）。仮牧師にタムソンが就任し、自給宣教師となる（—一八八一）。 ・ケイト・ヤングマン、A・M・ガンブル（米国長老教会）が来日（—七月）、一二月に横浜から築地B六番館へ移住、間もなくカロザースと衝突。 ・O・M・グリーン（米国長老教会）横浜に来日（一二月一日）自派教会。 ・ヘボン、カロザース、中国のアモイ大会に所属する中会を組織（一二月三〇日）。 ・J・ソーパー（米国メソヂスト教会）、築地明石町の自宅で安息日学校を開く。	・ヤングマンのもとで女子生徒二人が学ぶ。B六番女学校の始まり（—一八七四年初め）。 ・クリストファ、築地入舟町で築地大学校（英語塾）開始（三月頃）。 ・タムソンとパークが台所棟二階で男子生徒を教え、ヤングマン、ガンブルはB六番で各々女子生徒をとり、A六番チャペルではジュリアが二四名の女学生を教える（四月末）。 ・タムソンとパークが結婚（五月一一日）、台所棟の二階が空き、ガンブルが居住。ガンブルは自らの学校を持つことを計画。 ・クリストファ、新湊町に寄宿舎つきの英学校、築地大学校開校（初夏）。築地大学校に学んでいた千
	・東京に女子師範学校設立。中村正直が摂理（校長）となる（三月）。 ・地租改正（七月八日）。

	1875
	明治八
	17
木舎定、戸田欽堂、都築馨六らと共に企画、日本初となる戸田忠厚扮する裃姿のサンタクロースが登場する。	・築地六番神学校（クリストファがジュリアの女学校にて開始した長老教会の神学校）へ入学（一月、最初の入試で、田村を含む七名が合格したとされる。原猪昨、石原保太郎、篠原闇蔵、南小柿洲吾のヘボン塾の四名のほか、田村、太田留助らがいた）。
村五郎（後に木曾と改称）、A六番チャペルにて受洗（七月）。伝道局から教派主義の支持（七月中旬）を受ける。ガンブルハウスを購入し築地大学校校舎とする。隣接地も購入（七月）。 ・ヘボン塾でルーミス、O・M・グリーンの指導を受けていた一八名の信徒、ルーミスを仮牧師に横浜第一長老教会設立（九月三〇日）。 ・同人社女子分校開校、女子の入学を許可（秋）。 ・M・トゥルー、中国より横浜へ来日（一一月）。 ・中村敬宇、G・カックランより受洗（一二月二五日）。	・新島襄、タムソンの東京公会メンバーに教派主義を説き（三月）、安川亨、戸田忠厚ら八名がカロザースの東京第一長老教会へ転籍。 ・東京ユニオン・チャーチ、東京で天然痘が流行したため、東京公会のチャペル使用を断る。タムソンは五か月をかけて新会堂を建設。 ・築地新栄橋袂に東京公会新会堂建設、献堂式（六月一九日）。 ・ジュリアとヤングマン、カロザースと伝道局との対立が激しくなる。 ・ガンブル、香港で長期療養の末、ミッションを辞任（九月）。 ・インブリー（米国長老教会）長老教会のミッション問題解決のため妻と横浜に来日（九月二六日）。一八七六年一月東京に転居。 ・ジュリアの両親、来日し、A六番に滞在（夏―一〇月）。
	・学齢が六―一四歳と定められる（一月八日）。 ・津田仙、学農社設立（七月）。 ・自由民権運動が盛んになり、各地で農民一揆が起こる。

	(1875)	1876	1877
明治		九	一〇
		18	19
		・カロザースのミッション辞任にともない、東京第一長老教会を離れ、二八名の信徒で、銀座に日本独立長老教会を創設（四月四日）。銀座三丁目の幸福安全社の集会所で最初の主日礼拝を守る（四月九日）。この日本独立長老教会は、六月六日から原女学校を仮会堂として礼拝を守り、銀座教会と呼ばれるようになる。 ・ジュリアに伴い広島へ向かう（八月）。数か月後、再びジュリアと共に広島を去り、ジュリアは神戸に滞在、田村は東京に帰る。	・東京一致神学校に編入学（一〇月）、神学教育を受ける。最上級生に安川亨、井深梶之助、植村正久、瀬川浅、雨森信成がおり、次の級に山本秀煌、石原保太郎、田村直臣、藤生金六など（当時、明白な卒業の制度はなかった）。
	・クリストファ、他の宣教師から孤立し、辞任を考え始める（年末）。安川亨の出身地、千葉県下総東葛飾郡法典村で伝道（一二月二八日に法典教会創立）。	・クリストファ、「イエス／ヤソ」問題で在日ミッション辞任を宣言（一月四日）。三月二二日付で海外伝道局から辞任承認の通知。 ・長老派、改革派に基督公会、スコットランド一致長老教会が加わり三つの長老制を合同するための委員会設置を決定（五月一六日）。 ・東京第一長老教会の一部、ミッションを離れ、「日本独立長老教会」を創立（四月四日）。ジュリアの女学校、廃校。クリストファは広島へ、ジュリアは原女学校に赴任するが、病気のため辞職し、広島へ向かう（八月一六日）。 ・日本独立長老教会併設の女学校として、原胤昭、戸田欽堂らの出資により（成樹女学校↓）原女学校が銀座三十間堀（銀座三丁目）に開校される（六月）。教師はジュリアからトゥルーに引き継がれる。 ・桜井ちか、麴町に桜井女学校を開設。	・ジュリア、「ペキン号」で横浜から離日、帰国（三月三日）。 ・日本基督公会、日本長老公会、米国長老派ミッション、米国改革派ミッション、スコットランド一致長老派ミッションの合同が決定し（九月一七日）、第一回中会で、この合同教会を「日本基督一致教会」と命名（一〇月三日）。 ・日本基督一致教会、自派の牧師養成のため、築
		・太政官布告二七号、四月より一、六休日を廃止、日曜全休、土曜半休が布告される。 ・東京女子師範学校附属幼稚園（日本初の公立幼稚園）設立（一一月一六日）。	・西南戦争（二―九月）。

				地六番小会堂に東京一致神学校を開校（一〇月七日）。九月に授業開始、明石町十七番に少し遅れて校舎完成。教授にインブリー、アメルマン、マクラーレン、講師にフルベッキ、ミラー、タムソン。生徒は、聴講含め三〇名。 ・十字屋より、日曜学校カード「田村有成画、美術絵画、教えの札」が発売される（一〇月）。 ・B六番女学校（グラハムセミナリー）、築地四二番に新校舎を建設し新栄女学校と改称。	
1878	明治一一	20	・女学校七校と日曜学校生徒による日曜学校大集会が築地新栄会堂で開催され、津田仙、奥野昌綱、島亘、フルベッキらと共に弁士となり、「日曜学校の歴史と該校を盛大にすべき事」について演説（五月一五日）。 ・原胤昭経営「耶蘇教書肆十字屋」の支配人となり、十字屋二階に住込む。	・原女学校閉校。トゥルーも新栄女学校へ移動する。築地居留地四二番新栄女学校、三八番立教女学校、一三番海岸女学校（青山学院の前身）の三校は「築地の花」と呼ばれる。 ・トゥルーと矢嶋楫子、初めて面会し（秋）、トゥルーは矢嶋を新栄女学校の教師に起用する。 ・日本初の日曜学校合同大会参加七校、四〇〇名（五月）。	・大久保利通、暗殺される（五月一四日）。
1879	明治一二	21	・聖職試補への准允を受け、銀座教会の日本基督一致教会への加入が認められる（四月）。 ・奥野昌綱によって原女学校仮会堂にて、按手礼を受け、銀座教会の牧師に就任（一二月二四日）。	・トゥルーは出口たかを伴い金沢へ赴任（九月）。 ・矢嶋楫子、タムソンより受洗（一一月九日）。	・「教学聖旨」儒教的徳育の強化（八月）。 ・「教育令」（自由教育令）（九月）。
1880	明治一三	22	・原が女学校跡地を手放すことになり、銀座教会は津田仙の好意により農学場分校に移転、京橋教会となる。この新肴町の新会堂に牧師室が出来、十字屋二階から離れる（四月頃）。 ・植村正久、小崎弘道らと日本基督教青	・神戸に福音舎設立、ダッドレー『幼育草』（こそだてくさ）出版。 ・トゥルー帰京、桜井女学校の運営に当たる。矢嶋は桜井女学校校長となる。 ・桜井女学校、新校舎を麹町中六番町に建築。	・「教育令改正」教育の国家統制強化。修身、小学校の科目にはいる（一二月）。 ・朝鮮の京城に日本公使館設置。

(1880)	1881	1882	1883	1884
	明治一四	明治一五	明治一六	明治一七
	23	24	25	26
年会を設立（五月四日）。発会式は田村の新肴町の会堂で行なわれ、機関紙『六合雑誌』の創刊に編集事務として関わる。 ・ロバート・レイクスの日曜学校百年祭に出席（於・新栄教会、六月二六日）。 ・**「忠義なる鼓手の話」『七一雑報』**（八月二七日発行）に掲載される。 ・**『童蒙道の栞』（『童蒙道迺栞』）**を十字屋書舗より刊行（一〇月）。 ・J・S・ミルの男女同権論に賛同、女性擁護の言動を始める。長老派の築地英和学校（後の明治学院）の英語教師となる。	・銀座教会にて峰尾ゐい（一五歳）に授洗（一月三日）。	・フルベッキと信州伝道旅行（五月―）。東京に戻ると教会内で疑姦通事件がもちあがっている。嫌疑は晴れるが牧師を辞任（六月）。 ・横浜港を出立し（八月）、サンフランシスコ、ニューヨークを経て、ニューヨーク州シラキュース市のオーバン神学校に入学（秋）。	〈米国〉	〈米国〉
	・桜井ちか、桜井女学校を辞任。矢嶋楫子（新栄女学校教師）とトゥルー（北米長老教会フィラデルフィア婦人伝道局）が運営にあたる。	・クック、リバイバル伝道集会を東京、大阪で開催。	・インブリー一家（四人）、シティ・オブ・ペキン号で一時帰国。トゥルー母子、同号に乗船（一〇月二三日）。	・桜井女学校幼稚保育科（日本発の私立保姆養成所）開設（九月）。
	・国会開設の勅令（一〇月一二日）。	・壬午軍乱（七月二三日）。 ・福島県令三島通庸、河野広中ら自由党員を検挙。福島事件（一一月二八日）。	・鹿鳴館開館（一一月）。鹿鳴館時代が始まる。	・デフレ政策による不景気が広まる。

1885	明治一八	27	・ニューヨーク州クリフトン・スプリングのサナトリウムで療養中の新島襄が、オーバンに田村を訪ね、寄宿舎の部屋で終日快談。 ・オーバン神学校を日本人卒業第一号で終える（春）。 ・ニュージャージー州プリンストン神学校に大学院生として入学（秋）。プリンストン大学でも受講し、心理学を学ぶ。	・教勢　教会一一五、信徒一万〇五四二、日曜学校七三、教師二一三、生徒六八五三。 ・京橋教会、新肴町の家屋を売却し、数寄屋橋見附内の古下宿屋を買い取り小会堂を建てる。	・太政官制度が廃止され、伊藤博文により内閣制度が制定される。初代文部大臣に森有礼就任（一二月二二日）。
1886	明治一九	28	・プリンストン大学（総長マコッシュ）でＭＡを取得（六月）。 ・パレスチナ、欧州、アフリカ、インドを旅行し帰国（一一月下旬）。 ・婦人矯風会創立集会で、帰朝直後の「米国婦人談」を講演（一二月六日、於・日本橋教会会堂）。 ・京橋教会は有楽町に移転し、数寄屋橋教会と改称していたため、数寄屋橋教会牧師となる（一二月）。	・レビット夫人来日。女性による禁酒運動の講演（通訳渡瀬かめ）を行なう（六月）。 ・矢嶋楫子、東京婦人矯風会を創立（一二月六日）。会頭となる。 ・大阪に青年会館が建設されたのに触発され、銀座一、二丁目に「ＹＭＣＡ」（基督教青年会）の看板が掲げられる。	・帝国大学令公布（三月八日）。 ・小学校令（義務教育制）、中学校令、師範学校令公布（四月一〇日）。
1887	明治二〇	29	・数寄屋橋教会牧師就任式（一月）。 ・東京婦人矯風会の演説会で、松山高吉、井深梶之助と共に講師を務める（三月五日）。 ・峰尾ゑい、渡米し（八月）、ニューヨーク州のエルマイラ女子大に入学。 ・数寄屋橋教会の小会堂から大会堂建築を行ない完成間近で大嵐により倒れる（一〇月八日）も、再建、献堂式を挙行（一二月三〇日）。	・矢嶋楫子、矯風会主意書「女子の勧告文」を発表（朝野新聞、八月六日）。 ・トゥルー、講演「善良なる模範の価値」を『女学雑誌』七二号に掲載（峯尾栄子口訳、八月二〇日）。 ・スイフト、基督教青年会を視察（秋）。	文部省、教科用図書検定規則を制定（五月七日）。

1888	明治二一	30	・数寄屋橋教会において北村透谷に授洗（三月）。 ・芝白金三光町に「自営館」を設立（一〇月八日）。笹尾粂太郎ら三名の学生の寄宿舎として開始。 ・透谷と石坂ミナの結婚式を司式（一一月三日）。 ・『**童蒙道しるべ**』を十字屋書舗より刊行（一二月）。	・警醒社発行の基督教新聞に「万国共通日曜学校課程表」が発表される。 ・教勢　教会二〇六、信徒二万四一三一、日曜学校二六七、生徒一万六八二〇。 ・「童蒙さんびか」「童子環書問答」「安息日学課子供の学び」などが出版される。	・国歌「君が代」の制定を条約国に通告。
1889	明治二二	31	・元老院に提出（六月二七日）する一夫一婦制の建白書に名を連ねる。 ・大日本帝国憲法の発布によって「信教の自由」が認められたことを祝い、数寄屋橋教会で祝賀会を開催、銀の聖餐道具を新調（二月一一日）。 ・『**創世記註釈**』（奥野昌綱校閲）を十字屋書舗より刊行（四月）。 ・日本基督一致教会第五回大会で教会規約編成委員に就任（五月）。 ・同志社で開催された、第一回夏期学校に参加し、新島襄の開校の辞に感激する。合同問題について新島と会談。 ・東京伝道学校の校長となる（九月二二日）。 ・『**真神を信ずる理由**』を私家版にて刊行（九月）。 ・『**米国の婦人**』（*American Women*）を発行者・田村直臣（＝有楽堂主人）として刊行（一二月）。 ・峰尾ゑい、米国留学より帰国（一二月）。スイフトと同船。 ・『**子供の頓智**』を刊行。	・一夫一婦制の建白のため同志を募る大阪矯風会文書（東雲新聞、六月四日）。 ・矢嶋楫子、八〇〇人の署名と共に「一夫一婦の建白書」を元老院へ提出（六月二七日）。 ・一八八七―八九年の日本基督一致教会（長老派）と日本組合基督教会（会衆派）との合同問題が不調に終わる。 ・米国青年会よりスイフト主事が派遣され、ＹＭＣＡの再建へ。	・大日本帝国憲法・皇室典範公布（二月一一日）。 ・文部省訓令、教員、学生、生徒の政論を禁止（一〇月）。
1890	明治二三	32	・井深梶之助司式により峰尾ゑいと結婚（一月一五日）、有楽町に住む。 ・『**聖書を神の言葉と信ずる理由**』を私家版で刊行（一月）。	・桜井、新栄の長老派系女学校が合併、女子学院となる。初代院長矢嶋楫子。	・「教育ニ関スル勅語」発布（一〇月三〇日）。 ・第一回帝国議会（一

	1891
	明治二四
	33
・日曜学校の国際統一教案（ＩＵＬ）の**田村直臣訳「萬国安息日学課」**が『基督教新聞』三四六号より連載され、同日創刊の『福音週報』に同じＩＵＬの植村正久訳「日曜学校課程」が掲載される（三月一四日）。 ・**『対照聖書辞典』**（七版を重ねる）を米国聖教書類会社より刊行（三月）。 ・田村纓『キリストをのぞむこと』が私家版で刊行される（四月）。 ・**『基督教と政治』**を警醒社書舗より刊行（四月八日）。 ・**『霊魂の不滅を信ずる理由』**を私家版で刊行（七月）。 ・「福音週報」第二四号に、有楽堂主人の名で寄稿（八月）。 ・**『約翰伝註釈』**を警醒社・十字屋書舗より刊行（一〇月）。 ・長女みね誕生（一一月）。 ・牧師の兼職に批判が起こり、教会総会（議長奥野昌綱）は田村の留任を決定するも、反対派信徒（世良田亮、手島荒二ら）は離脱、数寄屋橋教会は分裂する。	・**『基督教を信ずる理由』**を十字屋書舗より**『贖罪の必要を信ずる理由』『基督の神たる事を信ずる理由』**を私家版で刊行（四月）。 ・**『馬太伝註釈』**警醒社・十字屋書舗より刊行（五月）。 ・**『馬可伝・路加伝福音書　新約聖書註釈』**を警醒社・十字屋書舗より刊行（七月）。 ・「自営館設立の旨意」を『福音新報』に掲載（七月三一日）。 ・**『童蒙をしゑ草』**を一二三館より刊行（一二月）。 ・白金の自営館に転宅。次女ひで誕生（翌年説もあり）。 ・**『幼年の針路』**刊行。 ・「不敬事件」後、入院中の内村をモリス夫妻と共に訪問。
・新島死去。長老派、組合教会との合同ならず「日本基督一致教会」から「日本基督教会」へ。 ・インブリーへの暴行事件が起こる（五月一七日）。この頃、それまでの欧化主義が日本主義に一転し、国家主義的機運が高まる。	・内村鑑三、一高での拝戴式において教育勅語に拝礼を行なわない「不敬事件」（一月九日）。 ・第一回世界日曜学校大会（ロンドン）。 ・婦人矯風会は帝国議会に一夫一婦制に基づく刑法民法の改正を求める請願を提出（一一月三〇日）。
一月二九日）。 ・小学校令（第二次）（一〇月七日）。	・井上哲次郎『勅語衍義』（教育勅語の解説書）を出版（九月）。 ・文部省「小学校祝日大祭日儀式規定」を制定。御真影、勅語の奉安を訓令（一一月一七日）。 ・田中正造、議会に足尾銅山の鉱毒に関する質問書を提出（一二月一八日）。

1892	明治二五	34	・**個人雑誌『いのち』、週刊雑誌『わらべ』**（編集人＝田村直臣、編集発行人＝倉田繁太郎）を十字屋書舗より創刊（一月）。『わらべ』の挿絵は和田栄作。 ・東京伝道学校校長を辞任し（五月）、自営館内に、ムーディの聖書学院・信徒伝道者養成機関をモデルとした日本伝道学校を創設。 ・一年間の再渡米（六月―）。「自営館」運営資金調達のため『日本の花嫁』（英文）の出版に奔走。	・矯風会、一夫一婦制の請願（刑法民法改正）と在外売淫婦取締法制定を貴衆両院と政府に提出。なかなか聞き届けられなかったが、毎年誓願を続行。	・井上哲次郎『教育時論』（一一月）で、キリスト教が勅語の主旨に反すると発表、「教育と宗教の論争」が始まる。
1893	明治二六	35	・***The Japanese Bride***（Harper's Black & White Series の一冊）をニューヨークのハーパー&ブラザース社より刊行（一―三月）。 ・日本に帰国し（六月）、巣鴨宮下（現・豊島区南大塚一丁目）に三三〇〇坪の土地を入手（七月）。 ・日本基督教会東京第一中会定期大会（於・芝教会）において「同胞讒誣罪」と定められる（一〇月五日）。中会の決定を不服とした田村は大会に上告。 ・**日本語版『日本の花嫁』**は印刷製本を完了するが、騒ぎとなっていたため内務省より発売禁止処分を受ける（一〇月一八日）。 ・田村直臣原著、一二三館編集部訳術《ママ》『日本の花嫁』の出版広告が『福音新報』一三六号に掲載される（一〇月二〇日）。	・植村正久、『福音新報』（第三巻二二号）に「日本の花嫁」と題して、初めて批判記事を掲載（八月一八日）。 ・巌本善治『女学雑誌』三五二号の社説に、日本の花嫁の非難記事を掲載（九月二四日）。 ・第二回世界日曜学校大会、米国ミズーリ州セントルイスで開催。主題・伝道のための組織。 ・全国組織「日本婦人矯風会」設立。一九〇五年頃から「日本キリスト教婦人矯風会」の名称が使われる。	・文部省訓令「小学校修身教授ニ関スル注意」（八月二九日）。
1894	明治二七	36	・三光隠士の筆名で**『幼年道の栞』**を自営館出版部より刊行（一月）。 ・週刊キリスト教新聞『いのち』（発行人・峰尾治平、発行・自営館出版部に変更）に自営館生の募集広告を掲載（三月）。 ・日本基督教会大会（於・新栄教会）は東京第一中会の「同胞讒誣罪」の決定を不当とするが、翌日押川方義が、田村の「教職剥奪」を動議し決定（七月四―五日）。田村はこ	・東京、神田に東京基督教青年会館建設。 ・北村透谷、芝公園で自殺を図り二五歳で没す（五月一六日）。透谷主筆の月刊雑誌『平和』（一八九二年三月―）一二号で廃刊（五月）。透谷が加藤万治と共に	・清国に宣戦布告。日清戦争始まる（八月一日）。 ・高等学校令（六月二五日）。

西暦	和暦	年齢	田村直臣関連	キリスト教・教育	社会
			れを不服とするも認められず、日本基督教会を離脱。 ・巣鴨に「自営館」（巣鴨会館）と牧師館を建設し、白金から移転（八月）。敷地に野球場、テニスコート等も設置。	創設した「日本平和会」（一八九〇―）日清戦争開戦間もなく解散。	
1895	明治二八	37			・日清講和条約調印（四月一七日）。
1896	明治二九	38	・巣鴨の自営館にて山田耕筰（一〇歳）を預かる（九月）。	・トゥルー、角筈村の衛生園で没（四月一八日）。青山墓地に埋葬される。 ・フレーベル会設立（四月二一日）。	・台湾総督府官制を公布（一〇月二一日）。
1897	明治三〇	39	・長男朋良誕生（五月）。 ・**ハムモンド著、田村直臣訳『子供を基督に導くの秘訣』**を基督教書類会社より刊行（一月）。		・師範教育令（一〇月九日）。
1898	明治三一	40	・渡米（六月）。滞米中に自営館の資金集めに奔走するが、献金は思うように集まらなかった。トゥルーの姉をペンシルバニア州リトルミドゥに訪問（九月二九日）。 ・**ちりめん本「自営館 *Jieikwan*」**（英文）を発行。	・第三回世界日曜学校大会（ロンドン）、日本の報告・池原遠。池原、麻布に日曜学校社を設立。	・明治民法施行（七月一六日）。
1899	明治三二	41	・半年の米国滞在から帰国（一月二七日）。自営館は、この年から、経営していた普通学校を廃止し、事業部門を徐々に縮小する改革を行なう。 ・九教派合同の発起で、池原遠による第一回日曜学校教授法講話会（於・霊南坂教会）が開催され、三戸吉太郎らと共に出席（七月三―八日）。 ・**『ツルー夫人之伝』**を「故ツルー夫人記念館」設立所より刊行（一二月）	・外国人居留地廃止（七月七日）に伴い、キリスト教伝播をおそれた当局の、キリスト教学校を標的とした訓令一二号に対し、「法令ノ規定アル学校」からはずれて各種学校となることを選択する学校もでてくる。	・高等女学校令（二月）。良妻賢母思想に基づく女子教育を制度化する。 ・不平等条約の改正、居留地廃止（七月七日）。 ・文部省訓令一二号（公認学校で宗教儀式、宗教教育の禁止）（八月三日）。

1900	明治三三	42	・山田耕筰に洗礼を授ける（六月三日）。	・大阪で開催の第一〇回福音同盟会、二十世紀大挙伝道を決議し、協議会、祈祷会を実行するが、成果のない状況が続く。	・治安警察法成立（三月九日）。
1901	明治三四	43	・二十世紀大挙伝道への協力を鵜飼猛から依頼され、副部長として企画。霊的準備のため、四月最終週と五月第一日曜に、銀座教会で連合祈祷会を実施。 ・京橋区の二十世紀大挙伝道を五月第二日曜から開始。二週間連日、集会を開き、毎日説教する（五月一二―二六日）。 ・三女まり誕生（六月）。 ・京橋区のリバイバルから、東京全市の大挙伝道へ（―六月三〇日）。 ・東京のリバイバルを報告するため、綱島佳吉と東北、北海道地方へ使節として向かう（夏）。 ・潮田千勢子、石原保太郎の懇望を受け、足尾銅山鉱毒地へ赴き（一一月二八日）、翌日開催の「鉱毒地救助演説会」で演説、救済運動に関わり始める。 ・「鉱毒視察修学旅行」を委員長として企画、参加学生を率いて鉱毒地の現地視察を実施（一二月二七日）。 ・学生の鉱毒地視察報告大演説会を東京キリスト教青年会館で開催（一二月三〇日）。 ・**週刊「幼年教育」**を警醒社より発行し一〇号でいったん終刊するも、個人発行で一〇〇号まで継続。	・二十世紀大挙伝道は、東京全市の大伝道を終え、青年会館において大感謝会を開催（七月上旬）。 ・婦人矯風会、足尾鉱毒地を視察（一一月）。 ・田中正造、足尾鉱毒問題で天皇に直訴（一二月）。 ・二十世紀大挙伝道が始まり翌年九月に中止を宣言。 ・一一月「日曜学校」第一巻第一号日曜学校社から発刊。 ・植村正久と海老名弾正の間で「基督論争」が始まる。	・田中正造直訴事件。
1902	明治三五	44	・足尾鉱毒被害救済を訴え、木下尚江、潮田千勢子と京阪神地方を遊説（一月五―一五日）。大津市坂本町交道館（一月六日）、京都四条教会（一月八日）、神戸教会（一月一〇日）、大阪土佐堀青年会館、京都洛陽教会（一月一一日）。 ・京都洛陽教会で鉱毒救済集会が開催され、弁士となる（二月）。	・東京日曜学校同盟会第三回総会で池原遠らにより日本日曜学校同盟組織の議が提出され可決（三月八日）。 ・子供雑誌「をさなご」創刊、浅田洋次郎「日曜学校」廃刊	・日英同盟協約（一月三〇日）。 ・教科書疑獄事件で一斉検挙（一二月一七日）。

西暦	和暦	年齢	田村直臣関連事項	キリスト教関連事項	一般事項
			・足尾銅山を視察し、東京鉱毒調査委員会に報告の後、この事件から手を引く（一〇月）。	（一一月）。	
1903	明治三六	45	・四女蕙（けい）誕生（四月）。 ・**合本『基督教を信ずる理由』**を基督教書類会社より刊行。	・アメリカに宗教教育協会（REA）設立。	・小学校国定教科書制度公布。
1904	明治三七	46	・破産の危機に直面し、日露戦争の真っ最中に神奈川丸で渡米（四度目）。運営に行き詰まった自営館について、バブコックより援助と助言を得る。 ・北米長老教会日曜学校局幹事ウォンデン博士を訪問。日本の日曜学校への援助を求める。ムーディーの「聖書夏期講習会」に参加（牧会漫談）。 ・**『母と子供』**を刊行。	・第四回世界日曜学校大会（エルサレム）。主題・児童憲章。 ・東京神学社創立（一一月三日）。	・日露戦争開始（二月一〇日）。 ・平民社、反戦論を『平民新聞』に掲載（二月一四日）。 ・第一次日韓条約（日韓議定書）調印（二月二三日）。 ・第一期国定教科書が使用される。
1905	明治三八	47	・米国滞在中に、次男襄の誕生の知らせを受け帰国するも、襄は病気のため三か月で早世（三月五日）。 ・自営館の労働事業をすべて廃止し、勉学に専念させ「田村塾」と改称（春）。純日本式の瘤教会堂を巣鴨に造る。 ・岸田吟香の葬儀を司式（六月八日）。 ・トロントでの国際日曜学校大会に書状を送る。 ・東京YWCAの創立発起人となる。	・国際日曜学校大会（トロント）、ハインツが日本への寄付を表明。 ・国際日曜学校協会（ISSA）創立。 ・東京基督教女子青年会（会長津田梅子）発足、東京YWCA創立（一一月二五日）。	・旅順開城（一月二日）。 ・日露講和会議が開かれ（八月一〇日）、ポーツマス日露講和条約調印（九月五日）。
1906	明治三九	48	・三男襄次誕生（三月）。 ・鎌倉で日曜学校夏期講習会を開催。「日曜学校協会」（実質は日曜学校の全国組織結成を呼び掛ける委員会であったと思われるが、「日曜学校協会」の名称を用いていたため、翌年のNSSAと混同される）を組織し、会長となる（八月）。日曜礼拝の終わった数寄屋橋教会などを会場に、学習会を	・鎌倉メソヂスト教会の日曜学校夏期講習会閉会後、全国組織結成の準備委員として、田村、鵜飼猛、小室篤次、荒川文六、及川勇五郎の五名が選出される。 ・ハインツ提議の日曜学校組織	・学生の思想風紀について訓令（六月九日）。 ・米国で日本人排斥運動広がる。

(1906)			開催。 ・数寄屋橋教会において、日曜学校から育てた岸田劉生が及川勇五郎より受洗（一二月）。及川は翌年留学のため渡米。	強化のため、ブラウンが来日。 ・JKU（Japan Kindergarten Union）結成（八月）。	
1907	明治四〇	49	・ブラウン、日本日曜学校協会設立を議す。田村、幹事は日本人とし、宣教師を正会員にしないこと、毎年一〇〇〇ドル、ハインツが寄付することを主張。 ・日本日曜学校協会の設立に際し、文学委員長に選出され、級別の日曜学校教科書の編纂に取り組む（五月）。 ・**『二十世紀の日曜学校』**を警醒社書店より刊行（三月）。 ・伝道者を志し、日曜学校教師をしていた岸田劉生に、洋画家になることを勧める（岸田は翌年、黒田清輝に師事）。	・教文館にブラウンを迎え、日本日曜学校協会設立準備会（一月）。 ・第一回全国日曜学校大会（東京）。日本日曜学校協会（NSSA）創立（五月）。 ・第五回世界日曜学校大会（ローマ）、主題は継続して児童憲章。同大会で世界日曜学校協会（WSSA）設立。 ・救世軍総司令官W・ブースが来日、天皇に謁見（四月二〇日）。 ・メソヂスト在日三派が合同し、日本メソヂスト教会を設立（七月）。	・小学校令改正。義務教育年限は四年から六年となる（三月二一日）。 ・第三次日韓協約。韓国軍解散、韓国皇帝退位（七月二四日）。
1908	明治四一	50	・**日曜学校教科書『小日曜学校之友』**を教文館より出版（八月）。これは、田村の一一年制級別カリキュラムの「小学校一年生用」学課とされ、「日本日曜学校協会文学委員長田村直臣編纂」と「日本日曜学校協会編纂」の両方が記されている。	・第二回全国日曜学校大会（日本日曜学校協会は一九一七年第十一回まで毎年大会を開催し、それ以降は断続的に一九四一年第二三会大会まで開催）。	・戊申詔書（一〇月一三日）、詔書に関する訓令（一〇月二三日）。 ・戦後恐慌。
1909	明治四二	51	・**田村直臣編著『日曜学校教師養成通信講義』**（非売品）日本日曜学校協会発行（一月二五日）。 ・第三回日本日曜学校大会（京都）で三戸吉太郎の動議、一一年制級別教科書の編纂が決議され、文学委員長の田村に正式に委嘱。	・プロテスタント宣教五十年記念会を開催（東京YMCA）。教派合同のキリスト教大学設立を決議（一〇月五－一〇日）。 ・フレーベル『人の教育』アニー・ハウ、原田助共訳で出版。	・文部省、修身教育と教育勅語、戊申詔書の徹底を訓令（九月一三日）。 ・伊藤博文暗殺（一〇月二六日）。

1910	明治四三	52	・渡米。ワシントン市で開催の第六回世界日曜学校大会に日本代表として出席。大会中五回の演説を諸教会で行なう（一月）。後エジンバラ大会へ→船中での騒動→大会に出席の資格なしとされ帰国。	・第六回世界日曜学校大会（ワシントン）。日本初の公式代表・本多庸一、田中義弘、千葉勇五郎、田村。 ・第一回世界宣教会議（エジンバラ）。本多庸一、井深梶之助、原田助、千葉勇五郎が出席。 ・東京市内日曜学校生徒大会開催（両国国技館）。	・大逆事件・幸徳秋水検挙（六月）。 ・日韓併合（八月二五日）。
1911	明治四四	53	・**『子供の権利』**を警醒社書店より刊行（九月一二日）。翌年三月に再版。 ・**『理想的人物イエスの伝』**（九月一日）、**『旧約書人物論』**（一〇月一〇日）、**『神の選民イスラエル人の物語』**を教文館より刊行。日本日曜学校協会編纂日曜学校学課（一一年制級別シリーズ）の一環。	・吉原遊廓全焼を機に、矯風会、基督教青年会、救世軍は公娼全廃運動を展開（四月九日）。	・幸徳秋水ら一二名が死刑となる（一月二四日）。 ・朝鮮教育令。植民地化した朝鮮で同化教育を実施。
1912	明治四五／大正元	54	・子ども向け週刊読み物**『子供之友』**（四年）と家庭向け総合月刊誌**『ホーム』**（一九一二年第一巻一二号と一九一三年第二巻五号まで）をホーム社より発刊（一月）。**『子供之友』第一集**をホーム社より刊行（六月）。 ・米国土産として日曜学校生徒の野外集会を企画、日曜学校生徒野外集会を実行する（日比谷公園）。 ・**『新約書人物論』**を教文館より刊行（一〇月二五日）。一一年制シリーズの一冊。	・第六回全国日曜学校大会（東京銀座教会）。日比谷野外音楽堂で田村企画の野外生徒大会を実施、約一万人が参加。集会後、参加者は皇居まで旗行進（四月六日）。	・内務大臣主催で神道、仏教、基督教の「三教会同」の懇談会（二月二五日）。 ・明治天皇没、大正と改元（七月三〇日）。乃木大将夫妻の死（九月一三日）。
1913	大正二	55	・日本日曜学校協会第七回大会（於・浪花教会、四月一―三日）二日目の講演会弁士に、田村直臣、スタンフォード・ホール。 ・日本日曜学校協会と決別。 ・「余が日曜学校協会を去りし理由」、「廃刊の辞」が掲載された月刊『ホーム』終刊号を発行（五月一五日）。「子供之	・世界日曜学校協会より、ハインツ一行が来日。各地を巡回する（三月一八日―五月一一日）。 ・神田の大火、救世軍経営の大学植民館が火元とされる。 ・第七回世界日曜学校大会	・中華民国承認。 ・文部省に宗教局が設けられる。

西暦	和暦	年齢	事項	宗教・教会	社会
(1913)			友」は継続発行。 ・「幼年教育」を編纂した児童書『**幼年教育百話**』を警醒社書店より刊行（五月一日）。	（チューリヒ）。	
1914	大正三	56	・『**基督教大意**』を警醒社書店より刊行（三月五日）。 ・H・V・S・ピーク編「自習生用日本語読本甲」(Home Students of the Japanese Language) 警醒社刊行の後半三章を執筆（六月）。	・キリスト教各派は「関東、関西、朝鮮、台湾、中華民国」を対象に三年継続協同伝道を開始。	・第一次世界大戦起こる（七月二八日）。 ・対独宣戦布告（八月二三日）にあたり、戦時下教育ならびに学生、生徒、教職員心得について文部省訓令。
1915	大正四	57	・『**基督教倫理**』をホーム社より刊行。序文日付は「一二月下旬」。 ・『**日曜学校唱歌集**』をホーム社より刊行（一〇月三〇日）。		・吉野作造、デモクラシーの提唱。 ・大正天皇「教育ニ関スル御沙汰」（一一月一〇日）。
1916	大正五	58	・数寄屋橋教会創立四十周年記念礼拝・祝会を執行。山田耕筰が記念の献曲（四月三日）。 ・仏教一一派の夏期学校（於・山口県徳山の真宗派の女学校）で日曜学校問題の講師となる（七月）。夜には、基督教大演説会を開催。	・第一〇回全国日曜学校大会（名古屋）で、田村執筆の教案に代わる、新たな一一年制教案の編纂を決議。委員を決めるも進まず、一九―二二年ごろ一部を刊行するにとどまる。	・大正デモクラシー運動起こる。
1917	大正六	59	・**短編説教集**『**五十二の礎　信仰修養**』を洛陽堂より刊行（九月二六日）。		・臨時教育会議（寺内所信）徳育・知育・体育→護国の精神に富む忠良なる臣民作り。 ・ロシア革命。
1918	大正七	60	・自営館生、田村塾生らに贈られ、還暦記念の中国旅行に赴く（五月あるいは七月）。帰国後八月の役員会で教会移転の話が出る。		・米騒動起こる（八月六日）。 ・シベリア出兵（八月）。

			・数寄屋橋教会を巣鴨（すでに建設してあった瘤教会堂）に移転し、巣鴨教会と改称。巣鴨で礼拝を開始（一〇月）。		・第一次大戦終結ベルサイユ講和会議（一一月）。
1919	大正八	61	・田村塾を閉鎖し、大正幼稚園（現・巣鴨幼稚園）を開園（一月）。田村塾の建物（パトルソンホーム）は幼稚園保母のホームとする。 ・ジョン・デューイ夫妻の来日と、博士の東京帝大での講義に際し、田村は夫妻で通訳、接待にあたる（原首相との面談をアレンジ）（二―三月）。 ・内村鑑三、松村介石との「三村会」を松村宅で開催、三人の記念写真が残されている（三月一七日）。 ・**『子供の心理』**を警醒社より刊行（三月二三日）。 ・米国経由で第一次大戦後の欧州視察へ（四月）。ベルサイユ講和会議に出席の原敬首相の出発に合わせ訪問。当局から、「彼地に於て帝国の真意を誤解せしめざる様に注意」がある。	・J・デューイ、来日（二月九日）。友人であった新渡戸稲造が学長をつとめる東京女子大学の宿泊施設に滞在。二月二五日から三月二一日まで東京帝国大学で八回の講演を開催。 ・日本基督教同盟会「世界大戦勝利の宣言」を発表。	・台湾教育令（一月）。 ・朝鮮三・一独立運動。 ・中国で五・四運動（排日運動）。
1920	大正九	62	・世界日曜学校大会の会場が開会三時間前に焼失したため青年会館で開会式を開くべく陣頭指揮をとる。 ・**『宗教教育の原理及び実際』**（九月一五日）、**『巴里講和会議後幕のぞきの日記』**を警醒社書店より刊行。	・第八回世界日曜学校大会東京大会（一〇月五―一四日）。開催前の韓国、中国からの反対の声を封じ、海外三二か国より一八〇〇名を迎える大国際大会となる。	・森戸事件（一月一〇日）。 ・国際連盟結成（一月一〇日）。 ・上野公園で最初のメーデー（五月一日）。
1921	大正一〇	63	・**宗教教育教科書（一四年制）シリーズ**を警醒社書店より刊行。この年には**『虫・鳥・獣の話』**（五月一日）、**『イエス・キリストの物語』**（七月一〇日）**『イスラエル人の物語』**が出版され、一九二五年にかけて断続的に刊行される。これらは一部書き下ろしを除き、一九一〇年代に教文館より出版されたものを復刊。	・日本基督教会創立五〇年記念礼拝（一〇月九日）。 ・賀川豊彦、神戸・川崎造船争議を指導する。	・第一次大本教事件（二月一二日）。 ・中国共産党成立（七月）。 ・原首相暗殺（一一月四日）。

1922	大正一一	64	・『**旧約人物論**』（宗教教育教科書シリーズ）、警醒社書店より刊行（四月二日）。 ・『**我が見たる原首相の面影**』を警醒社書店より刊行（一〇月）。		・全国水平社結成、水平社宣言（三月三日）。 ・英国で「世界児童憲章」。
1923	大正一二	65	・「ツルー夫人記念図書館」を開設。 ・『**はげあたま**』を警醒社書店より刊行（七月二七日）。 ・関東大震災で被災した子どもたちを大正幼稚園で一時引き取って支援する。	・日本日曜学校協会（NSSA）、頓挫していた一九一六年の決議（田村に代わる級別教案作成）のため、新たに上沢謙二を主任として作成に取り掛かる。 ・NSSA、財団法人の認可を受け、宮内省からも会館建設の寄付を受ける（五月）。 ・関東大震災のため在来のカリキュラム資料、日曜学校賛美歌を焼失。	・日本共産党大検挙（六月五日）。 ・関東大震災（九月一日）。 ・「国民精神作興に関する詔書」（一一月一〇日）。
1924	大正一三	66	・『**信仰五十年史**』を警醒社書店より刊行（一〇月二八日）。 ・受洗五十年記念の巡回公演で九州各地を訪れ、帰路、三戸吉太郎の計画により関西学院神学部の講堂で「キリストと子供」と題して講演（一一月）。	・第九回世界日曜学校大会（英グラスゴー）。井深、小崎弘道ら一五名。 ・木村清松、野辺地天馬、国民精神作興のための巡回講演。東京市社会教育課と提携し、東京教化同志会の高崎能樹、岩村清四郎、上沢謙二ら公立小学校で奉仕。	・米国の排日法成立。日本人移民の禁止。 ・国際連盟第五回総会「子どもの権利に関するジュネーヴ宣言」（一一月二六日）。
1925	大正一四	67	・『**児童中心のキリスト教**』を大正幼稚園出版部より刊行（九月一日）、再版（一〇月一日）。 ・狭心症を患う。	・植村正久没（一月八日）。 ・三戸吉太郎没（五月二日）。 ・矢嶋楫子没（六月一六日）。 ・NSSAの級別教案が二五―二七年の三回に分けて刊行され	・学校軍事教育法公布（四月一三日）。 ・治安維持法公布（四月二二日）。 ・普通選挙法公布（五

西暦	和暦	年齢	田村直臣関連事項	日曜学校・教会関連	社会
				る。 ・第一五回日本日曜学校大会で理事長小崎退任。山本忠興を推挙（—四一）。 ・東京教化同志会、青山会館に小学校長招待会を開く。以後、一〇年続く。	月五日）。
1926	大正一五／昭和元	68	・巣鴨教会、日本基督教会へ復帰。 ・**『児童の権利』**（一九一一年『子供の権利』の覆刻版）大正幼稚園出版部より刊行（八月二〇日）。朝鮮語にも翻訳されたとされるが未確認。 ・***The Child the Center of Christianity***（一九二五年『児童中心のキリスト教』の英語版）大正幼稚園出版部より刊行（九月二〇日）。	・朝鮮地方日曜学校大会、京城で開催。	・京都学連事件。学生多数が検挙（一月一五日）。 ・幼稚園令公布（四月二二日）。 ・文部省「宗教法案」発表。 ・大正天皇没。昭和と改元（一二月二五日）。
1927	昭和二	69	・岸田劉生によって肖像画「田村直臣七十歳記念之像」が描かれる（七月。現在、東京国立近代美術館蔵）。	・基督教教育同盟会、訓令十二号の撤廃を請願。 ・日曜学校の国民教育への接近が図られ、小学校校長、教員対象の講演会を頻繁に開催。	・貴族院「宗教法案」を否決。 ・「兵役法」公布。 ・山東出兵。
1928	昭和三	70	・**『牧会漫談』**を聖職五〇年記念出版として大正幼稚園出版部より刊行（九月二〇日）。 ・**『宗教教育の手引』**を日曜学校一五〇年祭記念出版として、大正幼稚園出版部より刊行（八月一五日）。 ・**『女子学院五十年史』**（浅田みか子と共編）を女子学院同窓会より刊行。	・第一〇回世界日曜学校大会（米国ロサンゼルス）。日本から二〇〇名が参加。	・特高設置、治安維持法改正。 ・文部省「思想問題に関する件」訓令。全国教員大会「国体観念にもとる学説、思想の絶滅を期す」決議。

年	昭和	年齢	事項	関連事項	社会事項
1929	昭和四	71	・**「日曜学校全廃論」**『福音新報』一七五八号（五月九日）。 ・脳溢血で倒れ、静養する（五月）。 ・**「再び日曜学校全廃論に就いて」**『福音新報』一七六二号（六月六日）。	・日本宗教教育協会設立。会長・小崎、主幹・海老沢亮。機関紙「宗教教育」刊行。 ・「教室より戸外」「受動より能動」「SS教授の生活化」を合い言葉にキャンプ、クラブ、夏期学校などが各地で盛んに。	・文部省に社会教育局を設置。 ・国体観念明徴、国民精神作興のための教化動員について訓令。 ・世界恐慌始まる。
1930	昭和五	72	・『**ナザレのイエスの姿――共観福音書研究**』を警醒社より刊行（六月二〇日）。 ・NSSA、レイクス一五〇年記念会開催（富士見町教会、一〇月一二日）。翌週開催の世界日曜学校日生徒大会（青山学院）で、田村は久しぶりで壇上に立ち、「五〇年前のレイクス一〇〇年祭」について語る（一〇月一九日）。田村発案のカードがNSSAによって印刷され世界に配られる。	・内村鑑三没（三月二八日）。 ・神の国運動（一九三〇―三四）。 ・東京神学社、明治学院が合同して日本神学校創立（四月一一日）。	・日米英、ロンドン海軍条約調印（四月二二日）。 ・台湾で先住民の反日蜂起（霧社事件）が起こるが、日本軍に鎮圧される（一〇月）。 ・失業者四〇万人にのぼる。
1931	昭和六	73	・『**ナザレのイエスの背景**』を警醒社書店より刊行（一二月一日）。 ・『ホーム』全一七号の合本集を、キリスト教会館落成と日曜学校協会・創立二五周年を記念して、日曜学校図書室に寄付（六月一〇日）。 ・NSSA、日曜学校会館献堂式の日に、創立二五年記念会を開催。功労者として、小崎弘道、鵜飼猛、故三戸吉太郎らと共に田村も表彰される（六月一六日）。	・日曜学校協会創立二五周年。神田錦町に白亜の日曜学校会館を建設（六月）。 ・危機神学（弁証法神学）が「日曜学校」に紹介される。 ・基督教保育連盟結成（七月三一日）。JKUから三名の顧問が参加。	・文部省に「学生思想問題調査委員会」を置く（六月）。 ・満州事変（九月一八日）。 ・宗教諸団体、特高の管轄下に移管。
1932	昭和七	74	・『**我が見たる植村正久と内村鑑三**』を向山堂書房より刊行（一〇月）。	・第一一回世界日曜学校大会（ブラジル・リオデジャネイロ）。安村三郎一人が参加。 ・上智大学による靖国神社での礼拝拒否が問題となる（九月）。	・満州国建国宣言（三月一日）。 ・五・一五事件。 ・国民精神文化研究所設置（思想対策）（八

				・日本基督教連盟、精神作興運動を開始（一二月）。	月）。
1933	昭和八	75	・「我が知れる日本の日曜学校」を『日曜学校の友』（一月号）に掲載。 ・『日本人の手により現在の基督教を建直する必要なきか』著者兼発行・田村直臣（三月一五日）。 ・「バルト神学と宗教教育」を『日曜学校』（四月号）に掲載。 ・「バルト神学につき一言す」を『日曜学校』（八月号）に掲載。		・ヒトラー、独首相となる（一月三〇日）。 ・日本、国際連盟脱退（三月二七日）。 ・独、国際連盟脱退（一〇月一四日）。ヒトラー、独裁権掌握。
1934	昭和九	76	・一月七日、脳溢血のため自宅（巣鴨）にて没。巣鴨教会での葬儀に、山田耕筰が列席し、オルガンミサ曲を演奏。納骨式は二月一一日、東京府立染井霊園の墓所にて行なわれる。		

人名索引

あ行

か行

さ行

た行

な行

は行

ま行

や行

ら行

わ行

〈著者紹介〉

小見のぞみ（こみ・のぞみ）

1962年、東京都に生まれる。聖和大学教育学部キリスト教教育学科、Presbyterian School of Christian Education（米国長老派キリスト教教育大学院）卒業。神学博士。現在、聖和短期大学教授（宗教主事）。

編著書

『教会教育の歩み――日曜学校から始まるキリスト教教育史』（教文館、2007）、『子どもと教会』（キリスト新聞社、2011）、『Thy Will Be Done――聖和の128年』（関西学院出版会、2015）。

訳　書

P. J. パーマー『教育のスピリチュアリティ』（日本キリスト教団出版局、2008）。

カバーの写真

数寄屋橋教会創立40周年記念祝会（1916年4月3日）（巣鴨教会蔵）

子どもたちに囲まれる田村直臣牧師（前列中央）。1900年に同教会で受洗した作曲家山田耕筰は、この日のために記念の献曲をしたといわれる。数寄屋橋教会は、この２年後に巣鴨の地へ移転する。

田村直臣のキリスト教教育論

2018年３月20日　初版発行

著　者　小見のぞみ

発行者　渡部　満

発行所　株式会社　教 文 館

東京都中央区銀座4-5-1　電話03(3561)5549　FAX03(5250)5107

URL　http://www.kyobunkwan.co.jp/publishing/

装　幀　熊谷博人

印刷所　モリモト印刷株式会社

配給元　日キ販　東京都新宿区新小川町9-1　電話03(3260)5670　FAX03(3260)5637

ISBN　978-4-7642-7423-5　Printed in Japan